JN071703

Rock Brynner

# EMPIRE & ODYSSEY

The Brynners in far east Russia and beyond

# 日本語版によせて

ロック・ブリンナー

この歴史が日本の読者の目に触れることになり、光栄で嬉しく思う。日本は、私たち家族の物語において大切な役割を果たした国だからだ。実際、私の曽祖父が一五〇年前に来日して以来、日本にはブリンナー家の親族が今も暮らしている。

ユリウス・ブリナー（一八四九―一九二〇）は、勇敢にも十代の若さでスイスの村を後にし、給仕として上海に向かう船に乗り込み、上海で絹織物を取引する仕事を始めた。語学力に優れていたため、その後すぐにユリウスは生糸を染色し輸出していた長崎に派遣され、そこで数年を過ごし、二人の娘をもうけている。

また、ユリウスはしばらくの間横浜にも暮らしていた。私の優秀な翻訳者、樫本真奈美が補足資料を見つけてくれたおかげで、少なくとも一八七〇年から七一年にかけて益田孝（三井物産創設者）と共にアメリカ人の会社（ウォールシュ・ホール商会、通称「亜米壱」）で働いていたことがわかった。益田の自叙伝（一九三九）には、「嘗て私がウォールシ・ホールでテーブルを並べて一緒に仕事をして居つたブリネと云う端西（スイス）人があった」とある。後に益田孝が事業拡大のため初めて海外の拠点を求めた際に、上海にいたユリウスに事務所の一室を借り代理店の委託をしている。一八七五年頃、ユリウスはウラジオストクへの移住を決意し、海運会社の本社を設立、間もなく大きな成功を収める。若いロシア人女性と結婚し、六人の子どもをもうけた。その中に私の祖父であるボリス・ブリナーもいる。

ユル・ブリンナーは、一九二〇年にウラジオストクで生まれた。ユルの祖父ユリウスが亡くなった数か月後の誕生だった。ブリンナー家はユリウスが長崎で暮らしていたことを知っていたが、日本の親戚に会ったことはなく、ユル、姉ヴェーラ、母親のマルーシャは一九二六年にウラジオストクを後にし、パリに移住した。私の父は、二十歳の頃にはニューヨークに住みブロードウェイで演じるようになっていた。

ユルはいつも、日本文化のあらゆる面に大きな憧れを抱いていたが、その中でも特に称賛してやまなかったのは、ユニークな映画の伝統だった。そういうわけで、一九五八年にハリウッドで行われた黒澤明監督の傑作『七人の侍』の上映会にユルと一緒にプライベートで観に行った時、ユルはこの上なく独創的なあるアイディアを思いついた。私は当時わずか十一歳で、映画は大好きだったものの、父がこの映画をリメイクしてカウボーイ映画を作る権利を買ったと話してくれた時は、馬鹿げたアイディアだと思った。しかし、今ではもちろん『荒野の七人』は史上最も優れた西部劇のひとつと見なされている。

本書に書いたとおり、一九六二年に映画『あしやからの飛行』を撮影する間、ユルと私は京都で数か月を過ごした。その滞在中にユリウスの孫で、異なる祖母を持つ従兄弟、江藤直輔さんにお会いした。気品のある紳士であり、成功した実業家の江藤氏は、温かい人柄と威厳のある物腰で、我々が共有する遺産の記憶をたいへん愛(いと)しんでいたことが忘れがたい。ユルの日本に対する愛情は変わらず、その後の二十年間で何度も日本に帰っている。

これもまた本書で触れているが、私は未だ日本に戻っていないため、私自身の人生の冒険は終わっていない。近い将来に日本に戻り、日本の家族に会えることを願っている。

# ロシアからブロードウェイへ　目次

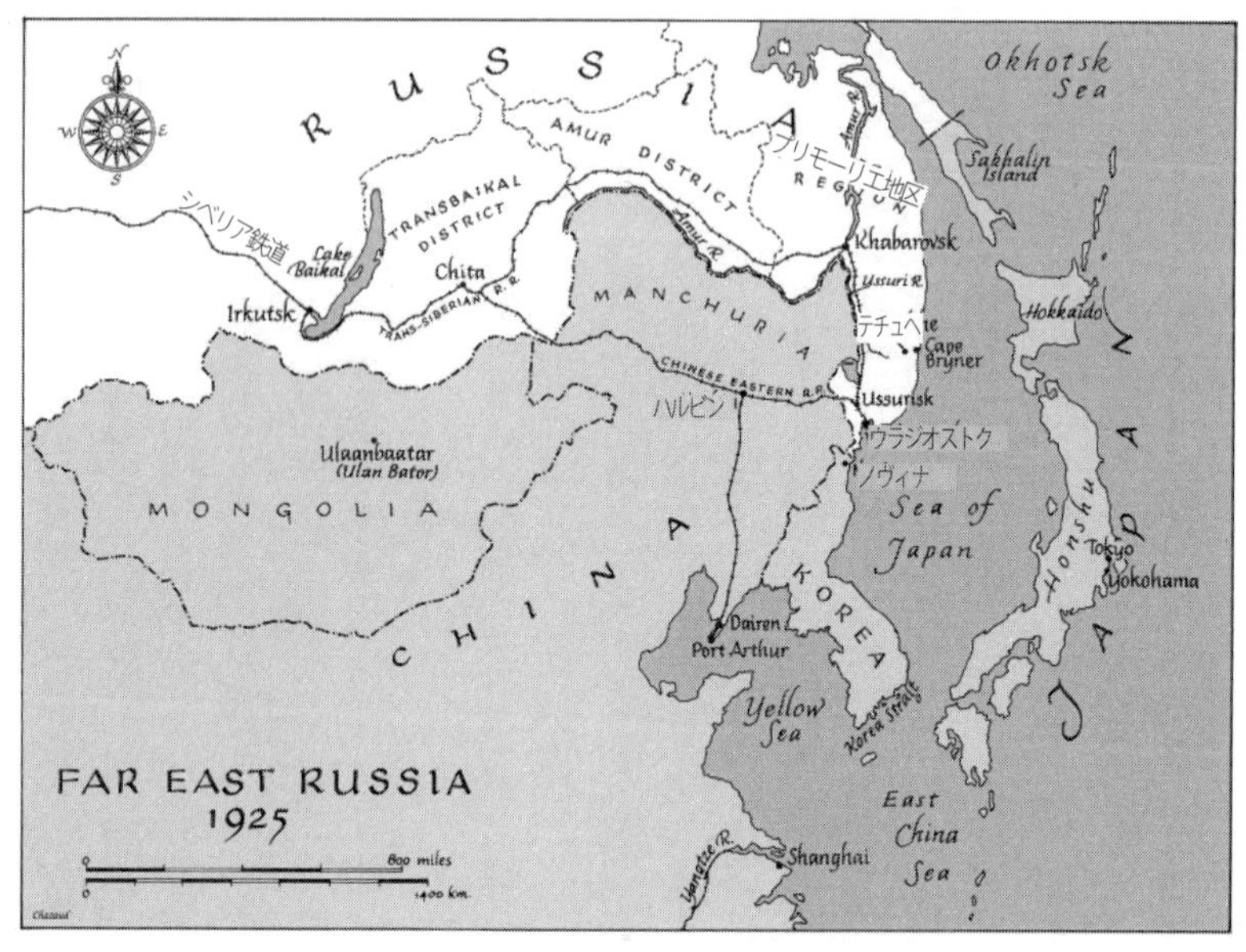


1925 年当時の極東ロシアとその周辺
Rock Brynner, Empire and Odyssey: The Brynners in Far East Russia and Beyond, Streetforth press, New Hampshir, 2006 より

オーリャ・ヴィゴフスカヤはじめ、ウラジオストクのすべての友人に捧ぐ

# ロシアからブロードウェイへ

オスカー俳優ユル・ブリンナー家の旅路

我々は探検をやめない
そして、すべての探検が終わる場所で
出発点にたどり着き、
初めてその場所を知るのだ

T・S・エリオット『四つの四重奏』より

# はじめに

歴史とは、個々が行う行為の成果のみに起因する、形式のない構造だと考えるべきでもなく、運命、機運、幸運、神といった様々な超越的な力の仕業……だと見なされるべきでもない。こうした、物質主義的な見方と超越主義的な考えを持つ双方ともに、その道理を捨てるべきだ。個性は普遍性の凝結であり、あらゆる個々の行動は、同時に個人を超越するものだからだ。

サミュエル・ベケット「ダンテ、ブルーノ、ヴィーコ、ジョイス」（一九二九）

この著作は、二〇〇三年六月、ニューヨークから北にあがった丘にある私の家で、極東ロシアのウラジオストクに来てくれないかという招待状を受け取ったことから始まった。そのメッセージは、次のような言葉で締めくくられていた。「ロシア語では、貴方の名前『ロック』は、『運命』を意味します。ウラジオストクを訪れることはあなたの運命なのです」。

もちろん私は興味をそそられた。ウラジオストクは、父ユルと祖父ボリスが生まれた場所だからだ。また、曾祖父のユリウス・ブリナーは斜陽になっていたロシア帝国の極東で自らの経済帝国を築くことで町の建設に尽力した人物でもある。私は子どもの頃から、ウラジオストクを目にすることはないだろうと思っていた。多くのロシア系移民の子孫にとっては、鉄のカーテンに閉ざされた故国を訪れるという選択肢はなかったからだ。「スターリンの後では訪れたいとも思わない」と言われたものだ。全体主義のテロルによって、その町の人々や町自体が歴史から抹消されたり、地図から削除もしくは改名されたりしたからである。多くの移民にとって、「祖国」は完全に「場所」ではなく、頭の中でのみ存在した、無くなって久しい「時代」だった。

私は最初、招待状に返信をしなかった。大学で歴史を教えていたため、私の講義スケジュールと提案された旅程をどう調整すればよいのか分からなかったのだ。また、悪天候のように私の人生を揺り動かした女性の欺瞞と軽視によって、私はまだひどく傷ついていた。つまり、幸せな顔を装い、十五もの時間帯を越えて地球の反対側に行くには、あまりに気を病んでいた。しかし、一通また一通と招待状が送られてきたため、私はついに、この本につながる冒険を始めるために必要な一言、「イエス」の返事をした。それからは、私の人生を変え、私の魂の回復につながる事柄に夢中になった。私はそれ以来、自分でも説明できない力の虜になったようで、その力に導かれるようにして家族の物語に没頭していった。それは歴史の力であり、その影響は実際の出来事という現象にも現れ精神的な体験にもなるということを私は徐々に理解するようになった。つまり、人間の精神の領域に属するものなのだ。このような歴史の力をいかに解きほぐし識別するのか、私が知るただひとつの方法は、本を書くことである。偶然にも、私は作家であり歴史家でもあって、この本を書くにあたって貴重な経験を持つ者である。

私は歴史家として、「運命」という概念を否定する。それは我々の前にある選択肢はすべてすでに決められており、個人は無力な駒であって、巨大で計り知れないチェスの中で決まった役割を演じるよう定められていると想定することになるからだ。また、遺伝は運命だとは一瞬たりとも思わない。私の見解では、人間の歴史は少なくともある部分においては、個人や集団の自由意志の結果であり、イデオロギー、野心、時代の流れの影響を受けることはあっても、未来はまだ書かれていないのだから、出来事は運命づけられていない。それにもかかわらず、私は極東ロシアに行くことをほぼ強制されたように感じた。運命ではなく、好奇心によって。そしていざ到着してみると、私はウラジオストクに強い親近感を覚えたが、それは私がとても暖かい歓迎を受けたからで、私と同じ立場であれば誰でもそう感じたのかもしれない。

　アメリカ生まれの母親とロシア生まれの父親の息子として、私の幼年時代は冷戦を体現しているかのように思えた。つまり、父と父の家族が生まれた場所は、私が生まれた場所の不倶戴天の敵だったのだ。私はその事実の意味が理解できなかった。若い時からロシアとソヴィエト社会主義共和国連邦との違いを痛感していたため、私は自分自身の内面における不和を感じたことはなかった（考えてみるとそれはあったのだが、こうした不協和音は他の面であらわれた）。六歳の時には、プロコフィエフの『ピーターと狼』に続いて、チャイコフスキーのピアノ協奏曲第一番に釘付けになったので、ロシア文化が壮大で心のこもった文化であることを知っていた。私はまた、方法は違い異なる制服を着ていたとはいえ、ヒトラーの取り巻きが行ったのと同様に、ソヴィエト政権が強制労働収容所で国民を虐殺する、心無い全体主義のモンスターであることも分かっていた。だから私は、多くの愛するロシア人の間で育ったが、一方で、一九五〇年代のアメリカの子どもたちが皆そうだったように、ソ連を軽蔑していた。しかし、続く十年の間に、相互確証破壊〔核保有国同士の核抑止論（訳注、以下同）〕という現実によって、空っぽで有害、そして極端な排他主義が生み出された。結局のところ、核戦争の後で生存者が死者を羨むことになっても、一体誰が勝者だと言えよう？

大人になってからは、私はロシアの遺産をいわば屋根裏部屋に保管していた。単にそれは、私の日常生活や専門分野における関心対象ではなかったからだ。一九九一年にソヴィエト政権が崩壊し、ようやく訪問できるようになったが、私は当時、他の事で手いっぱいだった。今や、五回のウラジオストク訪問と広範な調査を行ったおかげで、私の中のロシア人とアメリカ人が和解しながら、ロシアは私の日常生活と専門研究の一部となった。

ブリンナー家の世界的な叙事詩は、連続する四世代の人生から成る。各々のテーマやライトモチーフがそれぞれの時代の記録であり、その際、その記録と密接に絡み合いながら近代ロシア史の輪郭が浮かび上がる。私を含めて、一家四世代の男性は皆、出生時に同じ名前が付けられた（正確に言えば、私の祖父だけは父称の「ユーリエヴィチ」にのみ「ユーリー」という名を有していた）。

もちろん、数多くの父親のファンにとっては、ユル・ブリンナーは永遠に一人しかいない。舞台やスクリーンのユルの圧倒的な存在感やスター性は、ロシア革命に耐えたユルの父や、共産主義体制によってその偉業は葬られたものの、何十万という労働者に雇用を生み出したユルの祖父を含め、家族の誰よりも当然ながら光り輝いている。ユルは、史上最もエキゾチックな映画スターになることで世界文化に貢献したが、その素性は極めて曖昧なままであった。ユル・ブリンナーが作りだした人物像（ペルソナ）による新しい演技のスタイルは、彼自身と同様、ロシア生まれだ。

祖先たちの業績とならべると、私は様々な冒険をしたにもかかわらず、実際に成し遂げたことは実に貧弱に見える。それでも、もし私がこの本を書くための技術や情熱を持ち合わせていなければ、彼らの偉業の多くは世間に認知されることはなかっただろう。ユルが国連のために行った道理にかなった仕事も、ほとんど人目に触れずに過ぎていった。私は、ユリウスの壮大な産業ビジョンも、ボリスのように全体主義の独裁に真正面から向き合う勇気も、ユルの圧倒的な魅力や勇ましい強さも受け継いでいない。私が受け継いだ遺産は、明らかに情熱的な好奇心であり、人生の酸いも甘いも嚙み分け味わい尽くしたいという欲求である。

ウラジオストクに戻り、我が家の遍歴(オデュッセイア)を完結させることが、私のやるべき仕事となった。人口が約六十万人に達した都市、私の出生証明書にその名が記載されている曾祖父を含む、ごく僅かな男性によって創設された都市ウラジオストクに。また、体系的に物語(サガ)を研究することも、私の肩にかかっていた。それは、他ならぬ私の家族の物語であり、他の歴史家が発掘できない資料や写真が私の手元にはあるからだ。というわけで、この家族の物語が忘れ去られることのないよう、ロシアで、そしてロシアを越えて私の家族が残した成果を記録することが、私の義務だと感じるようになった。

父の死後二十年近くが経ち、その生地を訪れることは、私自身にとっても現地の人々にとっても、ある種の鎮痛剤めいた慰めになる帰還のように思えた。ブリンナー帝国とその遍歴を復元することは、ウラジオストクからペテルブルグにいたる多くのロシアの友人達にとっても、とても重要なものとなった。文書や事実を明らかにするために、親切にも多くの時間を割いて手助けしてくれた人たちもいる。しかし彼らもまた、この数十年間で、ソ連以前の地域の精神文化を思い起こし、家族の中でその歴史を密かに守り続けてきたことに誇りを持つ必要があったのだ。たとえスターリンが近代ロシアをその歴史から切り離そうと悪事をはたらいたとしても。彼らは当時の時代精神を私に伝えることによって、自らの祖先に暗黙の責任を果たしたのである。

この物語を書き始めるにあたって、私がいま滞在しているウラジオストクのスヴェトランスカヤ通りにあるヴェルサイユ・ホテルで筆を進めることは、大変ふさわしいと思っている。一九二一年、この近くでユルが生まれて間もなく、このホテルは、共産党支配に対して激しく抵抗した最後の日々に「ロシアの最高統治者」であると宣言をして恐れられたコサックの統領（アタマン）、セミョーノフが参謀本部にした場所なのだ。

読者の皆さんにぜひお願いしたい。これからあなたが知るところとなるそれぞれの人物に関して、判断を急がないでいただきたい。私の経験からして、我々は人を決めつけてしまうや否や、その人をそれ以上理解しようとしなくなるからだ。我々は寛大な心でもってのみ、他者の目を通して世界を見ることができる。私もこの忠告を肝に銘じて、この四人の人生と、それに関連する多くの物事に対して澄んだ目で見た真実を提示するよう心掛けることにする。私は、自分が選んだ事実の銀河を提示するに留めたい。そこにある光の点を線で結び、どのような星座を見分けるのかは、読者の皆さんに委ねようと思う。

前置きはこのくらいにして、我々のオデュッセイアが始まった場所、スイスから話を始めることにしよう。

**【表記に関する注】**

「ユリウス・ブリナー Jules Bryner」と「ユル・ブリンナー Yul Brynner」は、綴りは異なるが同じ名前である。私がユリウスとボリスについて書く時は、彼ら自身がそう書いていたように「ブリナー」を使用し、ユルと私に関しては「ブリンナー」と表記することにする。家族を総称する時は、この本のタイトルにあるように「ブリンナー家」を使用した。というのも、現在は過去を包括し、その逆はないからだ。父のおかげでこの綴りは確かに有名になった。この名こそ、私が生まれた名だ。（暦の日付は特に断らないかぎり、通常使われている西暦〔グレゴリオ暦〕に従う。）

# 第一章　ユリウス・ブリナー

良心に従って言うならば、事実この件に関して、彼のように優れた洞察力があり向学心に溢れた人物に会ったことがありません。

セルゲイ・ヴィッテ財務相の秘密諜報員、ポコチロフ（一八六九）

## 1

ユリウス・ヨセフ・ブリナーは、一八四九年、スイスのジュネーヴから南東へ五十キロ離れたラ・ロシュ＝シュル＝フォロン村に生まれた。紡績工と織工であったヨハネス・ブリナーと、若かりし二十五歳の妻マリー・フーバー・フォン・ウィンディシュとの間に生まれた、四番目の子どもであった。ブリナー家は、ジュネーヴ近郊にすでに数年暮らしていたが、チューリッヒから北西にある田舎のメーリケン＝ヴィルデック市民だった。ブリナー家の信仰は、アールガウ州の多くの家庭と同じくプロテスタントだったが、彼らが信仰していた教義はおそらく、同国スイスのジャン・カルヴァンやフルドリッヒ・ツヴィングリよりも、ドイツ人のマルティン・ルターを大きく拠り所としていた。メーリケン＝ヴィルデックのブリナー家は藁ぶき屋根の大きな二階建ての家屋に住んでいたが、ユリウスの後に生まれた四人を含むヨハネスの八人の子どもたちにはかろうじて足りる広さだった。ユリウスは家族の中ではずっとフランス風に「ジュリ」と呼ばれていた。

ユリウスが生まれたのは、ウィーン体制の崩壊につながった革命「諸国民の春」が起きた頃だった。新連邦国家が二十二の自治州を連合させた時である。進歩派プロテスタントと保守派カトリックの地域対立は、昔からこの国を悩ませていたが、分離同盟戦争後に成立した連邦国家がよりどころとした進歩的な思想の憲法は、ウィーン、ヴェネツィア、ベルリン、ミラノ、最終的にはフランスの革命へと飛び火するほどの内容だった。

ユリウスが生まれた年には、全ロシア最高専制君主である皇帝ニコライ一世が、オスマン帝国を征服し、コンスタンティノープルのボスポラス海峡と金角湾を手中に収めようとしていた。八百年の歴史で初めて、ロシアが地中海への出口を得られる水路であり、それによりロシアのヨーロッパや他の世界に対する影響が確実に強まっていった。クリミア戦争でロシアが敗北し、ニコライ一世に代わってロマノフ朝の玉座にアレクサンドル二世が即位した時、活発で好戦的なロシア帝国主義を維持するために残された唯一の方策は、極東の植民地支配をめぐって争いが繰り広げられていた東へと進出することだった。まもなくロシアも中国と条約を締結し、凍結港であるカムチャッカやサハリンから遠く離れた、南に位置する新たな海軍基地を確保した。この基地につけられた名前そのものがロシアの勢力について物語っている。「ウラジオストク」は「東方を支配する町」という意味だ。

ユリウスは、十四歳で世界を探検すべくメーリケン゠ヴィルデックを出た。この行為に驚くことはない。徒弟制度はこの年齢の少年が何らかの専門性や技術を習得できる機会になったし、いっぽうで家族は食い扶持を減らせたのかもしれない。しかし、その後の人生においてもユリウスが下したあらゆる決断を見ると、彼が勤勉だったのみならず、冒険心を持ち合わせていたこともよくわかるのである。ユリウスは素早く新しいスキルを身につけ（特に外国語がよくできた）、彼の探究心が見出した未知なる状況にすぐに順応できた。

一八五〇年代に育ったユリウスは、この世で最も高名な人物のひとりヨーハン・ズッター（ジョン・サッター）が、メーリケン゠ヴィルデックからすぐ近くの小さな町の出身であることを知っており、ちょうどユリウスが生まれた年には、遠くカリフォルニアで「サッターの砕鉱機」が歴史上最大のゴールドラッシュの核となっていた。世界中から一攫千金を狙う発掘者がこの地に殺到した。サッターの経歴がユリウスにインスピレーションを与えたのかはわからないが、同郷人の金鉱をめぐるベンチャー事業を知らなかったとは考えにくく、冒険に挑戦する者がどのような報酬を得るのか、間違いなく理解していた。おそらく、ユリウスが知らなかったことはただひとつ。サッターはこのベンチャー事業で稼いだすべてを失ってしまった、ということである。

ユリウスは十代の早い時期に、叔父のモーリス・ブリナーが働いていたチューリッヒのダンザス社[*1]で見習いとして働いている。ユリウスはこの会社を通じて、自分のような若者の前に広がる海にどんな可能性が開かれているのかを学んだ。十六歳になる頃にはすでに、地中海から極東に向かう私有船の炊事夫をして生活費を稼いでいた。[*2]

一八六〇年代の通商ルートを行き交う船舶は、従来通りの帆船だった。二、三本マストのブリガンティン型帆船や、ホールドに大砲を搭載した戦闘用スクーナー型帆船、帆走スループ、コルベット艦だ。風が鎮まった時に帆船を動かす外輪式蒸気船が間もなく加わるが、当時世界中で行われていた海上貿易の船は相変わらず、三千年前にギリシャ人が使用していた麻布を貼った船とさほど変わらない帆船だった。ユリウスは船に乗り、人生の糧となった海に対して内なる情熱を見出した。スイスにはもともと海への活路がない。世界の大海原や入り江、また、海が人間に課すライフスタイルにどれほど惹きつけられているのかを自覚した時、ユリウスは思ったに違いない。もう二度とアルプス山脈の麓には暮らすまい、と。

続く数か月の間、船が風にのって東へと向かう間に、ユリウスは何度も炊事場に閉じ込められた。他の乗組員たちの話によると、「身の安全のため」ということだった。ユリウスが乗った船が別の船に近づき、その船のへりに係留すると、甲板から殴り合いのケンカの音や泣き叫ぶ声が聞こえ、それが時には何時間も続いた。ユリウスの船の乗組員たちは皆、航路を放浪する経験豊富な海賊で、東方へ移動しつつ、どんな獲物であろうと海でしとめた。つまり、出会う船を脅して支配し、いとも簡単に強奪していた。絹、マホガニー、茶、アヘン、時には金や宝石類もあった。いかに高価なものがこうした海の略奪者たちの手に落ちていったのか、お分かりだろう。少数のアヘン商人だけが、十三インチの砲弾を搭載した快速帆船によって保護されていた。

暴力で他者の貨物を奪う海賊船の乗組員に食事を作るということは、自分も強盗であるに等しいとユリウスは理解し、また、もし自分が黙って無計画に船から脱走すれば、船乗りの仲間たちに裏切り者の烙印を押されるだろう、ということも青年は悟った。ユリウスは仕事と身の安全が確保できる巨大な港に降りる必要があった。

一八四〇年代の上海は、この地で貿易用の深海港を必要としたイギリス帝国の管轄権のもとにあった。そのため、毎年この港から約四十五トンの茶葉、五万ポンドの絹、三万箱のアヘンが積み替えられていた。アヘンは隣接する山から運ばれ、上海市中心部の岸沿いにある外灘に係留する船のホールドに積まれた。岸沿いにガス燈が設置されると、疲れを知らぬ商業地区は活気づいた。人力車は二十四時間走り回り、騒音が止むことはなかった。上海の北部が唯一の深海港だったので、中国からヨーロッパに運ばれる貨物の船積みは事実上すべて外灘で行われ、川をゆく中国帆船から、三本マストのスクーナー型帆船に貨物が積み替えられた。近くの長江ではすでに、最初の蒸気船も運行し始めていた。貿易収支がうなぎ登りになる準備は整っていた。

一八六〇年代の半ば、十七歳のユリウス・ブリナーは上海の岸に降り立った。太平天国の蜂起は既に鎮圧されており、大量の中国人亡命者が出国した後には、多くの職場と住宅が残されていた。ユリウスはすでに中国語を多少学んでいたので、地元の住民から生糸を買い付け、外国に販売していたシルク商人の事務所で素早く仕事を見つけた。その後の数年間で、このスイス人の若者はシルクに精通するようになり（それはもしかすると、彼の父親が紡績工として働いていたからかもしれない）、また、その土地の商売に関しても完全に把握した。様々な任務をこなすうちに、ユリウスは異なる地域の方言を使って中国語で流暢に説明できるようになり、また、会社を経営する方法も早々に学んでいた。だらだらしたルーティンワークを効率化し、細部に気を配るというユリウスのその後のビジネススタイルの輪郭が出来上がった。しかし最も重要なことは、ユリウスが働いていた中国の会社で、イギリス人、フランス人、ドイツ人の顧客と取引ができたことだった。

上海に住む四十万人のうち三千人の外国人居住者の大多数をイギリス人が占め、彼らにとって上海はイギリスの一部であり、入植者の風変りなこだわりを持ち込みつつ、ここにイギリスが再現された。「イギリス人はどこに行こうと自分たちの教会とレース場を持ってくる」とはよく言われたものだ。一八六〇年頃には町にはすでに五つのキリスト教教会と三つの競馬場があった。さらに、王立アジア協会、図書館、アマチュア演劇団、フリーメイソン支部、そしてもちろん、卓越した上海クラブビルが新たに造られた。数十年後には、上海は「極東のパリ」として知られるようになる。この称号を得たいと願った多くのアジアの都市の中で最初の都市であり、真にその名にふさわしい唯一の都市だった。しかし、ユリウスが働いた一八六〇年代の上海の主な文化は、カレーの代わりに炒麺（チャオメン）を食べるイギリス領インド帝国の如くだった。こうした貪欲かつ善意溢れる略奪者のアングロサクソン系の侵略者に対して、中国人住民がますます敵意を募らせていったのは驚くことでない。一八六九年、愛新覚羅奕訢（えききん）はイギリス領事ラザフォード・オールコックに声明を出した。「アヘンと宣教師をお持ち帰り下さい。そうすれば歓迎いたします[*3]」。

こうしたコスモポリタンな雰囲気の中で、ユリウスは経営術や国際的なビジネスパーソンとしての知識やマナーを会得していった。イギリス人入植者の間でクリケットに興味のあるふりをしながら、上流社会の品格ある振る舞い方を学んだ。そうしながらも、極東の企業や事業を集中的に勉強し、この地域が発展するためには何ができるのかを研究していたのである。

雇い主の依頼で、イギリスの政治的策略にも従事するようになった。この地の海運業向上に直接関わるふたつの問題で、長江河口の浚渫（しゅんせつ）事業と中国初の鉄道敷設（上海から朝鮮のウソンまで）だった。この二つの計画を遂行するために、主にイギリス人、アメリカ人から成る外国人実業家グループが別に会社を設立した。鉄道敷設の計画には役人と当局の厳しい反発があったが、路面電車の線路を敷く許可がおりた。彼らは広軌の機関車用のレールを使用し、中国人の前に既成事実をつきつけたのだ。そのすべてをユリウスは分かっていた。

一八七〇年代始め、上海の中国人住民と外国人入植者との間で緊張関係が生まれた。外国人に支配される不穏な年月が続き不安を覚えた中国人が暴動を起こし始めたのだ。「扶清滅洋（清朝を扶（たす）け、西洋を滅ぼす）」という明確なスローガンが叫ばれ、一九〇〇年の暴動「義和団の乱」が起きた。

中国人雇い主は顧客と直接取引をするため、ユリウスに日本の長崎にたびたび出張へ行かせた。上海はそれまでいかなる電信接続も拒否していた。風水によると電柱は地域に良くないという理由で一般に危惧されていたからだ。上海産の生糸を染色し輸出していた長崎に出張した時、ユリウスはある中年のイギリス人紳士と知り合った。彼はひとりで太平洋地域を股にかける海運業を営んでおり、すぐにユリウスをアシスタント兼被後見人として会社に招いたのだった。中国の会社で昇進する可能性が見込めなかったのか、外国人への高まる脅威からなのか、ユリウスは上海を後にし日本で最も大きな港、長崎、横浜[*4]へ続くシルクロードを辿っていった。

これより二十年以上前、マシュー・ペリー提督が横浜近郊の陸地に降り立った。アメリカ合衆国大統領ミラード・フィルモアから孝明天皇（一八三一―一八六七）宛に、日本に外国貿易を要求する親書を携えていた。その後、天皇がその提案について十分に熟慮する時間をとれるよう、ペリーは一年間日本を離れていた。一八五四年にペリーが再来日した時、日本は日米和親条約に調印し、初めて国際通商のドアを開いた。五年後には近代的な横浜港が誕生した。

十年後、イギリス海運業者の庇護のもとでユリウスは長崎に住み始めた。二十歳を過ぎた頃だった。来日するまでに日本語を勉強しており、このスイス人青年はフランス語、ドイツ語、英語、中国語、日本語で交渉をすることができたので、仕事の打ち合わせや業者の対応をすべて、午前中にまとめて処理することができたのだ。

海運会社は自社船を持っておらず、貨物を最も効率的に輸送するために、交わした契約に合わせて船（もしくは船のスペース）を借りていた。ある場所から別の場所へ大型貨物を運ぶ手筈を整えるのは簡単だったが、特に、海岸沿いに私掠船が待ち伏せしている状況でこの取り決めを有益なものにするには相当な能力を必要とし、ユリウスはすべてをよく会得していた。

ユリウスは一人前の若き実業家となり、すでに地元有力者との繋がりができていたが、公平な態度で接し経験をもとに対処したため、どんな問題でも解決できる人間という評判がたった。海運業で昔から揉めていた問題に新たな解決策を提案した。たとえば、積載量の最大化、積み下ろし、効率の良い陸上輸送、港の役人たちに横行する汚職の取締りなど。日本に居を移して数か月後に、紹介されて出会った若い女性と恋に落ち、その一年後には娘が生まれ、少し経ってふたり目の娘が生まれた。今日、ユリウスの日本の子孫は横浜近郊に暮らしており、子孫の江藤直輔が戦後に金属業で大成功を収めている。

一八七〇年代に、ユリウスの後ろ盾をしていたイギリス人がこの世を去り、継続中の業務契約は、過去のものも含め、若干の資産と合わせてこの若きスイス人共同経営者に託された。ユリウスは三十歳に満たなかったが、小さくとも成功した海運会社をすでに手に入れたのだ。

確かに、なぜユリウスが日本に家族を残し、船会社の本部をロシア辺境の田舎に移したのかは謎のままだ。しかし、ビジネスにはいくつかの利点があった。すでに上海と横浜の黎明期を目にしていたユリウスに、ウラジオストクというロシアの港が、近代都市の発展を助ける機会を提供していた。それはつまり、鉄道、電信、建築であり、ユリウスはそれまでに銀行と強い関係を築いていた。加えて、ウラジオストクに本部を移すことに税金面でも重要な利点があった。しかし、最も利益に繋がると思われたことは、ロシアはヨーロッパ国家であり、帝都サンクトペテルブルグから八千キロ以上も途切れず西に延びた国であるということだ。世界の鉄道の広まりを見て(特にアメリカ西部とカナダで)、ユリウスは思ったに違いない。新しいロシアの港からヨーロッパまで鉄道で行ける日が来るに違いない、と。

## 2

ウラジオストクは海から生まれた。

一八六一年にロシア全土で何百万人もの農奴解放を行ったアレクサンドル二世の治世に、新しい海軍前哨基地が設置された。皇帝と閣僚たちは、数多くの国民を東方のシベリアを越え、ウスリースクやアムール沿海地方に移住させる計画を立てていた。他の極東諸国に対して、ロシアが本気でこの地域を発展させようとしていることを示す狙いがあったからだ。東シベリア総督ニコライ・ムラヴィヨフ（後のアムール伯爵）は、米国で造られた蒸気機関を持つ三本マストのコルベット艦アメリカ号に乗って、自らピョートル大帝湾を探索した。清国とアイグン条約、北京条約を締結することで、ムラヴィヨフは沿海地方（プリモーリエ）と呼ばれる沿海地域のロシア支配を確保した。

最初のロシアの船員と将校たちは輸送スクーナー満州（マンチュリア）号に乗って到着し、アムール湾とウスリースク湾の間にある四十キロメートル程の、指の形をした細い半島の南端に駐留した。本土に繋がる道は、牛が歩く小道程度しかなかった。船員は半島に削られた自然港を発見した。この広い入り江は、五年前にロシア軍の占拠を免れたコンスタンティノープルの水路にちなんで金角湾と名付けられた。この名前が帝国の野望に対する敬意だったのか、失策に対する嘲笑だったのかは依然として不明であるが、ここはあまりに小さな入り江なので、その名前はわざとらしく大げさに思える。

湾岸には少数の先住民が住んでいた。その小柄で浅黒い狩猟採集民族は、民俗学者によると、エジプトのピラミッド建設よりも前から存在していたパレオアジアや満州のツングース系民族までさかのぼる。何世紀にもわたる中国統治に続くチンギスハンとモンゴル民族の侵略で、ウデヘ、ナナイ、オロチをはじめ、他の少数民族はほぼ絶滅したが、その文化の遺物は沿岸に住み続けた共同体に存在し、ユニークで美しい芸術的デザインを生み出し、乾燥させた魚の皮で作った服を着ていた。

一一六二年にモンゴルのアルタイ山脈でチンギスハンが生まれた時、付けられた名前は「テムジン」だったが、彼は四二歳の時に「世界を支配する者」を意味する称号「チンギスハン」と名のった。チンギスハンの帝国は、ヨーロッパと極東を結ぶ最初の帝国、ローマ人がこれまで夢見たものよりはるかに大きな帝国で、中国と南ロシアの大部分を飲み込んでしまった。チンギスハンやその遊牧集団の数え切れない残忍な強姦を経て、ブリヤートとして知られる人々が生まれ、伝統的に「チンギスハンの子孫」と呼ばれている。ごく最近、遺伝人類学者のスペンサー・ウエルズが遺伝子マッピングによってこの歴史が基本的に正しいことを証明するまでは、神話として一蹴されていた呼び名だ。チンギスハンは、征服した全ての土地から集めた五百人の女性から成るハーレムを持っていた。彼とその部下、彼らの息子たちが東ヨーロッパから太平洋にかけて計画的に子孫をつくった。中国の元朝最初の皇帝である孫のフビライハンをはじめ、子孫の多くが極東をも支配するようになった。

今や、虎(タイガー)の住む国が、タイガと呼ばれる無限の原生林を支配した。食物連鎖の無敵の王者シベリア虎(アムール虎)は、地上で最も大きなネコ科の動物で、大きさは四メートルにもなる。毎晩およそ五十キロの肉を消費する。何千頭ものアムール虎がアムール湾周辺の密林をうろつき、暗くなるとお腹を空かせて船員たちの兵舎の周りに現れては家畜をさらっていった。海軍哨所あたりでは毎晩銃声が鳴り響き、不安に駆られた住民たちは毎朝、タイガー・ヒルと呼ばれた丘から降りて来て、目撃されたり噂に聞いた肉食獣の数を数えたのだった。

哨所ができた最初の年に基地を訪れたロシア人が、この陰鬱な風景を次のように書き記している。

我々はクリッパー船で湾に入り、北部の海岸にあった将校の一軒家と四八名の船員が住む木造の兵舎を目にした。兵舎の裏には厨房と家畜場があって、その下は渓谷の急な斜面になっていた。小さな川が渓谷の下に流れていて、彼らはそこできれいな水を汲んでいた。兵舎の北側に教会が設置されたばかりだった……兵士たちの間では飲酒や虐待が横行していた。彼らの多くは素行不良で連隊から転属になった者だった。[*5]

翌年、ヤコヴ・セミョーノフが民間人として初めて哨所に居を構えた。その際、海軍司令官によって家を建てる土地と家畜用の牧場が与えられた。三十歳のセミョーノフは第三級ギルドの商人（政府が承認した商人の最も低い階級）で、アムール湾とウスリー湾で豊富に獲れる海藻を取引していた。ヴァン・ダイク髭をたくわえた大柄で厳格な物腰のセミョーノフは、財務省と外務省の勅令でここに導かれたのかもしれない。両省は稀にみる見解の一致で、ウラジオストクが税を免除される自由港であると表明したので、ここで設立された会社はいかなる課税もされずに貿易をすることができた。まもなくセミョーノフの事業は成功を収めた。この都市の最初の名誉市民として、その後半世紀の間尊敬される人物として、ロシア全土で彼のサインが小切手同様の意味をもつ「第一級ギルド商人」に昇格した。

この土地の黎明期の建物はすべて木造で、ごく簡単な波止場、船の収納庫、丸太小屋があった。随行してきた中国人、朝鮮人の助けを借りながら、水夫たちが徐々に井戸を掘り、畑にする土地を整備していった。中国人、朝鮮人には男性も女性もおり、自分たちの家を泥を塗って造っていた。少し後に診療所ができ、一八六三年にはウラジオストクで初めての子どもが誕生している。まもなく村の最初の通りには、ムラヴィヨフが乗船した汽走コルベット艦アメリカ号に敬意を表してアメリカ通りと名付けられた。まもなく、スクーナー船アレウト号の乗組員がアメリカ通りに垂直に延びる道路を整備していたため、新しい通りはアレウツカヤ通りと名付けられた。

ロシア海軍の入植から６年後のウラジオストク（1866 年撮影）

その後数年のうちに、急いでつくられた道路と凍ったツンドラ地帯を通って、ロシア西部の人口過密都市と農村から、海があるため寒さが比較的に緩和されるシベリア沿海地方へと、東方を目指して来る最初の移民の流れができた。しかし、ウラジオストクは帝国政府があてにしていたような暖かい港ではなかった。冬は部分的に凍結し、砕氷船が必要だったが、入出港できるよう設計されていなかった。

一八六四年、未開の貧しい町が中国の大規模な侵入の脅威にさらされていた時、二人の上品なドイツ人企業家がやって来た。グスタフ・クンストとグスタフ・アルバース[*6]は中国で出会ったが、二人ともハンブルク出身だった。彼らは共に主要な取引所を開くためにこの前哨に来たのだった。ヨーロッパを出る前にふたりともそれぞれ事業を支援してくれる様々な企業と幅広い借入契約を結んでいて、ドイツ銀行も資本提供を行っていた。やがて「クンスト・アンド・アルバース」は、今でいう百貨店になり、アジアやヨーロッパから仕入れた多種多様な商品や製品を売っていた。当初、彼らは小さな木造の家を商店にしていたが、その後の事業の成長は地域の順調な発展を反映していた。

安価な労働力を提供する朝鮮人と中国人と共に、船乗りや漁師がたくさんやって来ると、町のようなものができ始めた。一八六七年頃にこの地を訪れた地理学者ニコライ・プルジェヴァルスキーが次のように書いている。「官民あわせて五十戸の住宅、二十四か所の中国人の小屋がある。中国人を除いて、兵士を含む人口は五百人に達する。民間住宅は、その大部分をここに定住した退役軍人と、店舗を維持しながら主に海藻を取引する四人の商人が所有している」。[*7] また、兵舎、倉庫、造船所もあった。

最初の市議会は一八六九年に開かれ、海藻商人のヤコフ・セミョーノフが議長に選ばれた。セミョーノフ指導の下、ドイツ商人たちとヨーロッパとの強力な繋がりも助けとなり、ウラジオストクから上海までケーブルで接続すること、また、水中ケーブルで長崎まで接続することをデンマークのグレート・ノーザン・テレグラフ社に受諾させたのだった。こうした革新があったからこそ、帝国海軍がニコラエフスクからウラジオストクに太平洋司令部を移すことに納得したのだろう。それはまた、「クンスト・アンド・アルバース」がシルク商人と取引を増やすことにも繋がった。シルクの注文は、横浜の船会社を通じて行われた。その会社の所有者は、ドイツ語を話すヨーロッパ人、ユリウス・ブリナーだった

ユリウスが初めてウラジオストクにやって来たのは一八七〇年代半ばで、エネルギッシュで自信家の、二十五歳の若者だった。小柄で（一七〇センチメートル弱）、真直ぐな黒髪をきれいに分けて撫で付け、豊かな口髭がある。礼儀作法、服装から計画性まですべての面で細部まで気を配った。何においても完璧主義者で、冒険心と知識欲が彼を駆り立てた。どの方向に目をやっても、成長する新たなチャンスが開けて見え、潜在的な可能性を見ると、彼はリスクを恐れなかった。良い意味でユリウスは山師だった。野心家だったが、その野心は、身の周りの社会的要求にうまく合致した。こうした特徴はスイスにいた

頃からそうなのか、若き起業家として身に着けたものなのかは分からないが、ユリウスはいつも、何かを創り出す上で役に立つような、社会貢献できる活動を選んだ。このような未開地で近代都市建設に寄与するためには、彼自身がビジネス帝国を築かねばならないことは最初から分かっていた。

経験豊かなスイスの旅人の前に広がった光景は、一年に二十回程度しか船が来ないような眠った港の近くに立ち並ぶ沢山の木造の家だった。ロシア語はまだ話せなかったが、この地域のことはアルバース(クンストはこの頃ドイツに帰国し、拡大する企業の輸出部門を統括していた)と、別のパートナー、アドルフ・ダッタンから教えてもらった。栄えゆくこの新たな地区は海運業にとって理想的な港になり、都市の発展について自分が持っている知識を仕事に応用するチャンスになるとユリウスはすぐに理解した。ウラジオストクの自由港というステータスのおかげで日本の相当な額の関税を免れることができる。これは競争相手より大幅に有利になるが、それには本社を移転させなければならなかったし、ユリウス自身も移住をする必要があった。しかし、このフロンティアタウンは日本で生まれた娘を育てる場所ではなかった。ユリウスは家族を横浜に残すことにした。初めのうちは頻繁に日本に戻り、ロシアの新しい港に移住してからもしばらく家族を支え続けていた。

少数ではあるものの、すでにウラジオストクに来ていた魅力的で意志の強いヨーロッパ人や、彼らの素晴らしいビジネス、銀行との繋がりは、どこに会社の本部を置くべきかを決める手助けとなった。最初の市長M・K・フョードロフは、一八七五年に一六五人の市議会議員によって選出され、その後の議会では「ここに完璧なヨーロッパの都市を建設する」という核心的な野望で衆議一決したのだった。

それがまさに帝国政府の野望でもあったことは偶然ではない。東方におけるロシア覇権主義の議論についてウフトムスキー侯が熱烈に書いている。「我々が征服するものは何もない。様々な人種の人たちが我々に引き寄せられていると感じている……この偉大で神秘的な東洋は我々のものになる用意ができている」[*8]。帝国政府のアジア地政学の一貫した読み違えは、ウフトムスキー侯の楽観的な誤解に由来しているのかもしれない。

ヨーロッパ側から行こうとすれば、やっと通行できる程度の道路しかないにもかかわらず、モスクワの閣僚たちは相変わらずこの地域にロシア人を住まわせようとしていた。道中にはほとんど村がないため、六か月が最短の旅路だと考えられていたが、当時東に向かって歩いたのは解放された農奴の移住者たちだった。

ウラジオストクからわずか百六十キロメートル南に位置する朝鮮半島北部は、西に百六十キロメートル離れた中国東部と同様、厳しい経済状況にさらされていた。結果、一八七七年には朝鮮と中国を逃れて来た新規入植者たちが町の大部分を占めた。ウラジオストクをヨーロッパ文化の都市にするためには、意識的な努力が明らかに必要だった。

一八七〇年代半ばに、ロシア全土を横断する鉄道敷設が実現可能かどうか、サンクトペテルブルグで真剣に議論され始めた。技術面の難しさに加え、費用の初期見積もりが桁外れの額にのぼったため、熱心な支持者ですら何年も押し黙ってしまうほどだった。しかし、アフリカ、アメリカ、カナダの鉄道が着実に発展していること、また、政府によるウラジオストクへの力の入れ様を見て、ユリウスや町の首長たちはおそらく、極東とヨーロッパを結ぶ鉄道が遅かれ早かれ敷設されると考えたに違いない。

一八七五年、ユリウスはスイスに初めて帰省している。自身の海運会社を発展させるため、チューリッヒ（仕事を覚えた船会社があった所）にあるヨーロッパの銀行と強力な事業提携をすることが狙いだった。彼の帰省は凱旋帰国さながらだった。町の最も高価なボーオーラック・ホテルに宿泊し、アールガウ当局に「メーリケンと日本のコミュニティ出身のユリウス・ブリナー」[*9]とサインを入れた贈り物をした。十四歳で故郷を後にした少年は、二十六歳で実に裕福な実業家になっていた。

借りていた船の空きスペースを埋める必要があったことが、様々な利益を生むための工夫をするよい刺激になった。例えば、成長期のウラジオストク社会が生き残るためには、製品や産業資材を定期的に輸入しなければならなかったが、ウラジオストクは海藻以外のものは輸出しておらず、ユリウスの船は金角湾を空っぽのまま出航していた。それ故、輸入コストは二倍に膨れ上がった。そこで、彼は横浜、上海、香港に向かう船を貨物で満たす仕事を創り出す必要性に迫られたのだった。

ユリウスは、共に仕事をしたことのある第三級ギルド商人で、クズネツォフという名の地元商人を船会社の共同経営者になるよう招いた。成功したロシア人商人と手を結び、一八八〇年に新しい会社、ブリナー・クズネツォフ商会を設立した。それは後にファー・イースト・シッピング・カンパニー（フェスコFESCO）を所有することになる。クンストとアルバースに相談し、ユリウスは有名なロシア人建築家バビンツェフを選び、塗装されていない木造の建物ばかりの中に、バロック様式で石造りの三階建てオフィスビルを設計した。ユリウスは既に、その一等地に入居する長期契約のテナントを確保しており、その中には、シベリアン・トレード・バンクもあった。ユリウス自身も一時期そこに自身のアパートメントを所有していた。ユリウスの建物は町の中心部にあり、アレウツカヤ通りとスヴェトランスカヤ通り（旧アメリカ通り）の交差する場所にあった。この交差点から区画ごとに道路がつくられていった。

二年後、クンスト・アンド・アルバースはユリウスの家から通りを下った所にある巨大な建物に移転した。ユングヘンデルという名のドイツ人建築家によって設計された三階建ての建物は、当時すでに有名だったロンドンのハロッズとほぼ同じ規模だった。「クンスト・アンド・アルバース」は、バッハの時代のドレスデンを彷彿とさせるようなバロック様式の装飾があるアールヌーボー様式の建物だった。現在でも、ヴォータン、ワルキューレ、その他ドイツの伝説上の人物たちが建物の正面を守っている。「それは百科事典のような店で、針から生きた虎に至るまで何でも買える」[*10]と、一八八九年に町を訪れた者が書いている。ロシアのどこにもクンスト・アンド・アルバースのような場所はなく、その立地場所が商店の名声をも高めていた。歴史家のジョン・ステファンは次のように述べている。「販売員は数か国語を話し、スイスの時計、ドイツの調味料、ボルドーワイン、パリの部屋着用ガウン、サヴィル・ロウのスーツなどをすすめていた」[*11]。

一八八三年に、ロシアの義勇艦隊がこの地に移住者を運んでくるようになった。基本的にはオデッサの黒海沿岸で集められ船に乗せられた元農奴たちだった。彼らの入植で極東の人口が増加し始めた。まもなくウラジオストクに七十戸の政府の建物、約五千人のヨーロッパ人（女性ひとりにつき男性五人の割合）が住む五百戸の住居、教育機関、医療機関、慈善施設ができた。

ユリウスはさらに、ある素晴らしいヨーロッパ人と親しくなった。冒険家で極東ロシアにおける初期のインテリゲンツィアの中心人物、ポーランド貴族のミハイル・イワノヴィチ・ヤンコフスキは卓越した人物で、ユリウス・ブリナーの人生を根本的に変貌させた。ヤンコフスキは、一八六三年のポーランド人民蜂起で反逆罪のかどで拘束され、強制労働の処罰を受けて極東に流刑されたが、その五年後に恩赦により釈放された。ヤンコフスキはフィンランド人のフリードルフ・ゲックという捕鯨船船長と提携し、ウラジオストクからアムール湾を半日かけて船で渡り、三千ヘクタールある半島の所有権を主張した。その半島はシジェミ（もしくはシジミ）と呼ばれている。その地で彼らは斑模様のニホンジカを飼育し始めた。シカの角が精力増強剤として高く売れたため、彼らはすぐに裕福になった。

ヤンコフスキは長身のがっちりした体格で、豊かな口髭を蓄え、ハンサムで真面目な男だった。その後、彼は極東の馬を独自に繁殖させたが、その馬はモンゴルや朝鮮の馬よりも大きくて強靭だった。一九〇〇年には、ウラジオストクのロシア軍に馬を供給するという政府契約を結び、その事業のため、馬の育種を学ぶよう長男のユーリーをカリフォルニアに派遣した。ヤンコフスキはまた、当時体系的に栽培することができなかった貴重な品種の高麗人参を上手く栽培することにも成功した。後にミンク農場も始め、さらには、都市部の海辺に曳船で砂を運ぶ事業も開始した。

こうした事業のかたわら、ヤンコフスキは数十年にわたり動植物の目録を作成し、百種以上の新しい蝶の存在を明らかにした。そのうち十七の品種は今でも彼の名前がつけられており、白鳥（シグナス・ヤンコフスキ）ほか二種類の鳥にも名前が残っている。ヤンコフスキはまた、自然資源の破壊に強く抗議し、多種多様な動植物の種を保護する必要性について書いた、熱心な自然保護者でもあった。十九世紀という時代にしては、彼は将来をしっかりと見据えていたのだ。

しかし、シジェミは敵に囲まれていた。ポーランド人貴族とフィンランド人の船長が建てた家の周りに、アムール虎とアムール豹が競うようにうろつき、どちらも最大の脅威となった。また、モンゴル狼の群れもいた。シベリア原産の世界で最も大きな狼だ。屋敷の主人が垣根や監視塔を建てなければ、毎晩ヤンコフスキの鹿（ヤギ、羊、牛、さらには馬まで）が何匹も殺されてしまっただろう。しかしながらそうした設備も、ヤンコフスキが増加する労働力のために作った村の安全を保障するものではなかった。特に、子どもや家畜が危険にさらされたが、誰もが襲われる危険があった。

最も危険な敵は「赤ひげ（フンフーズ）」の名で知られた中国人窃盗団で、タイガ全体に散在していた山賊軍の残党だった。一八七八年にシジェミで領地を購入し、ヤンコフスキとゲックが六月一日にウラジオストクから帰った時、「赤ひげ」がゲックの妻と子ども、召使を惨殺したことがわかった。ゲック船長はひどく取り乱し捕鯨船に住むようになった。ユリウス・ブリナーはヤンコフスキと出会ってから、ポーランドの地主貴族が建てた巨大な石造りの要塞でよく週末を過ごした。実際、ヤンコフスキがゲックの区域を彼に売却すると申し出た時、既に半島に魅了されていた。ユリウスは受け入れた。[*12] そこは、よい埠頭と丘があり、ウラジオストクから出た船が霧の中で安全に航行できるよう灯台を建てるには理想的で、独特の美しい場所だった。

ユリウスとヤンコフスキは、家と敷地の安全を守るために自分たちで盗賊と戦った。ある歴史家は、「ヤンコフスキ、ブリナー、シェヴェレフ（別の隣人）は共に働きながら、土地と家畜の警備にさらに多くの人を雇った。この人々は『ヤンコフスキの臣民』と呼ばれるようになった。自らの『臣民』をヤンコフスキは『私兵』にし、彼が信用できると思っていた朝鮮人にしぼって募集した。『赤ひげ』を探し出し壊滅するために。最終的に彼らは、強盗の首謀者をすべて捕まえ『絶滅させた』[*13]」と報告書に書いている。その後数年間にわたりヤンコフスキと警官は夜毎パトロールに出かけたので、窃盗団が直接その地域を脅かすことはなくなった。

ユリウスは、ヤンコフスキの妻オリガも含めてこの家族に強い感銘を受けていたが、彼の心を奪ったのはオリガの年下の従妹ナターリア・クルクトワだった。堂々として強い精神力を持った、ブリュネットのこの若い女性は、西へ千六百キロメートル行ったブリヤートの端のバイカル湖近くのイルクーツクで育った。シベリア商人の孫娘でブリヤートの血が半分混じったナターリアが十三歳になった時に、父親が負債を抱え失墜し、肺結核で亡くなった。その後の三年間、従妹のオリガ・ヤンコフスキーとポーランド貴族である彼女の夫がナターリアを養育していた。

一八八二年十一月一日にウラジオストクのウスペンスキー正教教会で、ルター派のユリウス・ブリナーはナターリア・ヨシフォヴナ・クルクトワと結婚した。[*14] ユリウスは三十三歳だったので、実際十六歳のナターリアは子どものようなものだった。町のアパートメントからシジェミにあるブリナーの夏の別荘にはボートで移動した。ユリウスがアムール湾の岬に自ら設計した石造りの「ハネムーンコテッジ」で、夫婦は最初の夜を共に過ごした。

ユリウスとナターリアが結婚する一年前、奴隷の「偉大な解放者」であり、ロシア皇帝の中で最もリベラルだったアレクサンドル二世が、足元に投げ込まれた爆弾によって暗殺された。過去にも六度あった暗殺の試みは失敗に終わったが、今回は数時間後に悶え苦しみ息を引き取った。死の床には息子で後継者のアレクサンドル三世が立っており、十三歳の孫ニコライも隣で震えていた。皇太子の称号に昇格したニコライもまた、「全ロシアのツァーリ」にいつの日かなることが運命づけられていた。アレクサンドル三世は父親の殺害によって、ロシア帝国の統治においては、民衆が参加すれば必ず不幸を招くという信念を強めた。ロシアを統治できるのは絶対君主のみであり、外国には力を見せつけることでのみ国力を強化できるのだ。

十三歳の多感な皇子ニコライも、その目で見て学んだ、国民が皇帝を傷つけたり、殺害することすらあるということを。

一八八四年、ユリウスとナターリアに第一子が誕生した頃には、夫妻はスヴェトランスカヤ通りにある、スイスの山小屋を彷彿とさせるような持ち家に落ち着いていた。そこは町のエリート層が多く住む場所だった。都市の人口は八千人を数え、そのうち約半数がロシア艦隊勤務の水兵だった。わずか二十年で海軍の前哨基地は北米、フランス、スウェーデン、トルコ、イタリア、セルビア、ドイツ、デンマーク、スイス、イギリス、そして近くの日本、朝鮮、中国から来た人々が住む、国際的な町となった。しかし、今や義勇艦隊がロシア西部から定期的に運んでくる移住民はアムールとプリモーリエ地域に徐々に定住していった。陸路では多くのコサックがやって来た。彼らはロシア全土で法と秩序を維持するためにロシア政府によって選ばれた騎兵コサックだった。コサックの数は二百五十万に達し、極東ではコサック軍が人口の大部分を占め、移住農民やその他住民たちを騎兵によって警備していた。

ユリウスは、徹底的に効率よく仕事するよう努力をした。三世代にわたり伝えられた家訓がある。「空腹感を少し残したまま食卓から離れなさい」。こうした節制した考え方はスイス生まれのビジネスマンには当然で、彼の慎重な生き方を表している。

　ウラジオストク、日本、上海、ヨーロッパの間を貨物が双方向に流れ続けるよう、ユリウスはフェスコ社の船を貨物で埋めることができそうな事業に投資し、まもなく新たな事業を開始した。地域を見渡し、ユリウスは誰もが目にするものに目をとめたのだ。カラマツ、トウヒ、マツ、カエデ、トネリコ、カシ、シラカバなどの果てしない森、タイガである。彼は数か月のうちに木材事業を成功させる。それは貨物船の倉庫を満たしたのみならず、新しい雇用をも生みだしたのだ。木こり、貨車製造人、車大工、水車屋、縄職人、会計士など、すべてがユリウスの新しい事業に必要だった。同時に、彼は日本の北に位置するロシアの島で、囚人が送られていたサハリンの鉱山に投資した。その後、西に金鉱山のシェアを持ち鉱山学に精通し始めた。フェスコ社は大規模な産業や政府契約を扱っていた他、ユリウスの別の事業である木材や石炭も輸送していた。極東に長年住んだため、ユリウスはロシア国民の資格を得た。そのためにスイス国籍を失うことはなかったが、ロシア政府はこれ以後ユリウスをロシア人としてのみ扱ったのである。

　同時に、ユリウスは第一ギルド商人の称号を受けた。それは彼の資本全体を保障するものだった。十八世紀までにロシア社会は世界で最も明確に階層化が進んだ。一七六九年、ピョートル大帝の下で新しく「中流階級」の権利と地位をまとめた法律が採択された。都市市民は六つのグループに分けられ、そのうちの一つが商人だった。階級として、商人は富に応じて三つの「ギルド」またはクラスに分けられた。一万ルーブル以上の資本を持つ商人は「第一」ギルド、五〜六千ルーブルの商人は「第二」ギルド、千ルーブルは「第三」ギルドに属した。第一、第二ギルド商人は工業系企業や大規模な不動産を所有する権利を有し、刑罰を受けることはなかった。

ウラジオストクの人口と産業が劇的に成長するにつれて、都市は洗練されていった。ユリウスの事務所からスヴェトランスカヤ通りを横断してすぐの場所に、建築家のイワン・ガレッキーが二階建てのセントラルホテルを建てた。その後、一八八五年に三百五十席を有するヨーロッパ劇場を建て増した。それは、マダム・ガレツキー劇場として知られ、周囲千六百キロ圏内で唯一の劇場だった。一年のうちの大半は、町の通りはぬかるんで危険だったが、一八八四年に電話が開通してからは、もはや町中にメッセンジャーを派遣する必要がなくなった。ブリナー家の電話番号は十四だった。

事業の成長とともに、家族も大きくなった。第一子の乳児が死亡し深い悲しみに沈んだものの、ナターリアはその後の十二年間で三人の男の子と三人の女の子を無事に出産した。その結果、ブリナー家は二、三年に一度、冬の間に、より大きな家に引っ越しをした。夏はシジェミで過ごし、ナターリアはヤンコフスキ家の石の「要塞」を滅多に出ることのなかった従妹のオリガを訪れることができた。ブリナー家の三番目の子どもボリスは一八八九年九月二九日に生まれた。早い時期から聡明だったが、それは他の兄弟もそうだった。おそらく、ボリスが私にとって特別に映るのは、私の祖父だからかもしれない。

## 3

アレクサンドル三世の全治世において、シベリア鉄道の計画は、ロシアの帝国主義的野望を証明したのみならず各省庁の確執をも明るみにした（米国の国務長官や他の閣僚のように、大臣は国を「運営する」ために皇帝によって直接任命される）。十九世紀には「ロシアには閣僚がいるが政府がない」としばしば言われた。大抵の場合は閣僚間の際限ない紛議がその原因だったが、一八九四年のアレクサンドル三世の死後になってようやく鉄道建設が始まった。閣僚の紛争すべてが取るに足らないというわけではなかったが、統治についての意見の相違によるものが多かった。例えば、重大な決定は単に皇帝の意思に従うべきか、または経済的根拠に基づくべきか、など。読者の皆さんは、アメリカ「ワイルド・ウェスト」（西部開拓時代）と同じく、シベリア鉄道敷設の主な動機は利益を得るためだと真っ先にお考えになったかもしれない。しかし、極東ロシアがしばしばそう呼ばれる「ワイルド・イースト」の場合はそうではなかった。シベリア鉄道が利益をもたらすという望みはほとんどなかったので、期待できる資本投資事業ではないと見なされていた。簡単に言えば、シベリアに行く切符を買いに窓口に並ぶ人などいなかったのだ。

　しかし政府は、人々に選択肢を与えるつもりなどなかった。政府はロシア西部の農場や工業都市から、何百万人もの農民を東部の荒野、ツンドラ、タイガ地帯に移住させる計画をたてていた。実際、これは人口統計学における人類史上最大の権力行使だった。その目的は農奴解放後に西部にあふれた過剰人口を緩和することにあった。また、それは極東の「ロシア化」を目指すものでもあった。ウンテルベルゲル総督があからさまに説明したように、「この地域はロシア人のために掌握したのであり、黄色人種の植民地のために掌握したのではない」[*15]。鉄道に関して最も洞察力のある伝記作家スティーブン・G・マークスは「シベリア鉄道は、東に人口をもたらす目的で造られた」[*16]と的確な指摘をしている。そして彼は、「その住民を守るための軍隊も」と補足してもよかったかもしれない。

　シベリア鉄道はロシアを横断する鉄橋になった。ロシアがアジアを支配する軍事力を準備していたことも証明された。この鉄道によってロシア西部から兵士や物資を供給することで、アジアの小さな国家（中国の場合は機能不全の国家）を容易に圧倒できる。こうした重要な軍事的利点により、日本と戦争をする必要もなくなるかもしれない。鉄道が稼働し始めれば、ロシアの圧倒的な脅威だけで勝利を勝ち取るだろう。

ロシア帝国の誇りと野心は一八五五年のクリミア戦争の厳しい敗北からまだ回復していなかった。しかし、「一八八〇年以降、大国が血迷ったようにアフリカ、アジア、太平洋の植民地領土を増やすべく激しく戦ったが、それはひとつには利益のため、もうひとつは失墜するという恐れのため」[*17]と言われたのが帝国主義の時代だった。イギリスは一七〇〇年代から東洋を植民地化し、ドイツ、フランス、アメリカもそこに足場を持っていた。無限にいる地元の安価で従順な労働者を利用して天然資源を探し出し、奪っていった。

ロシアはまばらに人が住むシベリア地域を三百年にわたって支配したが、極東において唯一誇れる町はウラジオストクだけだった。ウスリースクやハバロフスクを含め北に町はあったが、他に大きな町はなかった。さらに悪いことに、この地域は地続きのロシアの一部であり、どこか遠く離れた植民地というわけではないので、この地に辿り着けず守ることもできないようなら意味がなかった。ウラジオストクはアジアに陣取ったヨーロッパ諸国に攻撃された場合は無力であり、その敗北は単なる植民地支配の敗北を意味するのではなく、ロシアの領土の喪失を意味するだろう。つまり、ウラジオストクは最初の三十年間で少数の市民によって開発されたが、その控えめな現実を遥かに超えた、戦略的・地政学的に大きな意味をすでに持っていたのだ。

この都市が長く生き残るには、最初から帝国政府がシベリア鉄道を敷設するか否かにかかっていた。一八八〇年代になると、奇妙なことにウラジオストクは何千キロも離れたカナダで開発された鉄道に脅かされているように見えた。イギリス政府によるカナダ太平洋鉄道の完成に伴い、イギリスから日本までの平均旅程は五十二日間（スエズ運河を通って東に移動）からわずか三十七日間（カナダを西へ移動）となった。S・マークスは「ロンドンはウラジオストクに対して力を集中させるために、この鉄道を活用することを見込んでいた」[*18]と述べている。

いずれにせよ、シベリア鉄道の建設は大胆な取り組みだった。巨大な計画の全貌を把握することは今でも難しい。ほぼ通行不可能な土地を約七千キロも横断しなければならない。自動車やトラックが登場する十年前のことで、おまけに何か月も凍結してしまう土地だ。見積もりでは、鉄道の西部と中央部だけでも、土を掘り運ぶ三万人の土木作業員を含めて八万人の人手が必要で（ブルドーザーなど当時はなかった）、加えて熟練の石工も必要だった。ロシアが所有する中国東部鉄道の一部が非常に離れていたため、一八九六年にロシアの閣僚は、鉄道の建設作業員とその家族が住めるように、完全なロシアの都市を中国に建設することを決めた。そのためにスンガリ河の川岸に場所を選び、ハルビンという場所に数戸の住宅を建設した。一九一〇年頃には、四万四千人のロシア人と六万人の中国人が住む町になっていた。

鉄道敷設のために特別な商船隊もつくられた。六百八十万トンの鋳鉄が必要で、何百という多くの鉄道橋を造るために鍛錬された鋼鉄がアメリカから輸入された。レールの多くはイギリスの工場からロットで六千本（二十五キロ分の量）ずつ配達され、はしけ船に積み込まれた（時にはその重量に沈んだ）。車両は三万両以上、機関車は千五百以上必要だった。

「シベリア鉄道の父」として記憶されているのは、皇帝アレクサンドル三世ではなく、聡明で洗練された閣僚セルゲイ・ヴィッテである。ヴィッテは、鉄道事業局長官を経て運輸大臣、財務大臣になった。大規模な計画のすべてを理解し、完成まで責任を持つ立場に立たされた。実際、シベリア鉄道の建設は、ヴィッテの長年にわたる全ロシア経済政策の主要政策だった。彼が就任する前は、閣僚が計画にかかる膨大な費用について議論していたが、ヴィッテは自身の権力と威信によって、いかなる費用がかかってもロシアに利益をもたらすと主張した。通商の可能性だけが「経済帝国主義」を達成することができ、軍事力ではなく通商政策によってアジアを征服することができるのだ、と。

長身で頑丈なヴィッテは「斧で乱暴にけずってつくられたような」体つきをしており、曲がった鼻は……ミケランジェロの肖像画にある種似ている」[*19]と前ロシア外務大臣イズヴォリスキーは書いている。カボチャの形をした頭に言及している人もいる。アメリカ上院議員のアルバート・ベヴァリッジ（インディアナ出身の恥知らずな帝国主義者）[*20]は、ヴィッテの目は「リンカーンの目について読んだことを思い出すほど、忍耐と疲労が表れている」と語った。歴史家のジョン・アルバート・ホワイトは、財務大臣としての「ヴィッテの計画が国家予算の大部分を飲み込んでしまったので、彼が権限を握ることで大多数の人間の生活に大きな影響を及ぼし、国家の君主に匹敵する人物になった」と書いている。またイズヴォリスキーは言う。「十年間、ヴィッテは帝国一億六千万人の住人の真の支配者だった」。

皇帝アレクサンドル三世のもとでヴィッテが行ったある決定が、この歴史的計画の実現を効果的に保証することになる。一八九一年、ヴィッテは二十三歳の皇太子ニコライをシベリア鉄道委員会の初代会長に任命した。政府のある人物が言ったように、ヴィッテはこうして未来の皇帝に「主導権を持たせるための糸口を見出し」、それによってニコライに「取り入る」ことに成功したのだ。実際、この仕事はニコライが大人の世界で最初に取り組んだものであり、権威と名誉あるリーダーシップがあれば、どんな困難が起ころうともこの事業を決して放棄できないことをヴィッテは知っていた。

一八九一年五月十二日、皇太子ニコライはウラジオストクを訪問したが、こうした行事は新興都市にとっては大きな意味を持ち、結果的にはニコライ自身にとっても、国をひとつにまとめるためにも重要だった。次の皇帝が本当にこの地域に関心があることを世界に示すことになったからだ。もちろん、ユリウス・ブリナーをはじめとした町の創始者たちに歓迎された。（ある現代の鑑定によると）百二十八分の一しかロシア人の血が入っていないニコライは、百パーセントスイス人であっても、皇帝の民であるロシア市民のユリウスとドイツ語で話をした。

皇太子は日本を訪問してからこの地へ来た。日本では、刀を振り回した襲撃者によって暗殺されるところだった。ニコライは頭部を切り付けられ、この事件は当然皇太子を苦しめた。そしておそらく、当時の貧弱なウラジオストクの町の姿にニコライは感銘を受けなかっただろう。裕福な家はいくつかあったものの、町は依然として住民の多くが今にも倒れそうな家屋に住む遠隔地の海軍港だった。伝記作家のロバート・マッシーによれば、皇太子はウラジオストクを「泥だらけの未舗装の通り、むきだしの下水道、塗装されていない木造住宅、中国人と朝鮮人が住む泥造りの小屋が群がっている陰気な辺境の町」[*21]と見た。翌日、ニコライはウスペンスキー大聖堂で行われた感謝の祈禱式に出席した。数日後の五月十九日に、ユリウスと町の創始者たちは、タイガーヒルの傍を通って金角湾近くのアレウツカヤ通りまで皇太子を護衛した。マッシーは書いている。「祈禱式が終わると皇太子はシャベルを持って手押し車に土を入れ、数メートルを歩き、未来の鉄道の土手にその土を空けた。その後すぐに左官ごてを手にとり、ウラジオストクの鉄道の駅に最初の石を据え付けた」。その瞬間、ウラジオストクは正式に世界最長の鉄道の終着駅となった。自らの手で石を置くことで、ニコライは帝国の名誉にかけて鉄道の完成を誓ったが、代償を支払ったロシア国民にはほとんど利益をもたらさないだろう。極東の心臓部に軍事的な脅威を投じる間に、一方では敵に対してロシアの軍事力を阻止するための準備期間を与えていた。

この駅に初めてシベリア鉄道の列車が入るまでに数十年が過ぎ、時刻表通りに列車が運行し始めるまでにはさらに数十年を要した。ニコライの権威と密接に結びつくこの計画は長期的に費用がかかり、しかもそのことを知ったのははるかに後の歴史家だけだった。マルクスは書いている。「ヴィッテの出費は予算を赤字に陥れたので、税金を引上げざるを得なくなり」、そのために「ロシア国民に多大な犠牲」を強いることとなった。その負担によって、トロツキーが一九一七年ボリシェヴィキ革命の「ドレスリハーサル」と表現した、一九〇五年の革命につながるロシアの悲惨な状況が深刻度を増した。

アレクサンドル三世が一八九四年に病死すると、ニコライは皇帝になった。父の葬儀の一週間後、ニコライはヴィクトリア女王の孫娘アレクサンドラと結婚した。アレクサンドラは姉に向けて、「今日、親愛なるお義父様を弔い、謹んで喪に服したかと思えば、次の日には豪華な衣装で結婚式を挙げるなんて……あり得ないコントラストだわ」と書き送っている。

三年後、ニコライ二世とユリウス・ブリナーは共に、別の事業でより密接に関係し、この帝国に不幸な結果をもたらすことになる。

一八九〇年頃には、ウラジオストクは十分に満ち足りた生活を送ることができるぐらい文明化されていた。町はゴールドラッシュの後のサンフランシスコに少し似ていて、何の色にも染まっていない都市の社会基盤に洗練された文化が組み込まれていった。他の植民地国家は、既存のアジアの都市にヨーロッパ的な場所を接ぎ木しただけだったのに対し、ウラジオストクの建築家たちは、最初に造った主な建築物で町全体に紛れもないヨーロッパの雰囲気を表現することに成功していた。これまで極東にそうした場所はなかった。それは今でも同じだ。

ユリウス・ブリナーをはじめ、町の創始者たちは、都市の文化的な生活を豊かにするために絶えず力を注いでいた。彼らの脳裏には、ウラジオストクが丸太小屋ばかりの未開の町から始まったことが鮮明に焼き付いていた。今やスヴェトランスカヤ通りとアレウツカヤ通りには、石造りの建築物が立ち並び、三階建ての最新の建物もあった。マダム・ガレッツキー劇場（金角湾劇場とも呼ばれる）は、太平洋地域の音楽家や歌手はもちろん、モスクワやサンクトペテルブルグから有名な俳優を呼ぶようになった。

皇太子ニコライがウラジオストクを訪れる一年前の一八九〇年十月、アントン・チェーホフがこの地にやって来た。当時はまだ三十歳で、人間の魂を探求するロシア文学の新進気鋭の作家として名を馳せていた。チェーホフの作品は、甥のミハイルとコンスタンチン・スタニスラフスキーの指導のもと、舞台で光を放った。チェーホフは医師免許を取得しており、医師として、すでに何十年も存在していたサハリン流刑囚収容所の調査旅行を成し遂げたのだった。[*22] まさに英雄的な人道的調査だった。公表された旅の報告は多くのロシア人にとっても新しい発見となった。

チェーホフはヨーロッパロシアへ帰る道中で、とりわけウラジオストクに行くことを望んだ。彼は一八三三年から発行されていたウラジオストク新聞をモスクワで定期購読していた。ちょうどこの時代、アメリカで開拓時代の西部が東海岸に住む人々を惹きつけたように、ロシアでは極東が大都市住民の想像力を強く掻き立てていたのである。

チェーホフは四日間の滞在中にウラジオストク新聞の編集部を表敬訪問し、タイガーヒルから見えるアムール湾の眺めを楽しんでいた。また、ブリナー家でユリウスと一緒にお茶も飲んだ。[*23] アムール地方研究協会の博物館（現在の沿海地方国立アルセーニエフ博物館）の定礎式にも参加した。この協会は一八八四年に設立され、この地域の動植物、民俗学、歴史に着目した最初の組織になった。協会の博物館には標本のコレクションが保存されており、今日までアムール地方の自然史を人々に伝えている。ユリウスは協会の終身メンバーで重要な支援者だった。ユリウスは私財を投じて植物種の精巧なカラー印刷物の制作にも貢献した。印刷は優れたドイツの印刷所で行い、ロンドンの王立植物協会にも劣らないものだ。

二か月後、チェーホフはロシアに戻り、しばらくしてから兄のアレクサンドルのもとを訪れている。その時に初めて、生まれたばかりの甥ミハイルを目にした。四十年後、ミハイル・チェーホフ〔のちに米国の演劇界で有名になるマイケル・チェーホフのこと。以下本書ではマイケルとする。〕はブリンナー家の遍歴（オデュッセイア）で決定的な役割を果たすことになる。

ユリウスはウラジオストクの文化や教育の発展に資金を投じるだけでなく、時間も費やした。長年にわたる投資と準備を経て、一八九九年、アジア研究を中心としたロシアの主要学術機関となる東洋学院

（現在の極東連邦大学）が設立された。この学院はすぐさま、東洋学を専門にする野心あるロシア西部の研究者たちを引き付け、中国、日本、モンゴル、チベット、朝鮮の歴史などを教えた。学生は英語、中国語、およびその他アジアの言語を習得する必要があった。創立最初の年からユリウスは奨学金委員会の委員長を務め、奨学金基金に惜しみなく資金を投じた。彼の子どもたちはウラジオストクの中・高等学校（ロシアではギムナジアと呼ばれる）に最初の生徒として通っていた。そこでは男子は西欧の大学入学を、女子は事務系の仕事に就く準備をした。

地元に住んでいたエレノア・プレイのおかげで、この地域の住民の日常生活を豊富に記した雑誌が英語で読める。プレイ夫人はメイン州で生まれたが、一八九四年に夫と共にウラジオストクに移り住んだ。裕福なドイツ人のゴールデンシュテット家からデ・フリーズ半島の別荘を借りて夏を過ごした。そこはシジェミによく似ており、町から南に四時間の所にあった。一年を通して、夫人は生活のあらゆる側面を記録しては、アメリカの家族にほぼ毎日手紙を書いた。ゴールデンシュテット家の農場は、牛肉、豚肉、七面鳥、ガチョウ等の様々な種類の鳥肉、ミルク、バター、サワークリーム、ジャガイモ、キャベツを町に供給していた。また、牡蠣、カニ、魚もあった。さらに酢キャベツやジャム（桃、ラズベリー、クロスグリ、リンゴ）、マーマレード、酢漬けと塩漬けのピクルス

クンスト・アンド・アルバース商会（1882 年竣工）

などの瓶詰めも作っていた。夏の家でお祝い事がある時には、「鮭の冷製マヨネーズ和え、魚のゼリー寄せ、牛肉ソーセージ、卵のマヨネーズ和え、チュプチュプ〔南米産のフルーツ〕、デンマークサラダ、ポテトサラダ、茹でた熱々のジャガイモ、グレイビーソース、西洋わさびとキュウリ、レタス、ラディッシュから作ったソース、大黄から作ったゼリー、アイスクリーム、コーヒー」などが振る舞われた。一九〇〇年一月、プレイ夫人は次のように書いている。「一昨日ブリナー家で夕食会が行われて、ハンセン夫人がそこのダイニングルームの話をしてくださったの。その素晴らしさと言ったら！　我が家の客間四つ分の大きさで、大きな窓がひとつあるほか、天窓があるのよ。周りには細い回廊があって、椿や色々な植物でいっぱいなのよ」[*24]。

ウラジオストクの「クンスト・アンド・アルバース」は、まさに巨大な百貨店になっていた。一八九三年には、町で最初に電灯を使用した建物になった。目新しい蒸気発電機を使い自社で電力供給をしていた。そして、アジア初のエレベーターが設置されたのもこの場所だ。裕福な客はここで多くの製品、紳士用品、金属製品、馬具、書籍（アカデミー版を含む）、ピアノやその他の楽器、宝石類を買うことができた。大金持ちであれば、「クンスト・アンド・アルバース」を通じて何でも注文することができた。

## 4

ブリナーの子どもたちが毎年夏を過ごしたシジェミ半島は、当時は「隠者王国」として知られていた

47歳のユリウス・ブリナー（1896年）

朝鮮の北部国境からわずか五十キロの場所にある。ユリウスは極東ロシアの基盤を更に強化することができる事業を求めて、木材資源の調査をするために朝鮮北部へ代理人を送った。そして、豊かな資源を鴨緑江と豆満江沿いに発見した。その地域は使用権を与えてもらうよう朝鮮の王を説得するだけで済む場所だった。そこでユリウスは当時まだ分断されていなかった朝鮮の首都ソウルに長期出張で出かけた。

一八九六年には日本が朝鮮を占領支配し、西に隣接する満州はロシアの支配下になった。李氏朝鮮王の高宗は優柔不断で小柄な指導者で、権威が不安定だったため命の危険を感じていた。数年前には妃の閔妃が日本公使らに暗殺されていた。日本による朝鮮の「保護化」が宣言された後に、日本支配に反対する彼女の陰謀を阻止するためであった。当時、自らの命を危惧しながら、高宗はソウルのロシア外交使節に保護を期待していた。

一八九六年八月二十八日、ユリウスは第二十六代朝鮮王の高宗と面会する（高宗は帝国がないにもかかわらず翌年に皇帝宣言をした）。朝鮮北部の鴨緑江と豆満江周辺の約四千七百平方キロメートルの土地で、ユリウスの新しい朝鮮木材会社が森林を伐採する権利を朝鮮が与えるという合意書に調印した。[*25] この地域を押さえれば、朝鮮半島全体を戦略的に統制することができるほど広大な地域である（この合意書の翻訳は付録参照）。さらに、この合意には「道路や馬車鉄道の敷設、河川の清掃、また、住宅、工房、工場の建設のために必要なことは何でもできる権利、また、会社は豆満江のロシア側の岸でも朝鮮側の岸でもより利便性の高い方に木材加工のための蒸気式製材所を造る」という権利も明記されている。もし「赤ひげ」から作業員を守る必要性があると判断する場合には、この土地に治安部隊を連れて来る権利も暗黙のうちに有した。この文書のほぼ四分の一は、「林業の正しい管轄区分と森林の開発」に充てられている。この契約書の最後の条項では、ユリウスに「この契約を信頼できる個人または団体に譲渡する」ことが認められている。代わりに高宗（李太王）は、ウラジオストクのアレウツカヤ通りとスヴェトランスカヤ通りの角にあるブリナー事務所を本部とするこの壮大な事業の純益の四分の一を受け取ることになった。

朝鮮王との交渉はロシア大使館で行ったので、もちろんユリウスはロシア帝国政府が最初から彼の森林伐採権に関して認識していたことを知っていた。一方、セルゲイ・ヴィッテが個人的にユリウスの活動に関心を持ち危惧を抱いていたことは、疑うことはあっても確実には知らなかった。ロシア帝国財務省官房長ピョートル・ミハイロヴィチ・ロマノフは、ソウルの公使の一人であるポコチロフに、スイス生まれのロシア商人が朝鮮で行う活動がわかるものを全て報告するように要請した。ポコチロフは四ページにわたる木材契約書の全文を送り、「ブリナーの努力は完全な成功を収めた」と付け加えた。[*26] さらに、約一か月にわたるソウルと仁川（インチョン）の訪問期間中について次のように報告している。

ブリナー氏は、我が国の太平洋地域と朝鮮の関係活性化に関わる問題を非常に緻密に調査しました。良心に従って言うならば、事実この件に関して、彼のように優れた洞察力があり、向学心に溢れた人物に会ったことがありません。その上、木材事業の他に、朝鮮からウラジオストクに米を輸入することができるのか、真剣に関心を寄せているように私には思えました。さらに、ブリナー氏はこの地に灯油を輸入することにも大きな注意を払っていました。現在のところ灯油は日本人だけがここへ供給しており、しかも独占的にアメリカの灯油です。こうした目的をもって、ブリナー氏は仁川の新しい知人の、ある人物に、この港で貯油タンクを設置するための場所を探し、購入するよう委任したのです。

ユリウスを監視する任務を任された公使は、ウラジオストクのビジネスマンの先見の明に魅了されていた。

ブリナー氏の朝鮮における活動に関して閣下にご報告いたします。敢えて申し上げますと、この地とウラジオストクの間に直接的な通商関係を結ぶというブリナー氏の努力は、財務省に好意的に迎えられるものと思われます。また、ロシア政府の観点から見ても間違いなく歓迎すべきこの活動において、氏は閣下のご鞭撻によりますます精励することでしょう。今年の十一月にブリナー氏はロシアに帰国し、ペテルブルグを訪問する予定です。必ず閣下にお目にかかることを私は確信しております。

公使はまた、いささかの不安を感じながら、ユリウスの租借地をめぐって「日本と親日の英国マスコミ双方が、ロシアが朝鮮の北部地方に政治的影響を拡大しようと目指す、ロシアの新しい方策だと解釈し」、警鐘を鳴らしていると報告している。したがってこの時から、鴨緑江使用権に関するユリウスの計画に日本が関心を寄せており、サンクトペテルブルグの帝国政府はそれを認識していた。朝鮮の地図を一目見ればわかる。鴨緑江と豆満江はともに、アジア大陸から朝鮮半島全体を事実上切断してしまう。そして、「必要なことは何でも」できるようにするユリウスの契約は、ロシア軍のすべての部隊を日本の統治下の約四千七百平方キロメートルの領土に移動させることを正当化する可能性があった。

ウラジーミル・グルコは、一八九七年にサンクトペテルブルグの皇帝官房で働いていた。ユリウス・ブリナーが十一月に帝都を訪問したこと、さらにその重要な結果について数年後に書いている。「我が国が旅順を統治する前に朝鮮で活動を展開していた時、ウラジオストクの商人ブリナーがペテルブルグに到着し、彼が持つ、鴨緑江から豆満江に及ぶ朝鮮北部全体の広大な森林開拓地の使用権を政府に売却する旨の申し出があった」[*27]。ユリウスは、ロシアのロスチャイルド銀行の代表で、ヴィッテが指名した顧問のロテシュタインと会ったが、彼は興味を示さなかった。さらなる使用権購入者を求めて、ニコライ二世の私設顧問アレクサンドル・ミハイル・ベゾブラーゾフと面会する。ベゾブラーゾフは、近衛騎兵連隊の退役軍人で、よく知られた株式投機家でもあり、父親はペテルブルグの裕福な地主貴族団長だった。仲間のヴォンリヤルリヤルスキーによれば、ベゾブラーゾフの性格を「想像力が優り、気まぐれに熱中しては病的に渇望するアンバランスな能力」[*28]と描写している。

ブリナーと朝鮮皇帝の契約に関しては、グルコが次のように回想している。「ベゾブラーゾフはこの件に関して詳細な報告書を作成し、……皇帝に提出することができた。この報告書でベゾブラーゾフはブリナーの租借権を動産として獲得するようニコライ二世の説得に努めた」。一方で、財務大臣ヴィッテは、シベリア鉄道建設で膨れ上がった国家予算の赤字を考慮しながら、ニコライ二世にブリナーの森林租借地に関与しないよう助言していた。

ニコライがブリナーの租借地を利用することに賛成する多くの論拠があった。歴史家のホワイトが言及しているように、租借地の場所そのものが「戦略的に重要な鍵となっている。……それは、朝鮮北端を横断して広がる四千七百平方キロメートルの地域である」[*29]。ベゾブラーゾフは次のように指摘している。（鴨緑江と豆満江流域を分かつ）山脈は「日本の侵攻から租借地を守る自然の盾」となり、また、中国から獲得したばかりの旅順や大連といった西の港町も守ってくれるだろう。そうなれば、ロシアが満州を支配し、別の新しい鉄道を敷設することができる。朝鮮人は、日本支配よりもロシア支配を明らかに好んだ。日本人とは争いの歴史なのだ。

ニコライは相変わらず計画に無関心だったが、グルコは書いている。ベゾブラーゾフは「ブリナーの租借地に調査団を派遣するよう皇帝を説得し」、皇帝官房の指導で行われ、ニコライの個人資産から資金調達がなされた。「陛下は商人ブリナーの森林伐採権を条件付きで買収する契約書に調印することを納得して指示なさった」[*30]。十九万八千キロの困難な遠征と皇帝の動産契約は、ニコライにとってこの問題が重要案件になったことを示していた。調査団がこの遠征から戻った時、「彼らが調査した地域の豊かな自然に関して、また、満州を獲得している日本から戦略的に防衛できる地域の重要性（彼らは詳細な地形測量を持ち帰った）に関して興奮して語り、ニコライ二世の関心を大いに刺激した。もちろん、ベゾブラーゾフはこの関心を熱烈に支持している」。結果として、一八九八年五月十一日、ブリナーの租借地はネポロジュネフの名義で陛下の個人資金により購入された。もっとも、それは極めて控えめな価格で六万五千ルーブル（現在の価格で六十五万ドル）だった。

鴨緑江の件で、ユリウスに一体どのような動機があったのだろうか。極東中を行き来し、賢明で洗練されたこの男が、朝鮮王高宗との契約が持つ戦略的意義に気づかないわけはなかった。しかし明らかに、当初ユリウスの申し出に関心を示さなかった帝国政府の工作員として行動したわけでもなかった。ユリウスは契約金を受け取るために力を注いだのだろうか。最初から皇帝に租借地を売却する目論見だったのだろうか。または、他の投資家の興味を引くかもしれないと期待しながら、単にサンクトペテルブルグに政府の承認や支援を求めに行ったのだろうか。操り人形の朝鮮王が署名した一片の契約書のために、ニコライ二世からユリウスに莫大なお金が支払われた。しかし、ユリウスは貪欲さよりも思慮分別の勝った人間として知られており、彼の仕事が他にどのような作用を及ぼすのかを軽視したことはなかった。ユリウスは日本に住んだ経験があり、もし日本人がこの売却をロシアの挑発行為だと理解した場合、ユリウスが過去二十年間で築いたすべてのもの、つまり家族、事業、ウラジオストクの町、こうしたすべてを脅かす戦争がこの地域に起こるかもしれないと、間違いなく理解していたはずだ。ロシアが日本から朝鮮を奪う手助けしようなどと、ユリウスが当初から秘かに計画していただろうか。

私が研究をすすめる過程で注目すべき文書が明らかになった。この文書でユリウスは朝鮮の森林に関心を持った動機を自ら説明し語っている。ロシア国立歴史文書館で最近発見された、一八九七年五月付の三千文字の原稿は、潜在的な投資家と政府関係者のために朝鮮の価値が記述されている本人談である。この文書でユリウスはニコライ二世に鴨緑江の租借権の提案をした。

私は二十年にわたって極東で木材貿易を含めた通商に携わっておりますが、朝鮮北部の森林に注目しております。この国がヨーロッパ貿易に開かれる随分前に、中国の煙台市や天津市の市場に既に大量の太い丸太があり、その大きさで旅行者を驚かせていたのです。それは鴨緑江から運ばれてきた木でした。

日当たりの悪い、繁った森でしか育たない高価な朝鮮人参の根は朝鮮北部に多く見られ、その根を発見したことで、何百年も続く森林資源への関心と、投機の可能性について見通しを立てました。

その後、京都のとある神社で、チークによく似た素晴らしい木製の柱を偶然目にしたのです。私はウルルン島で採られたに木材だと知りました。そこの森林資源については後により詳細な資料を取得しました。[*31]

ユリウスは、七年前に日本の木材価格が五十パーセント上昇したと説明している。従って、彼は「豆満江沿いの木材の状態に関して信頼性の高い価値ある情報を収集し」、森林使用権を得るために、ソウルにいるロシア人代理人を通して朝鮮政府との交渉を始めた。「後になってから鴨緑江とウルルン島の所有者が、日本と中国の市場で豆満江取引の手強い競争相手にならないように懸念しつつ、私は朝鮮の三か所すべての森林の使用権を獲得するよう努め、成功した」、とユリウスは付け加えている。明らかに鴨緑江は、豆満江における木材加工計画に補足的に加わったのだ。そして、日本人が顧客になることを期待していたのであって、決して戦争を予期していたのではなかった。

ユリウスは労働者に対する軍事的脅威を予期していなかった。「時おり住人を脅かす唯一の脅威は、略奪目的で襲ってくる中国人浮浪者（主に脱走兵）です。しかし通常、一人か二人のヨーロッパ人がこうした浮浪者を離れた場所から監視している」と書いている。ユリウスは利用できる木材の種類と輸送方法を考えると同時に、この地域の木材とアメリカ産木材の価格と品質の市場比較を行い、詳細に分析していた。こうした行動はすべて、何か不都合な動機を隠そうとしている男の、見せかけの行動とは思えない。

明らかにユリウスは政府の協力を得て有益な木材事業を確立することを望んでいた。実際、皇室の承認がなければ、この計画に必要な莫大な資金を調達することは困難だっただろう。シジェミの私有地は豆満江から丸一日かかる場所にあるので、ロシアの国境警備隊がこの夏の家をあらゆる中国人や朝鮮人の襲撃から守ってくれるように、また、ロシアの治安部隊が森林租借地に配備されるように当初ユリウスは期待していたかもしれない。

ユリウスが「フリーランスの工作員」として活動していたという事実は恐らく考えられないが、歴史家のホワイトは次のような仮説をたてている。「すべての事柄から判断すると、ブリナー氏はロシア公使斡旋の下に租借地を得ているので、政府筋との関係は密接である。さらに、租借地を獲得した時、国境委員会に勤めていた。……それが政府の政策でないにしろ、最初からブリナーの租借地は政界と密接に繋がっていたのだ[*32]」。

ユリウスは鴨緑江計画の政府承認を得るためにサンクトペテルブルグに行く予定を常に立てていた。ペテルブルグ行きの予定は、ユリウスが朝鮮王と合意を取り付けた数週間後に、ヴィッテの諜報員ポコチロフが財務省に送った書簡の中で触れられている。この租借地がヴィッテの経済帝国主義の心に訴えることをユリウスが期待していたのは間違いない。結果として、ロシア産業が「合法的に」朝鮮領土を支配下に置くことになったのだ。ヴィッテも、最初から政敵だったベゾブラーゾフとこの計画を連繋させていたが、ユリウスの申し出を断った後、次第に考えを変えた。アレクサンドル・ソルジェニーツィンは言う、「ヴィッテは再び自己矛盾を感じながらも、満州の併合さらには朝鮮の森林租借権にも合意したのだ」[*33]と。

しかし、ブリナーの租借地購入にあたって、ニコライ二世には一体どのような思惑があったのだろうか。ソルジェニーツィンによれば、ベゾブラーゾフは「朝鮮におけるロシアの商業的事業、特に森林租借地は素早い財政利益をもたらし、東は経済的に自立する」と言って皇帝を説得した。しかし、ロシアの大地に広がる広大なタイガを考慮に入れると、これだけでは説明不足だろう。さらに皇帝はブリナーの租借地の戦略的な立地条件にも関心を露わにしていた。ユリウスが独自に鴨緑江沿岸に行き、綿密に日々記録した動植物に対する興味はなかった。租借地購入におけるロシア政府の関心は、森林そのものではなく、この地域を奪取するためのうすい隠れ蓑にすることだった。

ホワイトが概説したように、ベゾブラーゾフの計画は、「ブリナーの租借地がイギリスの東インド会社をモデルにした半公式の『東アジア会社』いう組織によって運用されることだった。この会社は配当について懸念するのではなく、むしろ帝国の利益に専念するべく管理、運営されねばならなかった。同社は地方自治体とロシアの極東政策全体を統制するだろう」[*34]。

この取り決めを行ったベゾブラーゾフに影響力があったことは誰も疑いはしないが、この案件で彼にどのような利益があったのだろうか。グルコの言葉を信じるなら、ベゾブラーゾフは「壮大な夢に惑わされていた。皇帝の顧問を務めるということが、彼の想像力を奪い、自分が国家政策の極めて重要な問題に影響を与えるかもしれないという考えが、彼の弱い頭を曇らせ、国が置かれている状況が全く見えなくなっていた。ロシア、ひいてはアジア全体の覇権という妄想が彼の目には映っていたのかもしれない」[*35]。

それはまさに日本を警戒させた野心でもあった。ヴィッテの経済帝国主義とは全く対照的に、ベゾブラーゾフは、ロシアが極東で軍事力を発揮し、「黄禍論」に対して帝国政府が圧倒的支配を誇示せねばならないと皇帝を徐々に説得していった。ニコライに対するヴィッテの影響力は、シベリア鉄道建設による国家財政赤字の増加とともに弱まっていった。その時の超過費用は百五十パーセントに近づいていた。ヴィッテの声が弱まるにつれて、ベゾブラーゾフの声はニコライの耳元で強まっていった……戦争のドラム音と共に。

続く数年、義和団の乱の間に、外国人虐殺がその地域のすべての実質的な発展を妨げていたなかでも、日本は朝鮮問題に関するロシアの意向を見きわめようと努めていた。グルコは書いている。「日本の伊藤博文は、ロシアが朝鮮北部の租借地を獲得したという知らせを受け」、日本は人口増加の結果、大陸の領土を必要としていると明言した。「伊藤曰く、こうした大陸の一部というのは朝鮮であり、特にその北部であると」[*30]。そこは人がほとんど住んでおらず、日本人の大規模な移住が叶うだけの土地があるからだ。伊藤はスエズ運河経由で八週間以上かけてサンクトペテルブルグを訪れ、そこで数日間待ったが、帝国政府の誰も伊藤と会って話そうとはしなかった。ニコライ政権の意図がどのようなものであろうと、長期的に見ればロシア外交の臆病で不名誉な失敗であり、その代償はあまりにも大きかった。

ヴィッテは自ら極東に視察に出向き、一九〇二年十月、ウラジオストクを訪問した際にユリウスを含む事業主や市民団体の主導者と会った。ヴィッテは特にロシア極東に拠点を置く外国企業の増加に懸念を抱いていたため、外国人に対する自由港の特権を取り払った。そもそもユリウスはその特権のために日本からやって来たのだが。しかしその時は、ユリウスは既にロシア国民だったので、おそらくこの決定を支持しただろう。

明治天皇は依然としてロシアと何らかの合意を模索していたが、状況はますます不穏になっていった。遠からずシベリア鉄道が操業を開始すれば、理論的には数週間でロシア連隊を東に派遣することができるが、この時点では世界最大の淡水湖であるバイカル湖周辺の迂回路はまだ開始されていなかったため、軍隊や乗客は依然として船で湖を渡ってから再び鉄道に乗り換えなければならなかった。さらに、東清鉄道（その名前にもかかわらず完全なロシア企業だ）がちょうど満州を越えて南の旅順まで進んだばかりで、この鉄道のおかげでロシア軍は鴨緑江から一・六キロ以内のところに駐留することができた。一九〇三年、森林租借地が稼働し始めた。これは日本から見ると最も脅威的であった。朝鮮王と交わされたユリウスの契約にしたがって、武装した警備隊が正当化されたからである。

この頃には、ニコライ二世の自信のない手はベゾブラーゾフの帝国主義的野心に直接影響を受けていた。ベゾブラーゾフは一九〇三年一月に旅順を訪れ、皇帝の個人基金から二百万ルーブル（今日の価格で四千万ドル）を「皇帝公認使用で」調達している。彼はまた、「満州のロシア軍および企業の長官を支配下に置き、満州とその周辺の統治権を極東の管理下に再編成する」計画をしていた。それは文字通り、代理王国または疑似独立君主制である。ベゾブラーゾフは出世主義者に見られないように、関東州の提督アレクセーエフを総督の候補者になるようそそのかした。グルコによれば、「野心に引き付けられたアレクセーエフはベゾブラーゾフに賛成し、鴨緑江租借地問題で彼を支えた」[*37]。

ある時点でペテルブルグは後退し、アレクセーエフにロシア軍隊を南満州から撤退させるよう命じている。驚くべきことにアレクセーエフは従わなかったが、ベゾブラーゾフはニコライ二世に対して、極東のロシア軍の数を三万五千人に増強する必要性を説くのみならず、鴨緑江の租借地に直接進むために、騎兵隊を五千人動員することまで提案している。さらに、ベゾブラーゾフは「赤ひげ」（おそらく、その中には、百六十キロ北西にあるシジェミで二十年前にヤンコフスキの「抗争」を生き延びた中国人盗賊もいた）を使って武装兵士団を結成し、資金提供をした。そして、その地域を偵察する日本軍を襲うために彼らを朝鮮に送り込んだ。陸軍大臣クロパトキンはこうした権限譲渡に激怒したが、ベゾブラーゾフに対する皇帝の信頼を揺り動かすことはできなかった。まもなくニコライ二世は決議し、アレクセーエフ提督を極東ロシア総督に任命した。さらに、極東に関連する事柄をすべて担当する新しい特別委員会をペテルブルグに設立し、他ならぬベゾブラーゾフをその委員長に任命した。

マッシーは日露戦争に火をつけたこの出来事を見事に要約している。

日本は朝鮮を国家の安全保障にとって必要不可欠なものと明確に見なしていたが、ロシアの策謀家たちが朝鮮を盗む決議をした。彼らの計画は民間企業の「鴨緑江木材会社」を設立し、労働者として偽装したロシア兵を朝鮮に移送することだった。もし問題が生じた場合、ロシア政府はいつでも責任を放棄することができる。成功した場合は、帝国は新たな県を獲得し、そこで巨大な経済租借地をせしめるだろう。財務大臣ヴィッテはこの危険を顧みない政策に断固反対した。しかし、ニコライは元騎兵将校ベゾブラーゾフという策士に感銘を受け、この計画を承認した。一九〇三年、ヴィッテは閣僚を辞任した。[*38]

日本はロシアが満州を占領したことに激怒し、東京、京都、横浜では大規模なデモが行われた。ユリウスが七年前に朝鮮王と契約調印して以来、鴨緑江の租借地に関する世論が沸き立っていただけになおさらであった。もし、日本が朝鮮に何らかの権利を有するという不合理な前提を許容するなら、確かに日本はロシアの挑発に対して非常に忍耐強かった。この頃には、日本の軍部は戦争を計画し、多くの若者が軍隊に駆り立てられた。それはロシア全土でも同様で、ユリウスとナターリアの長男レオニードは十九歳でサンクトペテルブルグ大学に在籍し、起こり得る戦闘義務に直面する軍務候補者だった。

一九〇四年のはじめ頃には両国で戦争の準備が加速した。総督アレクセーエフは、満州全域で軍隊を動員し、鴨緑江に前進させるための許可をペテルブルグに求めた。それでも皇帝は日本の帝が退却することを完全に期待していた。一九〇四年二月一日、冬宮の晩餐会でニコライ二世は「戦争は起こらない」と宣言した。

しかし、二月六日、ロシア軍はユリウスの租借地から鴨緑江を渡り、北朝鮮を侵略した。数時間のうちに日本はロシアとの外交関係を断ち切った。

二月八日の晩、ユリウスとナターリアは、東京から来た公式代表に敬意を表して町の有力者によって主催されたウラジオストクのパーティーに出席していた。[*39] 翌日の電報によって、日本が旅順の港内にいたロシア海軍に対して意表をついた雷撃を行い、戦艦二隻と巡洋艦一隻を駆逐したことが明らかになった。翌日、日本艦隊はチェムルポ（後の仁川）の港湾でロシア艦隊に攻撃をしかけ、ロシア人乗組員は自分たちの船を沈めざるを得なかった。二週間後、別の駆逐艦が旅順の出口付近で沈没した。ロシア司令官ステッセリは、彼の護衛隊に「信号を送る疑いのあるすべての中国人[*40]」をその場ですぐに射殺するよう命じた。その命令の後、「民間の中国人がヤマウズラのように撃たれた」。

## 5

日露戦争はロシアにとって最初から最後まで悲惨だった。多くの人命が失われ、膨大な出費に対する代償が人々の怒りとロシア革命の導火線に直接火をつけた。戦闘行為が発生した当初、レーニンにとってのマルクス主義の指導者プレハーノフが亡命先から先見の明を発揮して「旅順の粉砕はニコライ二世の体制を根底まで揺るがすだろう」と言った。

アジア人に対する帝国の傲慢さと人種差別主義者的な軽蔑ゆえに、省庁もニコライ二世も、この瞬間のために日本が何年もの準備を経て目覚ましい進歩を遂げたことが見えていなかった。実際、日本が開戦に踏み切るとは帝国政府の誰も信じておらず、ましてや艦隊攻撃をすることなど頭になかった。ロシアは一八六〇年以来、極東でサーベルを振りかざし、すでにその時に四八名の船員と共に海軍の前哨基地に威圧的な名前「ウラジオストク」すなわち「東方を支配する町」と名付けた。一九〇四年のいまや、遂にロシア帝国の気概が試される時で、国民は戦争をする用意があり熱望している。日本が旅順港近くでロシア艦二隻を沈没させたにもかかわらず、ロシア人の大半が皇帝を支持していた。この恐ろしい瞬間は、ニコライの統治が決定的に誤っていたことをわかりやすく示す結果であり、また、皇帝の人気の頂点でもあった。

百万人の実働部隊とは別に、四百万人の予備軍をもつロシアは無敵に見えた。[*41] 対する日本にはわずか十八万の兵士と四十万人の予備兵しかいなかった。ロシア海軍は日本の約二倍の規模だったが、そのほとんどの艦隊が西に四、五千キロ離れた場所、バルト海のフィンランド近くにいた。太平洋では、日本はロシアの二倍の水雷装備を持ち（機雷とともに）破壊的効果をもたらした。西では皇帝がロシア帝国軍の巨大で動きの鈍い軍用機を急いで動員し、帝国政府の戦略の中で最も重要なシベリア鉄道に乗せて東へ運ぶ準備をしていた。要するに、戦争が始まり、鉄道はそのために建設されたのだ。

しかし、鉄道は日本の攻撃には間に合っていなかった。バイカル湖周辺の百六十キロの迂回路にはレールがまだ敷設されていなかった。クロパトキン陸軍大臣は鉄道が完成するまで戦争を延期するよう政府に求めていたが、極東特別委員会委員長のベゾブラーゾフ、アレクセーエフ総督、そして皇帝ニコライ自身により一貫して却下された。過去十五年間にわたって「鉄道の父」であったヴィッテは既に引退していた。

一方、日本の諜報員は、全てのロシア軍を東へ移送できるほどには鉄道が完成していないことを、バイカル湖から東京に定期的に報告していた。彼らはまた、湖の氷の厚さが約一メートル程であると報告している。日本は、「バイカル湖の氷が砕氷船も機能しなくなる厚さに達した時の、ロシアが最も攻撃されやすくなった瞬間」[*42]を意図的に狙って戦争を開始したのだ。その時点で、東へ向かう何千人ものロシア軍の流れがバイカル湖の端で滞り始め、イルクーツクの町をのみ込んでいた。

まさに絶望的な中で、ロシア軍の指揮官は即興で非合理的な解決策を採った。五百万人の労働者を使って、四十キロメートルの氷の上にバイカル湖を横断する三万本のレールを直接敷いたが、最初の機関車は氷を粉砕し沈んだ。そこでロシア軍は、馬を使って三千両以上の鉄道車両を一台ずつ向こう岸へ牽引し、一方、兵士たちは厳しい条件下で数キロごとに建てられた仮小屋で暖をとりながら、徒歩か橇を使って氷上を進んだ。何千人もの人間が凍傷にかかり衰弱した。吹雪の中で六百人を有する連隊が道に迷い溺れたり凍死したりしてしまった。それでも、一日に五本の軍用列車が湖を横切り、合計一万六千人以上の乗客と九千トンの貨物が渡った。しかし、これは要求されていた軍事計画よりはるかに少なく、日本の周到な攻撃に耐え得るには遥かに少なかった。

四週間後、日本海軍はウラジオストクを攻撃した。一九〇四年三月六日午後二時に金角湾の近くで最初の砲弾が撃ち込まれたので、ユリウスとナターリアは五人の子ども（レオニードはまだ大学にいた）を地下室に連れていった。この時には市全体が軍事法の下にあり、リネヴィチ中将が指揮する一万六千人のロシア人兵が駐留していた。日本人はロシア兵の兵舎を標的にしたが、二隻の巡洋艦を伴う小規模のロシア艦隊が港に着き、より広範な被害が出る前に敵を追い払うことに成功した。

二日後、非常に尊敬されていたマカロフ提督が戦艦ペトロパヴロフスクに乗って艦隊の指揮を執り旅順に到着したことで、士気をくじかれていたロシア太平洋艦隊は勇気を得た。一か月後、日本人はペトロパヴロフスクを港湾から誘き出し沈没させ、マカロフ提督以下乗組員七百人が命を落とした。この時までにロシア太平洋艦隊はほぼ壊滅し、船員の戦闘意欲もすっかり削がれていたが、軍備増強には時間がかかった。

フィンランド近郊に停留するバルチック艦隊に、南アフリカを回ってインド洋経由でウラジオストクに行きロシア軍を支援するよう、サンクトペテルブルグが長い航海を命じるのはさらに六か月後だった。日本海に八隻の戦艦、十二隻の巡洋戦、九隻の駆逐艦が追加されることは、世界史上最高の海軍砲撃戦を予感させた。

クロンシュタット湾から隊員が出発する前に、皇帝ニコライとアレクサンドラ皇妃が冬の宮殿からやって来て、軍隊を激励し勝利を祈願した。しかし、ニコライの父親であるアレクサンドル三世の名を冠した戦艦の艦長は、公然と反論してみせた。「あなたは我々に勝利を祈っておられます。我々が勝利を望んでいることは言うまでもありません。しかし、勝つことはないでしょう。……航海中に船員を半分失うことを恐れておりますが、そうならないとしても、日本人が我々を撃破するでしょう。日本の艦隊は優れており、船員も本物です。ひとつだけお約束できることがあります。降参はしませんが、我々は全員死にます[*43]」。

一九〇四年四月三十日に約四万二千人の日本軍がブリナーの森林租借地で鴨緑江を渡った。翌日までに一万四千人のロシア兵が派遣され、三千人が死亡した。ある歴史家の言葉を借りれば、「敵がロシア人を凌駕していたのは数のみならず、巧妙さや策略でも勝っていた。結果として日本の圧勝だった」。[*44] ロシアは満州全域で屈辱的敗北を喫した。沙河では二十万人のロシア軍が四万一千人の死傷者を出した。日本は旅順包囲戦で約六万人の兵士を失ったが、四か月後には都市を奪い、三万人以上のロシア人の命が犠牲になった。これはサンクトペテルブルグでの大規模な反戦デモにつながった。最後に人類史上最大の地上戦が繰り広げられた奉天で、ロシアは三十五万の兵士のうち約九万人の犠牲者を出し、日本の犠牲者は「たったの」七万五千人だった。大がかりな戦争であり、ロシアにとっては大きな敗北だった。

しかし、屈辱はこれで終わらなかった。七か月の航海を経て、バルチック艦隊二十九隻がようやく日本と朝鮮の間にある対馬海峡に到着した。戦艦アレクサンドル三世の艦長が予言した通り、東郷提督が待ち受けていた。「世界史上最高の海戦」は四五分続き、二十一隻のロシア艦が爆撃され沈没し、その中には八隻の戦艦、七隻の巡洋艦、六隻の駆逐艦も含まれていた。一時間足らずで四千八百三十人のロシア兵が命を落とし、六千人が捕虜になった。日本が失ったのは、百十七人だった。

アメリカ大統領セオドア・ルーズベルトは数か月前、日露間の和平交渉を仲介する提案を申し出ていた。ロシア海軍が事実上の壊滅をしてから十日後、皇帝ニコライはニューハンプシャー州ポーツマスに高官を送り、和平交渉に合意した。アメリカに派遣された全権首席は、他でもないセルゲイ・ヴィッテだった。以前はニコライに批判されていたが、今は異なる称号をまとっていた。ニューハンプシャーでのヴィッテの平等主義的な姿勢によって「ロシアに対する米国世論の変化」を幾分説明できるかもしれない。「私はどんな社会的立場の人に対しても、平等な態度で接しました。私に課された行動は、常に俳優であらねばならないという点で不慣れで苦しいものでしたが、間違いなく価値のあるものでした」[*45]とヴィッテは書いている。日本がサハリンを支配する間にも和平交渉は進んだが、東郷提督はウラジオストクを交渉の切り札と見なしていた。これはまさにウラジオストクの人々が恐れていたことで、特にジャパンタイムズ紙が「間宮海峡を掌握したからには、ウラジオストクの封鎖は非常に効果的な担保になるだろう」[*46]と書いたのでなおさらだった。ユリウスの船会社にとって町の武装封鎖は特に残酷だった。

一九〇五年九月にポーツマス条約が締結された（これは「棍棒外交」として賞賛され、セオドア（テディ）・ルーズベルトにノーベル平和賞をもたらした）時点で、ロシアは「国際都市ウラジオストク」の引き渡し拒否以外は、東京の要求をすべて受け入れた。

しかし、今や帝国政府が直面していた大きな脅威は、極東ではなく、皇帝の正面玄関に迫っていた。開戦後、パブロフの条件反射のごとく湧き出たナショナリズム、反戦感情が徐々に高まっていった。これがマスコミの大衆扇動に火をつけ、広場では労働組合の反戦ストライキがさかんに呼びかけられた。早くも一九〇四年六月には、第六回全国ゼムストヴォ議会（国の地方自治体の集会）で、「陛下、あなたの顧問が犯した犯罪的な権力濫用でロシアは悲惨な戦争に巻き込まれました。我が国の軍隊は敵を倒すこともできず、艦隊は壊滅しています。しかし、火が付いた国内の紛糾のほうが国外の危機よりもはるかに危険です」[*47]と直接皇帝ニコライに告げられた。同様の感情は、ロシア全土でデモ隊によって表明された。一九〇五年一月には、「ひと月に起きたストライキ日数が……前例のない日数に達し、ストライキ参加者は九百二十万人という異常な数に達した」[*48]。それは一九〇三年の年間デモ参加者の二倍を超える。

一九〇五年一月二十二日、推定十二万人の国民が皇帝の公邸である冬宮に集結した（その日皇帝は田舎の宮殿にいた）。群集は「神よ、皇帝を護り給え」というロシア帝国国歌を歌いながら進んでいた。すべての主要な交差点がコサックの騎兵隊を含む皇帝の連隊で封鎖されていることが分かった時、反戦を唱えるデモ隊が急増し帝国軍は発砲した。少なくとも九二人が宮殿の護衛によって殺害され、数百人が負傷した。

マッシーは書いている。『「血の日曜日」はロシアの歴史の転換点だった。それは、皇帝と民衆はひとつであるという古くからの神話が破られた事件だった。しかし、それは恐怖の年の始まりに過ぎなかった』[*49]。目的はニコライの治世を終わらせることだった。九か月後、国民の一斉ストライキが列車、電力供給、病院、新聞を掌握していた。

ついに、一九〇五年十月三十日、皇帝ニコライは「全ロシア君主」の称号と全権を放棄した。「十月詔書」において、ニコライは新しく選出された議会の下で、民衆に一定の権利と自由を保障することでもって、ロシアは準立憲制君主制になると宣言した。皇帝と、皇帝が任命した大臣は外交政策の指導権を保持することになった。

極端なパルチザンにとっては、この待遇はあまりにお粗末で遅すぎた。十二月までにモスクワのソヴィエト（評議会）は、約二千人の労働者と学生を集めクレムリン周辺の通りにバリケードを築き、新たに「暫定政府」を宣言した。十二月、マルクス主義者の革命家レーニンが十年ぶりに亡命先から密に帰国した。

当時三十五歳のレーニンは、一八九〇年に労働者の不安扇動という理由でシベリアに流刑され、その後ロシア内の革命勢力をまとめるべく、政治新聞「イスクラ」を発行するためにヨーロッパへ亡命した。主にスイスで暮らし、師匠プレハーノフと最初にジュネーヴで会い、その後チューリッヒ（ユリウス・ブリナーが若き十代の頃に働いた場所）で会っている。一九〇三年七月、一八九八年以来レーニンも入党していた亡命中のロシア社会民主党は、ベルギーで四十三名の代表者を集めた。そしてロシア・マルクス主義にとって幅広い集産主義的リーダーシップを望んでいたプレハーノフ派はメニシェヴィキ（少数派）、そして、指導者にエリートで限られた党を望んでいたレーニンの追随者たちはボリシェヴィキ（多数派）に分かれ、後者が勝った。

しかし、当初急激に燃え上がったロシア全土の革命熱は徐々に冷め衰えていった。選挙で選ばれた議会のもとで自治政府ができる可能性は、ブルジョアジーがいささか惹きつけられた急進的社会主義を打ち消すのに十分魅力的だった。さらに、国民を熱くした大規模なデモやストライキの目的は戦争を止めさせることだった。戦争が終わった後は、労働者は仕事に戻り、レーニンはさらに十二年、ヨーロッパでの亡命生活に戻った。この頃レフ・トロツキーと親密になり、既にフィンランドで二十六歳のヨシフ・スターリンに会っていた。「ソヴィエト帝国の三羽烏」は日本との戦争によって集められたのだった。

一九〇五年の「失敗した」革命は、一九一七年のボリシェヴィキ革命同様に、飢饉に後押しされた反戦運動として始まり、予想外に新しい政治形態となって終わった。英国の歴史家ポール・ケネディは権威ある著書『大国の興亡』（一九八七）の中で、「大規模な領土の征服やコストのかかる戦争の遂行など、国家を戦略的に過剰に拡大すると、対外拡張政策による潜在的利益よりも出費が上回るリスクて崩壊する。

があるr」と述べている。もし他の帝国に先に征服されるのでなければ、すべての帝国は最終的にこうし

サンクトペテルブルグからウラジオストクにあるシベリア鉄道の終点までは地球の円周の四分の一である。皇太子ニコライが一八九一年に鉄道駅の礎石を置いた時、彼は四半世紀後に自身を破滅させる革命の種を植え付けていたのだ。その年は、ロシアが鉄道を建設するために借金する一方で、何千人ものロシア人の生活を犠牲にした恐ろしい干ばつとその後に続く飢饉の始まりだった。代償を支払った住民の生活や地域を発展させることができる産業であるはずのこの鉄道は、アジアを対象とした武器供給システムであり、ケネディの言葉を借りれば、「戦略的に過剰に拡大する国家」の完璧なお手本でもあった。ウラジオストクは海から生まれた。鉄道は必要なかった。一八九〇年代の限られた技術で（十五年後にはトラックが利用可能になる）、ロシアに「鉄橋」をかけようとする強靭な意思決定は、費用のかかる傲慢な努力だった。帝国の傲慢さが閣僚の自信過剰を許し、それが引き起こしたロシアの野望が、その能力を上回っていたのだ。確かに、鉄道を建設することができたし、帝国政府はその大きさを証明することができた。しかし、ロシアの地政学的戦略の重要な要素として、それは完全に機能できたのだろうか。信頼できたのだろうか。あるいは、その費用が皇帝や君主制への国民の信頼を踏みにじることにならなかっただろうか。鉄道の建設によって生じた大きな疑問がある。費用が高すぎるかどうかを決定する権利は誰にあるのか。国庫をいっぱいにしたロシア人民か、それとも国庫を空にした皇帝と閣僚か。または、もしかしたら過去を見渡して後世になってから考えられるという利点を持ち、決定したすべての結

果を追跡し、その後それについて互いに議論することができる歴史家たちだろうか。

日本との戦争は、皇帝がブリナーの森林租借権を購入したことから始まった、受動的で攻撃的な帝国政策の意図せざる帰結であった。ニコライは厳しい軍事規律で育ち、悪びれない独裁の中で教育された、純粋で温和な道徳心に満ちた人物であり、敏感な紳士が鈍感な暴力のために訓練されたのであって、ヴィッテやベゾブラーゾフのような口のうまい廷臣に、後にはラスプーチンによって簡単にミスリードされてしまった。ロシアはアジアを威圧する目的以外では、極東までのびる鉄道は「当時は」必要なかった。ニコライはこのことを理解していた。そして、何千キロものタイガを持つロシアには朝鮮の森林地など必要ではなかった。ユリウスはそれを知っていた。それにもかかわらず、私の曾祖父は朝鮮王から得た租借地をロシア皇帝にもたらすことを選んだ。

ロシア革命のあらゆる単純化は歪曲につながる。それでも歴史家は、日本との惨めな戦争がロシア帝国崩壊の始まりだったことに同意する。帝国は、とりわけ帝国であるが故に無理をしがちだ。朝鮮にあるブリナーの租借地は、ロシアの領土的野心がその能力を上回った地点を示しており、「ロシアを横断する鉄橋」は遠すぎた橋だったのだ。

ブリナー家（十歳から十二歳の三男三女）は、戦争のせいで苦しい状況に置かれたが、もちろん一家はウラジオストクのほとんどの住人よりも豊かであり、選択肢もあった。まず、ブリナー商会（クズネツォフはもはやパートナーではなかった）は自社船を所有しており、大規模な造船所もあったので、町が攻撃にさらされた時には船で家族を安全な場所に避難させることができた。そして、市内の緊張状態があまりに危険な域に達した場合は、ユリウスが灯台を建てていたおかげで、必要ならば夜中にでもアムール湾を渡って数時間でシジェミに行くことができた。しかし、シジェミは朝鮮の北端からわずか数十キロの所にある。もし日本軍がウラジオストクに侵攻した場合、軍隊はブリナー家とヤンコフスキ家の私有地に警告なくやって来るだろう。言うまでもなく、ミハイル・ヤンコフスキはよく訓練した私有部隊を結成し、この地域をパトロールしていた。

海軍や陸軍の兵士が列車や船で絶えず押し寄せていた「戦時下のウラジオストクには十分な不安材料が揃っていた」と歴史家のステファンは書いている。*[51] しかし戦後の不穏な怒りは、厳戒令が解除された後によりいっそう憂慮すべきものとなった。平和の訪れと共に、九万人の大規模な軍隊が武装解除され、その大半が町を通過した。船員と湾港作業員が歩兵守備隊と混じり合うにつれて、集団的な暴力行為が定期的に勃発した。シベリア鉄道は数区間がストライキで定期的に閉鎖されたため危険な渋滞が生まれ、鉄道沿いの町は突然、数週間も一文無しの状態で怒りに満ちた兵士たちでいっぱいになった。戦中と戦後に数百人、場合によっては何千人もの囚人が刑務所や収容所から解

ウラジオストク時代のブリナー家。左からレオニード（8歳）、ナターリヤ（26歳）、マリエ（1歳）、ユリウス（43歳）、マルグリット（7歳）、ボリス（3歳）

シジェミに建つブリナー家の別荘

放された。彼らもまたウラジオストクに集まり、その多くが、朝鮮人と中国人が多く住む地区につくられていたアヘン窟に集中した。ケシは沿海州北部の中国人農家で日常的に栽培されており、極東ではウラジオストクのミリオンカ地区（中国人が多く住む地区）のような退廃的な場所でアヘン窟が広まっていた。港湾労働者、兵士、囚人の間の喧嘩の起爆剤となったのは、一パイント三十セントのウォッカだった。

司政官によれば、一九〇五年十一月十二日にニコライの「十月詔書」が大聖堂で朗読された後、ウラジオストクで「完全な無秩序」[52]が爆発した。続く三日間で三八人が市街戦で死亡し、うち数人はスヴェトランスカヤ通りのブリナー家の正面で死亡した。こうした突発的な衝突は、選出された国会を支持する人々と、完全自治の理想に忠実な人々との間に起きた純粋に政治的な性格をもっていた。その後数年で、この政治的分極化が内戦に発展することになる。

## 6

一九〇五年革命の混乱が徐々に鎮まった頃、五七歳のユリウス・ブリナーはロシア史の次の時代に重要な役割を果たす事業に集中していた。この事業は九年前に朝鮮王と面会していた頃に始めていたものの、操業にこぎつけることができずにいた巨大な計画だった。朝鮮租借地、義和団の乱、そして日露戦争と一九〇五年の革命によって遅れたものの、今や最も貴重で永続的な産業のひとつを開始し、それと共に何もない荒野の地に新しい町を造る計画であった。

一八九六年に高麗人参を扱う中国人商人がヤンコフスキを訪ねてきた。精力増強剤にするためにヤンコフスキが飼育したニホンジカの角と薬用根を交換するためであった。彼らはまた、ウラジオストクから北に五百キロほど行った場所で採れた鉱物のサンプルも持参した。中国人はその鉱物が銀かもしれないと思ってユリウスに見せ、採掘場所に連れて行くと提案した。その鉱物のサンプルは実際に銀を含んでいたが、主な成分は質のいい酸化亜鉛のカラミンだった。ユリウスは鉱物を分析した後、のちに義理の息子となるセルゲイ・マスレニコフという優秀な探検家の援助を求めた。数か月後、ドイツの有名な地質学者を含む小さなグループはシホテアリニ山脈の鬱蒼たるタイガの奥地にある盆地に向かって出発した。そこは、地元住民の多くが古くから中国名で「テチュヘ」と呼んでいた。

中国人の商人たちは彼らを大変な旅に連れ出した。最後の行程は馬に乗り、イノシシの攻撃から身を守りつつ約二百五十メートルの危険な山に登っていった。藪の中に小さな穴が掘られた場所があり、山腹には洞窟が掘られていた。間違いなくそこがサンプルが採られた場所だった。長期にわたる調査の後、ドイツの地質学者はその場所の潜在的埋蔵量が採掘費用に十分見合うものだと断言した。一八九七年、ロシア政府から鉱業権を取得した後、ユリウスは最初の地点を「アッパーマイン」と命名し、四メートルほどの金属の看板を立てた。最初の年は、年間千トンという控えめな採掘量だった。その間、フェオドール・シリンという十七歳の若者がブリナーの地質学調査団を手伝い、亜鉛と鉛を豊富に含む山で異なる場所の地層を見つけた。そこでは作業員たちがツルハシを使って採石場を掘っていた。後にユリウスは七つの下部坑道を開き、妻と六人の子どもの名前にちなんで「ナタレフスキー」「ボリソフスキー」「レオニードフスキー」といった具合に鉱山に名前をつけた。鉱山は鉛、亜鉛、銀の含有率が高い硫化鉱山だった。

一八九七年、ヴィッテに鴨緑江の租借権を提供するためにサンクトペテルブルグに行った際、ユリウスは操業の機械化を計画し始めていた。彼はサハリンの炭鉱、さらに中国とロシアの国境付近の西にある金鉱山に投資していたが、こうした巨大で複雑な事業を、地元の労働力も町もないような辺鄙な森の奥地で始めようとはしなかった。鉱石を約三十キロメートル離れた沿岸に輸送しなければならなかったが、山間をかいくぐって運ぶのは効率が悪いと判断した。日本海の自然な入り江が操業港となり、そこで鉱石が積み込まれ、ヨーロッパの工業港に輸出することができる。

しかし、鉱石を港まで輸送することはそれほど簡単なことではなかった。ユリウスは自分で鉄道を敷設せねばならなかった。建設費用は一見すると今後数年間の採石利益を上回ったが、この鉄道には乗客を乗せる必要がないため、必ずしも完全な大きさの鉄道である必要はなかった。ユリウスは三十年前に上海で路面電車と鉄道の問題が起こって以来、列車のことは常に念頭にあり、ウラジオストクの創始者たちと町の路面電車敷設に関しても話し合い始めた。

ついに、ユリウスはテチュヘに狭軌鉄道を建設することを決めた。*53 鉱山の坑道奥深くに貨物を運び、鉱石を積載し、港の桟橋まで川に沿って盆地を下って行くのに安定した大きさがあれば十分だった。子どもの頃にスイスで初めて列車に乗り、山岳地帯の輸送に使う線路は幅六十センチ、乗客用列車の軌間よりもはるかに狭いことをユリウスは知っていた。すべて蒸気機関を使って動力を供給する必要があった。

ブリナー鉱山の費用見積もりを正確に予測することは容易ではなかった。ドイツのケルンにあるフンボルト-カルク社はすべての鉱山用重機を信用貸しすることで、ブリナー商会が株主の過半数を占める会社の重要な投資家となった。それに加えて、鉱山の操業（およびテチュへの町）のために巨大な蒸気駆動の発電所を建設し、破砕機と圧延機を提供すると共に、集中管理型工場を造ったので、最終的に精製鉱石を生産することができた。ブレムスバーガー傾斜鉄道は、アッパーマインから主要線路に約三百メートルの所まで下って鉱石を運んだ。鉄道や鉄製橋脚を含め、鉱石を積んだ貨物車計画を支援するのに十分かつ必要な材料はすべてヨーロッパからユリウスが灯台を建てたブリナー岬に輸送された。灯台の構造はシジェミに最初に建てたものとは違っていた。

鉱山の操業には甚大な労働力を必要とした。最終的にはブリナー鉱山で毎日三千人もの労働者が働くようになったが、最初は炭鉱夫とその家族がこの地域に移住し生活する必要があったため、ユリウスはテチュへ（ソ連時代にダリネゴルスクに改称）の町を建設した。さらに小さな港の近くには港湾労働者と船乗りが住む村も出現し、ブリネロフカと名付けられた。

第一級ギルド商人としてのユリウスの立場はほかに代えがたいものだった。ロシアでは極めてプラスになるこの商業的な功績は、産業資本化に非常に重要だった。過去四十年間でロシアの産業は外資系投資を奨励したセルゲイ・ヴィッテの政策で五倍に成長していた。ユリウスはテチュへのために百万ルーブルの外国の資本（現在価格で約一千万ドル相当）を探していた。一九〇七年までに彼はアーロン・ヒルシュという名のドイツの投資家から必要な資本金を確保しており、ユリウスは長男レオニードと協力してすべての要素をひとつにまとめ始めた。一九〇八年四月、アッパーマインから三百トンの亜鉛鉱石が舗装していない道を通って馬や荷車で港町ルドナヤプリスタニに運ばれ、ドイツに出航する蒸気船セラン号に積み込まれた。同年九月には、翌春の操業をめざす狭軌鉄道の建設が厳重な警備をつけて始まった。この地域でもトラの群れはシベリアタイガーと同じく絶え間ない脅威だった。ユリウスは政府に軍によるパトロールを要請したが、盗賊が蔓延（はびこ）るこうした地ではほとんど役に立たなかった。

ユリウスはまた、労働者（最初は約千人）が十分に食べていける生活を送り、仕事に集中できるように必要なものを整える努力を常に怠らなかった。一世紀を経ても尚、テチュへの住民はユリウスが祖父母に示した配慮を記憶している。ブリナー商会は週に一度、炭鉱夫の家に野菜、ジャガイモ、小麦の入った包みを配達していた。従業員とその家族のために無料の診療所も提供し、また、お金を無駄遣いしないように、炭鉱夫が望めばユリウスが船で運んだ質の良い衣料品を賃金の一部を支払うことで受け取ることができた。文明社会から遠く離れた場所で新しい衣類を手に入れることは難しいことが分かっていたからだ。

一九一〇年代の終り頃、この地域を含むロシア全域で新たな権力が生まれた。テチュへからそう遠くないオリガ村を拠点とした、共産主義の英雄セルゲイ・ラゾ率いるパルチザン戦闘員は、産業資本家だけでなく、地方における皇帝の搾取的な政府を打倒しようとしていた。最終的には、二百組の独立したグループで約五万人の勢力となった。ステファンによれば、「『パルチザン』という言葉は、まとまりがなく変わりやすい支持者を含んでいた。犯罪者たちは自分たちの略奪に合法的な意味合いが欲しい時にはいつでも、自らをパルチザンと呼んだ。……一部のパルチザンは、『自由』と『民主主義』を信じると公言し、ボリシェヴィキを邪悪な部外者だと見なしていた」[*54]。「ボリシェヴィキのラゾ」は勇敢でハンサムかつタフな執行者だった。彼はのちの数年間でテチュへとウラジオストク間の一帯で分裂していた共産主義グループを統一した。

パルチザンによって支持されたマルクス主義のイデオロギーは、炭鉱夫や他の無産階級の人々（プロレタリア）の幸福に特別に配慮した新しい社会を提案していた。そこで、パルチザン党員（彼らはそう呼ばれていた）たちは、炭鉱夫を共産主義運動に取り込み、ブリナー商会に反感を抱かせようと精力を注いでいた。しかし、テチュへではパルチザン党員の努力も虚しく終わった。パルチザンによる嫌がらせにもかかわらず、労働者たちはテチュへでの生活に満足していたからだ。初冬の給料日に、給料と一緒に新しい手袋を手に入れ、満足気にブリナー商会の事務所から出て来た炭鉱夫に二人のパルチザンが近づき、手袋を奪ってその指先を切り落とした。地面に手袋を投げつけ唾を吐きかけ、「見てみろ、ブリナーは従業員にこんなゴミ屑を与えてるんだぞ。ブリナーは鉱山が我々のものになる日まで人々を悪用し続ける気だ」と言った。こうした攻撃は、シベリアタイガーの攻撃が減っても、その後十年間で着実に増加していった。

一九一〇年、ブリナー家はアレウツカヤ通り十五番地にあるタイガーヒルの新しい家に引越した。ブリナー商会の事務所と鉄道駅の中間で家から歩いて五分で列車に乗ることができ、一週間でサンクトペテルブルグまで行くことができた。一八四九年生まれの人間にとっては、こうした可能性だけでも全くの驚きだった。今もなおブリナーハウスと呼ばれている建物はドイツの建築家ユングヘンデルの設計で、彼はすでに様々な建築様式で町の石造りの建物を設計していた。しかしこの三階建てのタウンハウスは、細部まで遊び心のある斬新なアールヌーボー様式で、主要港を正面に見下ろす建物の輪郭全体を明るく際立たせる程、他に類を見ない建物だ。ブレイ夫人は強く残った印象を書き記している。「昨日の午後、新しく引越したばかりのブリナー夫人を訪れたの。とてもいい所です。古い大きなダイニングルームには、二つの奥まった個室があって、それはまるで雑誌の『レディース・ホーム・ジャーナル』から切り取った写真のようなの。そのうちの一つの個室から階段が繋がっていて、とても感じが良くて居心地がいいわ[*55]」。

その年、トラがまだタイガーヒルを歩いていた時代から数えて、ウラジオストクは創立五十周年を祝った。四八人の勇敢な船員が築いた雑然とした港は今や国際都市に変貌を遂げていた。一八九七年には、ロシア極東地域の人口は約三十万人に達し、そのうち約三十パーセントが中国人と朝鮮人だった[*56]。一九一四年までにシベリアの全人口は一千五百万人まで増加し、主に南シベリアの肥沃な地域に移住した移民が大半を占めていた[*57]。今や最初の自動車、馬をつけ

ブリナー邸（1910年竣工）

ない乗り物「ルソ・バルト」（ロシア帝国産の自動車）が荷馬車の間を軽快に走っていた。一九一二年には、スヴェトランスカヤ通り沿いの道を電灯が照らし、ベルギー製の路面電車がガタゴトと音をたてた。町には日本領事館、沢山の新しい教会ができ、映画館「イリュージョン」でチャップリンの映画がすぐに大人気となった。ライト兄弟がノースカロライナ州で初飛行に成功した七年後に、ロシアの飛行士がウラジオストク上空でロシアの飛行技術を実証した。金角湾の造船所では、最も初期の潜水艦がいくつか設計され試験が続いていた。

そして、一九一〇年にミハイル・ヤンコフスキが妻のオリガを捨てシジェミを去り、二年後にクリミアで亡くなった。ブリナー家に隣接する広大な土地は三一歳の息子ユーリーが継承した。その中には馬と鹿の農場もあった。ブリナー家は今もアジアで最も高名な虎の狩猟家の一人であるユーリー・ヤンコフスキと親密に関係を続けた。恐れを知らないこの狙撃兵は、その時代に何百頭ものトラを仕留めたに違いない。当時、中国のタイガーバーム社はトラの軟骨入りの軟膏を、カンフル（樟脳）の香りが筋肉の痛みに効くと宣伝し、極東地方全域に代理人を派遣してはトラの死体に高額を支払っていた。ヤンコフスキ一家は、今日シベリアのトラが絶滅の危機に瀕していることなど想像できなかっただろう。

同年、ユリウスの次男ボリスは大学に入る準備をしていた。ユリウスとレオニードの二人はビジネスについてよく知っていたが、工学や地質学についてはほとんど何も知らなかったので、ボリスはペテルブルグの鉱業大学でテチュへと今後の鉱山の技術的側面をすべて学ぶことに決めた。二十歳そこそこの年齢であった私の祖父ボリスは、ウラジオストクの小さな社会から、息をのむほど洗練された帝国都市に脱出することを間違いなく喜んでいた。

そしておそらく、母親の威圧的な環境から逃れることも喜んだはずだ。ナターリアは、数多くの回想録から判断するに慢性的に怒りっぽい人物であった。この時にはすでにレオニードの最初の妻となっていたアメリカ人のマリア・テレサ・ウィリアムズはブリナー家の緊密な家族の絆と結婚から逃げ出した。彼女は三人の息子へ向けられた義理の母の感情的な態度に耐えられなくなったようだった。ユリウスは、仕事と急変する革命で頭がいっぱいで、家庭内の感情的な問題には興味を示さなかった。ブリナー家の主要言語だったフランス語で論争が起きていた時は、彼はいつも考え事に耽っていた（自宅では彼が好んだ呼び方で「ジュリ」と呼ばれていたが、ロシア語では「ユーリー」だった）。レオニードはすぐに再婚し、自分の家に引っ越した。その頃、二十一歳のボリスはサンクトペテルブルグ行のシベリア鉄道に乗り込んだ。

ユリウスと親族。右に座っているのはカデット（立憲民主党）の軍服を着た鉱山大学時代の息子ボリス。

サンクトペテルブルグの冬宮では、皇帝ニコライと皇妃アレクサンドラが怪僧グリゴーリー・ラスプーチンの個性に魅了されていた。ラスプーチンは催眠術を善悪両方に駆使し、病気を治し、無垢な人を誘惑した、圧倒的な個性を持った農民の呪術師だった。ロシア帝国皇妃に対する彼の影響力が増すにつれて、彼の放蕩の評判も増大していった。

皇太子アレクセイは、母方の血筋で血友病を患っており、幼少期から少しの傷でも生命を脅かすほどの危機にたびたび耐えてきた。献身的なアレクサンドラは、絶望しながらも息子の枕元で世話をしては眠れぬ夜を過ごし、父親もまた同様であった。そのような時にラスプーチンが現われ、彼がその場に居合わせただけで皇太子の血が止まり医学的危機を何度も救うと、アレクサンドラはこの僧を神の御意志だと信じてしまった。信じやすく意志の強いアレクサンドラを通じて、ラスプーチンが政策にまで影響を及ぼし始めた時、ニコライはラスプーチンの助言を神から与えられた預言とみなし、ラスプーチン自身のことも聖人だと考えるようになっていた。こうした盲目的な賞賛は、ニコライの人物を見極める能力が極めて乏しかったことを表している。ラスプーチンは歴史の過程に影響を及ぼすような人物ではなく、僧侶のマントを身に着けた退廃した似非聖人だった。彼が多くの女性を虜にしたのは催眠術の力を使ったからであり、ラスプーチンには健康法の知識が多少あったという説明で十分だろう。彼は隠遁者のような孤立した時を過ごし、狂ったような酔っ払い行動を繰り返していた。しかし、「誰も皇帝にラスプーチンについて敢えて話そうとしませんでした。彼が夜のレストランを滅茶苦茶にした際、誰もこの僧を逮捕しなかった。……ちょうどこの頃、私は最初に革命の話を耳にし始めたのです[*58]」と、ある同時代人が記している。

ラスプーチンは、ドストエフスキーの『カラマーゾフの兄弟』に描かれたモスクワ南部のモークロエという場所の伝説的なロマの村をよく訪れていた。エカテリーナ女帝の治世に、友人オルロフ伯によってロシア貴族がロマ音楽を愛好するようになって以来、モークロエでロマたちが集団生活をするようになった。十九世紀の終わり頃には、モークロエはロマのギターと歌声、飲めや歌えの大騒ぎの飲み屋、売春宿、ギャンブルの巣窟となった。当時、モークロエの最も有名なミュージシャンはイワン・ドミートリエヴィチというロマ人で、七弦のギターを弾き、多くの場合、主要言語であるロマ語で歌っていた。イワンの息子アリョーシャによれば、イワンはある晩、モークロエでラスプーチンを殺害しようと試みたが、失敗に終わったという。イワンと彼の一族、仲間（クンパニア）たちは一九一五年に安全を求めてパリに逃げた。二十年後、そのパリの地で、ドミートリエヴィチの一族はユル・ブリンナーの人生において大きな役割を演じることになる。

一九一四年八月、オーストリア＝ハンガリー帝国の皇位継承者フランツ・フェルディナント大公暗殺事件が引き金となって第一次世界大戦が勃発した。オーストリア＝ハンガリー帝国はセルビア王国に宣戦布告し、ドイツはロシアとフランスに、イギリスはドイツに、オーストリアはロシアに、セルビアとモンテネグロはドイツに、フランスとイギリスはオーストリアに、オーストリアはベルギーに、そしてロシア、フランス、イギリスはトルコに対してそれぞれ宣戦布告をした。爆弾や弾丸、マスタードガスや病気に直面した何百万人もの死がなければ、こうしてあまりに簡潔にまとめると、非常に滑稽に聞こえるかもしれない。

第一次世界大戦でロシアの反ドイツの立場が顕著になると、アレクサンドラ皇妃が持つテュートン民族系のルーツに注目が集まり、また、高度に機械化されたドイツ軍との戦いの前でロシアが敗れたため、ニコライは国民にますます受け入れられなくなっていった。外交については憲法で役割が規定されていなかった国会は、帝国軍が何度も失敗するのをどうすることもできずに見ていた。民衆の怒りは、ドイツの勝利のために動いているのではないかと疑いの目を向けられていたアレクサンドラに集まっていった。戦争勃発当初から、ニコライは国民の愛国心に訴えるべくあらゆる努力をし、ドイツ風の名称を持つ首都「サンクトペテルブルグ」をロシア風の「ペトログラード」に変更したりもした。しかし、ニコライが大半の時間を首都から離れて軍事司令に費やしている間、アレクサンドラは明らかに、閣僚、政策、更に軍事戦略に関してもラスプーチンの影響下にあり、帝国政府でますます積極的な役割を果たすようになっていた。世間から隔離されていた皇妃は、自身が国民の嫌悪の対象であることに気づいていなかった。

当時を生きた人々によって記憶されたように、大戦はウラジオストクに直ちに影響を与えた。フェスコ社は今や魚雷の脅威に直面していた。ブリナー鉱山は主な技術者と専門家がドイツ人で、すぐにロシアから追放されたため、一夜にして閉鎖された。ロシア人炭鉱夫の多くが兵隊にとられ、テチュへのような多くの小さな町では、女性、子ども、老人だけが残って自分たちで生計を立てることができないほど人口が減少した。ユリウスは炭鉱夫の家族を助けるべく最善を尽くしたが、無期限に何千人もの人々を支援することは不可能だった。

新たな反戦運動の大半は十二年前の「血の日曜日」に噴出した感情に直結するもので、怒りは新たであっても、あの時と同じ国民の皇帝に対する怒りがあった。このとき明らかに異なったのは、労働組合、労働評議会（労働者ソヴィエト）、地方自治機関（ゼムストヴォ）によって準備された巨大組織が出来上がっていたことである。この戦争に対する憤りとそれが引き起こした政治熱は、ロシア人が多分に持っていたぼんやりとした平和主義からも、愛国心や勇敢さの喪失からも生じなかった。もはや機能しなくなった村や町に第一次世界大戦が及ぼした耐え難い苦痛に対する必死の内部反応として、反戦感情は三年間で燻る火種から絶望的な焚火へと成長したのだ。ロシア農村部では、家畜用の干し草を収穫したり、狩りで食肉を獲ったり、屋根を修復したりすることができず、犯罪は罰せられずに横行した。

そして、ニコライのいとこにあたるドイツ君主ヴィルヘルム二世がフランスを奪取すると決めた時、ロシア皇帝がもうひとりのいとこであるイギリス王ジョージ五世と協力してドイツを打ち負かそうとしたために、こうした苦難が生じたように思われた。ロシアの死傷者が増えると、アレクサンドラ皇妃に対する社会の嫌悪は報道機関にも広がり、例えば、「夫が軍部の本営で『兵隊ごっこ』をしている間に、ドイツの王女はロシアの全権力を『放蕩男』に渡してしまった」などと報じられた。ニコライが妻に対する愛を表現しようとするたびに、社会の嫌悪感も増していった。

一九一六年、ラスプーチンは殺害された。特に、ラスプーチンが主張しニコライが決議した新閣僚の起用をめぐって、狂った修道僧が君主制を破壊しようとしていると考えた数多くの貴族の一人に殺害された。国会は今や群衆の怒り、イデオロギーの偏向、個人的敵意が入り混じった、煮えたぎる釜と化していた。国会の皇帝批判のレトリックはあまりに挑発的だったので、ニコライは一九〇五年の革命の唯一の功績を嘲笑しながら、議員の一部のメンバーを除名するか、違法とするしかなかった。

一九一七年三月十二日月曜日、ロシア帝国は終わりを迎えた。新しく暫定政権が創設され、三月十五日、最後の皇帝ニコライ二世は王位を放棄した。自身のみならず、十代の息子アレクセイにも病気を理由に継承権を放棄させた。これによって、ロマノフ王朝三百年の歴史が幕を閉じた。一九一七年十一月、暫定政権が廃止され、全ロシアソヴィエト会議は秘密警察チェーカー（反革命・サボタージュ取締全ロシア非常委員会の略称）によって強化されたボリシェヴィキ党のレーニンによる強力なリーダーシップの下で政権を引き受けた。組織の指揮をとった「鉄のジェルジンスキー」は最も情熱的で献身的な革命家であり、レーニンは個人的にジェルジンスキーを英雄と見なしていた。以後数年かけて、チェーカーは国家政治保安部（ゲーペーウー）、総合国家政治局（オーゲーペーウー）、内務人民委員部（エヌカーヴェーデー）を経て、国家保安委員会（カーゲーベー）に進化していく。

皇室一家は、はじめにトボリスク市、その後エカテリンブルグ市に流刑され、監禁された。表向きはイングランドへの亡命を待っていたが、一家の幽閉は厳しい監視のもとでますます悲惨な状況になり、一九一八年七月十六日、ニコライ、アレクサンドラ、アレクセイと四人の姉妹（オリガ、タチアナ、マリヤ、アナスタシア）はチェーカーの銃殺隊によってイパチェフ館の地下室に連行され銃殺された。当時の証言によると、十七歳のアナスタシアは「意識を回復し叫び声をあげ、銃剣で十八回刺された」[*59]後に息絶えたという。腕にはジェミーという名のスパニエル犬を抱いていた。王家の遺体は鉱山の坑道に遺棄され、のちに浅く掘った地面に埋められていたのが発見された。

## 7

ロシア帝国が崩壊し、それと共にブリナーの所有物がほぼなくなった時、ユリウス・ブリナーは六十八歳だった。二人の息子がペトログラードの大学から戻り、二人とも結婚し子どももいたので、ブリナーハウスの一室にそれぞれ住むことになった。隣にはフェスコ社の事務所があり、最上階にユリウスとナターリアが住んだ。ボリスは鉱山大学を卒業したが、指揮すべき鉱山がなくなってしまった。テチュへのブリナー産業全体が、ロシアの他の事業と同じく、すべてがソヴィエト政府の財産になった。

臨時政府の「特別委員会」[*60]の査問の結果、ユリウスは鉱山の理事会から外されたので、臨時政府が倒れた時は、鉱山は法的所有者のいない状態で放置された。それでも貿易事業はブリナー商会が依然として掌握していた。ユリウスは新しいソ連政府がイギリスを挑発することはないと判断し、フェスコ社を船舶ともども前もってイギリス植民地の香港に登録していたからだった。

五十二歳のナターリアは、第一子の娘の死が原因で数十年前に発症した鬱病が頻繁におきるようになった。一九一六年に、幼少期から仲のよかったナターリアの姉アントーニナがこの世を去った時はひどく取り乱し、病的なほどに落ち着きを失った。シジェミにブリナー家の墓を建てるようユリウスを説得し、姉が最初に埋葬されることになった。ユリウスは何ら宗教的な意味を持たないギリシャ風の建物を造ることに合意した。四つの柱があり、半円状の屋根を持つ、頑丈で生気のない四メートルほどの石造だ。これは、ユリウスのルター派に対する譲歩だったに違いない。というのも、家族の宗教的儀式（結婚式、洗礼式、葬式）がすべてウスペンスキー正教会大聖堂で行われたからだ。それでも、ナターリアは相変わらず頻繁に激しい怒りを爆発させた。

一方、モダンな正面玄関を持つブリナー家の建物の前にあるアレウツカヤ通りでは、日に日に嵐が吹き荒れていった。ニコライが退位した後、五か年計画が始まった。ウラジオストクの当局にはほぼ毎月のように新しい党がやって来ては、その前に引き継いだ党が退いていった。パルチザン、メニシェヴィキ、ボリシェヴィキ、穏健派、君主制主義者ですらも、沿海州地方の支配をめぐって戦った。新たな支配者が現われるたびにその支持者や軍隊がウラジオストク鉄道駅に到着し、列を乱したり揉み合ったりしながら隊列行進で町の中心へ進んでいった。再び、ロシアの歴史においてシベリア鉄道が鍵となった。「極東と中央を繋ぐ鉄のベルトは、ロシア革命の避雷針の役割を果たした」と歴史家は書いている。[*61] ウラジオストクまでの鉄道は国内戦の幹動脈にもなった。

ロシアの国内戦が、単に反共産主義の白軍と赤軍との間の争いであったとすれば、結果は大きく異なっていたかもしれない。ボリシェヴィキに対する抵抗は、穏健的社会主義者から極端な君主制主義者まで、相容れない派閥に分かれたため、戦略や政策が合意することはなかった。残虐行為は白軍、赤軍の両者によって行われたが、赤軍による多くの暴力は後に隠蔽された。さらに、ステファンは次のように書いている。「階級闘争、革命、人間の進歩といった高尚な目的を名目にして組織的に殺戮を行った赤軍とは異なり、白軍は彼らの革命前の世界を破壊したと思われたものや人なら誰でも、野性的な怒りを剝き出しにして殺害を犯していた」。[*62]

第一次世界大戦に端を発し拡大した多国籍軍によるシベリア干渉は四年間にわたって行われたが、それもまた穏やかではなかった。名目上は、日本、アメリカ、イギリス、フランスなどの干渉国は、レーニンの絶対的支配下にあったソ連の権威をロシア西部に制限し、それによってシベリアと極東ロシアの独立を確保しようとした。アメリカの外交官ジョージ・ケナンが、共産主義に対抗する政策として「封じ込め」を推進したのはその数十年後だが、実際には封じ込めは干渉戦で始まった。

しかし、大義名分の水面下では、同盟諸国のそれぞれが独自の動機を持っており、少なからず報復の意味もあった。新しいソ連政府が、第一次世界大戦が激しく続く中でも、ドイツ、オーストリアと突然講和条約を締結し（ブレスト・リトフスク条約）、フランス、イギリス、アメリカなどの同盟国を戦略的に危機に陥れたためである。

ロシア帝国が崩壊した時、広大な大陸の至る所で権力の空白が生じた。あらゆる職位のあらゆる政治家が、しばしば脅しと暴力で形成された六つの主要政党の間で争っていた。それと同時に、ドイツとの平和条約の条件として、ソヴィエト政府は二百三十万人の外国人捕虜を解放する義務があった。怒り、絶望、飢えに苦しむ若者が溢れたが、干渉国やパルチザンが彼らを味方につけようと勧誘していた。元捕虜の多くは熱心なボリシェヴィキ支持者と反ボリシェヴィキに分かれたが、他の者は単に帰ることができないだけだった。ウラジオストクへ向かっていた四万五千人のチェコ軍の軍用列車を、シベリア鉄道沿いの町を管理したボリシェヴィキが停止させたことがあった。ロシア奥地に取り残されたチェコ軍は、ウラジオストクの干渉軍に加わるために東へ向かって戦う決意をした。

ひどく残忍なコサックの統領(アタマン)、グリゴーリー・セミョーノフも、チタでブリヤートモンゴル共和国の独立を宣伝した。同時代の人がセミョーノフを次のように描写している。「角張った広い肩を持つ中背の男で、大きすぎる頭は平らなモンゴル顔でさらに増幅して見えた。二つのギラギラした目は人間というよりは動物の目のようだった」。ホワイトは、コサックのアタマンが「かの高名な装甲列車に乗って」行った「拷問、殺人、強盗の履歴」を長く詳細に描写している。

そのうちのひとつ、駆逐艦には五十七人の兵士と将校が乗っていた。……十挺の機関銃、二挺の三インチ銃、および二挺の拳銃があった。車両はしばしば多くの不幸な連中を運んだ。報告によると、ある日、こうして連れてこられた千六百人がアドリアノフカ駅で殺害された。……実用品がもっと必要な時は、銀行強盗をし、満州里の税関をすっかり空にし、物でも金でも、欲しい者は何でも旅行者から奪った。……しかしながら、こうした彼の行動を日本人が全面的に支持していた。[*63]

セミョーノフがボリシェヴィキ革命に対抗する主要な戦士だった極東では、白軍がいかに失墜していたのかが容易に見てとれる。

アタマンは大戦の時には皇帝のコサック軍の将校として勤めていた。日本はセミョーノフの独立軍に資金を提供し、彼を赤軍滅退の手段として利用したが、白軍、チェコ軍、カデット（立憲民主党）、エスエル（社会革命党）、パルチザン、他の干渉国などの不和も目的としていた。日本の関心は明らかに、これらの派閥が長く地域の覇権を握るのを妨げる一方で、共産主義者の隣人をとりわけ望まない日本の天皇のための足場を確立することだった。[*64]

赤軍に対する白系ロシア人の抵抗をおおむね率いたのは、アレクサンドル・コルチャーク提督だった。コルチャークは、精神病院以外では滅多にお目にかからないような大げさな表現で、自分自身を「ロシアの最高統治者」と宣言し、干渉軍の不確かな援助を受けながら、モスクワから三千キロ離れたオムスクに東部をまたぐ確かな政府をゼロから築こうとした。コルチャークは日露戦争の時に多くの勲章を受けていたが、ロシアの多くの軍神と同じく、当時はソヴィエト連邦の敵と公言されていた。さらに重要なことは、コルチャークの敵にもあてにならない同盟国にも、コルチャークがロシア帝国の財宝を輸送し、三百トンの金塊が詰まった車両をシベリア鉄道九千三百キロ沿いのどこかに隠していることが知られていたことだった。その推定される総計のうち、コルチャークは彼が決して受け取ることのない武器の代金を支払うために、「味方」の日本に金二十二箱を船で輸送したらしい。干渉国はそれぞれ別々の思惑を持っていたが、皆同様にコルチャークの金塊を奪おうとしていた。その中でも特に顕著だったのは日本だった。日本軍は金角湾に上陸し、スヴェトランスカヤ通りを行進し、ロシア東部に勢力を拡大していた。

ステファンはそれを次のように描写している。

ウラジオストクは独特の世界だった。ロシアの田舎と条約港の上海とアメリカ西部開拓時代を混合したようなユニークな場所だった。ヴェルサイユホテルのロビーでは十数の言語が響き、それ以上の種類の通貨が流通していた。……一九一八年頃には、規模も共鳴の度合いも協議事項も異なる十一か国の遠征軍がいた。多い順に日本人七万三千人、チェコ人五万五千人、ポーランド人一万二千人、アメリカ人九千人、中国人五千人、セルビア人四千人、ルーマニア人四千人、カナダ人四千人、イタリア人二千人、イギリス人千六百人、フランス人七百人……皆、ウラジオストク周辺に集まったのだ。[*65]

ジャーナリストで東洋学者のコンスタンチン・ハルンスキーは当時の社会の様子を次のように描いている。

モルヒネ、コカイン、売春、恐喝、成金と破産、疾走する自動車、映画のような人々の流れ、文学サークル、自由奔放なボヘミアンたち、クーデターと政治転覆、メキシコ的な政治倫理、議会、独裁者、バルコニーからの演説、上海やサンフランシスコの新聞、「干渉軍を相手にする娼婦たち」、あらゆる王国、帝国、共和国、君主制国家の軍服、左派集会、モスクワからの完全孤立。[*66]

ここにロシアの政党の派閥、ボリシェヴィキ、メニシェヴィキ、社会革命党、君主制主義者、カデット（立憲民主党）が加わり、港に何百人もの支持者たちが集結しては揉み合いになった。すでに緊張状態が続いていた鉄道駅近くのブリナーハウスの前では、こうした喧噪が日に日に高まっていった。玄関口から十五メートルの場所を外国の軍隊が何度も行進していった。

カンザス州の少将ウィリアム・グレイブの指揮下にあったアメリカ遠征軍の九千人が到着した時もスヴェトランスカヤ通りを行進していった。アメリカ人は大抵の場合、温かく迎えられた。実際、アメリカ遠征軍の六パーセントの軍人がロシア人女性と結婚している。[*67] しかし、アメリカの歩兵隊もパルチザンの標的になっていた。勇敢な司令官セルゲイ・ラゾとテチュへ地区出身の徒党たち（そのうち何人かはブリナー鉱山で働いていたに違いない）は、ロマノフカ村近くの野営地で二百人の兵士を待ち伏せし、眠ったところでテントを襲撃、殺害した。一年後、国内戦でソヴィエト側の偉大な英雄のひとりであるラゾ自身が日本軍に捕らえられ、白軍に引渡された後に、郵袋に入れられシベリア鉄道に運ばれた。ラゾはコサックが乗っていた機関車の炉で生きたまま焼かれたと言われている。

報復として、ロシアのパルチザンは百三十六人の駐留日本人と共に、干渉国に「協力した」という理由で、ニコラエフスクの男女、子どもを含む四千人を殺害した。こうした国内戦が四年間続いた。アメリカの南北戦争がアメリカ人のアメリカ人に対する戦いだったのに対し、ロシアの国内戦はロシアの国土で十の外国が参戦し､その大部分はコルチャークを支援し､彼が運んだ帝国の財宝を奪おうとしていた。

しかし、白軍は「ロシアの最高指導者」コルチャークの下で民衆を動員することに失敗した。白軍は気ままな残虐行為と略奪によって、ブルジョア資本主義の伝統に共感していたロシア人の間ですら信用を失っていた。コルチャークの「体制」は一年続き、初期の戦いでは西に向かい、いくらか成功を収めたが、その後軍隊に見捨てられるようになり、強制的な動員に対してはあらゆる方法で、自分を傷つけてでも抵抗した。絶望したコルチャークは、最後の抵抗の拠点であったウラジオストクに向かった。しかし、イルクーツクでチェコスロバキア軍に捕らえられた。同盟相手のはずだったが、チェコ軍もまたウラジオストクへの安全な移動を必要としていた。コルチャークはチェコ軍によってボリシェヴィキに引渡され、間もなく銃殺された。

白軍の中には、特に君主制主義者というわけでなく、単にウラル出身の労働者で家族を伴った者も多くいた。彼らはウラジーミル・カッペル司令官に率いられ、一九一九年十二月、徒歩でバイカル湖を越えてシベリアを東へ進んでいった。これはのちに「氷の行軍」と記憶されることになる。この辛い道のりでカッペル自身を含む何百人もの人間が命を落とし、何千人もの人が重度の凍傷にかかり切断を余儀なくされた。三月の始めに、生存者はアタマンのセミョーノフ率いるコサック軍とチタで合流した。しかしその頃には欧州の干渉軍はほとんどロシアを去っていて、一九二〇年四月一日には最後のアメリカ軍が蒸気船でウラジオストクを出発した。

しかし、沿海地方には何万人もの日本軍が依然として留まっていた。レーニンが首都をペトログラードからモスクワに移し、ソヴィエト政府がウクライナとクリミアの軍事的脅威に直面していた時だった。レーニンは、ロシアに長期駐留する日本軍を「容認」するわけにいかなかったが、地域のボリシェヴィキを通じてモスクワが統括する名目で、東部に緩衝国を建設することを暗黙のうちに承認した。この新しい国家は極東共和国と名付けられた。赤を背景にした国章には、交差した槌と鎌ではなく、交差した鋤と錨が描かれた。

一九二〇年三月、ユリウス・ブリナーはウラジオストクが新共和国の主要都市になる約一か月前に生涯を閉じた。七十一歳だった。スイスの幼少時代、青年期の航海、上海の修行時代、横浜に残した家族、トラが辺りをうろついていた頃の金角湾の景色、アールヌーボー様式の家が建つ丘、国内戦と省みた時、目まぐるしい人生体験だったと感じたであろう。ユリウスは同時代のほとんどの人物、グスタフ・アルバース、ミハイル・ヤンコフスキ、セルゲイ・ヴィッテ、そして皇帝ニコライ二世よりも長く生きた。しかし、家族の身の上を案じた時、死を前にして穏やかではいられなかっただろう。ボリシェヴィキは企業家とその家族を殺害していた。それでも、ユリウスはかなりの財産を相続人である家族に残しており、危険が迫った場合には、息子たちはフェスコ社の蒸気船に家族を乗せて安全な場所へ連れて行くことができた。

ユリウスの亡骸は自らシジェミに建てた大きな墓に運ばれ葬られた。ボリシェヴィキ軍がやって来た際、墓から遺体を移し、ユリウスの忠実な朝鮮人労働者が火葬をして散骨を行った。かつては子どものようだった若き妻ナターリアは五十五歳となり、三人の娘と三人の息子が残され、すでに五人の孫が誕

晩年のユリウス

生していた。ユリウスがこの世を去ってから四か月後に、ボリスの妻マリアが二人目の子どもを授かった。男の子には祖父の名にちなんで「ユーリー」という洗礼名が授けられた。幼少期からこの少年は自分の名前を「ユル」と書いていた。

ウラジオストクで激しい混乱が二年間続いた後、極東の国内戦は終わり、極東共和国はもはやロシアではなくなったソヴィエト社会主義共和国連邦に吸収された。この間、人々は「二種類の旗（赤い旗と三色の旗）を機会に応じて手にし、ウラジオストクの政府は誰が政権を握っているのか自信が持てなかったため麻痺していた」[*68]と歴史家キャンフィールド・スミスは書いている。一九二一年六月、アタマンのセミョーノフが突然ヴェルサイユホテルを本部と称して召集し、自身をコルチャークの後継者と宣言した。彼を支持する者のために「ロシアの最高統治者」はスヴェトランスカヤ通りに住んだが、白軍政権も凶悪なコサックを中枢に据えることは許さず、支援していた日本人もそれを望まなかった。

一九一七年には早くも、大小の村々からボリシェヴィズムを逃れてやって来る家族の波が押し寄せるようになった。その頃既に西ヨーロッパには亡命ロシア人が大量に流入していた。その多くが大きなリスクを冒してアメリカへ渡航したが、ロシアのディアスポラは南米、オーストラリア、朝鮮、上海に広がっていった。中国ではハルビンの人口がふくれあがった。三十年もしないうちにゼロから五十万人に増加した。富を失わずにロシアをうまく逃れることができた人々が選んだ行き先は、多くの場合はパリだった。

一九二二年十月二十五日、「ブリナーのような反革命的な資本家から町を解放するために」、赤軍がスヴェトランスカヤ通りを行進した。この行進は全国各地の共産主義革命の最終的な勝利の象徴となり、間もなくソヴィエト社会主義共和国連邦が正式に創設された。ウラジオストクが「ロシア帝国の最後の都市」であったことを、続く七十年間のソ連の人々はこの日付によって思い出すことになる。

# 第二章　ボリス・ブリナー

ウラジオストクは遠いが、ともかく我々の町だ。

ウラジーミル・イリイチ・レーニン（一九二二）

## 8

ボリス・ユーリエヴィチ・ブリナーは、正式な称号こそないものの、プリモーリエの王子同然に育った。一八八九年九月二十九日に生まれ、ロシア帝国が斜陽になるまでの彼の人生は実に魅力的であった。スイス生まれの父親とは違い、ボリスはロシアの子どもであり、当時は富に敬意が払われた時代だったこともあり、特権や贅沢はボリスにとってごく自然なことであった。

しかし、この家族には内実を伴わない豊かさという選択肢はなかった。ボリスの父親は、自分から勤勉に努めたというよりは、もともと勤勉な性格であり、多くを与えられた人は多くを返さねばならないという信念を持っていた。ユリウスは三人の娘には幸福な結婚を望んでいたが、三人の息子には仕事への情熱を分かち合い、彼らの興味に応じて、自身が築いた貿易・産業帝国の様々な側面を引き継いででもらおうと願い準備をしていた。ボリスより五歳年上の兄レオニードと弟のフェリックスは、その野心を自然に共有した。ボリスは別の道を選ぶこともできたかもしれないが、彼もまた正義感の強い息子であり、家族の産業、海運業の帝国を将来は引継ぐ責任を認識していた。

そこで、一九一〇年、二十一歳の青年は荷物を先に郵送した後で、ブリナーハウスからウラジオストク駅までの一ブロックを歩き、シベリア鉄道に一週間乗り西へ向かい、サンクトペテルブルグ鉱山大学に入学する。ボリスが五年後に大学を卒業する時には、首都も大学も共に名称がペトログラードに変更され、それ以外の彼の世界もほぼすべて変わった。

ブリナー家の子供たち（1987年撮影）。左からマルグリット（12歳）、レオニード（13歳）、ニーナ（3歳）、フェリックス（6歳）、マリエ（4歳）、ボリス（8歳）

ボリスはウラジオストクで中・高等教育を受けたが、ユリウスは最年少の息子フェリックスをスイスのローザンヌの学校で学ばせた。ジュネーヴからも自身が生まれた村からもさほど離れていない場所だ。長男のレオニードはウラジオストクの優秀な子ども達と同様に、法律を学び士官候補生になって軍務に就くためにサンクトペテルブルグ大学で学び、帰郷した。ボリスにはさほど強い愛国心はなく、鉱山大学に行くことを選んだ。そこは士官訓練も行う軍事アカデミーでもあり、ボリスも革命前の騒乱の最中にロシア帝国の制服を身に着けることになった。

鉱山大学は世界で最も優れた地質学研究施設の一つであり、その名称から連想されるような汚れたトンネルとはまったく違う。この施設はエカテリーナ女帝がフランス啓蒙主義の祖ヴォルテールや最初の百科全書派のディドロといった友人の励ましで一七七三年に設立した。ネヴァ川沿いのサンクトペテルブルグ大学近くにある壮大な研究所には、世界各地の貴重な鉱物や地質資料のコレクションを所蔵する博物館があり、今でもなおユニークなコレクションである。コレクションには、大きさも形もカバの赤ちゃんのような、史上最大の金塊が含まれており、噂によると、それはコルチャーク提督が後に国内戦のさなか、「黄金列車」で運んだ国宝のうちの一つだと言われている。ガラスケースの展示物がたくさん並ぶ数か所の広間には、現在でも金の縁取りのついたオーク材の額縁にはまった巨大なフレスコ画が飾られている。

この鉱山大学は狭義の専門家を育成することを目的としていたと思われるかもしれないが、必修科目には地質学、化学、工学のほかに、歴史とフランス、ドイツ、ロシアの文学も含まれていた。ボリスにとっては、その三か国の言語が家の中でいつも使用されていたので明らかに有利だった。四年後の一九一五年には、『テチュへの鉱山における鉛、銀、亜鉛の地層』と題された四十ページの修士論文を提出し、一九一三年には資料収集のためにウラジオストクに戻りテチュへの鉱山にも出向いている。この論文で発表した研究の中で、ボリスは父親の鉱山開発を簡潔に説明し、推定される鉱石のマッピングと非鉄金属の検出および抽出に関する最新の手法を詳しく説明した。翌年、論文の口頭試問に合格し、優秀な成績で鉱業工学の修士号を取得した。それは、大学の百年の歴史の中で授与された二八二四番目の学位であった。[*1]

ボリスが過ごしたペテルブルグの最初の数年間は、ラスプーチンとドイツ生まれの皇妃をめぐる噂話が囁かれていたものの、都市は比較的穏やかだった。政治的な混乱の多くは、相容れない政党によって討論が行き詰まりを見せた国会で起き、一方、町中の労働組合の集会場やソヴィエト議会の会議室では、レフ・トロツキーのような組織者や扇動家たちが熱気を帯びた口調で長時間まくし立てていた。

運河沿いの通りや町は豊かな貴族文化によって輝きを放っていた。十八世紀のエカテリーナ女帝時代以来、ペテルブルグは町の中心に百二十以上の宮殿を持つ壮大な首都に変貌し、その多くがネヴァ川沿いに建てられた。最も壮大な建物は皇室が所有する冬宮で、以前、一八八一年にニコライの祖父アレクサンドル二世が暗殺されるまでは皇帝の邸宅だった。ボリスは一九一〇年から一九一六年まで大学で学んでいたが、その間にニコライとアレクサンドラが冬宮（現在のエルミタージュ美術館）で生活したことはほとんどなかった。一九〇五年の「血の日曜日」事件後は、皇帝一家は国の資産で、より安全なツァールスコエ・セロー〔「皇帝の村」の意〕で穏やかな家庭生活を送りながら幸せを感じていた。

ボリスは町で異なる世界に住む様々な人物と知り合うことができた。その高い国際的なレベルの薄い酸素のなかで、多くの貴族が身の程を超えた贅沢な暮らしをしていたが、そのことを自覚していない者もいれば、そうでない者もよくて無視して暮らすようにしていた。それでも、ボリスは第一ギルド商人の息子として、あらゆる産業界のエリートたちの輪に入り込んだ。辺境地ウラジオストクのシジェミの両親の元へ休暇で帰省した後に、この世界に戻る時はいつも眩暈（めまい）がしていた。

ボリスはまた、ロンドンやパリを含む西欧諸国を数回旅している。スイスのメーリケン＝ヴィルデッ

大学時代のボリス・ブリナー

クにある先祖の家は一度も訪れなかったが、ボリスも兄弟たちも皆スイスのパスポートを取得する権利があった。ロシア政府は二重国籍者をもっぱらロシア市民と見なしていたが、スイス人にとって市民権は、目の色と同様に生まれながらの権利で譲ることのできない事実であり、アメリカ人であれ誰であれ、放棄することなどあり得なかった。さらにスイス人男性を父親に持つ子孫は皆、生まれた場所がどこであっても四世代にわたって自動的にスイス人になる。それは男系にのみ認められたことで、スイス人の父親が息子、孫、さらには曾孫まで国籍を与える権利は、単刀直入に「父性特権」と法に定められている。

ボリスはユリウスによって勤勉で几帳面な性格に育てられた。社交的で機知に富み、情熱的で陽気な一面もあった。パーティーの際には素晴らしいテノールの歌声を響かせてみせた。とてもハンサムだったので、すぐに女性の目を惹いた。たとえ性格が年齢や辛い試練に左右されたとしても、その風貌は変わることはなかった。父親よりも背が高く、スタイルがよく、運動神経が非常によかった。髪は短く切っていたが、年を重ねてからは長髪を好んだ。

第一次世界大戦が勃発した時、ボリスは修士論文の準備中だったが、一夜にしてすべてが一変した。愛国心が国中を支配し、人々は誇らしげに皇帝とその軍隊に対して忠誠心を示した。一九一四年八月、ニコライ二世が正式に宣戦布告をした時、多くの人々がネヴァ川沿いや宮殿広場に列を成し、冬宮に向かう皇帝の乗ったヨット、スタンダルト号を歓迎した。九年前の「血の日曜日」事件以来、最大規模の民衆の集まりとなった。ニコライとアレクサンドラが宮殿のバルコニーに姿を現すと、帝国国歌が轟音のように鳴り響き歓待を受けた。この時からちょうど四年後に、ニコライが戦争に千五百万人の市民を派遣した後、皇帝一家の切り裂かれた遺体が坑道にうち捨てられることになる。

開戦の初日から貴族や省庁の間でも戦争に対する強い反対があった。セルゲイ・ヴィッテは、堪えるのもやっとの様子で書いている。「この戦争は狂気である。我々の義務は血盟の友を助けることなのか？　それはロマンチックで時代遅れな、キメラのごとき妄想だ……我々は何を得ることができよう？　領土の拡大。いやはや、大変だ！　皇帝陛下の帝国はすでに十分巨大ではないか？……私の事実上の結論は、この愚かな冒険をできるだけ早く清算しなければならない、ということだ」[*2]。

音楽院で学んでいた頃のマルーシャ

大学を終える頃、ボリスはマリヤ・ディミトリエヴナ・ブラゴヴィドワと恋に落ちる。背が高く、堂々とした真面目な女性で、膝のあたりまで届く長い黒髪をしていた。ウラジオストクの医師ディミトリー・エヴグラフォヴィチ・ブラゴヴィドフの娘だった。ボリスとマルーシャ〔マリヤの愛称〕は同じ年で、極東で初めて出会った時は十代の若者だった。マルーシャがペトログラードの音楽院でオペレッタの歌手、女優として劇場で生きる計画を立てていた時に、二人はロマンチックな関係となった。

ブラゴヴィドフ家はロシア文化に特有の社会階級、「インテリゲンツィア」に属していた。他の国の知識人とは違って、この階級に属する人々は実際に認知され賞賛されていた。インテリゲンツィアは、多くのヨーロッパ諸国のように富裕層に限定されたわけでなく、単なる知識人や学者でもなかった。むしろ「ルネッサンス的人間」でもあり、エカテリーナ二世は完璧に模範的な人物でないにしても進歩的な偶像だった。マルーシャの妹ヴェーラは、このインテリゲンツィア階級の輝かしいお手本だった。彼女はロシアの精神医学の分野で医師として認定された最初の女性で、また、コンサートを開くほどの知られたピアニストでもあった」[*3]。マルーシャがボリスのプロポーズを受け入れた後、妹のヴェーラは弟のフェリックスと恋に落ちた。

ボリスは先のことを考えると、特に結婚式をウラジオストクで行う場合、問題がありそうだった。母親のナターリアがマルーシャを嫁として認めるとは思えなかった。ナターリアはインテリゲンツィアを認めもしなければ賞賛もしなかった。また、ブラゴヴィドフ家の娘たちの母方の祖父がユダヤ人であったという事実（シェリー医師はロシア正教に改宗した時に名前を変えた）をブリナー家の女家長が好むはずがなかった。しかし、ナターリアがマルーシャとヴェーラを最も嫌っていた点は、話し方や振る舞いにおいて正教的な教えに縛られない、自由で現代的なところだった。マルーシャは役者になる練習もしていたが、それは家庭を築くことが当然とされたウラジオストクのような小さな町では、実業家の妻として到底まともな女性とは見なされなかった。

ボリスは学位を取得し、戦争終結後すぐにテチュへの鉱山再開を任せられた。ユリウスは六十代後半になっており、ウラジオストクから二日間かかるテチュへに足を運ぶのが辛い年齢になっていた。鉱山を管理する人間は誰もおらず、マルーシャの愛するロシアのオペレッタの演目が定期的に上演されるペトログラードやモスクワに住みながらボリスが鉱山を管理することもできなかった。マルーシャはボリスと結婚するためには、子どもの頃から取り組んできた仕事を諦めなければならなかった。

それは非常に苦しい決断だった。マルーシャの家族は高額な授業料に加え、家から遠く離れた場所で娘を学ばせるために大きな犠牲を払っていた。さらに悪いことに、ボリスはウラジオストクに戻る前にペトログラードで結婚式を挙げ、両親に結婚を既成事実として突きつけると主張した。そうすると妹のヴェーラ以外には、マルーシャの家族は結婚式に出席することができないことになる。それは保守的なロシア正教の社会では、第一ギルド商人の息子が未来の女優と駆け落ちをしたも同然のことだった。

しかし、どうしようもなくボリスと恋に落ちてしまったマルーシャは、すべての要求に同意した。ボリスはまだ学生だったが、ペトログラードで結婚し、ウラジオストクに戻るシベリア鉄道に乗る頃には第一子を待つようになっていた。その頃ヴェーラは、フェリックスが皇帝軍の近衛将校であったにもかかわらず、社会の偽善的な常識を無視してペトログラードで公然と一緒に暮らしていた。ボリスは、母親が自分と弟に腹を立てていると確信していた。

ボリスは正しかった。ナターリアはブラゴヴィドフ家の姉妹に対して、初めて会った瞬間に軽蔑心を露にした。ボリスが特にお気に入りの息子だったからだろう、マルーシャを特別に嫌った。ブリナーハウスにボリスと新妻が住むのでなければ、誰も気まずい思いをせずに済んだが、戦争はまだ終わっておらず不穏な時代だったため、家族は皆一緒になって持ちこたえなければならなかった。ナターリアだけが息子を惑わせた自由な女優の侵入を歓迎しなかった。彼女の嫌悪感は、ブリナーハウスで一九一六年一月十七日にボリスの娘が生まれたことで悪化した。生まれた子どもは、マルーシャの妹にちなんでヴェーラと名付けられた。

## 9

一九一七年三月、ボリスとマルーシャがウラジオストクに居を移して間もなく、冬宮がペトログラードもろとも革命勢力の手に落ち、ニコライ二世は退位を余儀なくされた。一方、ネヴァ川の対岸ではヴェーラとフェリックスにも子どもができたことがわかった。フェリックスはヴェーラに結婚を申し込んだが、ヴェーラはすぐには承諾しなかった。ヴェーラは、パンテレイモン病院の精神科医としてキャリアに支障が出ることを懸念していたのだ。彼女は自身の自立を守る固い決意をしており、結婚という制約に縛られないような、前衛的な考えをしていた。

しかしそんな頃、四月九日、ドイツのヴィルヘルム二世によって提供された特別列車でウラジーミル・イリイチ・レーニンがロシアに戻った。ヴィルヘルム二世はレーニンが反戦主義と戦争終結にリーダーシップを発揮してくれることを期待していた。レーニンは人の心を揺さぶる大衆扇動家として他に類を見ない存在で、彼がすべての共産主義勢力にすぐには歓迎されなかった時、ペトログラード周辺の公共の場で演説をし始めた。後にフェリックスは娘たちに対して、レーニンに個人的に遭遇した時のことを語っている。「私は皇帝軍将校の任務を果たすべく、レーニンを演壇から引きずり降ろそうとした[*4]」。

レーニンは流血を伴う革命を起こすような人間性ではなかった。また、何かを始めようとしていることを決して認めなかった。一九一九年、イギリスのマンチェスターガーディアン紙の左翼ジャーナリストで作家のアーサー・ランサムは、レーニンと私的な会話を何時間も交わしており、レーニンの謙虚さに忘れ難い感銘を受けている。

レーニンが幸せな人間であることに心を打たれた。クレムリンから帰る時、彼のように喜びに満ちた気質、性格をもった人間が他にいるかどうかを思い出そうとしたが、誰も思いつかなかった。この小柄で禿げ頭に皺の目立つ男は、椅子をあちこちに揺らしながらなんだかんだと大笑いしながらも、真剣な助言を求めて頼ってくる者には誰でも応える用意ができている。その助言はレーニンの追随者にとってはどんな命令よりも魅力的だと言えるだろう。レーニンの皺は苦労によるものではなく、「笑い」によるものなのだ。その理由は、レーニンが彼自身の個性の価値を完全に割り引いた最初の偉大な指導者だからにちがいない。彼には個人的な野心がまったくない。それ以上に、マルクス主義者として、彼がいてもいなくても変化し続けるであろう大衆の運動を信じている。レーニンは人を動かす根本的な力を信じており、彼の信念は自分が正当にその力の方向を判断できるという確信に基づいている。レーニンは自身が避けられないと考える革命を誰も止めることができないと考えている。*5

続く数週間、革命に向かう力と政治的混乱が高まるなか、ヴェーラとフェリックスはウラジオストクで出産することにした。そのつもりでヴェーラはフェリックスのプロポーズを受け入れ、一九一七年四月二十九日、二人は教会で式を挙げた。ヴェーラとフェリックスは何百万もの兵士と多くの避難民を乗せたシベリア鉄道で不安な旅路を経て、ブリナーハウスに住むボリスとマルーシャの所に落ち着いた。ユリウスとナターリアは隣の大きな建物に住んでいた。間もなく、「バイガ」（スラヴ民話に登場する妖婆「バーバ・ヤガー」の略称）と呼ばれていたブラゴヴィドフ家の母親も娘の出産の手助けをするために移り住んだ。今や家にはブラゴヴィドフ家の人の数が上回り、ナターリアの怒りとやるせなさは置き去りにされていた。一九一七年十二月一日、ヴェーラは女の子を出産し、イリーナと名付けられた。

一九一七年の十月革命で、レーニンのボリシェヴィキは暫定政府に対するクーデターを成功させ、「パン、土地、平和」「すべての権力をソヴィエトに」をスローガンに掲げ支配権を握っていった。しかし、かの有名な「『世界を揺るがした十日間』は、極東に波風を立てたに過ぎない」と歴史家のステファンは書いている。[*6] ウラジオストクのボリシェヴィキは、鉄道、港湾労働者、船員、軍隊、炭鉱夫等の間で強力な組織を構築していた。十一月十八日、彼らは一時的にウラジオストクと沿海州の大部分を掌握した。

今や、ブリナー家はボリシェヴィキからの差し迫る危険に直面していた。一家を保護してくれたのは都市を占拠していた大量の日本の干渉軍だけだった。この先、アレウツカヤ通りのブリナー家の建物に定期的に多数の日本軍が駐屯し、庭に野営をし、ホールや玄関で寝ることになった。およそ十五年前にロシアを敗北させたあの日本軍である。ユリウスの健康状態が悪化し始めた時に家の中にも外にも日本軍がいることが特にナターリアを激怒させ、ほぼヒステリー状態に陥らせた。しかし実際には、自宅に陣取った干渉派の軍隊が、ブリナー家が必要とする警備態勢を提供したことになる。町の最も成功した資本家として、ブリナーの大家族（夫婦、六人の子ども、五人の孫）は、明らかにボリシェヴィキによって真っ先に強制収容所送りになる候補者だったからだ。

ソヴィエト全体主義の多くの特徴を示す収容所は、緊急措置として国内戦時に初めて設置された。強制収容所の歴史を研究するアン・アップルバウムは「十月革命（一九一七年）の三週間前にはレーニン自身がすでに、曖昧ではあるものの、裕福な資本家に『勤労義務』を課す計画を確かに立てていた」と指摘している。レーニンはのちに、「列車の一等、二等車両で旅行する億万長者の逮捕を奨励、歓迎し、彼らを収容所の鉱山に送り、半年間働かせよう」としたと書いている。アップルバウムは、「新しいソヴィエト連邦国家の初期段階から、人々は『何をしたか』ではなく『何者であったか』で刑を宣告された」と結論づけている。[*7] しばらくの間、フェスコ社はブリナー家にとって防波堤となっていた。それがウラジオストクと外の世界を繋ぐ重要な役割を果たし、少しとはいえ仕事もまだあったからである。

一九一七年から一九二〇年の間に、ウラジオストクには七種類の政府が次々と現れ、それぞれが前の政府と激しく対立した。ユリウスと家族は、パルチザン、ボリシェヴィキ、コサック、干渉軍の間で風向きがどこに変わるのか、予測する術はなかった。ロシア全域で、ブリナー家のような資本家とブルジョワが捕らえられ、銃殺された。ユルを含むユリウスの孫たちは、パルチザンが両親の目の前で幼児の足をつかみ、壁に頭を打ち付け、そのあとで両親を銃殺するという話を聞いて育った。

「私的所有が盗まれている」、ゆえに国家がすべての生産手段を所有し管理せねばならないというマルクス主義の教義と厳密に合わせるかたちで、ソヴィエト政府が民間の不動産やあらゆる産業、企業を没収し国有化してゆく中にあっても、ユリウスとボリスはテチュヘ鉱山を救済しようと努めた。一九一八年六月二十八日の国有化令に従って、都市部では党に忠実な共産党幹部等によって工場が強制的に没収され、数百万の私有農場が国の共有財産とされ、幹部に割り当てられた。

しかし、コルチャーク提督が「ロシアの最高統治者」であり、すべての反共産主義者のリーダーとなることを宣言した時、ユリウスはオムスクのコルチャーク政府に、愛国心のあるロシアの株主と取締役にブリナー鉱山を返還するよう求めた。コルチャークは同意し、一九一九年六月のテチュへ株主総会で、ユリウスを取締役会に戻し、経営はブリナー商会が引き継いだ。しかし、英国勅撰弁護士でロンドン大学のV・V・ヴィーダーは「しかしながらテチュへ鉱山は放置されたままだった。会社の財務は混乱し、物資は軍事目的で徴収され、建物は略奪されていた。ブリナー岬の隣にある港町ルドナヤプリスタニの港湾施設は封鎖され砲撃されていた。蒸気タグボート・ルィンダ号は白軍シベリア艦隊に沈められた」[*8]と書いている。加えて、鉱山の上層部分はもはや掘りつくされており、下層部の地下調査にはまったく新しい生産設備が必要になる。このような混乱にあっては、投資家を期待できないため、ブリナー家は瀕死の会社を個人ローンでなんとか維持していた。鉱石は巨額の資金投入と専門技術なしには再び産出することはできなかったが、どちらも望めなかった。外国資本はレーニン政府が資産を押収しはじめた時に国外へ逃れていた。

テチュへで働く多くの鉱山労働者の家族にとっては、何百キロも続く無人のタイガでは、ブリナー商会が提供したような唯一の仕事を再開することが見込めず、絶望的な行き詰まりに陥った。ブリナー鉱山は国内戦の荒廃に屈したのである。

皇帝家族暗殺の後で戦って守るべき帝国は無くなったとはいえ、反共主義を掲げているコルチャーク提督のもとで務めるために二十七歳のフェリックス・ブリナーは一九一八年十月、オムスクへ向かった。

後にフェリックスの娘イリーナが書いている。

白軍近衛将校だった父は、全シベリアの白軍を指揮していたコルチャーク提督に従った。……革命の時には、諸外国はロシアの手助けをするふりをして、実際にはコルチャークが列車で運んでいたロシアの金塊を奪おうとしていたに過ぎない。フランスの将軍ルナンはコルチャークとの交渉を試みた。私の父はこの交渉の通訳を務め、自らの耳で「とっとと失せろコルチャーク、我々に金塊をよこせ」というルナンの言葉を聞いている。その後、チェコスロバキア人とフランス人はコルチャークを裏切り、ボリシェヴィキに引き渡したのだ。

コルチャークとは違い、フェリックスは幸運にもイルクーツクから生きて帰ったが、その後には死ぬよりひどいことが続いた。イリーナは続けて書いている。「父はその後、別の白軍大将に従った。残った白軍をシベリアのタイガを歩いて率いたカッペル大将だ。この前進は『氷の行軍』と呼ばれ、生き残った者は僅かだった。毎朝死体の山で、チフスや極寒による大量の犠牲者が出た。父が生きて帰ったのは幸運だった。足が凍傷にかかり憔悴しきった父が、家族のもとに戻り、再び祖父の船会社、ブリナー商会で働けるようになった[*9]」。

ウラジオストクに戻って以来、ボリスは不満を抱いていたが、ビジネスを存続させるためには多くの作業が必要だった。ボリスとレオニードは船会社の対応をしたが、貿易会社にとっては急激な政治の変化、変動する通貨価値、そして蒸気船の燃料である石炭の不足はとりわけ試練となった。しかし、彼ら

ボリスと第1子ヴェーラ

の最大の関心事は、ロシア国外にビジネス拠点を確立することだった。ユリウスは先を見通してフェスコ社を香港で登記し、上海の有名な地区の外灘にオフィスを構える段取りをしていた。今や息子たちの課題は、ロシア国外に造船所を設立し、新しい顧客を幅広く確保するだけだった。レオニードとボリス、そして間もなくフェリックスも加わり、三人は極東のあちこちを行き来しながら新しいオフィスを開設し、既存の設備は増強し、地元の役人たちと関係を築くことに努めた。朝鮮と同じく日本の支配下にあった中国の都市、旅順と大連にも赴き、また、中国の支配下にあった満州の瀋陽やハルビンの他、北京、長春、天津にオフィスを開いた。そのすべてを管理することは途方もない作業だったが、ブリナー家にとっては、ロシアの共産主義者から逃げる必要がある時、亡命先の選択肢となった。また、彼らが「産業王朝」を失ったとしても、家族が貧困に陥らないための保証にもなった。

ボリスは休む間もなく働いた。アレウツカヤ通りにやって来て数か月後には、極東初の技術学校を組織している。港湾や軍の専門家、技術者の中から教員を集め、また、家族も含めて調達できるところはどこからでも資金を集め、一九一八年十一月には、ウラジオストクに高等職業訓練校を開設した。会長は、約二十年前にユリウスが創設に尽力した極東大学の教師の中から選ばれた。学校には二つの学部、経済学部と鉱物学、機械工学、建築工学を扱う学部があった。ボリスはまた、アムール地方協会の理事およびロシア地質学委員会の極東代表の立場を活用し、人材の発掘に努めた。自身もペトログラードの鉱山大学で学んだことを伝える採鉱の授業を担当し、また、珍しい鉱物の膨大なコレクションを寄贈した。これはのちにウラジオストク極東工科大学にある地質博物館のコレクションの中核を成すことなる。

ブリナー家の中で、ボリスは最も社交的でたくましかった。ちょっとしたスポーツマンで享楽家のボリスは、帝国ライフガード協会とウラジオストクヨットクラブの会員になり、父親と同じように船に乗ることにいつも夢中になり、マルーシャを連れて劇場やコンサート、スポーツイベントに定期的に足を運んだ。しかし、国内戦が激化するにつれ、こうした娯楽は姿を消し、町の周辺を安全に行き来することも困難になった。

覚悟していたとはいえ、一九二〇年三月にユリウスが死去したことで家族はさらにひどい衝撃を受けた。ナターリアはこれまで以上に感情的になり引きこもるようになった。十六歳でユリウスと結婚した少女は、七人の子ども（ひとりは乳児で死亡した）を生み、はや三十八歳になっていた。夫の死により、ナターリアは夫の財産のほとんどを継承した。また、義理の娘たちにはいかなる譲歩もするつもりがないことを残された家族に対して明言し、「もし息子が先に死亡した場合（国内戦の最中にあっては現実になる可能性があった）、ブラゴヴィドフの娘たちは荷物をまとめて出ていく（乞食になる）」よう遺言書にしたためたのだ。

三か月後に新しく建国された極東共和国は、手持ちのルーブルを極東共和国の新しい通貨に交換する期間として、市民に十日間の猶予を与えた。それは交換されるルーブルの二百分の一に相当し、市民の貯蓄を実質的に九十九・五パーセント減少させたため、騒動を引き起こした。大規模で威嚇的な日本の干渉軍ですら反対し、新しい通貨をボイコットすることで実質的にその価値を切り下げた。日本軍は自らの支配的地位と資金力を用いて、もし、極東共和国の内閣に「ツェンゾヴィク」〔帝政時代の財産所有者〕、または「公認のブルジョワ」が含まれていれば、日本はザバイカル地域〔バイカル湖の東部地域〕から完全に撤退すると申し出た。そのメンバーに、ボリス・ブリナーを含む四人の閣僚が選出された。ボリスは極東共和国の通商産業大臣となった。[*10]

翌月から、最初は資本家と同じテーブルに着くことを拒否していたボリシェヴィキ、メニシェヴィキ、社会革命党、立憲民主党の議員たちとボリスは大臣として定期的に会議をすることになった。会議は繰返し行き詰まり、ボリスは大きなストレスを抱えた。というのもこの時、二番目の子どもの誕生で頭がいっぱいだったからだ。一九二〇年七月十一日に生まれた息子は、祖父にちなんでユーリーと名付けられ、十一月二十九日にウスペンスキー大聖堂[*11]で洗礼を受けた。三十年前、祖父ユリウスが皇太子ニコライの祈禱式に参加した教会である。

## 10

一九二二年、ソ連が極東を支配すると、ブリナー家の状況にますます緊張感が強まった。ヴィーダーは書いている。「外国の資本が入った事業主は、ウラジオストクのソ連当局、特に統合国家政治局（オーゲーペーウー）によって日常的に危険にさらされていた。ましてやフェリックスは皇帝軍近衛将校であり、白軍コルチャーク政権のフランス語通訳者として働いていた。ブリナー家の次女マリヤはシベリア艦隊の白軍将校で赤軍に捕らえられ投獄されたセルゲイ・フヴィッキーと結婚していた」（マリヤは若いころ、国内戦で命を落とした赤軍の若き英雄、コースチャ・スハノフと短期間婚約していた）。[*12] 今や、玄関先にいる外国軍の旅団の恐怖は、モスクワの命令の有無に関わらず突然逮捕するソ連当局の恐怖にとって代わったのだ。

その後二年間で、飢饉がソヴィエト連邦を席巻した。生産と流通のための農業と経済の構造が崩壊し、欠陥のある理論的計画に置き換えられたためである。間もなく、民間企業と工業の国有化が機能していないと判断され、一九二一年、レーニンは新経済政策（ネップ）を表明した。中小企業の私有化は復活したが、鉱山のような大規模な産業はすべて厳格に政府の管理下に置かれた。レーニンの同志たちは外国資本が必要だと痛感し、現金を持つ外国人企業家が政府から採掘権を得られるよう、新しい貿易政策を開始した。

一九二二年にはソヴィエト連邦における工業生産は一九一三年の五分の一に減少し、政府による穀物の強制徴発の結果、数百万人の餓死者が出た。[*13] 事実上、ボリシェヴィキ政府は国民を飢えさせていた。ネップの下で政府は既に没収された企業を返還するのに躍起になっていたため、ボリスは兄弟と共に、テチュへ鉱山を復活させるための更なる試みとして、モスクワのレーニン新政権との取引を決断した。

要するに、この拠点にはまだ莫大な鉱石の埋蔵量があり、世界では市場が拡大していた上に、ソ連の財務省は早急に外貨を必要としていた。ブリナー家がロシア国民としてテチュへを所有できない場合でも、おそらく別の外国人の租借権利者の名義で鉱山を復興し運用することができただろう。モスクワはこうした計画を好意的に見てブリナー商会と契約を結ぶだろうか？　もし実現すれば、家族はもはや、ドアの前で足を止める秘密警察（チェーカー）を恐れる必要はなくなるだろう。

外国に対する租借権はレーニンにとって国際的に認められるためにも非常に重要であったため、この問題に対処するためにチェーカーの長官、恐るべきフェリックス・ジェルジンスキーを責任者として任命した。実際、ソ連における対外租借権の戦略は「経済政策のみならず政治的手段でもあった」とステファンは指摘している。「というのも、多くの諸外国は未だボリシェヴィキを合法的な政府として認めておらず、森林や鉄道の租借権を購入した国（例えばカムチャッカやニコラエフスクの米国）は、事実上ソ連政府を認めたことになるからである」[*14]。この点では、諸外国の国内でも意見が分かれていた。例えば、イギリスでは保守党はロシア共産党の権限を認めず、労働党は認めた。「外国の租借権所有が増え、……その中にはブリナー商会のようなよく知られた会社も含まれていた」とステファンは明らかにしている。

ボリスはレーニン政府が経済全体のために実際に自分と取引をするという公的な保証を求めるため、モスクワで多くの時間を過ごさねばならなかった。この危険な事業は最も恐ろしい時代に妻と二人の子どもを家に残すことになった。しかし、採掘作業を指揮できるのはボリスのみだった。レオニードは事務所を担い、複雑な契約や細かい法的問題を処理し、フェリックスは地域を行き来しながら、資格を持つ作業員の確保に努めていた。テチュへを研究し修士号を取得したのもボリスだけであった。そして、短命の極東共和国の産業大臣として、ボリスはすでに革命派の社会主義者と緊密に協力して働ける能力を発揮していた。一方で、レーニン政府はブリナーの会社がヨーロッパの資本を引き付ける力があることを知っていた。（ブリナー商会の最後の投資家、ドイツのアロン・ヒルシュはテチュへに投資した資金の大半を失った。ブリナー商会は極東共和国の大幅に価値の下がった「ルーブル」で曲がりなりにも返済し、法的責任を果たしていた。ヒルシュはしばらくの間支払われるべき金額を要求していたが、彼らが皆革命に敗北したということが根本的な真実だった。）

ボリスの仲間のC・A・キッドによれば、おそらくボリスの最も有能なところは、共産主義の指導者の中にあっても人気者になれるという点だった。この「プリモーリエの王子」はアンチ・エリート主義の政治文化に身を置く政治エリートという逆説的な幹部の中で自然にふるまうことができた。ボリスは「魅力と強靭さを兼ね備えた人物」として頭角を現し、「資本主義世界と取引関係があるにもかかわらず、ボリスはソ連のモスクワで評判がよかった。……彼は一連の取引で顕著な成功を収めた」とキッドは指摘している。おそらく、鉱業の技術的知識と同じく、まさにその魅力と強靭さは、ウラジオストクを離れて「鉄のフェリックス」と呼ばれたジェルジンスキーと個人的に交渉するために必要だったのだ。

ジェルジンスキーは共産主義革命の真の信者だった。「目的さえ達成できれば手段は選ばない」という真言によって生きていた。ポーランド生まれのジェルジンスキーは、青年期のはじめをほとんど政治犯として過ごした。一九〇五年の革命運動に加わったかどでシベリアの強制収容所に送られ、二度の脱出を試み、最終的にポーランドに落ち着いた。ジェルジンスキーがロシアに戻った一九一七年、レーニンによって内務人民委員に任命された。ボリスが政府と交渉していた間、ジェルジンスキーは内務人民委員、反革命・サボタージュ取締全ロシア非常委員会（チェーカー）長官となり、ソヴィエト連邦運輸通信人民委員（運輸大臣）も務めた。

一九二三年の最初の六か月間、ボリスは世界で最も長い鉄道で「通勤」した。ウラジオストクでは、母親のようなオペラ歌手を夢見る七歳のヴェーラと、幼いにもかかわらずすでに自立心が強く、わがまな二歳のユルにこの上ない愛情を注ぐ父親であった。また、妻に対しても、温かい愛情と必要な支えで応じた。たとえ飢饉と絶望が蔓延するモスクワにあっても、ボリスは上品な優雅さを備えた人物だった。

一九二三年五月三日、ソ連の労働防衛評議会はブリナー商会に「賃貸で」のテチュヘ鉱山の再開許可を定めた。多くの外資系鉱業租借地があったが、ここでユニークだったことは、ブリナーが「ロシア人」であったことだ。しかし、資金調達は外国からというのが契約のベースだった。年に十万トンの鉱石を見込んでいた政府は、ボリスが書面で約束した二十五万金ルーブル（現在の価格で約二百五十万ドル）の外貨資金を、「大規模な事業に資金提供をするイギリスのあるグループ」から調達できるだろうということで要求した。英国シベリアエンジニアリング社（ＢＥＣＯＳ）は自社で全資金を提供するつもりはなかったが、ブリナーがその資本を調達できることを保証した。それによってボリスは鉄のジェルジンスキーと交渉する全権を任された。

ボリスと交渉していた時、ジェルジンスキーは最高国民経済評議会の議長を務めていた。収容所の年月を反映するような倫理観を持ち合わせた、痩せた激情型の鉄の男が産業資本家の洗練された息子を軽蔑することは想像できた。しかもボリスと交渉しながらも、ソ連秘密警察のトップであることを片時も忘れなかった。つまり、ボリスとジェルジンスキーの会合には、好機と危険が常に同居していたのである。ソ連におけるブリナー家の将来は、この交渉にかかっていた。この秘密警察の長官はいつでも、チェーカーが数多の人に対して「個人主義的傾向がみられる」などといったあいまいな犯罪をでっち上げ、家族のマルーシャ、ヴェーラ、ユルともどもボリスをシベリアの強制収容所に送り込むことができることを、ボリスも分かっていた。そしておそらくジェルジンスキーは、銀行家や資本家たちと会うためにボリスをヨーロッパに送るよりも、収容所に送りたかったに違いない。しかし、ソヴィエト連邦にはテチュヘから鉱石を得るために、外国からの投資が不可欠であった。食料、種、農業設備やその他、飢饉の三年目の国に不足するすべてを手に入れる必要があった。外国の銀行から融資を得るということは、国際的に認知されることだという外交的な意味も含まれていた。

この時、ソヴィエト連邦そのものが存続できるか否かの重大な危機に立たされていた。一九二二年、レーニンは第三期梅毒によって引き起こされたと思われる、いくつかの衰弱性脳卒中の初期症状に苦しんでいた。[*15] 共産主義革命の創始者レーニンの死は、官僚主義の過剰と無知が原因で生じた数年にわたる飢饉や飢餓の後では、不安定になったソヴィエト全体の実験を崩壊させる可能性があった。レーニンはひどく衰弱したものの、すべての能力を奪われたわけではなかったので、政府と数百万のロシア人を救う可能性がある資本主義構造に反対する派閥の調整をした。一九二三年に論議されたブリナー商会のものも含むすべての対外租借地についてレーニンが個人的に知っていたことは疑いない。それが事実上の国家承認をもたらすことになりそうだからである。しかし、健康が悪化するにつれて、ヨシフ・スターリンが政権を獲る準備をすすめていたとしても、レーニンはレフ・トロツキーが自分の後継者になるように努めながら最後の日々を過ごした。

レーニンが死亡してから六か月後の一九二四年七月二十五日、ボリスとソ連最高国民経済評議会の議長ジェルジンスキーは、テチュヘ鉱山の租借権協定に調印した。他の調印者にボリシェヴィキの真の信者で、イギリスから帰国しトロツキーの忠実な補佐官を経て外務人民員(外務大臣)に就任したゲオルギー・チチェーリンがいる。チチェーリンは、ラパロ条約でドイツと秘密交渉をし、戦争賠償の相互放棄に自らの力を発揮した。ジェルジンスキーとチチェーリンという二つのビックネームによって、不安定なソヴィエト連邦がこの対外租借権の合意を重視するということを外国の銀行家に信用させたのである。

この租借権協定により、ブリナー商会が外国資本によって一年以内に作業を開始すること、また、ボリスが推定した鉱石の採掘予想量を実現することを条件とし、ブリナー商会に三十六年間の採掘権が与えられた。この協定により、ブリナーが外国の事業者に租借地を割り当てることができた。仲裁条項も含まれていたが、それに関連するのは選ばれた外国人投資家のみだった。この条項はのちに大きな意味を持つようになる。

ボリスは、最も強烈なイデオロギーを持つ威圧的な共産主義者のリーダーと交渉し成功を収めた。その結果、帝政ロシアでユリウスが開いた鉱山は、ソヴィエト連邦で息子たちによって息を吹きかえすことになった。テチュへの町は救われるのだ。いまやボリスは、反資本主義国家において、巨額の資本投資のリスクを冒すことのできる投資家を見つけなければならなかった。

ボリスはモスクワで何か月も過ごす間に、私生活にも革命を起こした。恋に落ちてしまったのだ。

エカテリーナ・コルナコワはロシアの舞台で人気を博していたスターだった。ボリスより五歳年下の魅力的なこの女優が二十七歳の時に二人は出会った。カーチャ〔エカテリーナの愛称〕は、華のある小柄なブロンドで、優れた才能を持ち、美人で有名だった。生まれは一八九五年、ロシアとモンゴルの国境付近の町で、チンギスハンの出身地キャフタである。父親は裕福な地主で、競走馬を飼育した。母親はモンゴル族の研究でレーニン勲章を受章したほどの高名な社会学者だった。カーチャは幼い頃から舞台に立つと決意していたが、両親は断固反対した。十七歳の時、大都市で女優になるために家を飛び出し、五年後にはモスクワ芸術座でドストエフスキーの『ステパンチコヴォ村とその住人』に出演しスターになった。一九二二年、ボリスと出会った頃にはゴーリキーの『どん底』での演技が好評を得ていた。

当時、カーチャはアレクセイ・ディーキーという俳優と結婚していた。子どもはいなかったが、感情的で酒浸りの夫との生活に苦労していた。演出家で師匠でもあり、共演者でもあるコンスタンチン・スタニスラフスキーも熱心に彼女を口説いていた。[*16] カーチャより三十二歳年上だったが、今でも、彼の恋愛史上で大きな位置を占めていると主張する人もいる。そうであったとしても、カーチャはスタニスラフスキーとディーキーの両方から去り、ボリスに心を捧げたのだ。

ボリスとカーチャはヤンコフスキ家に嫁いだ従姉妹を通じてモスクワで知り合った。ボリスは鉱山のエンジニアだったが、大らかで自信家、ハンサムで優雅さも備えていたため、カーチャの芸術家仲間の間で温かく歓迎された。一九二〇年代のモスクワ芸術座の情熱的で創造的な世界にボリス自身がたちまち魅了され、吸い込まれていったのだ。ちょうど八百メートル先のクレムリンで共産主義革命が行われていた時、劇場でも革命が広まりを見せていた。続く数十年の間で、ブリナー家も革命の激震の余波を受けることになる。

モスクワ芸術座は二十五年前にコンスタンチン・スタニスラフスキーとウラジーミル・ネミローヴィチ＝ダンチェンコによって設立された。ロシアで最初のアンサンブル劇場〔劇団員によって構成される劇場〕であり、俳優たちは演目ごとに一緒に協力して練習し、それによって演技の共通原則を見出していった。スタニスラフスキーはのちに、「我々が企てたプログラムは革命的だった。我々はあらゆるものに反対した。古い演技法、演劇性、わざとらしい感情表現や発声法、俳優の気取り、二流の伝統的な作品や装飾、アンサンブルを損なうスター・システム、……劇場の哀れなレパートリーに対して抗議した」[*17]と書いている。彼らの目的は、現実の社会経験から生まれたアイディアだけでなく、自然な感情を観衆に伝えることだった。その目的のために、考えられるすべての技術革新を探求することだった。アントン・チェーホフが牽引した並外れた新しいロシア劇作家たちが相次いでこの新しい社会的リアリズムの教育法のために脚本を提供した。傾聴する人々でいっぱいになったホールの人工的な設定の中で、俳優はどのように本物の感情を表現できるのだろうか。恐らく、スタニスラフスキーはその問題を提起した最初の演出家でもあり、その答えはあとに続く四世代の演技理論の基礎となった。

スタニスラフスキーと親しい同僚の中には、彼の「システム」の中心的な技術、特に、俳優たちが私生活における特定の思い出を用いてステージ上で本物の感情を引き起こすべきだという主張に異論を唱える者もいた。その一人がマイケル・チェーホフだった。劇作家アントン・チェーホフの甥で、モスクワ芸術座の俳優、演出家でもあった。一九一九年から一九二二年の間にマイケル・チェーホフはモスクワ芸術座とは独立した、独自のレパートリー劇場を設立した。他の多くの人間と同様に、スタニスラフスキーがスターリン政権を容認したことに耐えられなかったのだ。マイケルはロシア革命の両陣営を露骨に批判したが、社会問題に関心の高い劇場を讃えていたレーニンの個人的介入によって奇跡的に逮捕を免れた。そして、スターリンがすべてのソヴィエト劇場のモデルとしてスタニスラフスキーの「システム」を置いた直後に、「社会的リアリズム」は「社会主義リアリズム」になったのである。スタニスラフスキーはスターリン政権に対する批判を控え、劇場は繁栄した。対照的にマイケル・チェーホフは政治的緊張下でベルリンへ出国し、その後パリの白系ロシア人コミュニティに加わり、レパートリー劇場と演技学校を主宰した。

ボリスの大都会での生活を取り囲んでいたのはこのような人たちであり、鉱山大学の友人やウラジオストクの地方の同僚と比べてはるかに刺激的だった。ボリスが女優業を諦めるよう主張し、望み通りに家庭に入ってくれたマルーシャよりも、カーチャは劇場以外の場所でも、はるかに刺激的で溌剌としており表現に富んでいた。

何か月もの間、カーチャとの不適切な愛を育み、ウラジオストクへの帰省も延期や中止を繰り返した後に、ボリスはカーチャを置いて妻と子どもたちのもとには戻れないと決意した。彼は落ち着いて次のような手紙を書いたが、その衝撃は数十年にもわたりブリナー家の運命に影響することになった。

愛するマルーシャ

とても心苦しい思いでこの手紙を書いています。でも、書かないことは僕にとっても君にとっても卑怯だと思うので、書きます。

僕は心が引き裂かれて神経をすり減らし、疲れ切って、もう耐えられない。これまでの最良の友として、妻として、大切な子どもたちの母親として、君に僕の苦しみをすべて話します。僕のことを理解し、許してくれると信じています。

今まで僕の苦しみや僕を襲った感情を君に書かなかったのは、それを克服して平静を取り戻せると思っていたからで、でも、そうではなかった。僕の理性と力を遥かに超えているとわかったんだ。

もちろん、君からも大切な家族の皆からも遠く離れて、僕がモスクワにいるという状況、この環境のせいでもあります。

とても繊細な心を持ち、僕がすぐに身内のように感じた唯一の人が、カーチャです。彼女は出会った時から思いやりがあって、とても温かく僕に接してくれた人で、僕は文字通り、彼女と一緒にいる時だけ心を休めることができるのです。この友情の気持ちは間違いなく、普通の友情よりも温かく、何かもっと大きなものに変わるだろうと、僕は間違いなく思いました。

そして、そうなったのです。彼女と一緒にハリコフを旅した時にそう強く感じました。旅先でカーチャが時には演じることもできない程に体調を崩した時、その時にようやく、僕がいかに彼女に愛情を感じているのか、彼女がいなければどんなに淋しいのかを思い知ったのです。

愛する僕のマルーシャ、僕は怖い、カーチャを愛しているとわかって、文字通り怖いのです。このことを話せば、君を殺めてしまうほどに苦しめると思うと、もうこのひと月耐え難い苦悩を感じているけれど、同時に、僕が心を明かさねばならない最初の人間、それは君だということも分かっています。それが僕の本性、清廉さ、僕たちの間にあった関係（判読不可能）に反するとしても、僕はこうする以外になかったのです。

君をどれほど苦しめるのか、僕は分かっています。それだけでも僕はどうしたらいいのか、分からないほどに苦しくてたまらないのです。でも、愛するマルーシャ、僕の身に起こったこと、苦しみは僕の力を超えているのです。

君が僕のことを理解し、あまり厳しく非難せずにいてくれることを僕は切に願うばかりです。

こうした気持ちを感じ始めてから、僕はさんざん苦しみ、今後ももっと苦しむことになるだろう。今、君ととても話したい（判読不可能）、僕の心はとても苦しい。こうして君に手紙を書いて、送るかどうかは分からない。今、自分の部屋で手紙を書きました。書かずにはいられなかったのです。

できれば、少しでもいいので返事をください。

今は、これ以上は書かないことにします。

君と、僕たちの愛する子どもたちに愛を込めて。

ボリス

一九二三年一〇月一三日　モスクワ[*18]

シベリア鉄道の郵便車両で手紙がウラジオストクに届けられる頃には、ボリスとカーチャは二人のロマンスをもはや隠そうとはしていなかった。カーチャは夫を置いて、ボリスの仕事上の会合にも同伴するようになり、テチュへ鉱山を復活させるために機嫌をとる必要のあるソヴィエト当局の様々な官僚たちを魅了した。十年前のような、女優と交際することへの不安は今やさほどなかった。

ソヴィエト政権初期のイデオロギーは、ブルジョアの結婚制度を嫌った。事実、政府は積極的に結婚を認めずに離婚を奨励し、新しい法令では配偶者のどちらかが単独で迅速に離婚手続きをすすめることができるようになった。それによって、一九二四年五月二十日、ボリスはモスクワでマルーシャ・ブラゴヴィドワと離婚し、数週間後の六月十八日にエカテリーナ・コルナコワと結婚した。ボリスは三十五歳、カーチャは二十九歳だった。[*19]

この手紙は、マルーシャに立ち直ることができないほどの衝撃を与えた。ボリスは手紙を書きながら、十一年間共に過ごした後では、こうした裏切りに彼女が堪えられないことをよく分かっていた。実際、手紙を受け取った後はマルーシャの人格の大部分が失われてしまった。姪のイリーナはのちに書いている。「叔母さんが部屋をフラフラと行ったり来たりして、手で頭を抱えて『苦しい、苦しい、何て痛みなの、苦しいわ』と唸っていたのを覚えている。私は当時六歳だったが、いずれにせよ、叔母が愛した人によってどれほど残酷に傷つけられたのかを感じていた。この痛みはその後もずっと叔母にまとわりついた[*20]」。マルーシャが子どものヴェーラとユルと一緒に写っている多くの写真には笑顔はひとつもない。イリーナによると、「夫から死刑宣告を受けたようにマルーシャは感じており、まるで叔母の心は夫に服従しているかのようだった」。

マルーシャの状況はすべてが耐え難いものになった。ブリナーハウスで義母のナターリアと変わらず隣り合わせに暮らしていたし、ユリウスという緩衝剤なき今、ナターリアはボリスが元妻に与えた苦痛と屈辱に対してあからさまにご満悦だった。マルーシャはブリナー家に完全に依存しながら突然シングルマザーになったのであり、その衝撃を受け入れられず、母親の役割を全うするにはあまりに傷ついていた。一日中誰とも口を利かずに何日も過ごし、最低限の家事をなんとかこなせる程度だった。そしてそのすべてが革命後の恐ろしく不確かな時代の中で起こっていた。マルーシャは家の正面玄関の前を通りすぎた赤軍の勝利一周年行進の日にボリスの手紙を受け取った。その行進を記念して、アレウツカヤ通りは「十月二十五日通り」に改名され、ブリナーハウスの住所は共産主義プロパガンダに形を変えた。

マルーシャの唯一の救いは、妹のヴェーラとその夫、義弟フェリックスが子どもの世話を引き受けてくれたことだったが、ボリスはそれも考慮に入れていたに違いない。彼らは皆一緒にウラジオストク郊外の家に引っ越した。町の中心部からの距離〔約十六キロメートル〕にちなんで「十九ヴェルスター」と呼ばれた場所だった。フェリックスを世帯主とし、新しい家族をつくることに精いっぱい努めた。フェリックスはとてもバランスのとれた人物で、ボリスの行動には怒っていたものの、自らの責任から逃れることはなかった。マルーシャは相変わらずひどく落ち込み、腕白でわがままな子どもたちの世話ができるほどには安定していなかった。彼女の母親「バイガ」は娘を慰め心を落ち着かせ、気持ちのいい暮らしができるよう努め、「自分を必要とする人を助ける用意がいつでもあった」。また、シルクや毛糸で巨大なショールを編んだり、ソリティア〔カードゲーム〕をして遊んだりした。しかし、娘のイリーナ（七歳）と同じように幼いヴェーラ（七歳）とユル（四歳）に愛情を注いだのは、他ならぬフェリックスとヴェーラだった。突然の嵐のように父親の家から追い出された後、子どもたちは同じ姉弟として育てられたのだ。

　ボリスとカーチャは結婚式の後、二人のお気に入りの町ロンドンをはじめ、ヨーロッパ中を旅行しながら数か月を過ごした。その間、ボリスはテチュへ鉱山の資本確保に成功している。その朗報と共に、ボリスは新妻を連れてウラジオストクに帰郷し、母ナターリアは二番目の妻を温かく迎え入れた。

## 11

一八九七年に最初に父親が創出したシステムを完全に再構築、監督することが今やボリスの肩にかかっていたため、極東に留まる必要があった。時折、子どもたちに会うこともあっただろう。カーチャにとっては、これは演劇の最前線である首都のスターを諦めることを意味していた。モスクワ芸術座を離れたことは、彼女にとって大きな喪失だったが、スタニスラフスキーを通じてスターリンの非情なリーダーシップを支持している二枚舌と見た目の狼狽ぶりを考えれば、いずれにせよ近い将来に引退せざるを得ないことが分かっていた。カーチャはマイケル・チェーホフのモスクワ芸術座スタジオへの参加を考えたが、彼は「個人主義的傾向」のために大きな危険にさらされ、速やかにソ連を出国せざるを得なかった。カーチャはボリスを熱烈に愛しており、もはや夫と離れて暮らすことなど考えられなかった。その上、彼女は乗馬が好きで、ウラジオストク近郊の空の下で過ごすことがとても好きだった。ウラジオストクの人口は既に十五万人に達していた。[*21] 一方でモスクワのカーチャのアパートは残していたので頻繁に首都を訪れた。当時の都市部の住宅不足にもかかわらず、それが許されたということは、スターとしての彼女の高い地位を示していた。

テチュへ鉱山の投資資金はアメリカ出身のアルフレッド・チェスター・ビーティ卿から提供された。ビーティはコロンビア大学鉱業学校で学んだ後、最初はグッゲンハイム家の鉱業帝国で働き、メキシコ、アメリカ、ベルギー領コンゴの金、銀、銅鉱山で探鉱、採鉱、開発を支援した。一九一〇年頃、ビーティはコンサルタントとして、鉱山エンジニアであるハーバート・フーヴァーと事務所を共有していた。すぐさま互いに親交を深め、翌年には共にシベリアの鉱山を訪れた。そこでユリウス・ブリナーに会った可能性もある。フーヴァーが一九二八年にアメリカ大統領に選出されるまで、彼らの密接な仕事上の関係は長年続いた。ビーティが新しく民間企業セレクショントラスト社を設立した時、その最初の事業はゴールドコースト（現ガーナ）とシエラレオネでのダイヤモンド探索で、二番目の事業がテチュへの採掘事業だったのである。

ビーティの力強い経営スタイルと、ボリスの勤勉さや執念が功を奏し、租借権の交渉には半年もかからなかった（その間に、技術チームによって危険な冬の調査が実施された）。一九二五年五月には二十五万ポンド（今日の額で約二百五十万ドル）の資金で、彼らは一緒に英国の会社としてテチュへ鉱山会社を設立した。そこにはソ連政府によって事前承認された三十六年間の租借権移譲に対するブリナー商会への十五万ポンドの支払いが含まれていた。ボリスはロシア常駐理事に任命され（レオニードも理事を務めた）、ウラジオストクのブリナー事務所は、必要資材、労働力、専門技術のすべてを手配する代理店に任命された。弁護士にはボリスの末妹ニーナの夫、アレクサンドル・オストロウームが着任した。

一年後の一九二六年五月、鉱山は再び稼働し始めた。十年以上の荒廃を経て、ユリウスの息子たちは父親の創造物を復興したのだ。ヴィーダーによると、新しい会社は、

古い工場を再建し、新しい工場、発電所、鉛精錬所を設置した。地下作業を大幅に拡張し、鉄道を改装、また、イギリス、ドイツ、アメリカ人の常駐エンジニア（多くは妻と扶養家族を伴っている）二十人以上と共に、中国（モンゴル、満州）、ロシア、朝鮮人から成る千人から二千四百人にのぼる常勤労働者を使っていた。一九三〇年、ソヴィエト政府はロンドンからの設備投資の増加に合わせて二百万ルーブルの貸付を行った。……一九三一年八月までに当社の資本は六十八万二千ポンドに増加した。精鉱の販売は、ソ連政府に対するものを除いて、すべてロンドンから行われた。ヨーロッパへの輸送は主

にイギリスのグレンライン社の船で行われ、輸送には三か月を要した。

操業から最初の十五か月でテチュへ鉱山は十万七千ポンド相当の鉱石を販売し、一九三〇年にはその三倍にのぼる十三万六千三百トンの処理済みの鉱物を販売した。[*22]

一九三〇年代初頭にボリスと共に働いていたキッドによれば、「ボリスは鉱山で相当の時間を費やし、技術的な問題と同じく行政問題にも大きな関心を持っていた。これは、時には自らの権力が侵されていると感じた支配人には必ずしも歓迎されたわけでなかった。ボリスはロンドンの理事会に頻繁に出席し、ロシアにいる間はロンドンの広範な人脈と連絡をとり続けていた」。[*23]

ボリスとカーチャは膨大な時間を旅路で過ごし、その多くはシベリア鉄道だった。モスクワまで九千キロを超える旅は一週間以上かかり、レニングラード（レーニンの死後四日目にペトログラードから改名された）にはさらに一日を要した。ロンドンへは季節やルートによってさらに数日間見ておかねばならなかった。テチュへ、ウラジオストク、シジェミ、モスクワ、ロンドン、ヨーロッパ、上海、ハルビンを頻繁に行き来する中で、新婚夫婦がどこか一か所に一週間以上滞在することは稀だった。どんな予定であれ、ウラジオストクにいる時はいつも、慌しく仕事上の会議をこなす日々だったため、ボリスには子どもたちと過ごす時間はほとんどなかった。予定した子どもたちとの約束を直前になってキャンセルすることもしばしばで、単に忘れることもあった。

ヨシフ・ヴィッサリオノヴィチ・ジュガシヴィリは一九一〇年に脱走した政治犯だった自分を「鋼

鉄の人」を意味するスターリンという名にした。一九一七年の十月革命ではレーニンの側につき、一九二二年には共産党書記長に任命された。その立場を利用して、レーニンが一九二四年に死去した後、スターリンはリーダーシップを発揮できる政治的基盤を準備することができた。スターリンは権力を握ると、自国の市民を何百万人も虐殺し、人類史上最も残忍な殺人者となった。彼は大量虐殺に「一人の死は悲劇だが、百万人の死は統計上の数字でしかない」[*24]という冷酷な説明をつけた。

一九二九年の五十歳の誕生日に、スターリンは事実上モスクワに権力を統合した。トロツキーが追放され(のちにメキシコで暗殺された)、政府と軍事官僚の高官を冷酷に掃討し、政治的な敵対勢力が台頭するのを防いだ。一九二八年、最初の経済五か年計画でスターリンは私有農場の集団化を通じて地方全体の再編成を図った。政治的敵対派と足並みをそろえて抵抗した農民は、地球上で最も過酷な強制収容所に送られた。ウラジオストクから北に数百キロ離れたシベリアのマガダンとコルィマーの収容所では気温がマイナス三十度に下がり、毎年囚人の三分の一が死亡した。一九三〇年代には、この集団化によって数百万人が命を落とした。

スターリンの特異な残虐行為に関する典型的な逸話は、ソヴィエト赤軍の宣伝部長ドミトリー・ヴォルコゴノフによって詳述されている。[*25]スターリンは側近の補佐ポスクリョブィシェフの妻を秘密警察に逮捕させたが、いくら釈放を嘆願してもスターリンは何もできないと言い、秘密警察だけが彼女を解放できると主張した。彼女は捏造された疑惑で刑務所に三年間収容され、銃殺された。しかし、この間ポスクリョブィシェフは毎日十二時間から十四時間、スターリンのそばで働き、郵便物を持ってきたり、スケジュール調整をしたり、書類の整理をしなければならなかった。こうした状況にスターリンは特別な喜びを感じていたようだった。平静を失い、絶え間ない恐怖の中にいる選りすぐりのエリート指導者層と共に働きながら、「赤い皇帝」は多くの国民に愛されていた。ヴォルコゴノフは、「何百万人もの自国民を滅ぼし、それと引き換えに全国の盲目的な忠誠心を獲得することで、これほど素晴らしい成功を収めた人物は世界に類を見ない」と記述している。歴史家のローラ・デトローフは、「プロパガンダによって異常なスターリン神話が作られたため、人々はスターリンがある種の半神半人だと見なしていた。スターリンは、『絶対的な善』を完全に体現する人として描写されていた」と書いている。[*26] ソ連の人々は、スターリンが祖国のために昼夜働いていることを知っていたが、国民が「ヨシフおじさん」と呼んだ独裁者の手で犠牲になった同胞の数を知ることはできなかったのだ。

集団的リーダーシップの虚像であったスターリンの死後でさえ、平等主義社会という社会主義者の夢は、スターリンの四半世紀にわたる独裁政権の便利なカムフラージュであり続けた。オーウェルが指摘したように、平等は素晴らしいが、ある者たちは「他の者たちより平等」だったからだ。スターリンの仲間のピラミッドの下では、誤った考えの、しばしば目的に反する結果を招く巨大な官僚主義が出来上がった（ちなみに、この官僚主義はロシアでは何世紀にもわたってお馴染みのことだ）。すべての虐殺を脇に置いたとしても、共産主義というロシアの実験の最大の失敗は間違いなくスターリンの中央計画に原因がある。それによってモスクワの政治局（統治評議会）が社会のあらゆる部門の生産割当を決め、それを満たすことができなかった人々を無慈悲に罰したのだ。これらの割当額は通常、きちんと準備されず楽観的な予測だったため、上司に賄賂を払うことができない者は無情な罰を受けた。「抑圧は必要不可欠な要素であり、それがなければ社会主義は進まない」と、スターリンは一九三〇年の第十六回党大会で宣言をした。粛清が終わる頃には、ロシアのほぼすべての家族がテロルの影響を受けていた。一人の罪ある人間が自由になるよりも、九人の無実の人が処罰される方がよい、とスターリンは信じていた。その間、重要な石炭、食料、衣料の供給が転用され、盗まれ、誤って配置された。

ボリスとカーチャが頻繁にモスクワを訪れていた当時は、このような政治情勢だった。鉱山は当初成功を収めたにもかかわらず、ウラジオストクとハバロフスクの地元の政治官僚、労働官僚が大きな問題として立ちはだかった。彼らは、絶えず変わる法律に違反していると言っては、刑事告発を受ける可能性も示唆し、頻繁に生産を停止させて管理職を苦しめた。一九二八年にロンドンで行われたテチュへ理事会で、ビーティは「モスクワ中央当局の好意的な協力に感謝しているが、地方自治体の当局者および労働組合職員が我々の職員や労働者を妨害することにより、大きな費用問題を抱えている」[*27]と表明した。

しかし今や、スターリンの下ではすでに「外国人の使用権所有に反対する動きがあった」とキッドは書いている。ソ連政府が二百万ルーブルを会社に融資した後ですら、「中央当局の態度は変わったように見え、徐々に企業への助力が減っていった」。ボリスがモスクワへ行くたびに、より緊張感が増す一方で生産性は低下していった。まもなくボリスはスターリン政府によって妨害されていることを理解したのだった。

一番の克服し難い問題は、鉱山とテチュへの町の両方で稼働させる発電所の石炭が不足していることだった。発電所を動かすために十分な蒸気を発生させるためには、月に二千トンの高品位炭が必要だった。たとえブリナー商会が石炭採鉱に政治的圧力をかけることができたとしても、石炭の輸送には国有船を使用することが法律で義務付けられていたため、数えきれないほどの遅延や不着が相次いだ。しかし、政府は外国炭の輸入を不可能にし、国外へのルーブル流出を止めようとしていた。そのせいで中国人と朝鮮人の炭鉱夫（従業員の約半数）は突然、故郷への仕送りを禁じられ、坑夫らは帰国していった。一晩で欠勤率は四十パーセントに上がった。

キッドは、「仕事をしていた期間中、衣類は常に不足していた」が、イギリスの技術者には「ソ連に持ち込める衣類の量が制限されており、余分な衣類は税関に押収される可能性があった」と書いている。その上、最初の五か年計画では、初めて平時の食料配給制が導入された。全国の農民が集団農場に家畜を提供するよりも自分たちで屠殺する方を好んだからである。

一九二七年には過剰生産の結果、亜鉛と鉛の価格は世界市場で半分になっていたが、ウォール街の崩壊後二年で価格は再び半減した。一九三〇年、テチュへ鉱山の生産は実際、倍増したが、価格の下落に伴い利益は横ばいだった。最終的に大恐慌の影響があらゆる産業を襲った。一九三一年五月三十一日、テチュへ鉱山会社の公表された会計の預金残高は一ポンド十二シリング六ペンス、実際に二十二万二千ポンドの負債であった。チェスター・ビーティは撤退し、ブリナー鉱山を政府に返却し、会社を清算し始めた。ヴィーダーは「ソ連は十八年かけて九十三万二千ポンドを支払うことで合意した」と書いている。ビーティは同社の総会で「ソヴィエトは交渉中は詳細な支払いをするにあたっても非常に公平に行動した」と報告した。ロンドンタイムズ紙への書簡の中で、会社の英国弁護士はソヴィエト政府がこの租借権を無理やり断念させたことを否定している。[*28] ビーティが当時の現職アメリカ大統領ハーバート・フーヴァーと同僚であったという事実は、スターリン政府の協力的な態度に一役買った可能性がある。

ブリナー社の立場はさらに不確かだった。ヴィーダーはソヴィエト政府の見方をこう述べている。

ボリスはロシア語を話し、ロシアで生まれ育ったロシア人鉱業技師だったが、父親と同じように有能な実業家だった。ソヴィエトのシステムで仕事ができることを一度ならず実証し、加えて最近ではソ連政府から二百万ルーブルの貸付を取り付けた。……ブリナー商会は、ほぼ三十年にわたり、テチュへ鉱山に関係する君主制主義者、白軍、赤軍、ソヴィエト当局がそれぞれの条件を主張する中で繰り返し首尾よく対処してきた。何より、ブリナー商会がソヴィエト政権下で愛国者のパイオニアを装うことは難しいことではなかった。テチュへ鉱山を公共の利益のために創り、支援していたことは周知の事実だったからである。

しかし、テチュへ鉱山がなければ、ブリナー家は不要だった。ボリスは「公認のブルジョワ」として仕事で外国へ行くことを許可されていたが、スターリン政権下のロシアでは法律が急速に変わったため、特権を謳歌できたいかなる家族でも直ちに特権が取り消され、逮捕、流刑される可能性があった。シベリア鉄道は、最初は武器輸送システムとして、のちに革命の動脈として機能していたが、今や強制収容所に一方通行の輸送を行っていた。

ボリスがマルーシャと離婚してから七年の間にブリナー家にも大きな変化があった。一九二七年、マルーシャは家族を連れウラジオストクから内陸に五百キロほど入った中国のハルビンに移住した。東清鉄道を敷設する時にロシアが建設したこの町には、よいロシア人学校とブリナー商会のオフィスがあった。マルーシャは幼いヴェーラ（十一歳）とユル（七歳）と共に新しい家に引っ越した。フェリックスは妻と娘をウラジオストクに残していたが、ナターリアが一年前に六十歳で死去して以来、暮らしやすくなっていた。

一九三一年の春、鉱山が閉鎖される頃には、ソヴィエト連邦に留まっていた家族の状況が脅かされるようになった。のちにレオニードがこう書いている。

ウラジオストクでは企業人に対するソヴィエト人の態度は概して大きく変化し、以前よりも攻撃的になりました。私の弟フェリックスは身の上にこうした変化を感じ、九年間、「裕福な」知識人層への弾圧と逮捕のせいで絶えず緊張下に置かれていたため、私が満州に出張している間に、できるだけ早くウラジオストクを脱出する必要がありました。……ソヴィエト政権は依然として個人の意思で出国することを認めておらず、そのため、ソ連当局がフェリックスを人質として捉えているような印象を受けました。[*29]

フェリックスは、後に残る職場の仲間を傷つけないよう細心の注意を払い、家族を自由な場所へ逃がすための秘密の計画を綿密に準備した。秘密警察はブリナー家が逃亡しようとしていると疑い、近隣住民にアパートを見張らせていた。しかし、一家の料理人が自身の身の安全と引き換えに、イギリス船まで一家を連れて行くことに合意した中国人の船頭を見つけてくれた。一九三一年五月三十一日、フェリックスとヴェーラ、娘のイリーナ（当時十三歳）は早朝五時に、所有物はすべて残したままアパートから逃げ出した。フェリックスの妹ニーナと夫で弁護士のシューラ・オストロウーモフ、その子どもたちも一緒に、濃い霧の中を金角湾からボートに乗り出発した。ルースキー島で彼らはヤギを買ってくれとせがむ農民に会った。お金を支払い、帰り道にヤギを取りに来ると約束し、再び海へ出た。これは、カムフラージュのためのアリバイ工作だった。イリーナはのちに記している。

波が高まり、風もさらに強まった……。私たちは五時間か、それ以上に待ったので、濃霧で船から私たちが見えないのではないかと不安になるほどだった……。ついに、船の鈍い警笛が聞こえた……。その瞬間、霧の中から巨大な船が輝かしい幻影のごとく現れた。……後になって、なぜ船が遅れたのかを知った。秘密警察は父がこの船で亡命を図るだろうと確信しており、二層式の船倉に至るまで探し回ったということだった。[*30]

このグリニファー号という船はテチュへからヨーロッパまで何年も海を切って進み、ブリナー商会のために亜鉛鉱を運んでいたグレンライン社のものだった。船長のベイカーは、船舶が差し押さえられた場合、船員を釈放し、ブリナー一家の出国移送に関するすべての責任を自らが負うという内容の書面を準備していた。

一家が船を降りたのは中国の青島の港だった。ここからフェリックスは家族を旅順近くの商業港、大連に連れていった。大連では、ブリナー商会の事務所がフェリックスの指揮を待っていた。彼らはロシアの身分証をすべて処分し、スイスのパスポートを使って中国当局で登録を行った。最後に、ブリナー商会の建物上部の旗竿から槌と鎌の国旗が降ろされ、赤地に白十字のスイスの国旗が掲げられた。

ブリナー家の中で、今やボリスとカーチャがソヴィエト連邦に残る最後の家族になり、身の安全を危惧していた。キッドは「すでにモスクワにいる時に、ウラジオストクに戻れば命の危険にさらされることをボリスはわかっていた」と書いている。[*31] 一九三一年七月、フェリックスが家族と無事に中国へたどり着いたという知らせを受けた時、ボリスとカーチャは疑われないように、予定通りシベリア鉄道に乗り込んだ。しかしその後、イルクーツクで密に列車を降り、ハルビンまで行く東清鉄道に乗り換えたのだった。

ウラジオストクのブリナー商会の事務所は廃止され、アレウツカヤ通りのブリナーハウスは共産党の印刷所になっていた。ボリスは、ブリナー家が今後も継続して鉱山に対する相当額の支払いを毎年受け取るという保証を得るために、ロンドンで事業を終了させる必要があった。一九三一年の終わり頃、ボリスとカーチャは船で太平洋を越え渡米し、ロンドンへ向かった。

この時から、ブリナー家の人間が再びロシアの地に足を踏み入れるまで、半世紀以上を要することになる。

## 12

何百万というロシア人と同じく、ブリナー一家は今や難民となった。しかし、その他の多くの難民と違って、この一家はスイスのパスポートを持ち、極東全域に事務所を構える貿易業を成功させていた。

もちろん、この貿易はボリスの唯一の専門である鉱山業とは無関係だったし、ブリナー家がソヴィエトの手に落ちていたら、彼らのスイスのパスポートは何の役にも立たなかっただろう。しかし、スターリンのテロルの最中にあって、たとえボリスがもうすでにプリモーリエの王子でなくなったとしても、他のロシア人に比べればとても運がよかった。

ボリスとカーチャは今後の選択肢を考えつつ、フランスのノルマンディー地方や他の地域を旅しながら、ロンドンに一年間留まった。ソヴィエト政府がブリナー商会にテチュへ鉱山に対する支払いを今後行うかどうかについては、明らかに期待できなかった。雇用に関して言えば、一九三一年には価格の暴落、産業界の低迷、大不況によって鉱業界は荒廃していた。ボリスの専門知識は一つの鉱床における亜鉛、鉛、銀の採鉱だけだったため、石炭不足と市場の弱体化に直面したときに、対応できる安定した仕事を探すことは難しかった。

ボリスは兄弟がブリナー商会の仕事で早急に助けを必要としていることが分かっていた。世界市場の混乱とソ連極東地方に隣接する国々の新たな貿易の懸念を考慮しながら事業を維持するためにも毎日多くの決断をせねばならなかった。この頃、フェリックスは大連で本社を運営し、レオニードは上海に駐留していた。ボリスとカーチャはハルビンに住むことを決め、一九三二年には腰を落ち着けた。

ハルビンはロシアが所有する東清鉄道の建設中に君主制主義者の財務大臣セルゲイ・ヴィッテの命令で一八九六年に創られた町である。一九二二年には人口は五十万人に達し、その四分の一がロシア人だった。町の社会生活は恵まれたノーヴィゴーロドの中心にある荘厳な木造のロシア正教会の大聖堂を中心に形成された。

1932年、カーチャと共にハルビンに移住した頃のボリス（43歳）

一九二七年にマルーシャがヴェーラとユルを連れてウラジオストクから逃れ落ち着いたのもそのあたりだった。しかしマルーシャにとって、ボリスとカーチャがこの地にやって来ることは、我慢の限界を超えていた。さらに、この地域に戦争が起こるかもしれないという話が持ち上がり、再び軍事占領下の生活に耐えるには、マルーシャは肉体的にも精神的にも衰弱していた。ボリスが到着してすぐ、マルーシャはスイスのパスポートを持って二人の子どもと共に東清鉄道に乗り、大連にいるフェリックスと妹のもとを訪れた。そこから、スエズ運河経由でヨーロッパに航行していたフランス北西部の都市ル・アーヴル行きの船に乗り、ル・アーヴルからパリへ向かった。

しかし、一九三一年九月、ボリスとカーチャが満州に移り住む準備をしていた頃、中国とロシアの両方からこの領土の支配権を迅速に奪っていた日本も同じことを考えていた。満州の奉天（朝鮮の鴨緑江からさほど離れていない都市）にいる日本の工作員は、この地域に軍隊を派遣し展開させることを正当化するために「事変」を演出した。一九三二年二月、日本軍がハルビンにやって来た時、白系亡命ロシア人たちに歓喜で迎えられた。日本軍がいれば、ソ連軍がすぐにはこの地にやって来ないことが保証されたからである。実際、日本が奉天を占領した時、太平洋にいたソ連の極東艦隊が日本に対してできたのは、古く錆びたおんぼろ船で抵抗することだけだった。

「侵略という果実を合法性という名の無限の葉で覆うために、日本は満州国に満州王朝最後の皇帝を置くことで、傀儡国家を創った」とステファンは書いている。[*32] ボリスとカーチャがハルビンに無事到着するとすれば、日本の占領下で独立した満州帝国のロシアの都市にスイス人夫婦として行くしかなかった。それが選択肢の中では最善策だった。加えて、ボリスにはブリナー商会に対する責任があった。

一九三二年、ボリスは妻と共にブリナー家の遍歴(オデュッセイア)を続けていた。イギリスからフランスに渡り、港町ドーヴィルでヴェーラ(十六歳)とユル(十二歳)と一緒に一週間過ごし、そこから、オーストリア、ハンガリー、ルーマニアを経由しクリミアに渡り、そこで「満州国」の旅順に向かう船に乗り込んだ。

ボリスが妻と一緒に無事にソ連から逃れたことはとても幸運だったが、逃亡者の生活には慣れていなかった。今や、ボリスとカーチャは腰を落ち着けて暮らせることに満足していた。一九三二年までの九年間、彼らは終わりなき乱気流――いくつかは彼ら自身で引き起こしたものだが――の中を共に生きてきたが、間違いなく熱烈に愛し合っていた。そして、一か所に定住できる機会ができたので、カーチャは子どもを持つことを望んだ。フランスに二人の子どもがいるにもかかわらず、ボリスも子どもを望んだ。ボリス自身は子どもたちのいる都市に引っ越してきたので、家族の別離をボリス一人だけのせいにはできないが、同じ町にボリスとカーチャが暮らすことは、もちろん、日本の占領軍と同様にマルーシャにとってはあり得ないことだった。

ボリシェヴィキ革命の後、ハルビンの人口は亡命ロシア人によって膨れ上がった。彼らは伝統を守ろうと努め、共産主義は過渡的な流行りに過ぎず、ロシア帝国が間もなく復興するという妄想を抱いていた。ステファンは冷笑的に書いている。「母体が滅びてから長い間ホルムアルデヒドで保存された組織の破片のように、ハルビンの移民たちは革命前の生活の断片に固執していた」[*33]。ハルビンのカフェやクラブでは、とっくに消滅した帝国の玉座を争うニコライ二世の脆弱な叔父たちを支持する人々の間で議論が過熱していた。そして極東の至る所で、かつて皇帝の騎兵隊を務めたコサックの家族が人生の意味を失い、羊の群れからはぐれたように茫洋とした草原で惨めに没落していた。

ブリナー商会は大企業や産業育成のための貿易業務契約を実行しながら発展し続けていた。一九三〇年代の、需要や燃料価格の低迷、通貨価値の変動など、世界的不況があったにもかかわらず、この頃は一家にとって比較的平穏な期間だった。

休日には、ボリスはハルビンの郊外でヴィーナスという名の大きな黒い牝馬に乗った。また、友人たちとカモやキジの狩りに出かける時には、タイギーという名の黒いラブラドール犬と赤毛のセッター犬ヤン（カーチャはセトゥカという名のケアーン・テリア種を飼っていた）という二匹の愛犬を連れて行った。のちにボリスはファミリー用の小型モーターボートを購入し、スンガリ川沿いに日帰り旅行を楽しんだ。

中国と極東を巡業するヨーロッパの主な劇団はすべて、ハルビンで必ず公演を行った。ハルビンは今や、ウラジオストクに匹敵する規模と地位を誇っていた。二つの都市はわずかに約五百キロしか離れていなかったが、いまでは「鉄のカーテン」で仕切られていた。これはチャーチルの発言とされるが、その二十年以上前にすでに使用されている（注参照[*34]）。カーチャはハルビンで若手俳優の劇団を組織し、シェイクスピアやディケンズの定期公演を行った他、モスクワの友人が極東を訪れる時には特別公演も行った。当時最も有名だったロシアのオペラ歌手フョードル・シャリャーピンがハルビンに立ち寄ったときにはブリナー家を訪れた。シャリャーピンとカーチャは、スタニスラフスキーのもとで演技法を完成させるために一緒に仕事をして以来、旧知の間柄だった。スタニスラフスキーがシャリャーピンを歌よりもその演技で高く評価していたことは知られている。

ブリナー家とシジェミのヤンコフスキ家との古い友情も復活した。「アジアの偉大な虎の狩猟家」で、ポーランドの総主教の息子ユーリー・ヤンコフスキは、約十年前にシジェミをボリシェヴィキが取り囲んだ時、大胆な決断をした。八十年後、彼の息子ワレーリーが当時の旅路を次のように語っている。

僕たちは自前の砕氷船プリズラク号に乗って、朝鮮に向けて出発した。プリズラク号は二本の牽引ラインで二百トンの荷船を引っ張った。そこには八頭のオランダ牛、約七十名の人間が荷物と一緒に乗っていた。父はポシエトの南岸へ馬を追いやった。そこで馬を荷船に乗せ、国境を超えて朝鮮に向かった。約百頭の檻に入った鹿がシジェミの沿岸に残された。しかし、戻って鹿を乗せるには遅すぎた。ボリシェヴィキがすでにプリモーリエを占領しており、プリズラク号はなんとか逃げ出したが、ゲック湾に鹿が残ってしまった。もし父が僕たちと共に馬を連れて行かなければ、僕たちは一文無しになっていただろう。その後、森で捕まえた四頭の野生鹿を飼育し、最終的に利益を得ることができた。[*35]

ヤンコフスキ家は財産を積み、ロシア海域を出るまでは海岸沿いをゆっくりと九十キロ進んでいった。そこから朝鮮半島の海岸に沿って清津（チョンジン）まで南下した。

ユーリーと妻のデイジー（カーチャの従姉妹で、はじめにボリスを紹介した）は到着後一週間ほどで川の近くに相当な敷地を購入し、再び馬や鹿を飼育し始めた。しかし、ユーリー・ヤンコフスキにはさらに野心があった。

ヤンコフスキ家は白系ロシア人のための狩りのできるリゾート施設をつくった。シジェミの建築と牧歌的特徴を取り入れ、故郷ポーランドの名にちなんで「ノヴィナ」と名付けた。歴史家のドナルド・クラークは「リンゴと梨の果樹園、野菜畑、養蜂箱があり、また、山の森には鹿、豚、キジが沢山いた。ノヴィナで過ごす夜は、二十名ほど座れるダイニングテーブルで夕食をとり、暖炉を囲みウォッカを飲みながら語り合っていた」[*36]と書いている。続く二十年で、何百人もの白系ロシア人が樽型のロッジに宿泊し、名高いハンターと共にシベリア虎を狩った。ボリスとカーチャは、ほぼ毎夏、暑いハルビンからこの地へ来ていた。他の客や亡命インテリゲンツィアのメンバーと共に、カーチャは芝居や朗読会を催した。ある冬、十八歳のユルがパリからボリスを訪れてやって来た時、ユーリー・ヤンコフスキと朝鮮北部に一週間の日程で行き、虎、熊、イノシシを狩った。

この時期のボリスとカーチャの生活は幸せで、比較的安定していた。ボリスは地域の事業者たちに自身が貴重な同盟者であることを証明し、地元の鉱業企業に対してコンサルタント業を開始した。また、木材や他の建築資材を輸入するブリナー商会と密接に結びついた自身の建築会社を設立した。この頃にはレオニードが上海事務所を軌道に乗せており、一八六〇年代に十代のユリウスがシルク貿易で働いた港町のビジネス地区である外灘十八番地の本社から海運事業を拡大していた。

大連のフェリックスも好調だった。一九三〇年代に入ってから、さらに別の仕事もしなければならなかった。それはスイス外務省の領事代理人として、大連の旅順でスイス人訪問者を支援することだった。

ボリスも一度もスイスに住んだことがなく、外交官の訓練も受けていないにもかかわらず、まもなくハルビン地域の領事代理人に任命された。しかし、ブリナー家の他に満州に行くスイス人などほぼいなかったので、兄弟がその任務に翻弄されることはなかった。事実、彼らの登用は変則外交であった。スイスは「満州帝国」を正当な国家ではなく、日本による占領の虚構と見なしていたため、スイス人の満州への渡航に関しては東京のスイス大使館が法的な責任を負っていた。しかし、この特殊な領事という任務がのちにボリスの命を救うことになる。

カーチャとボリスは何年も幸せに過ごしたが、子どもがいなかったことが深い不満の種であった。そのことが、逃亡生活のストレスも相まって、ボリスの心を文字通り絞めつけた。ボリスは狭心症に苦しむようになっていた。しかし一九三八年、ついにカーチャは妊娠した。彼女は四十三歳になっており、最後のチャンスが与えられたように思えたが、難しい妊娠だとわかった。あらかじめナージェンカという乳母を雇い、カーチャを助けた。彼女が生んだのは双子の男の子だったが、死産だった。

カーチャはすっかり途方に暮れた。彼女がもう子どもを産むことができないと通告された時の衝撃は、より一層強いものだった。

数週間しないうちに、ボリスとカーチャはハルビンで女の子を養子に迎え、母親と同じエカテリーナ〔英語では

狩猟に向かうボリス
(朝鮮半島にて。1940年代)

キャサリン。以下、娘の名はキャサリンと記す〕という名前を付けた。一九三八年十二月十八日生まれということ以外はほとんど知られていないが、スイス人女性が生んだ子どもらしい。ブリナー家はキャサリンに養子のことは決して言わないと決めた。この事実はごくわずかな人間しか知らなかったが、カーチャは実際に妊娠していたので、疑う者はいなかった。

娘のキャサリンが生まれて九か月後、スターリンとの条約を破ってヒトラーがポーランドに侵攻した。第二次世界大戦が始まり、その時はマルーシャ、ヴェーラ、ユルが暮らすフランスをナチス軍がじきに占領することになるとは誰も思っていなかった。

二十二歳になった活発なボリスの娘ヴェーラは、ロシアのピアニスト、ワレンチン・パヴロフスキーと結婚していた。一九二一年に祖国を去ったソ連の有名なチェロ奏者グリゴーリー・ピャチゴルスキーの伴奏をずっとしていて、ピャチゴルスキーがアメリカに移住する時、伴奏者の彼もついていくことになり、ヴェーラも同行した。

十九歳のユルには、マルーシャと同じくパリの居心地がよかった。しかし、この頃マルーシャは白血病の診断を受けた。ヒトラーのフランス侵攻という差し迫る脅威を受け、ブリナー家は再び難民となった。ユルは弱った母親を連れ、最愛の母の妹に母の面倒を見てもらおうと思って、大連に向けて海を渡った。道中、母親を抱き上げて運ばねばならないこともあった。

マルーシャとユルが極東で過ごした年月は、ボリスにとっては多くの時間を息子と過ごすことのできる機会となった。ユルはハルビンのボリスの所へ行き、一緒に上海や北京、ノヴィナのヤンコフスキ家を訪れた。ユルが義母のカーチャをとても慕っていたことが母親に更なる苦痛を与え、息子が俳優になることに興味を示しているのには相当怒った。ボリスもそれ以上に怒っていた。息子にブリナー商会の仕事をしてもらい、ゆくゆくは継いでもらうつもりでいたからだ。ある時、ボリスはユルを上海に招いたが、息子が到着する前にボリスが出かけてしまっていたことがあった。長年に渡って、父と子の間で約束が実現しなかった時は少なからずあったが、この時ばかりはユルの心を深く傷つけた。ユルは父が約束を破ったことを決して許そうとせず、ボリスにそのことを分からせるように行動した。

間もなく、ユルは病気の母をニューヨークへ連れていった。ユルの姉ヴェーラが母親を看病し、渡米二年後の一九四三年二月四日、マルーシャは息を引き取った。大人になってからの彼女の人生は気苦労の絶えないものだった。マルーシャの遺骨は、故郷ウラジオストクから哀しいほどに遠く離れた、ニューヨークのコールドスプリングに埋葬された。

ボリスとカーチャはハルビンに住み続けた。全世界を席巻していたカオスを考えれば、日本が満州を支配している限り、この地は十分安全な避難場所であった。その上、ハルビンではブリナーの事業にボリスは依然として欠かせない存在だった。キャサリンは幼児期に髄膜炎を患い、その後は結核にも苦しんだが、両親の愛情を十分に受けた、とても幸せな子だった。多くの時間をスパニエル犬のモリーと過ごし、ボリスが庭に建てた巨大なドールハウスで遊んだ。歩きまわれるほど大きくて、たくさんの人形に夢中になった。

ロシアで大祖国戦争と呼ばれる第二次世界大戦は、七百万人の兵士を含め、二千万人のロシア人の命を犠牲にした。三十年前にボリスを驚かせた帝都サンクトペテルブルグはレニングラードとなり、ドイツの包囲下にあった。二年半の間、ロシアの元首都はヒトラーの軍隊に封鎖され、四百万人の市民のうち百五十万人が、病気、飢餓、ドイツ軍の攻撃によって命を落とした。戦争は毎日、国中のすべての国民に犠牲と献身を要求し、まさにロシアの人々が支払った高価な代償だった。スターリンの粛清で失われた何百万人もの人々に加え、戦争で失われた人的喪失と苦しみは統計では理解できず、スターリンの皮肉な言明を裏付けている。確かに、歴史家で哲学者のハンナ・アーレントが指摘しているように、対極のイデオロギー志向の立場から、スターリンとヒトラーは互いの荒廃した全体主義的世界観を実証し、続く五年で互いをほぼ壊滅に追いやった。[*37]

フェリックスは、この地域の全権スイス領事をすでに一定期間にわたって務めていたが、同時にフランスとスウェーデンの領事代理人でもあった（レオニードはウラジオストクの形式ばかりのスイス領事を、ボリスはハルビンでスイス領事を務めていた）。日本人が一九四一年十二月に真珠湾を攻撃した後、すぐさまスイス政府から二人に対して、イギリスとアメリカの国民も保護し避難支援を行うよう指令がきた。今や彼らは日本の敵と見なされるようになった。

国際関係におけるスイスの中立性は、聖域を求めた人々にとって独特な威信があった。フェリックスはこの地域で西欧五か国の唯ひとりの外交代表者であり、それは外交官の訓練も受けていないロシア生まれのビジネスマンにとっては重すぎる責任であった。一九四五年五月の終わりに、アメリカとイギリスの領事館職員を護衛し船に乗せた後、フェリックスは激しい胸の痛みを訴えた。翌朝、ヴェーラとイリーナが救おうとしたが、フェリックスの心臓は動きを止めてしまった。

ユリウス・ブリナーの三男は大連のロシア正教会に埋葬された。フェリックスの妻と娘はハルビンに行き、ユリウスの末娘ニーナと彼女の夫アレクサンドル・オストロウーモフ（ブリナー商会の長年にわたる弁護士）のもとに身を寄せた。オストロウーモフは、フェリックスが家族のために上海の銀行に残していた二万ドルの件も含め、すべての業務をすぐさま引き受けた。

太平洋の熾烈な戦いでアメリカが勝ち進むにつれて、満州の日本占領軍は外国人住民にとってますます脅威となっていった。一九四四年には米ソ同盟が日本を包囲するようになり、ハルビンの占領軍は耐え難い恐怖となった。安全を期して、ブリナー一家は天津市に引っ越し、北京にも滞在しながら約一年を過ごした。一九四五年八月、アメリカが広島に原爆を投下した時、スターリンの軍隊はボリスとカーチャ、娘のキャサリンが住む満州を奪取する態勢を整えていた。

13

「一九四五年のソ連軍によるハルビン侵攻は迫撃砲と機関銃の砲火と町を照らす炎で始まりを告げた。私は庭にいて、乳母のナージェンカと一緒に木の下に伏せて、明るくなった空を見たのを覚えている。家が爆破されるかもしれないと思った」[*38]と、六十年以上の歳月を経て、キャサリン・ブリナーは書いている。

約三十年前のボリシェヴィキ革命以来ずっと、ボリスは「あの音」を非常に恐れていた。ドアの前に迫るソヴィエト軍の軍靴の音を。一九四五年九月十三日、「私は子ども部屋にいた。そして、ソヴィエト軍の高級将校が我が家にやって来て、私たち家族全員を自宅監禁すると告げたとママから聞いた。そういうことがハルビンに住むヨーロッパ系ロシア人全員に起こった。将校たちは後日、ママに向かって、娘とロシアに帰還すればモスクワ芸術座に戻ることができると言った」とキャサリンは書いている。鉄のフェリックスのあとを継ぐ秘密警察が家族に関してそんな細かいことまで把握しているという事が家族を不安に陥れた。母は「これを聞いて本当に怖がっていた」。

「ソヴィエト軍の人間は何度もママとパパを尋問し、それがいつも真夜中だった。パパは日本人に協力したかどで告発された。パパは、第二次世界大戦中、スイスは中立国なので決してそのようなことはないと言った」とキャサリンは続けている。しかしもちろん、ソヴィエトはロシアの実業家というボリスの経歴を取り上げ、彼がスイス国民であるとも、ましてや外交官であるとも認めなかった。いずれにせよ、そうした外交官の多くが実際にはスパイだった。

ボリス家はハルビンで三か月間、自宅監禁になった。キャサリンはその後に起こったことを次のように描写している。

ボリス（1944年）

> 大晦日の真夜中、私たちを連行するために彼らがやって来て、飛行機が待つ空港に連れて行かれた。ロシア軍人以外で私たちの他に一緒に乗った人がいたのかどうか覚えていない。私たちは乗り込み（ひ

どく寒かった）、ロシアに向けて出発した。新年だったので、将校たちは私たちにシャンパンを差し出した。ラジオでは戦時中にとても人気があった『カチューシャ』の曲が流れていた。これは私のロシア語名だ。

私たちはどこに向かっているのか分からなかったが、それはウラジオストクの近くのどこかだった。難民収容所に連れて行かれると、沢山のテントがあり、人で溢れかえっていた。私たちは二日ほどそこに留まった。とても寒かった。私はちょうど七歳の誕生日を迎えた。二日後、ヴォロシロフ（現ウスリースク）という村の一軒家に連れて行かれた。両親は、私たちがしばらくここに留まること、そして私たちにこの場所を提供するために、ある日本人の提督が殺されたことを聞かされた。家にはベッドルームが二つあり、ひとつは私たちに与えられ、もう一つは料理人の女性が使った。彼女はKGBの人間で、私たちの監視役でもあった。ライフル銃を持った兵士が二人いて、私たちの護衛をしていた。家にバスルームはなく、三か月後、私たちがモスクワに連行されると言われた時に一度だけ、地元の浴場で入浴することができた。

そこに住んでいた時、食べ物はいつも不足していた。私たちは庭の菜園で凍り付いたジャガイモとキャベツの茎を探し、掘り出さねばならなかった。それを使って「料理人」がスープを作るのだ。与えられた黒パンはまるでおが屑のような味がして、ひどいものだった。キッチンと居間には薪ストーブがあり、いったん火が消されると、たちまち凍り付いてしまった。この間に一度だけ、赤十字から小包を受け取った。それがとても嬉しかった。

プリモーリエの王子には家族を救う術がなかった。命を絶やさずにいることで精いっぱいだった。

上海ではレオニードが弟を救うべく全力を尽くしていたが、極東の多くの囚人がコルィマー収容所に連行され、帰還する者はほとんどいないことも分かっていた。十一月二日に上海にある中国のスイス総領事に宛て、「弟がハルビンからソ連に強制連行されたこと」に関して書き送っている。[*39]レオニードは、「ロシア極東がソヴィエトに占領される」以前のブリナー家の歴史を概説した。この「占領」という言葉そのものが、革命から四半世紀を経ても消えない、革命に対するレオニードの軽蔑を表している。彼は書いている。「私にはソ連当局が弟ボリスに対していかなる怨みも持つことは考えられません。唯一あるとすれば、一九三一年にウラジオストクに戻らず外国に留まったことでしょうか」と。つまり、十四年前のことである。レオニードは同時に、ベルンのスイス外務省にもスイス政府の助けを求めて何度も書簡を送っている。八十年以上前にユリウスが去った国であったが、「私たちは出生時からスイス人と見なされていたし、今もスイス国民である」とレオニードは書いている。

一九四六年三月、ボリス一家はウラジオストク駅に連行され、シベリア鉄道に乗った。父親のブリナーハウスの前を今やソ連の囚人として通過した時、ボリスは誰が今自分たちの家に住んでいるのだろうと思った。そこが共産党の印刷所になったことを、彼は後から知った。「私たちのことを二人の士官が監視していた。列車は軍人でいっぱいだった。兵士たちが私にとても親切にしてくれ、お菓子やケーキをくれたことを覚えている。それが将軍だったこともあった。私たちがその前に食べていたものに比べると、列車の中の食事は良かった」とキャサリンは書いている。

ボリス一家に何が起こっていたのか、依然として不明だった。ソ連共産党政治局はブリナー家のスイス国籍を無視し続け、ボリスもソ連がこの原則を意図的に見過ごそうとしていることを理解した。だからこそ、モスクワで彼らを待ち受けているであろう最低最悪の尋問を恐れていた。両親の目の前で小さな娘が拷問に遭うということも考えられたし、そういうことが頻繁に起こっていた。しかし実際には、首都に到着すると、彼らはソ連の「名誉ある賓客」として扱われ、モスクワの最高級ホテルのひとつであるサヴォイに護衛されて行った。

ボリスがスイスの特使に会って初めて明らかになったことがあった。ボリス・ブリナーには外交的免責特権があることをソ連当局に説得できなかったスイス政府は、六名のソ連民間人と、スイス刑務所に収容されている軍事パイロットをブリナー一家と交換するように提案したのだ。[*40] 交換が成立した直後に、ボリスとカーチャは娘と共に、未知の故郷であるスイスに「送還」された。

ソ連がヨーロッパへ向かうすべての旅客列車を無期限に停止させたため、ボリス一家はバスでモスクワからベルリンに出発した。「ベルリンに到着した時のことを覚えている。夜だったので、町全体がゴーストタウンのようだった。すべてが廃墟で真っ黒になっていた。屋根がなくなり、崩壊した壁ばかりが並ぶ家の残骸の中に、ロウソクが燃えていた」とキャサリンは書いている。「アメリカ、ソ連、イギリス、フランスが支配する地区に分かれた敗北した都市は、第二次世界大戦が終わったその日、まさに冷戦が始まった場所となった。ボリス一家は、ソ連占領地区で唯一許可されていた通行可能地点で解放された。そこはアメリカが支持した西ドイツの民主主義とソヴィエト支持の東ドイツ共産主義が合わさる境界線上の検問所で、後に「チェックポイント・チャーリー」と名付けられた場所だ。

ボリス一家は半年間ソ連の捕虜として過ごし、尋問、脅迫、飢えに耐えた。この間に、ボリスとカーチャは何度も生きる希望を失いかけた。実際、多くの人々が自分たちと同じ状況に陥り、命を落としたからである。解放された時の安堵は想像を絶するものだったろう。兄レオニードの必死の苦労が、ほぼ「確実な死」から弟を救ったのだ。もっとも、ボリスがユリウスから受け継いだスイスの市民権のおかげで、スイス政府によって多大な外交努力が成されたことは言うまでもない。

ちょうどホロコーストの規模に関して知られはじめたばかりで、まだ広く報道されてはいなかった。ベルリンでは、「ドイツ人の残虐性を世に知らせるためにジャーナリストたちがパパの所に来て、スイスに移送する必要があったユダヤ人の悲惨な虐殺写真を見せた」とキャサリンは書いている。

スイスのベルンでボリスは捕虜の交換を手配した政府機関の外務省で長時間の尋問を受けた。娘は結核が悪化したため、ロカルノの保養施設に送られた。数か月後に家族揃ってイングランドへ行き、そこではカーチャの姉妹がボリスの援助でサリーに家を購入し、レストランを開業していた。

ボリスはどうしても上海に帰りたかった。ブリナー商会の全責任が長い間レオニードの肩にのしかかっていたからである。そこで今度は東のシベリア鉄道経由ではなく西側のルートを通り、一九四七年の初めに妻と娘をアメリカに連れていった。ボリスはアメリカでユルとヴェーラを訪ね、素晴らしい再会が実現した。二人は共に、波乱万丈な人生の中で、ニューヨークで過ごす数年のうちに自分の夢を実らせていたのである。

この頃には、ユルと姉ヴェーラのふたりとも、「ブリナー Bryner」の姓に「n」をひとつ加えて「ブリンナー Brynner」と名乗り、「ブライナー Breiner」と間違って発音されないようにしていた。

二十六歳のユルはやっと習得した英語でブロードウェイミュージカル『リュート・ソング』に出演し、そのあと全米で巡業公演をしていた。ボリスは結婚二年目のユルの妻で若き映画スターのヴァージニア・ギルモアと知り合い、東三十八番街にあるクリーニング店の上の小さなアパートを訪れた。そこでボリスはヴァージニアと生後四か月の幼子と一日を過ごした。ボリスの孫は、息子と同様に、祖父の名前にちなんでユリウスと名付けられた。ユル・ブリンナー・ジュニアは小学校で「ロッキー」というニックネームで呼ばれていた。ヴァージニアはボリスを温かく受け入れたが、ユルは日々の忙しい仕事に加えて父と共に過ごす時間をあまり望まなかったのか、時間をとることができなかったのか、いささか冷たい態度をとった。しかし、ボリスにとって最も素晴らしい経験は、三十一歳になった娘ヴェーラのことだった。

「メトロポリタンオペラハウスでヴェーラが『マダム・バタフライ』を歌うのを観に行った」とキャサリンは書いている。ボリスにとってその夜はさぞ素晴らしい時間だったに違いない！　何十年も会っていなかったヴェーラが、今や世界でも有数のオペラハウスでソプラノを歌っている。常に歌が好きだったボリスは、たとえそれが妻のカーチャの応援によるものだったとしても、大人になった子どもたちが舞台芸術の道に進むことに激怒してきた。その二人の子どもたちが今、素晴らしいキャリアを歩み始めた。しかし、ボリスは恐らく、かつて夫のために歌手と俳優の道を諦め、しかも女優を愛した夫に捨てられた子どもたちの母親に思いを馳せたに違いない。

『マダム・バタフライ』を鑑賞しながら、ボリスにはもう一つの思いがよぎったかもしれない。このオペラは日本にやって来た西洋人の男ピンカートンが日本人女性と結婚し、しばしの間牧歌的な時を過ごした後、彼女と子どもを置いて去っていくという物語である。もちろん、ボリスは父ユリウスが若い頃に日本で過ごした話を知っており、見過ごすにはあまりに類似点が多いので、オペラが父の物語を反映しているように思えただろう。そして、もし父がピンカートンと同じ卑劣な選択をしていなかったとしたら、自分もこの世に生をうけることはなかったという事実もボリスは考えたに違いない。

その夜はユルも一緒にオペラを見ていた。「黒いコサック風のシャツとブーツで、当時はナイトクラブでも歌っていたので、ギターを持っていた」とキャサリンは思い出している。なんとも不可解で奇妙で驚かずにはいられないのは、彼らが皆、生まれた国の反対側にある国で出会い、意気揚々としたヴェーラの歌声に耳を傾けながら、ユルがかつて故郷の通りをパトロールしていたコサックの衣装を着ていたことである。

この日も、父とユルはそっけなく挨拶をして別れた。これが最後の出会いになると考える根拠はなかったが、いつどこで再び会えるのか、互いに想像もつかなかったにもかかわらず。

ボリスとカーチャと娘はニューヨークからカリフォルニアのパロアルトに行った。そこにはレオニードの長男キリルが住んでいた。ボリシェヴィキ革命の後にレオニードの最初の妻がウラジオストクからサンフランシスコに連れて来ていたのだ。

ところが、ボリスはレオニードと仕事をするために上海に戻るのがとても辛かった。レオニードはその頃、胃癌と診断されていたのだ。キャサリンは「ママは、私たちの身の上に何か悪いことが起きるのではないかと強く感じていたので、断固反対していた。パパに私たちを上海に連れていかないよう懇願していた。しかしパパは、すべてうまくいくから、と言って聞く耳を持たなかった……。こうして私たちは上海に向けて出航した」と書いている。

ブリナー商会は、一九三〇年にボリスとレオニードが事業を展開した外灘の十八番地に依然として事務所を構えていた。ボリスとカーチャは、町のヨーロッパ地区に部屋を借りた。キャサリンは「上海には両親の友人がたくさんいて、大きなロシア人居留地があった」と回想している。

ボリス一家がこの地に移住して数か月後、レオニードは六十三歳でこの世を去った。ブリナー家の最後の兄弟として残ったボリスは、父ユリウスの帝国が自分の死によって終焉を迎えることが分かっていた。上海のうだるような蒸し暑さのせいで、以前より頻繁に狭心症に苦しめられることになったが、ボリスはなんとかして今後の計画を立てなければならなかった。義理の弟であるシューラ・オストロウーモフも上海に住んでおり、会社の法的位置付けに精通していたが、弁護士なので事業の運営に関しては不慣れだった。明らかに、ユルはブリナー商会を引き受ける気はなかった。

ある日、キャサリンが学校から戻ると、母親が涙に暮れているのを目にした。「私が午後、家に帰るとママはひどく取り乱しており、パパが心臓発作で亡くなったと告げた」と書いている。一九四八年七月九日、享年五十八だった。

若い頃、ボリスはシジェミにブリナー家の墓を建てる段取りをつけ、自身もいつかはそこに埋葬されると考えていた。しかし、それは叶わず、最後の安息の地は上海となった。母娘は慰めを見出すことができずにいた。キャサリンの言葉によると、「私たちはとても近くにいたのに、パパと最後のお別れをすることもできなかった」。

ユリウス・ブリナーの最後の息子がこの世を去った。兄弟のうち誰も六十五歳まで生きながらえることはなかった。そして、シューラ・オストロウーモフがブリナー商会の債務整理を行う全責任を負い、会社の収益（ユリウス・ブリナー帝国の残余財産）のボリスの取り分をイギリスに住むカーチャに送ると約束をした。カーチャは娘を連れてイギリスのサリーにいる姉妹のところにいたからである。

ボリスはユリウスのように想像を絶するほどの充実した人生を送ったが、二人が生きた環境はそれぞれの段階で異なっていた。ユリウスは紡績工の家庭に、ボリスは実業家の家庭に生まれ、プリモーリエの王子だった。ユリウスは「東部開拓時代」の自由な雰囲気の中で成功したが、ボリスの大人になってからの人生は抑圧的な独裁政権との戦いだった。二人とも献身的な夫と父親になることなく最初の家族を捨てた。そして、二人とも素晴らしい息子をもうけたのだった。

# 第三章　ユル・ブリンナー

ユル・ブリンナーがユル・ブリンナーになれると思うなんて狂気の沙汰だ。

ジャン・コクトー（一九五六）

## 14

一九二〇年七月十一日、ユーリー・ボリソヴィチ・ブリナーがアレウツカヤ通りのブリナーハウスで産声をあげた。ロシア革命の混乱でユリウスの産業帝国が崩壊した時である。ブリナーハウスの赤ん坊が生まれた部屋のドアを開けると、廊下には干渉軍の兵士が寝ていたという。ユルが三歳の時、父親の裏切りが癒し難いほどに母親を傷つけたあと、家族は違った形で不穏な乱気流に包まれていた。短い期間であってもそれなりに裕福だった家族が、四年後には亡命者になってしまう。それにもかかわらず、ユルは堅実で頼りがいのある叔父フェリックスの庇護のもとで、魅力的な女性に囲まれて育った。ユルは幼い頃から、人の集まるどんな場所でも、自分がその場の中心でいることに慣れていた。

ユルの子ども用ベッドの周りには様々な言語が飛び交っていた。マルーシャとボリスはロシア語とフランス語で話した。ボリスは電話や兄弟と話すときには英語を使うこともあり、家の中では中国語、朝鮮語、チェコ語、日本語も聞かれた。こうした多言語社会では、言葉以外のコミュニケーション手段を

ユル、3歳

見つけることも必要だった。四歳年上の姉ヴェーラと三歳年上の従姉イリーナと共に、ユルはロシア語を話して育った。母親はロシア語を話したが、ボリスが去った後は何か月も悲痛な叫びをあげ泣き続け、その後は言葉を発することすら稀だった。しかし、叔母ヴェーラ、叔父フェリックス、そして祖母の「バイガ」は子どもたちをロシア的な文化環境の中で育てた。例えば、明け透けな感情表現や男性優位を無条件に称賛する点は、インテリゲンツィアとしての芸術的感受性や、フェリックスやボリスが父から受け継いだ細部にまで気を配るスイス流の感性が和らげていた。

厳密に言えば、幼いユルが生まれたのはロシアではなく、父親が産業大臣を務める極東共和国だった。この共和国が存在した三十か月の間は共和国のパスポートが発行されたが、正式な国家として認めていたのはほんの一握りの国にすぎなかった。ユルがスイス国籍であることは確かだったが、それはロシアでは認められなかった。正教会で与えられた名は「ユーリー」で、スイスの書類では「Yul」と表記されたが、それは子ども時代に最後の一音が発音されなかったことを表している。

ユルは自由な考え方を尊重する叔母ヴェーラの感化もあって、早くから自立心を持った子どもだった。陽気でいたずらっ子で、音楽的才能があり、想像力が豊かだった。どのような形であれ支配されるのを嫌ったので、いかなる規律が課されても反抗していた。このような性格は、例えばもしソヴィエトの共産党幹部で満員のシベリ鉄道の車両に乗ったとしたら、とても危険だっただろう。

幼い頃からアムール湾に沿って広がるシジェミの海と一家の敷地がある海岸がとても好きだった。そこに家族そろってボートで行った時はまだ乳児だったが、六歳の夏に初めて、家族が泊まった別荘を下ったところにある岩場で遊んだ。そこはユルの祖父母がかつてウサギ島のブリナー灯台を眺めながらハネムーンを過ごした場所だった。祖母のナターリアが母親にとてもつらく当たるので、祖母が住む母屋には稀にしか行かなかった。そのかわり、岩場を跳び移って遊んだり、下の浜辺でカニを捕まえたりした。

ユルが家族と共にウラジオストクを離れたのはちょうど六歳の時だったが、海や都会、騒がしくも多様な文化が共存する港を愛する感覚を最初に培ってくれたのはウラジオストクの雑多な世界だった。様々な国の軍服が通りにあふれ、十数か国の人々が共存し、互いに協力したり無関心だったりする街。その頃にはクンスト・アンド・アルバース社は苦しんでいた。最初の海軍前哨基地からわずか四年後の一八六四年に設立された華やかなバロック式の建物は革命後すぐに政府所有の百貨店グムに接収された。グムの陳列棚はその十数年後にはしばしば空になるのだが。そしてほとんどの外資系企業が共産主義体制下でまもなく消滅していった。ナショナルシティバンク、インターナショナル・ハーヴェスター、YMCA、コロンブス騎士会、アメリカ赤十字、カフェ〈シカゴ〉、さらに多くのヨーロッパ系企業が地方権力の腐敗に屈していった。

ユルは自分たち家族が特権を持ち、その特別な地位が急速に侵害されたことに早くから気付いていた。ブリナー家の子どもたちはブルジョワだったため、公立学校では突然「好ましくない人」になってしまった。外で起きる様々な出来事から、家の中に緊張、不安、恐怖感が走るのを敏感に感じていたが、ヨーロッパまで繋がる鉄道が家のすぐ傍にあり、そのおかげで世界中と繋がっているという感覚がいつもユルにはあった。多くの男の子がそうであるように、列車の音と輝く車体、そして巨大な黒い機関車の純然たるパワーに魅了されていた。ユルはヨーロッパで売っているおもちゃの列車をずっと欲しがっていて、父のボリスは買ってくると約束していたのに、ロンドンのハロッズの百貨店に立ち寄ったときに約束を思い出したことは一度もなかったようだ。もっとも、そんな贅沢品はソ連の税関で押収されただろうが。

一九二四年にボリスがジェルジンスキーとテチュヘ鉱山の合意書に調印した後、ボリスとカーチャは極東に移住してきた。二人は北東約六百キロ先の鉱山町でほとんどの時間を過ごしたが、ブリナーハウスに滞在した時は、ユルは姉ヴェーラと父のもとを訪れた。父の後妻と子どもたちが会う時の気まずい雰囲気はあったものの、ユルとヴェーラは最初に会った瞬間からカーチャのことが大好きになった。カーチャは快活で表情豊かで機知に富み、魅力的だった。モスクワで活躍する女優の輝きが漂っていた。傷ついて陰鬱な母親にないものをすべてカーチャは持っているように見えた。実際、ユルの家族崩壊に中心的役割を果たしたこの女性は、ユルに俳優になるという気持ちまで抱かせた。

ユルが初めて家出をしたのはちょうどこの頃である。従姉のイリーナが書いている。

「当時、ユルは初恋をした。ユルは母親に命じられることがとても不満で、これ以上家にいたくないと言い、友人家族の長女を好きになったので家を出て彼女と暮らすと宣言した。ユルは五歳で、彼女は二十歳を過ぎていた。母親は、『わかったわ、荷物をまとめてあげるわね』と言い、スーツケースを取り出して、パジャマ、シャツ、寝室用おまるを入れて玄関に持って行き、さよならのキスをして、門を閉めて家に入ってしまった。ユルはそこまでは大丈夫だった。閉じられた門の音に何か決定的なものを感じ取ったのかもしれない。まずユルはひどく驚いたようで、その後に泣き出した。母親が戻って来て、どうしたのか尋ねると、『家に帰りたいよ。あの娘はずっと遠くに住んでるし、お腹が空いたよ』と答えた。かくして、ユルの初恋は幕を閉じた[*1]」。

その後、ソ連当局による逮捕の脅威を乗り超え、ユルは母親、姉、祖母と共に中国統治下のハルビンへ無事に移住した。フェリックスがロシア人街のノーヴィゴーロドに借りた家に連れて行った。イリーナは書いている。「ユルは活発でやんちゃな子だった。ユルが思いついた悪戯は数限りなかった。いつも何に対しても解決策を見いだそうとした。ユルが何かを欲しがり、母親がそれを買うお金がないと言うと、『それなら銀行に行ってお金を買ってよ』とユルは答えた。男の子とも女の子ともよくケンカをしたので、先生たちはいつも母親に苦情を訴えていた[*2]。」マルーシャがユルにお仕置きをしなければならなくなると、叔母のヴェーラがよくユルの味方をして擁護してくれたので、ユルはまもなく力のある者同士が対立するような別の戦略をあみだした。

両親の離婚後に面倒を見てくれた叔父叔母夫婦（フェリックスとヴェーラ）、従姉イリーナと姉ヴェーラに囲まれたユル。

戦時下の混乱や家族が辛い経験をする中で育ち、逃げるように中国に渡ったユルは、自己の内面をうまくコントロールし、自身のロールモデル、つまり規範となる人物像、別の言い方をすれば、自分自身のヒーロー像を意識的に構築・実践するという環境によって強くならざるを得なかったのだろう。

ユルが六歳でハルビンに移住した時、町は創立三十周年を祝っていた。ハルビン初期の特異性、一九一〇年、一九二〇年、一九二五年にこの都市の特徴がロシア的か中国的か、どちらが優勢なのかという難しい議論がうまれ多くの書物が書かれた。この町は東清鉄道を建設する労働者に住宅を提供するために当時の財務大臣セルゲイ・ヴィッテが一八九六年に開発に着手したもので、人口のほとんどは中国人と朝鮮人だったが、彼らが手にしていたのはほんのわずかな富でしかなかった。ステファンによれば、一九二〇年時点で町の五十万の人口のうち約四分の一がロシア人で、「ハルビンは一九四〇年代後半頃にはロシア人ディアスポラの中心地だった」。「最も多いのは中国人（三十万）、次いで朝鮮人（三万四千）、日本人（五千）だった。その他、ボリシェヴィキから逃れたバルト・ドイツ人、ポーランド人、ウクライナ人、アルメニア人、タタール人、グルジア人、エストニア人が住む小さな地区もあり、さらに約一万三千人のユダヤ系ロシア人がいた。その中には、長年この地に住み、ハルビンのビジネス、宗教、学術コミュニティの顔になった者もいた」[*3]。実際、東清鉄道が完成したことで、ハルビンは「地域におけるウラジオストクの優越性に迫ることができた。ロシア企業も外国の企業も満州に支店を開き」、中でも入り口にスイスの旗が立つブリナー商会は抜きん出た存在だった。

ブリナー家の子どもたちが通ったＹＭＣＡの学校は、そこで学んだ数世代の生徒たちにとても愛された施設だった。ヘイグ校長はアメリカ生まれだったが授業はロシア語で行われ、学校のカリキュラムと教育法はロシアの中・高等学校（ギムナジウム）を踏襲していた。ユルが六歳から十一歳まで通った初等クラスは伝統的なロシアの教育の基礎を教えるものだった。この学校はとても評価が高かったので、卒業生は入学試験を受けずにアメリカの大学に進学することもできるほどだった。

ＹＭＣＡの授業は、講堂で三十分の礼拝を終えた後、九時に始まり三時に終わった。その後家族で食事をして、ユルは叔母のヴェーラ（モスクワで医師のキャリアを終えた後も時々コンサートを開いた）からピアノのレッスンを受け、それが終わると宿題をした。ハルビンのギムナジウムで少年たちの人気の的だった姉ヴェーラと一緒に歌のレッスンもするようになり、まもなく二人とも素晴らしい発声ができるようになった。マルーシャとボリスはとても歌が上手く、音楽がいつも生活の一部にあったことは大きい。だからこそ、ユルが十歳の誕生日に父親にギターをねだった時、ボリスは本当にユルのために楽器を手に入れた。そして、ピアノをやめてクラシックギターを学び始めた。

ユルは七歳の時にハルビンで初めて劇場体験をした。ソヴィエト・オペラ劇団が極東巡演をしていて、リムスキー・コルサコフの『雪娘』を上演して、有名なテノール歌手レメシェフが主要パートを歌っていた。公演を観た後、ユルは目を輝かせて帰宅したという。きらめく衣装と、オーケストラの生演奏が奏でる力強い音楽との素晴らしい組み合わせに、少年の想像力は完全に魅了された。後にイリーナが書いている。「ある日ユルは高熱を出し、突然ベッドから跳び起きて、『待って、待って、雪娘！』という『雪娘』のアリアの一節を歌ったかと思ったら、そのままベッドに倒れ込んだ。ユルの内部にあるこうした俳優の小さな兆しが、生涯を通して表れた」[*4]。続いてソ連からやって来たオペラ、演劇、バレエなど、他にも舞台芸術との出会いがあった。

その頃、ユルは一日中春のハルビンを探索し、ピアノのレッスンや宿題はさぼりがちになっていた。町の東洋地区には奇妙な食べ物や市場の匂い、中国人街の賭博、日本人の囲碁のトーナメント、すぐ近くにはアヘン窟があり、ユルにとっては、落ち着いた上品なロシアのコミュニティよりも刺激的だった。

アヘンは満州で広く黙認され、調剤のアヘンチンキは薬局で入手できた（コーリス・ブラウン博士の麻酔鎮痛剤（クロロダイン）は何十年もヨーロッパで販売されていた）。大人は日常的に使用し、子どもにも腹痛や寝つきを良くするために用いられていた。アヘン窟は界隈を堕落させたが、賄賂を受け取る警察や当局の人間など、アヘンに関わる者たちは皆大きな利益を得ていた。利益を得ないのはパイプの夢しか見ないアヘン中毒者だけだった。ユルも一度ならずアヘンを試し、吐き気が過ぎ去った後は、アヘンを楽しむようになった。

一九三二年のはじめ、ユルが十一歳になった時、日本軍がハルビン向かって満州を移動し始めた。当時十四歳のイリーナは書いている。「その日の夜、中国軍が撤収し、町に日本軍が侵攻すると聞いて住民がパニックになったのを覚えている。皆、中国人兵士が白系ロシア人に対して強奪や襲撃をするのではないかと恐れていた。身を守るために武器を持つ者、窓の所に砂の入った袋を置く者もいた。夜中になっても、誰も眠らなかった……。皆、注視して待っていた。ついに日本人が現われたのが窓から見えた。小さな馬やラバが引く木製の荷車の上に、中国人兵士が汚れたキルトの上着を着て座っていて、怯えて哀れな様子だった。誰も何も奪おうとしなかった。彼らは皆、速やかに制服を脱ぎ捨て、日本人から隠れたかったのだ。私たちは中国人兵士が可哀想に思えた」[*5]。

こうした緊張状態は、マルーシャにとって耐え難い苦痛だった。そのうえ、今度はボリスがカーチャと一緒にハルビンに越してきたので、「元夫が子どもたちと会う時はいつも、マルーシャには悲劇だった」[*6]。しかも、ユルの姉ヴェーラがパリのロシア音楽院で勉強を続けたいと決意していた。かつてサンクトペテルブルグ音楽院でマルーシャが学んだように、軽歌劇で歌うことを夢見ていた。そして、ユルは当時フランスで最も優れた伝統的な寄宿学校のひとつに入学することになり、マルーシャにとっても、パリの刺激で再び彼女の魂がよみがえり、パリにある巨大な白系ロシア人コミュニティで新たな友人が見つかるいい機会に思われた。

というわけで、秋にはマルーシャ、ヴェーラ、ユルは鉄道で大連へ行き、そこから船で上海へ出発した。上海はユルがこれまで訪れた中で最も近代的で刺激的な場所だった。そこはまた父親が愛した場所でもあり、ユルにとっては永遠に魅惑的な町だった。上海から六週間の予定でマルセイユ行きのアメリカの遠洋定期船に乗り込んだ。この蒸気船は道中、香港、サイゴン、シンガポール、ラングーン、カルカッタ、マドラス、ボンベイの港に寄り、最後にスエズ運河を通って地中海に出た。それぞれの港で一日中停泊したので、ユルは港町を探索し、独特の雰囲気を味わった。アヘンを見つけた時は少し購入し、ギターの中に隠した。この旅の道中、ドストエフスキーの作品をむさぼり読んだ。

互いの国が戦争に対する戦争を引き起こしたとしても、ロシア人とフランス人には長い歴史の中で文化的に親近感があった。セザンヌ、ルノワールをはじめ他の印象派の巨匠たちが大きな役割を果たして十九世紀後半のパリが誰もが認めるヨーロッパ芸術のメッカとなった時、シャガールやゴンチャロワとは違ったロシア人芸術家がパリにやって来た。ロシア移民の波は優雅な第八区の近くのダル通りにあるロシア正教会から徒歩圏内の地域に落ち着いた。マルーシャはいつも教会に通っていたので、友人たちが教会から数ブロック離れたカチュール・マンデス通りに家を見つけてくれた。一九三〇年代はほぼずっとそのアパートを借りていた。

亡命ロシア人はセーヌ川左岸の女中部屋から洗練されたアートサロン、市内の邸宅と町中に住んでおり、そうした多くのロシア人移民がヨーロッパの文化を変えていった。セルゲイ・ディアギレフはアンナ・パヴロワ、ヴァーツラフ・ニジンスキー、セルジュ・リファールなどのダンサーと共にバレエ・リュスでパリに革新をもたらした。しかし最も重要なことは、作曲家イーゴリ・ストラヴィンスキーの作品、そしてストラヴィンスキー自身がロシアからやって来たことだろう。二つの大戦の間、パリはこの作曲家の家となった。「俺を驚かせてみろ！」という言葉は、バレエ公演『パラード』でピカソと一緒に仕事をし始めたジャン・コクトーに対してディアギレフが発した有名な挑発だ。この金言はユルが青春時代を過ごしたパリのコンサートホール、ギャラリー、出版社、劇場、映画館の文化的実験である「祝宴の時代」に表現されたどんなスローガンよりも優れていた。

パリに到着した日から、ユルはほとんど家にいなかった。十二歳になるユルは完全に自立していた。最初はノルマンディーにあるエコール・デ・ロッシュに通うことになった。そこは伝統的なパブリックスクールを示す「保守的なネクタイ」を重視する男子校で、パリから百三十キロ北に位置する美しい田舎にあった。外国人生徒のためにフランス語の夏期集中講座を行っていたため、ユルも登録した。ユルは当初、フランス語はほとんどできずスラヴ語のアクセントがあったが、すぐに習得し流暢に話せるようになった。父親や祖父のように、外国語の習得には優れた才能があった。

ユルは期待に添うような努力を最初からほとんどしなかった。登校初日から喧嘩をし、その後は堂々とタバコを吸ったので、たびたび喫煙しているところが見つかった。他の外国人生徒とは異なり、「ロシア生まれ、アジア育ち、スイス国籍」という珍しい生い立ちによって独特な雰囲気を醸し出したユルは、体格も年齢も勝る高学年の生徒たちの間で格好の標的になる。しかし、ユルは学校のいじめっ子たちが想像もできないほど混乱し暴力的な世界の中で育ってきたのだ。どんな攻撃に対してもユルの仕返しは非常に凄まじく、また、権威をまったく無視したので、最もタフな子どもとしてすぐさま評判になったばかりか、仲間のリーダー格となった。

ユルはエコール・デ・ロッシュでひと夏を過ごすことなく、秋になるとパリのモンセル高等学校に入学した。姉のヴェーラは、丸みのあるソプラノの美声が認められ、音楽院で自分の場所を見つけていた。その授業料も含めて、必要な生活費はすべてボリスが工面していたが、ボリスの送金はしばしば遅れた。そういうとき、あてのない母マルーシャは妹とフェリックスに経済的援助を求めざるをえなかった。このことは父親に対するユルの軽蔑心を助長させたばかりか、「権威的な人物」をおしなべて軽蔑することに拍車をかけたと言える。権威そのものを嫌ったのではなく、それが自分に向けられるのを嫌がった。例えばユルは、ラテン語の教師に嫌悪感を覚えた時、同級生たちにその教師がクラスに入って来たら全員で後ろを向くようにそそのかしたこともあった。学校には最小限の出席しかせず、ユルに規律を教えようとする母親は手こずり、努力も虚しく効果はなかった。それにもかかわらず教師たちは、ユルの才能の豊かさ、怠けがちな性格、頑固さを認め、何日も続けて学校をサボった時ですら、ユルを退学にはしなかった。

この頃には、ユルはずっと探していた自分の世界を見つけていた。その扉を開く鍵は、ギターだった。

## 15

十七歳になったヴェーラはユルを初めてモンマルトルにあるロシアレストランに連れて行った。このレストランでは毎晩ドミートリエヴィチ一家の四人がロマ音楽を演奏していた。ヴェーラは一度、バレエダンサーのセルジュ・リファールの個人秘書ロスティック・ホフマンと一緒にそこで食事をしたことがあった。ロシアでは「ツィガーン」として知られているロマとヴェーラは楽しく会話をし、一緒にロシア民謡を歌った。一団の家長はイワン・ドミートリエヴィチだった。二十五年前、モークロエでラスプーチン暗殺の企てに失敗したイワンは、家族をロシアから逃がす必要があった。十九歳の息子アリョーシャ・ドミートリエヴィチはヴェーラに一目惚れをして、次は自分の客として招待したのだ。ヴェーラは弟を連れて行ったが、アリョーシャには面白くなかった。そのアリョーシャとユルは生涯の親友になる前に少なくとも一度は本気で殴り合いの喧嘩をしている。

ユルはロマの家族の末っ子よりも七歳年下だったが、はるかに強かった。ユルはアリョーシャと人生で初めて兄弟の絆を感じ、アリョーシャはロープ芸やフォークソングを教えてくれる兄のようだった。フェリックスはユルがいつも接する唯一の男性で、責任感があり面倒見もいい叔父だったが、一緒にいてもあまり楽しくはなかった。アリョーシャとの友情はユルにとってまったくの新しい経験だった。

ドミートリエヴィチ一族はユルを家族として仲間(クンパニア)に迎え入れた。陰鬱な母親とロマの世界のどちらがいいのか、答えは明白だった。ユルはいつもドミートリエヴィチの家族と過ごし、通常は七本弦で小さめのロマギターを習いながら、ドミートリエヴィチ一団と一緒に演奏できる伝統的なロシア民謡のレパートリーを増やしていった。イワンをリーダーとし、アリョーシャと二人の姉妹マルーシャ、ヴァレンチーナから成る四人グループで、他の家族は楽器を演奏し、ユルも一緒に出演した。アリョーシャは「あまり大声を張り上げて歌うなよ、ユル。声の限界まで出さなくていいよ」、と助言した。三十本あまりのギターを使ってオーケストラをつくることも稀にあった。ユルは生涯、一九三三年六月十五日という日を、役者としてのキャリアを歩み始めた記念日とした。十三歳の誕生日のほぼ一か月前だった。その日の晩に、ユルはクラブ〈ラスプーチン〉で、初めて一人で『ザ・エンド・オブ・ザ・ロード（旅路の果て）』を歌った。そのクラブの名前は、ロシア帝国の崩壊を助けた怪僧に対する皮肉的な賛辞を込めてつけられた。

一九二二年、サンクトペテルブルグ出身の裕福な亡命ロシア人が資金を提供し、ピガール通りにパリで最初のロシア・ナイトクラブがオープンした。三十年代半ばにはモンマルトルに数十か所のクラブ、レストラン、バーが出現し、たっぷりのウォッカを出して亡命者がロシア帝国の崩壊を忘れるのを助けてくれた。財産を減らさずに国を脱出できたブルジョワのロシア人は、今度は蜃気楼のように消失した世界を取り戻そうとして、ノスタルジーという名の高価な巣窟にその富をいたずらに使っていた。こうした場所のドアマンやボーイは国に財産を残してきた元ロシア貴族であることが多かったが、ぼろぼろになっても、いまは共産主義の飢餓よりも資本主義の貧困を選んだのだ。

クラブの装飾には濃い色のベルベット、金塗の燭台、そしてサーベル、写真、軍用リボン、銀のサモワール〔ロシア伝統の湯沸かし器〕といった帝国の思い出の品々が並んでいた。スパイスの効いたウォッカと高価なシャンパンが並び、伝統的なロシア料理のメニューはロシア人のみならずパリジャンをも魅了した。食事の際にはバラライカとアコーディオンが心地よく響き、その後ロシアのアーティストによる演奏が始まった。ドミートリエヴィチ一座は人気があり、数ブロックの中にあるクラブを一晩に何軒も歩いてまわっていた。

ユルはドミートリエヴィチ一座にとってもクラブにとっても財産だった。十六歳になる頃には、その界隈でいちばんのハンサム男として名が通っていた。ユルを誘惑するお金持ちのロシア未亡人と話す時は完璧なロシア語で話し、彼女たちは決まってユルに何か飲み物を頼むように薦め、ユルが「いつもの」と言うと、ボーイが小さな金魚鉢サイズのワイングラスにウォッカをなみなみと注いで持ってくる。お店はそれで高額を請求し、ユルはそこから上前を受け取るという仕組みだ。ロマは「ガジェ」と呼んでいる非ロマのよそ者と親密に関わることを常に避けていた。

ドミートリエヴィチ一座の人間は下手なロシア語とフランス語を話したが、互いにはカルデラシュのロマ語で話し、歌を歌った。アイルランドやイングランドの「ティンカー」やスペインの「ヒターノス」のように、ロシア系ロマのツィガーンは地元のフォークソングに独自の工夫をし、ロシア語とロマ語を織り交ぜた。一、二年でユルは数十曲のフランス語のバラードと、五十曲以上のツィガーンの歌詞を覚え、友人とはロマ語でコミュニケーションがとれるほどになった。「真実を語れるのはロマ語しかない」と仲間たちはいつも繰り返した。ガジェが真実を語るとは信じられない、と言ってはガジェをいつも揶揄(やゆ)していた。

しかし、言葉以上にロマの世界観が繰り返されたユルの難民経験と完全に共鳴した。定住するガジェの生き方ではなく、アリョーシャのように道あるままに生きる永遠の放浪者に自身を重ねていた。ヨーロッパのロマ世界は、ユルの十八番となった歌『旅路の果て』で預言されたかのように、すぐに終わりを迎えることはすでに明らかだった。

ナイトクラブの世界で、ユルはすぐさま自分の場所を見つけた。彼が自立した人生を送り始めたのはまさにこうしたレストラン、バー、ビストロ（もとは「素早く」を意味するロシア語の「ブィストロ」）だった。ユルのバリトンの声は豊かで力強く、一時はヴェーラのコーチの一人とオペラの発声を学んだこともあった。十八歳の時には音楽院のコンサートに出演し、『ドン・ジョバンニ』のアリアを歌った。クラブでは客の注目を一身に浴びるミュージシャンであり、テーブルのそばで歌えばチップをはずんでもらえた。数十年後、ユルは再びこの町のレストランで当時の客と遭遇するが、その時はサインを求めてユルのテーブルに歩み寄ってきた。

毎年、夏の半分ほどは、マルーシャがノルマンディーのビーチの近くにあるドーヴィル郊外に小さな家を借り、ユルとヴェーラはいつも一、二週間をそこで過ごした。初めての休暇のときにはイギリス海峡が見渡せるホテル・カジノにボリスも一週間滞在している。少年時代のユルの写真はどれも母親のそばにいる時の表情はいつも暗く、父親と一緒にいる時はいつも明るい。父がウラジオストク時代の若い頃に帝国ライフセービング協会に参加していたことを知り、ユルはアシスタントの仕事を見つけ、すぐにホテル・カジノのビーチでシニアライフセーバーになった。十七、八の「年上の女性」の間でユルはよくもてた。女性に好かれる要素はすでに十分に持ち合わせていた。ノルマンディーで過ごした初めての夏から、ユルは上品な身なりをし、快活で洗練されていて、情熱的で自信に満ち溢れた色男だった。

ドミートリエヴィチ一座はパリではいつもサーカスの近くのカフェで会うことにしていたが、そこには空中ブランコ乗りも集まっていた。ユルがのちに話してくれたところによると、十四歳の時、ある晩、彼らとふざけていて、「経験のある空中ブランコ乗りのふりをした」ところ、空中曲芸師からちょっと見せて欲しいと頼まれたが、もちろん、「はったりだったから、地上十五メートルの台に登って下を見下ろした時には、気絶しそうになった……。彼らは僕を見て笑いどよめいたが、その後数か月、訓練させてくれた上にサーカス団に入れてくれた。僕の人生の中で最も幸せな時期だった」。

空中ブランコは泳いだり水に潜ったりする人たちの間で生まれた、フランス発祥のアクロバットで、安全ネットが開発されるまではプールを使って芸の練習していた。最初の空中ブランコ芸人はジュール・レオタールで、「空中ブランコの勇敢な若者」という歌で称えられ、彼が身に付けていた衣装はレオタードと呼ばれていまも残っている。一八五九年、レオタールはパリのシルク・ロワイヤルでデビューし、一九一七年まで続く伝統を確立した。共和国広場の近くにあったサーカスの建物はその年にサイレント映画用の映画館に替わった。ユルとヴェーラは初めてパリに来た時、そこでチャップリンの『黄金狂時代』を見た。しかし、一九三四年にブーグリオヌ四兄弟が大ホールを引き継ぎ、内部にテントを立ち上げ、冬の間だけ公演するワンリングサーカス〔ひとつの円形ステージでする公演〕を復元した。それがシルク・ディヴェール〔冬のサーカス〕と呼ばれた。オープンから二年後にユルはここで働き始め、最初は全般的な見習いを経て、クラウン、宙返り、アクロバット、空中ブランコの受け手の訓練をし、最終的にはこの曲芸が誕生した場所で、プロの空中ブランコ芸人として活躍することになった。

当時、何より難しかった三回宙返りのおかげで、空中ブランコ芸はスター的存在だった。観客たちは

「世界初の三回宙返り」に挑戦する芸人を一目見ようと長い列を作った。何でもいち早く挑戦するユルは、別のブランコに逆さまにぶら下がる受け手の手に、自分が乗るブランコから初めて飛び移るずっと前から、すでに三回転に照準を合わせていた。

ユルは、乞食の衣装とボリュームのあるカツラをつけ、哀しげなメイクを施し、切ない空中ピエロとしてパフォーマンスをした。「僕は飛びながら泣いていた」とのちに語っている。[*7] こうしたコミカルな姿で、ユルは好きなだけ三回宙返りを試し、たとえ失敗しても、それを演技の一部として取り入れることができた。こうした大胆なキャラクターで三回転に挑戦し続けては、六メートル下の安全ネットに様々なポーズをとりながら何度も落下した。サーカス愛好家の小さな世界では、ユルは有名だった。

十六歳にしてユルはもう遊び人だった。一九三六年、スイスのローザンヌに移住した叔母のヴェーラと従姉のイリーナがパリのマルーシャを訪れた時、ユルが「ウェーブのかかった黒髪のハンサム」になったことに気づいたという。イリーナはのちに書いている。[*8]「ユルはお洒落好きで、とてもエレガントだった。私たちをどこか散歩に連れ出す時でさえも、着るものを選ぼうとしてくれた。ユルにとってはエレガントに着こなした連れがいることが重要だったのだ」。シルク・ディヴェールやドミートリエヴィチ一座との関係を家族が知ったのは随分後になってからで、「それは母親にとって不愉快な驚きとなった」。しかし実際には、十六歳のユルにとって、サーカスとロマのナイトクラブは最も信頼のできる社会だった。

十七歳の時、ユルは大怪我をした。妙な格好で安全ネットに落ちたはずみで地上に投げ出され、足場用のパイプの山に着地してしまい、身体の左側を足から肩にかけて何か所も骨折した。その後再び正常に歩けるようになるのかも分からなかった。実際、ユルは母のアパートで何か月も動けずに過ごし、多

パリのナイトクラブやサーカスで働いていた頃。

くの時間をソルボンヌ大学の入学準備をしたりギターを弾いたりして過ごした。ナイトクラブの仕事には復帰し、ドミートリエヴィチ一座と毎晩数回の公演をこなしたが、痛みは一年ほど続き、びっこをひいて歩いた。その間、ユルはアヘンを常用していた。フランスがインドシナ半島を植民地支配し、アヘンが安定的に供給されたため、パリでも簡単に手に入れることができた。一九五〇年代後半には、マルセイユとル・アーヴルを拠点とするフランス商船の船員の多くが賃金の代わりに喜んでアヘンを都市部に運び、常連客となったのは通常、実際の病気か、妄想か何かでアヘンを受け取っていた。ギャングは大量のアヘンを長年使用していた老齢貴族だった。

一九三〇年代のパリでは多くの芸術家もアヘンを使用していた。ある晩、〈皇子〉というロシアクラブに出演した後、ユルのところに四十歳を過ぎたぐらいの、ただならぬ姿をした詩人が近づいてきた。この若きアーティストがアヘン入手法を知っていると聞きつけてのことだった。もちろん、ユルにはすぐにそれが誰なのかが分かった。ジャン・コクトーだった。作家、映画監督、芸術家であるコクトーの顔は日刊紙フィガロの芸術面のみならず社会面をも頻繁に飾っていた。ユルはコクトーの最新映画『詩人の血』（一九三二）を見ており、小説『恐るべき子どもたち』も読んでいた。そこでユルはギターの弦を二本緩め、穴に手を入れてアヘンを取り出し、タール状の物質をワックス紙で包み小さな塊を作った。二人の生涯にわたる友情はこうしたただならぬ出会いで始まった。

コクトーは二十世紀最初の十年で革新的な詩人として、また劇作家、舞台芸術家（ディアギレフのバレエ・リュスと仕事）として、特に、独創的な傑作、半世紀後にディズニーがアニメ化した『美女と野獣』（一九四六）を発表してからは映画監督としても広く認められていた。コクトーはマルセル・プルーストと仲が良く、アンドレ・ジッドとは敵対していた。一九三〇年代に入る頃には、誇り高いが打ちひしがれた人物像で、フランス芸術の「恐るべき子ども」として知られていた。本人曰く、その時代と調和することはなかった。コクトー自身が拒絶した主流の文化にも、コクトーを拒絶した前衛的なサブカルチャーにも属さず、社交界の軽薄な人間や芸術家を装った気取り屋と見なされることがしばしばだった。特にコクトーを公然と嘲笑したマルセル・デュシャンとダダイストによる激しい蔑みに耐えねばならなかった。おそらく、長年にわたって複雑な友情関係にあったピカソを含め、コクトーと付き合いのあったスターたちの評判に比べると、彼は芸術界で見劣りしたのだろう。同性愛嗜好や、感情をあまり隠さない自己中心的な美学は、芸術界でも一般社会でも人気者になることはなかった。

また、コクトーのアヘン中毒も世間では好感をよばなかった。一九三七年にユルと出会った頃、コクトーは最初の解毒治療の間に書いた『アヘン――ある解毒治療の日記』を苦悩のイラストをたくさん入れてすでに発表していた。明らかに治療は効かず、残りの人生もアヘンを吸い続けた。コクトーはユルと出会った年にナイトクラブの十代の歌手からよくドラッグを手に入れており、「ユル・ブリンナーは若い頃、ジャン・コクトーにアヘンを調達していた」という意外な注釈を二十世紀芸術史に残すことになったのである。

ユルはしばらく、古いフランス語「自明の理」を心に留めることで、自らの薬物使用をコントロールしていた。つまり、三日間連続でアヘン(モルヒネやヘロインを含む)を使用しなければ中毒にならない。「自明の理」がたいていそうであるように、この方法はまったく自明ではなく、ユルは間もなく三日おきにどうしようもない吐き気と最悪な気分に襲われることを知る。こうしてユルは、アヘンではなく「自明の理」を拒否することに決めた。しかし間もなく、身体的にも財政的にも苦境に陥ってしまった。薬漬けになればなるほど、売人は高額を要求してくる。最終的にユルは大量のドラッグを前貸しで譲るよう売人を説得し、ユルは支払わずにパリから逃げたのだった。

ユルはアヘンを断ち切ると決め、一九三七年、母親のように親身になって面倒を見てくれると分かっていた叔母のヴェーラに救いを求めた。フェリックスが中国でブリナー商会を経営しているあいだでも娘のイリーナがローザンヌ大学で芸術史を学べるようスイスに滞在して四年になっていた。ローザンヌを選んだ理由は、フェリックスが少年時代にフランス語を学ぶために来た場所であり、そこからわずか数時間の所に、ユリウスが生まれた故郷があるからだった。そしてその場所で、初めてスイスを訪れたユルは解毒療養のために三か月間を過ごした。家族向けの医学的な言い訳は、ユルが脳下垂体のホルモンバランスが悪い病気ということにしていた。実際には、ユルは叔母に、パリで彼に目をつけている不良たちがいることを打ち明けていた。

それにもかかわらず、アヘンが身体から抜けると、ユルはパリに戻った。しかし、この時にはとても強く明確な、天職と言っていいような野心に満ち溢れていた。ユルは俳優になると決心していたのだ。ユルは十七歳でもう旬のアーティストで、クラブでは毎晩ソロに加えて、アリョーシャとデュエットを披露する「看板商品」だった。シルク・ディヴェールへの復帰も歓迎されたが、仕事は空中ブランコ芸人ではなく、クラウンだった。メイクと縁なし帽（スカルキャップ）はヨーロッパで長く「キング・オブ・クラウン」として君臨したグロック（スイス生まれ、本名チャールズ・アドリアン・ウェッタック）を彷彿とさせたが、ユルのクラウンはドタバタ喜劇（スラップスティック）というよりはもっとまぬけだった。その報酬で「ギャルソニエール」〔「独身用」の意〕という小さなスタジオ兼アパートを借りることができた。ゆくゆくは映画にも出演したいという思いがユルの心を捉えるようになっていた。父親のボリスはその考えに激怒したが、ユルは自立して生活していたため、ボリスもどうすることもできず、さらに妻のカーチャがユルに芝居の道に進むよう何年も奨励していたのでなおさらだった。今や、ボリスにとっては悔しいことに、カーチャはユルにモスクワ芸術座を離れてパリに劇団を創設していたマイケル・チェーホフの所へ行くよう勧めていた。

しかし、ユルが劇団に入団しようとした時にはチェーホフは会社をイギリスに移してしまっていた。ユルは代わりにゲオルギー（ジョルジュ）・ピトエフの劇団に入り、見習いや大道具として働き、時々小さな脇役をもらった。白系ロシア人のゲオルギー・ピトエフとリュドミーラ夫妻はマチュラン劇場の理事に任命され、ルイジ・ピランデルロ、ジョージ・バーナード・ショー、モルナール・フェレンツのフランス初演作品を含め、約十年にわたり革新的作品を扱ってきた。

かくして、ユルは演劇の世界へ飛び込んだ。皆が生き生きとして思慮に富み、しばしば実験的な作品をステージ上で作り上げようと努める友好的な劇団だった。ユルと同年代の息子サーシャを含め、ピトエフ家はスタニスラフスキーとマイケル・チェーホフの弟子でもあり、ユルは彼らを通じてモスクワ芸術座で進化した演技論の基礎概念に初めて触れたのだった。グループ・シアターの演出家ハロルド・クラーマンの表現にあるように、アメリカと同様にフランスにとっても一九三〇年代は「熱狂の時代」だった。その時代にユルが交友を深めた人々の中には、傑出した俳優であり映画監督のジャン＝ルイ・バローがいた。まもなくバローはフランス映画史上に残る名作と考えられているマルセル・カルネの映画『天井桟敷の人々』（一九四五）でスターとなった。バローと同じくエチエンヌ・ドゥクルーに師事したマルセル・マルソーもいた。マルソーは、世界一のパントマイムで生み出したキャラクター「ビップ」をその後六十年の役者人生で演じ続けた。

しかし、一九三八年の後半に入り、母のマルーシャに白血病の診断が下された。身体は衰弱していたが、マルーシャは誰よりも自分の妹のヴェーラに会いたがった。律儀な息子として、ユルは母を連れ船で旅順まで行き、その後ソ連を慎重に避けながら満州を通ってハルビンへ向かった。一方、妹のヴェーラはピアニストのヴァレンチン・パヴロフスキーと結婚し、ニューヨークに居を構えていた。

ユルは十八歳でYMCAに通い、初めてアヘンを試した極東に戻った。十一歳の時以来だった。さらに、七十年前に十代の祖父ユリウスが海賊船からとび降りた時と変わらずエキゾチックで興奮に満ちていた。上海にいる父親を訪れる機会も得た。

ユルは自分が強さと勇気に満ちていることに心から喜びを感じた。上海ではライフガードと空中ブランコのキャリアにハイアライを加えることになる。この球技はハンドボールを起源とし、その後ヨーロッパのバスク地方でペロタとなり、バスク語で「楽しい祭り」を意味するハイアライに進化した。そして、スペインの帝国主義の野望と共にフィリピンにもたらされ、そこからイギリスのギャンブラーたちが上海に持ち込んだ。十八歳のユルの身長は百八十センチに届かず、目に見えて体重も足りなかったが、何時間も取り組んだ空中ブランコで肩は屈強になり、「世界最速のゲーム」用に三面の壁があるハイアライ競技場でも活躍する原動力となった。

ボリスは息子の体力を褒めていたが、いくらカーチャが励ましているといっても、役者になる野望に関してはユルに忠告し続けていた。とはいえ、一緒にいる時は楽しい時間を過ごした。ユルが父と過ごした最も幸せな時間はおそらく、朝鮮北部にあったヤンコフスキ家の狩猟保養地ノヴィナに行った時だろう。偉大な虎ハンターのユーリー・ヤンコフスキは、自ら虎や熊を追跡して捕獲した。数十年後、ユルはその時の冒険を「魔法のような時間」と表現した。しかし、この極東の旅の間、約束していた上海行きにボリスが現れなかった時、父に対する堪忍袋の緒が完全に切れてしまう。このように直前になって何度も約束が破られ、不満が積み重なった結果、ユルの心はついに壊れてしまった。後になって、その頃は父を殺してしまいたかった、とよく話していた。

この感情的断絶はユルの豊かな人生経験で初めてだったが、これは明確な文化的ルーツを持つ心理的な防御機能である。歴史家でありジャーナリストのアンドリュー・マイヤーは、「ロシア人は長い間、物事を白紙の状態に戻したいという衝動を持ち合わせている」と指摘し、こうした特長を（知性による欲望の）「放棄」と定義づけた。[*9] この場合、「その人の過去の放棄や拒絶」を意味することもあるだろう。歴史家アレクサンドル・パンチェンコはこの「放棄」を「ロシア人の基本的な特質であると考えている。何世代にもわたって我々はこうしてきた。……我々は、我々が誰であるかということを長い間否定してきたので、むしろこうした放棄によって我々は形成されている」と考えている。

一九三九年の春、ユルは母を連れパリに戻り、その後一人でイギリスに出発した。ダーティントン・ホールにあったマイケル・チェーホフの劇団に入りたいと思っていたからである。イギリス南部の田園地帯デヴォンにある十四世紀に建てられた城はアメリカの名士ホイットニー一族の献身的で積極的な芸術の守護者レナード・ホイットニー・エルムハーストとドロシー夫妻が所有し、一九三〇年代に巨大で歴史のある城の倉庫を劇場に作り変えたのだった。夫妻の娘ベアトリス・ストレイトがニューヨークの駆け出しの女優だった時、一九三五年にブロードウェイでマイケル・チェーホフの一人芝居『ザ・イヴニング・オブ・アントン・チェーホフ』を見て、すぐに劇団を家族が持つデヴォンの城に招聘した。

しかし、ユルがダーティントン・ホールに到着する頃、チェーホフ自身はその地を去ろうとしていた。ナチスドイツがイギリスを攻撃する可能性が高まったため、チェーホフはコネチカット州のリッジフィールドに所有している大きな屋敷に劇団を移すようにというエルムハースト家の申し出を受け入れた。チェーホフは最初に一人で渡米し、劇団が当面の収入を得られるように、シェイクスピアの一連の作品を上演できるよう手配した。しばらくの間デヴォンに留まったユルは残りの団員と三か月の滞在中ともに過ごし、新しいメンバーとして受け入れられた。

それがユルにとって初めての英国訪問だったが、あまり幸先の良いものとは言えなかった。ダーティントン・ホールは冷たい中世の洞窟で、滞在中は常に湿っぽく寒かった。しかし、リハーサルや演技の授業で劇団がしていたことは、ユルにとって新たな発見の連続だった。授業はチェーホフのパートナーであり共同事業者のゲオルギー・ジダーノフが担った。彼はロシアの俳優、演出家であり、ユルより少し年上で、一九二〇年にソ連を後にするまでは、モスクワ芸術座でチェーホフと一緒に働いていた。ドイツでメイエルホリドと仕事をした後、再びイギリスにいるチェーホフに合流し、独創的な指導でユルの演技テクニックに磨きをかけた。

ユルもまた、初めてイギリスの文化に入り込んだ。他の劇団の芝居の中でも、ドナルド・ウォルフィットの劇団が上演するシェイクスピアの『マクベス』を観ている。ウォルフィット自身がシェイクスピア作品の主役を演じ、イギリスを巡演していた。ウォルフィットは俳優兼支配人を務めるという伝統的な劇団を続けており、ちょうどチェーホフと劇団にとっては、アメリカ移転を計画していた時だったので、ウォルフィット劇団は生き残る手段としてのお手本になった。四十年後には、ユルも俳優兼支配人を務めることになる。

一九四〇年初頭の春、ユルはパリに戻り、チェーホフ劇団はイギリスからアメリカに移転した。この頃には、ヒトラーがフランスに侵攻し、かつてウラジオストクやハルビンにいた時のようにブリナー家が再び難民になることは明らかだった。ユルの姉夫妻がニューヨークに移住し、白血病の最先端治療を施すため母親の到着を待っていたので、ユルは母親と共に、必要な物や大切な宝物、そして極東生活時代からはずいぶん減ってしまった財産を詰め込んだ。その後ユルは母を連れてル・アーヴルに行き、マンハッタン行きの遠洋定期船に乗り込んだ。ナチス軍のパリ侵攻の数週間前だった。

## 16

一九四〇年の夏、ユル・ブリナーは母親を連れてニューヨーク市に降り立った。ロシア生まれの二人はアメリカ入国を拒否されることもあり得たが、祖父の国籍のおかげでスイス人として旅をしてきた。興味深いことに、スイスのパスポートは出生地ではなく「出身地」を記載する。ユルとマルーシャ両方の「出身地」は、スイスのメーリケン＝ヴィルデックと記されており、そこから国籍も決まるのだ。

ウェストサイドの桟橋でヴェーラが二人を迎えた。夫はチェロ奏者のピャチゴルスキーと共にツアー公演中だった。三人はヴェーラのアパートに向かった。母のために居心地のよい寝室を用意していたが、大西洋を横断した後の母の状態は危機的だった。ユルは依然として忠実で気配りのある息子だったが、父親に対して感情を「放棄」した時と同じ防御システムで、母親の強烈で終わりのない陰鬱状態から自分の気持ちを断ち切って久しかった。母がヴェーラのところに落ち着いて一時間も経たないうちに、初めて見るマンハッタンの中心地に出かけていた。グランドセントラル駅を見つけ、コネチカット州リッジフィールド行きの電車に乗りこんだ。

ユルの英語はＹＭＣＡで授業を受け、イギリスに行って間もなかったにもかかわらず、ようやく通じる程度だった。ロシア語とフランス語はもちろんよくできた上に、中国語の中でも広東語、そして朝鮮語もまだ覚えていたのだが、ニューヨークやコネチカット州で交渉ごとをするのは簡単ではなかった。幸いなことに、ミハイル・チェーホフ（アメリカでは英語の読みで「マイケル」と名乗った）は、会社のスタッフにスタンフォード駅までユルを迎えに行かせ、チェーホフ劇団がいるホイットニー家の屋敷に連れていった。

祖父がウラジオストクでマイケルの叔父アントン・チェーホフを迎え、お茶でもてなして以来半世紀を経て、ユルはついに、マイケル・チェーホフの下で演技を学ぶことになった。ロシアのインテリゲンツィアが持つ文化的教養、集中力、斬新な想像力、演技者としての表現力、アクロバットで鍛えた身体的能力も含め、ここでの訓練がユルの将来の基礎を作った。

マイケル・チェーホフは、大きな心を持つ小柄な人物だった。俳優としては、どんなキャラクターを選んでも完全に自身を変身させることができた。教師としては、本人も想像もつかないような次元の表現力を生徒たちから引き出すことができた。彼の創造者としての人生に最大の影響を与えたのは間違いなく叔父のアントン・チェーホフであり、チェーホフの戯曲や物語は、ソヴィエト時代よりもずっと前からロシア文化全体に光を放ってきた。その穏やかなヒューマニズムは、一八九八年、スタニスラフスキー指揮の下、不朽の名作『かもめ』が世界で初めて幕を開けたモスクワ芸術座の創設に貢献している。

マイケル・チェーホフは、スタニスラフスキーの下で俳優としてのキャリアを歩み出し、何役か演じた後には確かな評判を確立した。その後、モスクワ芸術座スタジオを設立し、演劇に「日常のリアルな感覚」を取り入れた師匠から離れた。マイケルはのちに書いている。「私は、我々の周囲にある日常のすべてを細部にわたって写真に撮るように単にコピーすることが、何がそんなに想像力豊かで創造性があるのか、常に疑いを持っていた。私はそれを、スタニスラフスキーの多面的な才能のうちの、よく分からない一面だと思っていた」[*10]。それでも、スタニスラフスキーを「我々全員が後に独自の方法で耕すことになる、新しいフィールドを開墾した先駆者」と常に信頼していた。

そこが二人の演出家の美学を分かつ違いであり、それはほぼ一世紀にわたり劇場で反響し続けていた。マイケルにとっては、ドラマでも喜劇でも最も重要なことは人間の感情や知的経験の「再現」ではなく、想像力豊かな創作だった。俳優が自身のリアルな感情を再現するだけでは不十分であり、それは芸術ではなく単なる「日常のコピー」だと主張した。俳優は演じる際、自身の中にあるキャラクターを探し出すのではなく、想像力によって徹底的に創り出したキャラクターに宿らねばならない。それは、「キャラクターそのものにあなたがどう演じるのかを問うようなもの」なのだ。マイケル・チェーホフは、自身のアプローチとスタニスラフスキーとの違いを「(私のは)キャラクターのエゴが優るのに対し、(スタニスラフスキーのは)俳優のエゴが優っている」ところに見る。俳優は想像力と感情移入を養う具体的なテクニックを通して、キャラクターの最も本質的な側面を、その対話と行動の中に執拗に探し求めることで把握し際立たせることができる。

しかし、俳優は一体どのようにして、複雑で豊かな性格を帯びたキャラクターの内部にある繊細な本質を伝えることができるのか? 自身の身体、声、そして精神をも表現の道具として使うよう身に着けるのだ。ユルはのちに書いている。「ピアニストなら、自分とは別に楽器がある。激しい練習で指使いを訓練しながら楽器をマスターしようとする。……俳優としては、習得するのが最も難しい楽器、つまり自分自身を、肉体的で感情的な存在を使って演じなければならない」[*11]。具体的なテクニックや演習を通じて、マイケルは生徒に「表現したいという心理的衝動に向かう感受性」をいかに極限まで発達させるかを教えた。マイケルは書いている。「俳優の身体は、心理的特質を吸収し、満たし浸透させることで、徐々に感受性の細胞膜へと変換されなければならない。それは、感覚、感情、意志の衝動といった捉え難いイメージの受信機やコンベヤーのようなものである」[*12]。ユルは空中ブランコやナイトクラブで屈強さを学び、マイケル・チェーホフからは柔軟性を学んだ。

チェーホフの教授法は、俳優にとって想像力の助けとなる様々なものを含んでいた。俳優はキャラクターの「心理的中心」を決定するところから始まるだろう。それはもしかすると、詮索好きな人物の鼻の天辺かもしれないし、生涯を船乗りに捧げる人物の脚、または、神経質で憑りつかれた人物の後頭部かもしれない。「舞台の中心」もまたそれぞれのキャラクターによっても異なるだろう。つまり、泥棒にとってはテーブルの上に置かれている宝石箱であり、それに気を引かれているにもかかわらず、気付かれないよう直視はしない。恋人にとっては、炉棚の上に置かれた愛する人の写真かもしれない。しかし、マイケルが提唱した最も包括的な技術は、「心理的身振り」であった。演じるキャラクターの象徴的で本質的な表現として俳優が選んだ体全体で表す姿勢や単純な動きのことだ。それは俳優が演技中にはっきりとわかるよう示すことのない動きやポーズで、それがすべての動作に作用を及ぼす。

マイケル・チェーホフが肉体的なパフォーマンスに重点を置いたことは、ユルが放つ輝かしい身体的特性に見事に合致した。ユルはさらに全身を使って歌うことと声の表現力に磨きをかけた。聴衆に直接語りかけるのか、「存在感」を示すのか、距離や程度を推し測ることも身に着けた。つまり、テーブルのすぐ傍からでも、小さなステージからでも、どこで歌うのかによって歌い方を自在に変えるということだ。まもなく、ユルは約百キロ離れたニューヨークに頻繁に電車で通い、ナイトクラブのオーディションを受け、週に数日はロマの歌を歌うようになる。アメリカに来て初めての仕事は、〈ブルーエンジェル〉というクラブで、マレーネ・ディートリヒが国際的スターになった一九三〇年の映画のタイトルと同じだった。彼女がニューヨークに来た時にこのクラブに出演したのがユルが彼女と知り合うきっかけだった。

ディートリヒは四十一歳で、ユルより二十歳年上だったが、二十年間断続的に続くことになる二人のロマンスは遠慮なく情熱的だった。ジョセフ・フォン・スタンバーグ監督との公私にわたる名コンビは一九三五年の七作目の映画で終わっていた。ヒトラー政権はディートリヒをドイツに誘い込もうとしたが、逆に彼女はファシズムを否定し、一九三九年にアメリカ国民となった。この時までに、ディートリヒはゲイリー・クーパー、ジミー・スチュワート、ケーリー・グラントと共演していた。恋多き女優には数々のロマンスがあったにもかかわらず、彼女の人生でユルは変わらず恋人であり続けた。それはディートリヒの娘マリア・ライヴァの伝記でも明らかにされている。長年にわたり、ディートリヒは演劇や映画関連の仕事、時には金銭的にもユルを援助してくれたのだ。

リッジフィールドのマイケル・チェーホフの劇団では、演技の授業組と大学で公演するシェイクスピアの芝居に向けたリハーサル組に分かれていた。ユルが新入りの頃は英語があまり話せなかったので、十五名程の俳優や舞台スタッフが乗る小さなバスに先駆けて、舞台装置や衣装をアメリカ北東部の大学から大学へ運んだ。現地に着くと毎回、おんぼろのバンを停め荷物を降ろし、舞台の設置を手伝った。その後劇団は速やかにリハーサルを行い、晩には数個あるレパートリーの中からひとつ選んで公演した。ユルの英語が不十分なうちは、唯一与えられた役が台詞のない槍兵だった。チェーホフとジダーノフは授業、演習、リハーサルを英語で行ったため、ユルは英語で演じられる多くの芝居の言葉を身につけていったが、普段はこの二人の指導者とはロシア語で話していた。ユルがロシア人俳優であるということは、ウラジオストク生まれだからというより、まさにアメリカでチェーホフたちと過ごした年月に拠るところが大きい。

一九四一年十二月二日、ブロードウェイのリトルシアター（現在はヘレン・ヘイズ劇場）でチェーホフ劇団はシェイクスピア『十二夜』の限定公演を行い、ベアトリス・ストレイトが主人公ヴァイオラを演じた。演出をしたゲオルギー・ジダーノフは、俳優のどんな問題も診断することができたので、その頃には「ドクター」と呼ばれていた。ユルは脇役の道化師ファビアンを演じたが、それはかつてシルク・ディヴェールのサーカスで創り上げたクラウンとはまったく異なっていた。ちょうど、オペラ歌手が知らない言語で書かれたアリアの歌詞を耳で覚えて歌うように、ユルはシェイクスピアのテキストを音で習得した。決して容易ではなかったが、ハルビンを離れて十年足らずの二十一歳で成し遂げたのだ。ユルのブロードウェイ最初のポスターには「Youl Bryner」（ユウル・ブリナー）と記載された。

『十二夜』の公演が始まって五日目、日本が真珠湾を攻撃した。それは、一九〇四年に旅順でなされたロシア海軍に対する突然の攻撃を思い起こさせるような急な出来事だった。その結果、公演は数日後に中止となった。それにもかかわらず、ユルはその小さな役を演じた甲斐あって、俳優労働組合の会員になる権利を与えられ、マーガレット・リンドレーという代理人によって必要な手続きがなされた。彼女はユルの英語が上達するまでは新しい仕事を見つけることにあまり熱心ではなかったが、頻繁に行われたホームパーティーでユルを然るべき人物に紹介するよう努めていた。そうした中で、すでにハリウッドの三大映画会社で出演していた二十三歳の若きスター女優（ユルよりひとつ年上）に出会い、ユルに英語の勉強を手伝うと提案した。女優の名はヴァージニア・ギルモア。二人は出会った瞬間に恋に落ちた。

ヴァージニアがカリフォルニア州エルモンテで生まれた時につけられた名前は本当はシャーマン・

プールだった。イギリス人とドイツ人の血を引いている。祖母はミズーリ州から幌馬車でカリフォルニア州に移動してきたが、道中で数人の子どもを出産していた。スタジオの報道担当リチャード・コンドン（『影なき狙撃者』（一九五九）ほか多数の小説の著者になる）は、「ヴァージニア・ギルモア」はもっとスターになると判断していた。ギルモアは小柄で、とても綺麗で落ち着いた色の金髪をした、少女のような見た目の女性だったが、初心（うぶ）ではなかった。十七歳の時、彼女はナチスドイツを逃れてハリウッドに向かった有名なドイツの映画監督フリッツ・ラングの恋人で、彼を通して他のドイツ系移民とも出会った。実際、ギルモアはハリウッド高校で経済学の期末試験を受けなければならない時、ラングの友人で劇作家のベルトルト・ブレヒトに勉強をみてもらった。試験は不合格で、教師たちから社会主義者だと非難された。すでにギルモアには左翼的傾倒が見られたのだ。

映画プロデューサーのサミュエル・ゴールドウィンはヴァージニアを「真のアメリカ美人で、おまけに詩を書く頭脳も持ち合わせている」と評し、まもなく「ゴールドウィン・ガール」として契約を交わした。脚がとても綺麗だったので、「美脚のギルモア」の愛称でライフ誌を飾った。十九歳でフランスの映画監督ジャン・ルノワールの初のアメリカ映画『スワンプ・ウォーター』（一九四一）に出演し、続いてフリッツ・ラングの『西部魂』（一九四一）でヒロイン役を演じた。ギルモアは『打撃王』（一九四二）のスクリーンの中でゲイリー・クーパーと、スクリーンの外ではこの映画にも出演しているベーブ・ルースとの恋を楽しんだ。ヴァージニアは女たらしで有名だったベーブ・ルースと予想通り気詰まりなデートに何度か出かけた。

ユルがヴァージニアと出会った時は話す英語は間違いだらけだったが、ダシール・ハメットとミッキー・スピレインの殺人ミステリーにあるお決まりの場面を通してアメリカの慣用的言い回しを徐々に習得していった。ジンというニックネームだったヴァージニアは、ブロードウェイとハリウッドの間を飛びまわっていたので、二人が出会って最初の二年間は数か月会えない日々もあった。

真珠湾攻撃の後、ユルは米軍に志願したが、かつて煩った結核の痕が肺に見つかり却下された。そこで、フランス全土のレジスタンス運動に向けてニューヨークから一時間おきにフランス語でニュース速報を放送していた戦争情報局での奉仕を志願した。ユルは戦争関連のニュースをソ連向けにロシア語でも放送した。この仕事は戦時中に国の役に立ったというのみならず、ユルにとっては、すでに新しい放送媒体「ピクチャー・ラジオ」を準備していたラジオのパイオニアたちと知り合う貴重な機会となった。

この間、ユルはチェーホフの劇団と生活も仕事も共にし、旅巡業を続けていた。ルイジアナ州のような南部も訪れた。州都バトンルージュではユルがスピード違反で捕まったことがあった。逮捕に抵抗した時、警官がユルの英語をあまり理解できず、バトンルージュの「有色人種用の刑務所」に一晩入れられてしまった。そのおかげで彼は一九四〇年代のアメリカ社会を新鮮な目で鮮やかに見ることができた。

ニューヨークでは母親の白血病の高額な治療費を捻出するため、見つけた仕事は何でもこなした。依頼された通りに歌い、有名なイギリスの写真家セシル・ビートンはじめとするファッション写真家のモデルも務めた。「ヌード男性」を撮る芸術家や美大生のためにヌードモデルも経験した。まだ英語をあまり流暢に話せなくても、劇場のオーディションを受けにいった。母のマルーシャが晩年にハルビンにいる妹に送った手紙には、ユルが懸命に自分を気遣ってくれることに対して心配する様子が記されている。

一九四三年の初春、マルーシャは病院で息を引き取った。遺灰はニューヨークのコールドスプリングに埋葬された。彼女の人生でただひとり愛したボリスの裏切りから立ち直ることもなく。二人の子どもは母親が長年の悲しみや白血病末期の苦しみから遂に解放されたことに心から安堵した。どれほどの痛みを伴い耐えてきたのかをよく知っていたからである。

その頃、マイケル・チェーホフは劇団を閉鎖し、ロサンゼルスに移るところだった。そこでは多くの映画俳優の仕事が彼を待ち受けていた。最も有名な役はヒッチコック監督『白い恐怖』（一九四四）のフロイト派の精神科医の役だろう。イングリッド・バーグマン演じるヒロインの相談を受け、主役のグレゴリー・ペックの精神分析に協力するという役柄である。ペックもチェーホフの下で学んだことがあり、ハリウッドの他のスター同様に、チェーホフやジダーノフと映画で共演する時はいつも友情出演だった。

六か月後、ユルは「二十世紀特急」〔ニューヨーク―シカゴ間の特急列車で一九〇二年から一九六七年まで運行していた〕に乗ってシカゴに行き（シベリア鉄道よりも進歩していた）、ロサンゼルス行きの「スカイチーフ」に乗り換えた。二年半の交際を経てユルは一九四四年にロサンゼルス郡庁舎でヴァージニアと結婚した。それをコラムニストのルエラ・パーソンズは「ヴァージニア・ギルモアがニューヨークで出会ったどこぞのジプシーと九月六日に結婚するらしい」とゴシップ記事を書いた。

その一方でユルは居住と米国市民との婚姻に基いて認められる市民権を申請した。それは単にスイスという「出身地」だけではなく、「出生地」を申し出なければならないということだった。驚くべきことに、ユルは出生地を「ソヴィエト連邦サハリン」と記入したのだ。サハリンは都市ではなく巨大な島で、ウラジオストク訪問前の一八九〇年にアントン・チェーホフが調査を行った流刑地があり、レーニンによって新たに矯正労働収容所が設置されたところだ。ユルが生まれ故郷を偽ったのには正当な理由があった。彼が生まれた時、ウラジオストクは今や存在しない国「極東共和国」の一部だった。この事実が官僚的な手続きにいかなる面倒を引き起こすのかが計り知れなかったので、ユルはブリナー商会が投資していた鉱山があったロシア極東地域のひとつを簡単に記入したのだった。アメリカのパスポートに正式に記載された事項は簡単な「放棄」の一種であり、この場合は「出生地の放棄」だ。この時にユルは名前の綴りも変えて「ブリンナー」にした。

ジンはハリウッドとブロードウェイでたくさんの仕事をこなしていたので影響力のある人々と出会っていたし、ユルも「ミスター・ギルモア」と紹介されることが多かったが、そういう人たちと知り合うことになった。この時点でジンは二十世紀フォックスと契約を結んでおり、会社の上層部は「純情な娘役」が結婚した場合、いつも不満を露にしていた。罰として会社はジンに重要な役柄の合間に数々のB級映画の役をわりふった。一九四五年までにヴァージニアはすでに十五本の映画に出演したため、業界紙では「B級映画の女王」として知られるようになった。ギルモアはブロードウェイでは有名な演出家で劇作家のモス・ハートやハロルド・クラーマン等と仕事をし、ただのハリ

結婚当時のユルとギルモア

ウッドのブロンド娘には終わらず、才能ある俳優としての地位を確立していった。

ユルと花嫁は東三十八番街にあるクリーニング店の上の小さなアパートを借りたが、二人の不規則な給与で家賃を払うには苦労した。ユルがナイトクラブでたまに行うライヴ（戦争情報局のラジオ放送は無報酬だった）と、ジンの舞台の仕事では、二人は深刻な金欠に陥ることもよくあった。ユルは公開オーディションや代理人が持ってくる様々なオーディションを受け続けたが、戦時中に制作される作品の役柄を演じるには、あまりに外国人過ぎた。稼がねばならないという理由だけで恥ずかしいほどばつが悪い「演技の」仕事を取ったこともあったが、まったく新しい世界を経験することができた。戦争情報局ラジオの掲示板で、テレビの仕事に関する情報を目にした。テレビはその時はまだ「ピクチャー・ラジオ」と呼ばれていた。

テレビは一九二七年にこの技術で初めての特許を取得したフィロ・ファーンズワースによって開発されたが、ディヴィッド・サーノフのアメリカラジオ社（RCA）との訴訟問題で独占権を失った。RCAは一九三九年にニューヨークの万国博覧会でこの発明を初めて披露した。それからちょうど五年後に、ユルは始まったばかりのテレビ放送の番組に出演した。

最初のテレビ番組が放映された頃、テレビはニューヨーク地域にわずか三百台ばかりしかなく、グランドセントラル駅の最上階にあるスタジオからコロムビア放送（CBS）が試験的に放送していた。テレビ放送はまだ信頼を得ていなかったので、スポンサーの広告はなかったが、エンターテインメントの未来への第一歩を確実に踏み出した。それはまた全国放送会社（NBC）が一九二七年の創設以来支配していたラジオ番組に対抗するチャンスでもあった。

ユルが出演したのは『ミスター・ジョーンズと隣人たち』という子ども向けの番組だった。ユルはのちに「いつも変な帽子を被らなければならなかった」と語っている。番組は数週間しか続かなかったが、役者の経歴や履歴書の役には立った。ユルは世界初のテレビ番組の一つに出演し、彼の一風変わった名前は放送局幹部の知るところとなった。さらに重要なのは、間もなく商業テレビの先駆的プロデューサーやディレクターとして名を馳せる多くのクリエイティブな人々と友人になったことだった。マイケル・チェーホフとの繋がりを強調して、彼ならどんなテレビ番組でも、いつでも喜んで演出するだろうと知らせた。たとえ馬鹿げた帽子を被らざるを得なかったとしても、テレビ放送が始まったごく初期から働いたという事実は、やがて大いに役に立つことになる。

## 17

数々のオーディションを受けたにもかかわらず、ユルは重要な役柄にひとつもありつくことができなかった。差し出される役のほとんどが伝統的なアメリカ人の役柄だったため、ユルの出自を考慮しても明らかに不向きだった。しかし、エキゾチックな役柄であれば、ユルに匹敵する俳優はニューヨークにはほとんどいなかった。ミステリアスな調和を持つ訛(なま)った英語に加えて、ブリヤートの血を引く祖母ナターリアから受け継いだアジア的な外見は屈強な肉体によってさらに際立っていた。当時のユルは頭髪が薄くなったため少なくとも五歳は年上に見えたのだが、代理人のマーガレット・リンドレーは実際にそれに合わせてしまった。相応しい役が見つかると、彼女は「ユルは一九一五年生まれだ」と言い張った。それは後にユルの無数の伝記に残される、多くの「捏造」のひとつになった。

一九四五年の秋、日本が無条件降伏をした直後に適役がまわってきた。オーソン・ウェルズとマーキュリー・プロダクションの共同経営者だったジョン・ハウスマン監督は、『リュートソング』という新しいミュージカルの配役を決めていた。主演の娘役には若手女優メアリー・マーティン（この後『南太平洋』や『サウンド・オブ・ミュージック』のような名作ミュージカルにも出演した）が抜擢され、豪華な舞台装置は有名なデザイナーによって装飾された。ユルはオーディションを一回受けただけで主演を勝ち取った。

『リュートソング』は、貧しい学者が首都に出て出世するも、王女との結婚を強要され妻を捨てるという中世中国の戯文『琵琶記』をうまく様式化して翻案したものだった。ミュージカルは一九四六年二月六日にプリマス劇場（現ジェラルド・ショーンフェルド劇場）で初演され、観客の反応は非常に感動的なものだったが、批評家は冷ややかだった。ニューヨークタイムズ紙のルイス・ニコルズは「ミス・マーティンは難しい役柄を演じており、全体として彼女の演技は悪くない。不幸な夫を演じるユル・ブリンナーの演技は満足のいくものである」と書いている。その程度のぼんやりした賞賛にもかかわらず、ユルは一九四六年の最も有望な新星として、ブロードウェイで名誉あるドナルドソン賞を受賞した。何年も経ち、数多くの賞を受賞した後でも、ユルは自らのキャリアでこの賞を最も重要な賞だと考えていた。二十六歳の自分に、間違いなく実力のある俳優としての名声を与えてくれたからである。

ユルが芝居のチラシ用に書いた簡単な経歴は、その後の生涯を通して言い続けた作り話のようなものだった。「ユル・ブリンナーにはモンゴル人の血が入っている」と始まるのは、祖母がブリヤート系ロシア人だったから正確である。しかしそれに続けて彼が主張している「プラハ、リガ、ワルシャワで演技見習いをした」は真実ではない。「その後、六年間ジョルジュ・ピトエフとリュドミーラ夫妻と共に、ピランデルロ、イプセン、クローデル、チェーホフの芝居を演じた」となっているが本当はその半分の期間で、出演したのはそのうちの数作品だった。

通常、観劇プログラムに記載される略歴はユルの場合、事実とフィクションを様々に組み合わせたものを出していて、全部矛盾していた。「アメリカ国籍を取得中のスイス市民ユル・ブリンナーはシベリアで生まれ、少年時代の大半を中国で過ごした。フランスで教育を受け……彼の生い立ちは、ヨセフのコート〔旧約聖書「創世記」でヨセフが父からもらったカラフルな晴れ着が由来〕のように色とりどりで、政治規則と同じように複雑であるばかりか、アラビアンナイトの物語のようにファンタスティックである」。まさにその通りだ。しかし、その後はこう続く。「ユルの母親は生粋のジプシー、父親は中国で最も裕福な人物のひとりで、ジプシーとスイスの血を引くモンゴル人である」。マルーシャがジプシーと呼ばれていると知ったら驚愕したであろう。マルーシャは放浪のロマではなくロシアのインテリゲンツィアの血を受け継いでいる。二人のヴェーラ（ユルの叔母と姉）はユルのこうした母親の「放棄」に激怒した。ユルは二人に、プロデューサーに生い立ちを聞かれた時、英語が下手だったのでそうなってしまったと説明していた。

「放棄」には「僭称」もしくは自称という双子がいると歴史家のマイヤーは書いている。過去が拒否された時、新しい過去を考え出さねばならない。ニコライ・ベルジャーエフの『ロシアの思想』によれば、僭称は「純粋にロシア的現象である。……自分ではない他の誰かであることを宣言する者は僭称者、自称する人、詐欺師、ペテン師である[*13]」。この「純粋にロシア的現象」はユルの多くの神話を説明するのに役立つかもしれないし役立たないかもしれないが、少なくとも、この創作された伝記を特定の文化的現象の文脈に置くことはできるだろう。

ウラジオストクからブロードウェイに至るユルの人生行路を知っていたのは、ほんの一握りの人間だけだった。もちろん、ユルの初日の夜公演にも駆けつけ、プロのソプラノ歌手として成功を収めていた姉ヴェーラは、このミステリアスな外国人の出自を正確に知っていたし、ヴァージニアも、あまり正確でないにしろユルをここまで導いた長いオデュッセイアを知っていた。アメリカ、特にニューヨークでは数多くの移民や難民の物語で溢れており、ユルの物語はそのうちのひとつに過ぎず、始まったばかりだった。しかし、ユルを育てた大人たちの誰もユルの成功を応援することができなかった。母親と叔父のフェリックスは三年前に他界し、叔母のヴェーラと従姉のイリーナは満州にいて、父親はウラジオストク郊外でソヴィエト政権に監禁されていた。

『リュートソング』の初日から数週間後、ヴァージニアはマクスウェル・アンダーソンの『トラックライン・カフェ』のリハーサルに参加した。アメリカで初めてスタニスラフスキーの「メソッド」を教えたハロルド・クラーマンの演出だった。ヴァージニアの相手役にクラーマンはスタニスラフスキーを完全にものにしていたネブラスカ出身の二十一歳の美青年マーロン・ブランドを選んだ。のちに映画批評家ポーリン・ケイルは、『トラックライン・カフェ』の第二幕の時にヴァージニアの時代がやって来たと書いた。そして、胸が張り裂けるようで感情的なブランドの演技はあまりに大げさだったため、俳優が発作を起こしたと思った女優は衝撃を受けて思わず目を逸らすほどだったと書いた。この舞台でブランドはユルのドナルドソン賞に匹敵するシアター批評サークル賞の「一九四六年優秀新人賞」を獲得した。『トラックライン・カフェ』は十三回の公演で幕を閉じ、ヴェージニアはこの失敗をほっとして受け止めた。リハーサルの一週間前に、ヴァージニアとユルは年末に子どもが生まれることを知ったからだ。

一九四六年十二月二十三日に息子が誕生した時には、ユルは一年のほとんどを地方公演で飛び回るようになっていた。『リュートソング』はブロードウェイで三か月の公演を終えた後、シカゴ、デモイン、コロラドスプリングスと巡業し、サンフランシスコのカラン劇場にはいった。そこでユルは息子誕生の知らせを受け、友人で衣装担当のドン・ローソンと共にドンペリのボトルを空けた。二日後、ユルはプロペラ旅客機ダグラスDC3で冷や汗もののフライトをして妻のもとへ駆けつけ、初めて息子を目にする。ジンとユルは名前を決めていなかったが、二人の友人メアリー・マーティンが「ユル」という名を残すべきだと主張し、生まれたばかりの子には父と曾祖父と同じ名がつけられた。ユルはヴァージニアにブリンナー家では代々称号のように家長の名前が引き継がれていると説明した。ヴァージニアは乗り気でなかったが、逆子の胎児を生むために二十八時間の陣痛と戦った後では抵抗する気力もなかったようだ。出生証明書には、夫妻はユル・ブリンナー・ジュニアという名前を書いて提出した。誕生後はプロテスタントも正教会も含め、いかなる教会の洗礼も手配していなかったが、数か月後、マンハッタンのパーク街にあるセント・バーソロミュー教会で、友人の幼児の洗礼式に出席した時、ヴァージニアはユル・ブリンナー・ジュニアに洗礼を受けさせた。洗礼親はメアリー・マーティンが務めた。

それから数か月後、ボリスとカーチャが娘と一緒にソ連の拘留から解放され、モスクワ、スイス、イギリスを経てニューヨークを訪れた。三人はヴァージニアとユル・ジュニアと一緒に一日を過ごした。

ジンは義理の父がユルのように感情を表に出さないものの、凛々しく、とてもハンサムであったことをずっと覚えていた。ボリスは初孫を見てとても喜び、ヴァージニアのよき思い出を胸に去っていった。『リュートソング』の地方巡業を終え、ユルは妻と子どもにすべての時間を捧げた。友人たちのあいだではとても世話好きな父親だと評判だった。しかし、父親としてユルがまずしなければならなかった緊急課題は、クリーニング屋の上から家族が引っ越すために十分なお金を稼ぐことだった。ユルはすぐにCBSでディレクターをする仕事を見つけたが、創造性を要する仕事ですら支配しようとする放送局幹部や部下たちには従えないというユルの生まれ持ったわがままな性格が最大の障壁になった。この仕事は安定した仕事にならなかった、というだけで十分おわかりだろう。

一九四八年七月十一日、二十八歳の誕生日の時、テレビの一時間ドラマ『スタジオ・ワン』の監督をしていたユルに、上海にいる父親が心臓発作で二日前に急死したという知らせが電報で届いた。電報はユルの叔父シューラ・オストロウーモフ（叔母ニーナの夫）からだった。カーチャはあまりに取り乱して何もできなかったため、シューラが家計も含むすべてを世話するという旨をユルに知らせてきた。シューラがユリウス・ブリナー帝国の残りの資産をすべて整理し、ボリス、フェリックス、レオニードの未亡人であるカーチャ、ヴェーラ、ヘレンに分配することになった。

父親を思い出すのも苦痛だったが、その死の知らせはユルにはショックだった。おそらく、父親の葬儀に出席したいとは思っていなかっただろうが、いずれにしてもユルも姉のヴェーラも上海に行くことはできなかった。ユルが父親に冷たい態度をとるようになって久しかったが、ヴァージニアには父からいっさい得ることのなかった信頼と強い愛を息子に保証すると伝えた。

しかし、それは家に安定したお金を入れることも意味していた。それで、『リュートソング』のプロデューサーからロンドン公演の話が出ると、家族と離れるのも承知で依頼を受け入れた。一九四八年十月十一日にウィンターガーデン劇場で行われた公演は絶賛され、一年あるいはそれ以上という長期公演が決まった。ヴァージニアは赤ん坊を連れロンドンに行き、約六か月間滞在した。

戦後のイギリスは戦勝国とはいえ苦しい社会状況だった。ユルとジンは二人とも当時の雰囲気を灰色で悲惨だったと追憶していた。ドイツのV2ロケットの攻撃を受けた建物の残骸がぐらついていて、町の空気は石炭や木炭の煙で淀んでいた。『リュートソング』の公演が終わると、ジンは赤ん坊を連れてニューヨークに戻り、ユルはストランド劇場で短期公演のロシア喜劇『黒い瞳』に出演するために留まった。それはニューヨークで亡命生活を送る三人のロシア人女性の芝居で、芝居のタイトルより大きくユルの名前だけを掲げて客を呼ぼうとした最初の公演ともなった（『リュートソング』の成功の賜物だ）。この芝居は一九四三年にブロードウェイで六か月間公演されたが、ロンドンでは突然打ち切りになった。ユルに給料は支払われず、英国海外航空の帰国用チケットだけが渡された。……が、そのチケットもポーカーで負けてすってしまう。

一文無しになったユルは車と船を使ってパリまで行き、旧友が働くシルク・ディヴェールで仕事を見つけた。ブーグリオヌ兄弟が空中ブランコの「呼び物」として宣伝をし、ユルを温かく歓迎してくれた。その結果、フランスのベル・エポックの象徴として名高いレストラン〈マキシム・ド・パリ〉のマネージャー、モーリス・カレールの目にとまり、仕事を依頼されるようになった。また、カレールの尽力により、ユルは他のクラブやキャバレーでも歌の仕事ができるようになった。
しかし、ドイツの占領から五年経ったパリは、ユルが去った一九四〇年頃とは様変わりしていた。ドミートリエヴィチ一族はヨーロッパ全土にいた数十万のジプシーを排斥したナチスから逃れ、アルゼンチンに渡っていた。フランス経済は悪化し、ドイツ軍に協力して批判された人たちへの暴力的な襲撃や報復が続いていた。一九四八年の終わり頃になって二等船室の切符を買うことができたので、ユルはニューヨークに戻った。

その後三年間、ユルは主にＣＢＳのテレビディレクターとして働いた。チェーホフとの鍛錬、何でもできるという自信、メディアでの先駆的な経験、すべてが有望なキャリアを築くために必要となった。ユルはただ、放送局幹部やフロアマネージャーに対する自身の傲慢さを抑制しさえすればよかった。そうでなければ、彼らはヴァージニアが望んだような契約をユルと結ばなかっただろう。しかし、うまく仕事をこなしたため、途切れることなく仕事を依頼され、単発の番組から一時間ドラマを監督するようになり、翌年にはそれが十二回を超えるまでになった。
また、ユルとヴァージニアは「ミスター・アンド・ミセス」という夫婦による初のトークショーでも一緒に司会をした。ユルは後にサタデー・イヴニング・ポスト誌で次のように語っている。

とても面白かった……ヴァージニアと僕はプロデューサーでもあり、放送作家、ディレクター、出演者でもありました。僕たちは何も疑わない有名人をうまく言いくるめ、時々ゲストに迎えることもできましたが、ギャラはタクシー代だけだったんです。それ以上は予算的に無理でした。一度、サルヴァドール・ダリと漫画家のアル・キャップとの対談の場を設けました。彼らの会話は検閲にひっかかりそうなほど過激で、生放送が許されることに驚いたんですが、最後に二人はとても魅力的なことをしてくれました。彼らは同じ紙に絵を描いたのです。ちょうどアルは漫画「シュムー」で知られていたのでそのキャラクターを描きました。アルが描くと、ダリが砂漠の地平線と長く影を延ばしている骸骨が見える窓をシュムーのおなかに描き入れました。[*14]

ユルは『スタジオ・ワン』『オムニバス』『デンジャー』といったドラマ番組を監督し、その数十年後には映画界の巨匠と呼ばれるようになる若きディレクターたちとも仕事をした。シドニー・ルメット（テレビドラマ『逃亡者』『質屋』等）、マーティン・リット（映画『ハッド』『ノーマ・レイ』）、そしてユルのアシスタントを務めたジョン・フランケンハイマー（『影なき狙撃者』『グランプリ』『最後のサムライ ザ・チャレンジ』）である。ユルはまたその当時のお洒落なレストランから生中継されたトークショー「ザ・ストーク・クラブ」を監督し、時々は自分でも司会をした。ちょうど伝統的な社会階層に、歴史家ライト・ミルズが名付けた「パワー・エリート」が重なり始めたニューヨークの社会で、ユルはこの番組の成功によって頂点に立った。「カフェ社会では、著名人が集う社会の有名な住人たち（組織のエリート、都会の社交界名士、プロのエンターテイナー）が混じり合い、互いの威信を公の場で高め合うことに躍起になっている」（ミルズ『パワー・エリート』より）。今日我々がよく知る、著名人たちのトークショー文化は、まさにこの「ザ・ストーク・クラブ」が発祥なのだ。

一九四九年、ユルは初めて映画で役をもらった。スコット・ブレイディが主役で警官を演じた低予算のスリラー『ニューヨーク港』で、麻薬組織の柔和なボス役だった。この作品に関しては、ユルはのちに懐しんだり、誇らしげな様子で振り返ることはなかった。ユル曰く、実は大酒を飲んだ長い週末の間に出演シーンを撮ったそうだ。出演料はスズメの涙ほどだったが、エレガントで物腰穏やかな話し方をする蛇のように抜け目のない殺人犯の演技は、その後、急いでスクリーンテストをしなくても、どの監督にも自信を持って見せることができるものだった。こうして、ユルは二十代のうちに映画俳優となった。

ユルがたびたび金欠になったことは、見た目にはまったく分からなかった。父親や祖父のようにいつも完璧でお洒落に着こなし、あつらえの組み合わせ文字が入ったシャツを身に着けていた。タクシー代を払うお金すらない時でも、ユルには付き人がいた。友人で「衣装係」のドン・ローソンはユルから報酬をもらえない時が続いても離れずにいてくれた。ドンはまた代理人や出演契約の交渉担当者の要請で渋々買った高価なカツラを責任を持って管理していた。一九四〇年代のアメリカではカツラメーカーが全盛期を迎えていた。多くの男性にとって禿げていることが何か恥ずべきもので、少なくともコミカルな印象を与えると考えられていたからである。二十代の半ばにはユルの頭髪は額から大きく後退し、貧相な富士額になっていた。とてもよくできた人工の部分かつらですらユルには不快で、堂々と公にする方がましだったが、仕事が必要なのが実情だった。

一九五〇年に入る頃には、ユルはテレビ界や演劇専門家の間でよく知られる存在となり、『リュートソング』を公演した町では一般にもある程度認知されるようになっていた。ユルはアメリカ市民だったので見つけた仕事は自由にすることができたが、育ち盛りの男の子を持つ父親として必要だったのは、何よりも安定した給料だった。ユルとジンが真冬に幼子を抱えてお金も住まいもなくなるのにアパートを退去せざるを得なくなった時に切実にそのことを思い知らされた。ユルはすぐさま、腕のいい大工であることを証明して見せた。つまり、肉屋が使う台のような、シンプルで魅力的な丸太でできたテーブルを作り、ショービジネス界の友人に売ったお金で滞った支払いをいくらか済ませることができた。ユルが映画音楽作曲家のアレックス・ノースに作ったコーヒーテーブルは、六十年を経た今も健在だ。

そんな辛い冬を経験し、ジンはユルに役者を断念して、評判が確実に高まっているテレビの仕事に集中してほしいと切に訴えていた。一九五〇年、ブロードウェイと五十二番街の一画にできた新しいテレビスタジオでCBSが安定したフロアマネージャー（テレビディレクターの補佐）の仕事を募集した。そこはのちにエド・サリヴァン・シアターに名称が変更された。ヴァージニアはユルがこの仕事を取るようにお願いしやがて強く求めた。ユルは拒否したが、安定した演出家の仕事を探すと約束した。それは別の仕事の機会が巡ってきた後でさえ、ユルが守り続けた約束だった。

18

『リュートソング』の後、ユルとメアリー・マーティンは、作曲家リチャード・ロジャースと脚本家オスカー・ハマースタインの『南太平洋』で大きな成功を収めた。メアリーはこの作曲家と脚本・作詞家にイギリスの女優ガートルード・ローレンスが『アンナとシャム王』をモチーフにしたミュージカルを依頼したと聞き、その主演男優に適した人物は、『リュートソング』で共演した俳優だと主張した。

このオーディションのために、ユルは新しい代理人テッド・アシュリーの助言を無視し、カツラを着用することをやめてバリカンで頭皮が見えるほどに短く刈ってしまった。初代シャム国王ラーマ一世は、原作で描かれた出来事があった当時、歴史上は約六十歳であり、僧侶が頭を剃る仏教の僧院に身を置いていたのは確かだ。しかし、実際のところユルにとっては、史実に従ったというよりは美学の問題だった。

数年後、リチャード・ロジャースがユルのオーディションについて語っている。

「禿げ頭の若者が登場し、ステージ上で足を組んで座った。彼はギターを叩きながらこの世のものとは思えない叫び声を出し、何か野蛮な歌のようなものを歌い始めた。そしてオスカーと私は互いに顔を見合わせて言った。「そう！　これだ！」[*15]「何か野蛮な歌のようなもの」とは、ユルのトレードマークだった民謡『旅路の果て』だった。

『王様と私』の話の筋はアンナ・リオノウンズの一見正確に見える二冊の歴史書『シャム宮廷のイギリス人ガヴァネス』（一八七〇年）と『ハーレムでのロマンス』（一八七三）から直接着想を得たものだ。しかし、オリジナルの二作品は原題からしてほとんど空想だった。実際には、リオノウンズは宮廷で高い地位を与えるガヴァネス（宮廷家庭教師）として雇われたのではなく、教師として雇われた。本の中で彼女が書いたことは、シャム王の妻と妾から生まれた沢山の子どもたちの教師として彼女が過ごした時代を美化して小説にしたものだった。また、イギリス帝国の思惑からシャムを守り、一八六〇年代に東南アジアの歴史を変えた王の政治的戦略に対する彼女自身の影響についても書かれている。事実として広く受け入れられているリオノウンズの記述は敬愛される君主の晩年の私生活を論じたため、より一層衝撃的だった。

しかし、歴史家のW・S・ブリストーは、アンナの息子に関する本を研究するうちに、アンナが自身の人生の多くの特筆すべき事実を歪曲したり創作していることを発見した。それには出生の日付や場所（一八三四年にウェールズではなく、一八三一年にイギリス領インド）、両親の姓（クロフォードではなくエドワーズ）、そして夫の身分（少佐ではなく二等兵）が含まれている。彼女がシャムを去りアメリカへ発った二年後に初版が出たが、「ジメジメした湿地に建てられた町の地下牢」という表現も含めてバンコクの王宮に関するリオノウンズの記述の多くが目立ちたがり屋のファンタジーだった。アンナの自慢の教え子チュラーロンコーン（後の国王ラーマ五世）ですら彼女を非難した。報道陣に向けた辛辣な文書の中で、「リオノウンズが自身の記憶不足を捏造で補った」と王室秘書は書いている。[*16] 七十年後、アメリカの作家マーガレット・ランドンがリオノウンズの捏造品を『アンナとシャム王』という新しい本に混ぜ、オリジナル作品の新しいバージョンを組み立てて変化を加えた。ランドンの本は、レックス・ハリソンとアイリーン・ダンが出演する白黒の音楽性の乏しい映画でさらに改作された。レックス・ハリソンはアジアの君主としてはあまり説得力がなかったが、映画は大ヒットした。そのため、イギリスのスター、ガートルード・ローレンスは、アンナ役は自分にぴったりだと確信したのだった。

セント・ジェームス劇場の初日四日前にリチャード・ロジャースがニューヨークタイムズ紙に説明したように、ロジャースとハマースタインはこの物語をより一層ロマンチックなものにした。「我々はこの本の内容にすべて正確に従ったわけでもなく、史実に忠実であろうとしたわけでもありません。しかし、歴史的事実に関する多くの妥協があったにもかかわらず、我々は制作を決意し、自分たちの架空の媒体の中で、我々が信じる本物の魅惑的な男女として王とアンナを提示できるよう、大変な努力をしてきました。二人の物語の強みは、両者が互いにもたらした激しい変化にあります。それでも二人の人生は、互いに深く惹かれ合うような意味合いを間違いなく持っているのです。それはある意味で恋愛や結婚よりもより強く本物で、十分に確立された男女関係なのです」とロジャースは語っている。[*17]

それはそうとして、『王様と私』の物語で歴史的に確かで重要なことは、ラーマ四世とその息子ラーマ五世の統治下で、ヨーロッパの列強が互いに対抗するよう仕向けたラーマ四世の賢明なやり方が功を奏し、シャムは東南アジアで唯一、植民地支配に屈しなかった国であるということだ。それは朝鮮皇帝が自国の支配権を取り戻そうとしたこと、ユリウス・ブリナーに広大な森林租借地を個人的に売って朝鮮が日本から独立するためにロシアに既得権を与えたのとまったく同じだった。

誘導ミサイルのようにキャリアを発射させたこの堂々とした役柄にユルは情熱を注ぎ込んだ。強情で、無邪気で、崇高な野心をもつという王の性格は脚本に書かれているが、容姿、力強さ、説得力などはすべて、舞台に立つたびにいつも全人生経験を取り入れてきたユルのなせる業だった。まず何よりも貴重だったのは、マイケル・チェーホフとゲオルギー・ジダーノフに学んだ技術だった。この役柄を演じるにあたり、特に価値があったのは、チェーホフが言った身体性重視だった。王が素足で堂々と歩く様にも、ユルがサーカスの空中ブランコ芸人として培った野性的なパワーが投影されていた。ナイトクラブでの年月はこれまでブロードウェイで歌われていたスタイルとは似つかないスタイルではあるものの、自信を持って力強く歌うためのよい練習となった。ユルは一度もシャム（立憲君主制になった後、一九三九年にタイ王国に改称）を訪れたことはなかったが、幼年時代からアジア的な謙虚さと計り知れない思慮深さにはよく慣れ親しんでいた。ましてや、『リュートソング』を演じた後では、東洋の人物を演じることにほとんど抵抗はなかった。

しかし、ダンスは簡単に踊ることができず、芝居の中で鍵となる最もロマンチックな瞬間、「シャル・ウィ・ダンス?」の場面では、ユルは情熱的でエネルギッシュなワルツ（技術的にはポルカ）でガートルード・ローレンスをリードし、舞台上を踊って大きく回り女優を腕の中から舞台の端へ投げる必要があった。ブロードウェイ最高の振付師ジェローム・ロビンスを迎え入れただけでも十分に幸運だった。ロビンスは不朽のダンスをひとつひとつ着実に考案していった。ロビンスはまた、「アンクル・トムの小屋」のシーンで、伝統的なシャムの衣装、マスク、所作を取り入れた不朽のバレエ・ミュージカルを制作した。

ダンスの振付けはさておき、ユルは作品のほぼすべての面に関わった。ロジャースとハマースタインの伝記を書いたフレデリック・ノランは、「ユル・ブリンナーは王様の役を――そして実際にはその芝居の多くを――自分のものにし続けていった。『王様と私』の演出はジョン・ヴァン・ドルテンだったが、気まぐれで気難しいガートルード・ローレンスをうまく扱えるほどタフではなかった。ブリンナーは、ブロードウェイとテレビでディレクターをしていた……彼が話せば、ローレンスは耳を傾けた。ブリンナーがそばにいなければ、もっと多くのトラブルを抱えただろう、とロジャースが打ち明けていた」*18と語っている。

ロジャースとハマースタインの独創的な指導の下で、『王様と私』というオリジナル作品は芸術作品の地位を手にした。一九五〇年代はブロードウェイのミュージカルを商業的エンターテイメントではなく、芸術作品として考えることがまだ可能な時代だった。見込んでいた収益も損失も、のちにこの作品が得る巨額の金額ではなかったため、純利益があらゆる決定を左右するわけではなかった。美学上の目的が金銭的野心にしばしば勝ったのだ。オーケストラの人数は今日上演されているものよりはるかに多く、衣装デザイナーのアイリーン・シャラフが自分が決めた配色でタイのシルクを注文した時は、プロデューサーが多額の費用を支払った。ユルが役のために考案した、歌舞伎のような残忍性を強調する不自然なメイクも挑戦的だったが、他の俳優たちは皆、ナチュラルなメイクだったため、ユルは別世界の人物を効果的に表現できた。

演出をめぐっては、挑戦する価値が大いにあった。本と最初の映画のおかげで物語そのものは人気があった上に、ロジャースとハマースタインは『オクラホマ！』『回転木馬』『南太平洋』で彼らの右に出る者はいないことを証明していたからだ。揺るぎない自信があったわけではないが、ふたりは経験豊富で、輝かしい評判をどのように利用するかを知っていた。しかも初日の前には、劇中歌のうち三曲をフランク・シナトラがレコードで出してヒットさせていた。

初日を迎えた時、タイトルの上に出ていた名前はガートルード・ローレンスのみだった。彼女の演技にファンはいつも満足したため、チケットの総売上げのうち十パーセントは彼女が保証していた。[*19]「ガーティ」の愛称で呼ばれたローレンスは一八九八年にイギリスで生まれ、ロンドンとニューヨークの舞台で二十五年以上にわたり活躍していた。特に、すぐにユルの良き友人にもなった俳優ノエル・カワードと共演した後は、凄まじい観客動員力を誇った。そういうわけで、ローレンスはロジャースとハマースタインに自分用の曲を依頼できる立場にあった唯一の女優だったが、なんと驚くべきことに彼女は「ゲッティング・トゥ・ノウ・ユー」「ハロー、ヤングラヴァーズ」「シャル・ウィ・ダンス?」などの挿入歌をすぐには上手く歌いこなせなかった。最初の観劇プログラムではローレンスの当初の契約書で規定された通り、ユルの名前はタイトルの随分下のほうで他の出演者と一緒に並んでいた。

しかし、一九五一年三月二十九日、初日の夜の後にすべてが変わった。公演は大好評を博し、シャムの王を演じる、頭と上半身をむきだしにしたエキゾチックな男に対して皆が口々に熱烈な賞賛の声をあげた。ニューヨークタイムズの批評家ブルックス・アトキンソンだけが初日に関していささか冷めた批評を書いたが、数週間後には自らの誤りを認めざるを得なくなった。「ロジャースとハマースタインは、ミュージカルのもとになっている没個性の公式を超えて、人間にとって根本的な何かを伝えている。……『王様と私』は文学作品であり、それが音楽で最大限に表現されているため、心の奥底にまで訴えかけてくる。いつも魅力的な女性ガートルード・ローレンスは強く知的なアンナの役をうまく演じている……ユル・ブリンナーが演じる狂暴で闊達かつ頭脳明晰な王様は、その立ち居振舞いとメイクによって冷徹さとまばゆい精神を持ち合わせた、明快で鮮やかなキャラクターである」[*20]。数週間のうちに、劇場の看板のガーティの隣にユルの名前が出た。

ユルが創り出したユニークで独創的な役柄は、ミュージカルの圧倒的な成功をあてこんだ要素ではなかった。それは彼が生来持つ善き天使の本性と、わがままな悪魔的本性の戦いを、ひとつひとつの演技の過程で発揮した結果として生まれた身勝手な独裁者だった。王の熱烈さや機知に富んだユーモア、聡明な頭脳とアジア訛りの英語、そしてユルのリアルな男性的魅力は観客の注目を奪った。同時代のウィリアム・ホールデンやグレゴリー・ペックといった家庭的な主演俳優や、ポール・ニューマンやマーロン・ブランドのような新人ともユルは一線を画していた。シャムの王はわがままで怒りっぽい暴君であり、同時に優しい父親でもあり、小さな村に六十八人の子孫を持つ陛下である。人生の逆説に苦しみ、不本意ながらも教養ある女性の貴重な助けを受け入れた、純粋な人物だった。権威主義的な男性である王がアンナの知恵に頼ることで女性にとっては少年の心を持つ魅力的なイメージとして映った。男性にとっては、男性的活力、威厳と尊大さに満ち溢れた人物を体現していた。さらに、シベリア虎のように優雅で悠々とした堂々たる動き、何とも言えない訛りを持つパワフルな声と共に、ユルが演じる王は観客の目を釘付けにするような不思議でエキゾチックな姿をしていた。

『王様と私』はニューヨークで二年以上にわたり上演され、合計一二四六回の公演を行った。ブロードウェイで空前の大ヒットだった。オーティス・ガーニーはヘラルド・トリビューン紙で次のように絶賛している。「ミュージカルと主演俳優は決してこれまでと同じではない……ブリンナーは前例に従う必要はないというお手本を示した……おそらく、この十年で最も素晴らしいミュージカルである」[*21]。

一九五二年、ガートルード・ローレンスは最後の出演の三週間後に肺ガンで死去した。アンナ役は代役が引き継ぎ、ユルの名前だけがタイトルの上に残った。その後、全米の十八都市で約半年にわたって巡演し、それが終わる頃にはユルは有名な国民的スターとなっていた。終演後には楽屋口の警備に市から派遣された数人の騎馬警官をはさんでユル・ブリンナーを一目見ようとファンが人だかりを作った。これは、十年前にフランク・シナトラがボビーソックス〔一九四〇年代に映画スターや歌手に憧れた十代の女の子〕の間で引き起こした熱狂のようだった。実際、ユルを警備していた警官のうち何人かは、シナトラを警備した経験もあった。

スターダムは十分な心構えがある者にすら衝撃を与える。それは演劇、映画、広告で歪められたイメージから生まれる不自然な社会体験であるため、移ろいやすいからである。見知らぬ者同士がごった返す会場に到着したスーパースターは、突如としてファンを組織する原則となる。この群集が一つに集まると、もはや個人の人間として行動しなくなる。はじめは礼儀正しく盗み見するだけだが、皆が一同にファンだと認識すると、その後は図々しく身を乗り出し始める。彼らは異様な白熱状態で、まったく顔見知りでないにもかかわらず、崇拝するスターと心から親しいと思い込んでいる。こうした軽薄な集団は浅はかな群集であり、最悪の場合には、サインが欲しいというだけで小さな子どもや老女を押しつぶしてしまうような非人道的な暴徒と化す。

この新たなスターがどこから来たのか、誰も知らなかった。そして、ユルにとってはその方がよかった。ブリナー家の歴史は複雑なので、芸能担当の記者たちが理解するには難し過ぎて、彼らのうち半数も正確に書ける者はいないだろう。ユルはそのことをよく分かっていた。また、過去の伝記の矛盾に対してすでに気づいた記者もいたので、ユルはインタビューごとにふざけて新しい半生記を話し始めた。それはちょうど、ドミートリエヴィチ一家が家族史を話すたびに、新しいバリエーションを考え出して語っていたのと同じだった。しかし、このロマ一族は、それを印刷物にはしなかった。

ユルの生い立ちがはっきりしなかったため不愉快なことにはならなかったが、一九四九年にソ連が最初に核兵器の実験をした時、「ロシア人」ではないかとの疑いが芽生えた。軍備拡大競争は冷戦に本当の冷たさを加えた。一九五〇年の後半にかけて国連軍が朝鮮半島の北緯三十八度線を横断し、十月の終わりには鴨緑江に迫った。北朝鮮軍が反撃に赴き、また二十万人の中国人共産主義「義勇兵」が、かつてユリウス・ブリナーの森林租借地だった場所を横切り南に流出した。この勢力は、米軍が仁川に上陸しソウルを解放してから共産主義軍を北緯三十八度より北に追いやるまで、朝鮮半島の大半を占領していた。三十八度線は十五年前にユルとボリスがヤンコフスキ家と共に虎狩りをした場所からわずか三百キロから五百キロの地点である。アメリカの上院ではジョセフ・マッカーシーが共産主義者たちがワシントンを支配していると断言し、左翼集会に出席した人の「名前を挙げる」よう召喚状やブラックリストで脅して証人を喚問した。アメリカで人々が「あなたのベッドの下にアカがいる」と警告されていた時に、ユルがあらゆる疑惑を免れたことは注目に値する。

おそらく、スターダムにのし上がった頃のユルに関して最も驚くべき点は、あまり気づかれていなかったが、週に八回の舞台をこなしながら、ヴァージニアと約束した通りにテレビドラマのディレクターも続けていたことだ。『デンジャー』『ウェスティングハウス・スタジオ・ワン』『シュアー・アズ・フェイト』といった一時間ものの生放送番組を担当していた。その番組で一度、ユルとロマンチックな関係が続いていたマレーネ・ディートリヒに出演してもらい、また別の回では娘のマリア・ライヴァも出している。ユルはバラエティー番組『オムニバス』で十五世紀フランスの詩人フランソワ・ヴィヨン役で出演したこともある。CBSのスタジオからセント・ジェームス劇場（この劇場の隣は、かつてチェーホフの劇団が『十二夜』を上演した場所だった）まで警察に護衛してもらってブロードウェイを疾走することもしばしばで、凝ったメイクをするのにギリギリ間に合っていた。

この時期のユルのスタミナは無限で、四時間以上寝ることはめったになかった。今やあらゆる新しい扉が開かれ、どの扉にも入りたいと思っていた。ユルの飽くなき好奇心と創造の欲求は彼を次々に新しいプロジェクトへと突き動かし、そのなかで精いっぱい生きたいと渇望し続けた。メイクを落とした後の夜はほぼ決まって五十二番通りにいくつかあるジャズクラブのなかの〈エディ・コンドンズ〉か、少し北に上がった場所にある、友人のボクサー、シュガー・レイ・ロビンソンが所有するクラブで過ごしていた。夜明け前に帰宅することはほとんどなく、日曜日の明け方には、友人のジェリー・ダンネンベルクとシマスズキを釣りにロングアイランド湾に行くことが多かった。

ユルが安定した収入を得るようになったので、セントラル・パーク・ウェストの百四番通りにある大きなアパートの十階に家族で引っ越すことができた。パーク内で一番いい場所ではなかったが、クリーニング屋の上に比べると劇的な改善だった。新居に移ると、ユルは毎晩何かの作業に熱中し、クローゼットに世界初の「高性能サウンドシステム」を取り付けたり、キッチン用の簡単な家具を作ったりした。また、ダイニングルームいっぱいにおもちゃの列車と線路を広げて、妻は困惑したが六歳の息子は大喜びした。その時ユルは私に、子どもの頃に世界最長の鉄道が家のすぐそばで停車していたから、いつも列車に夢中だったと語ってくれた。東洋の海賊の話、シベリアの虎狩り、祖父ユリウスが建設した鉄道の話をしても、誰もユルの言うことを信じなかったが、私はいつも信じていた。

ユルは家族に献身的だったが、マレーネ・ディートリヒや他の女性とも関係が続いており、ジンの知らぬ間に劇場の近くに小さなアパートを借りていた（付き人のドン・ローソンが契約した）。そこを衣裳部屋がわりにし、時折ロマンチックな逢引きもした。週末にはユルが夜公演の間、私はそこで寝て、早朝四時頃に一緒に釣りに行くこともよくあった。午後に時々、マレーネ・ディートリヒに私のベビーシッターを頼んだこともあった。これは、父と私だけの秘密である。

舞台で成功を収めるにつれて、ユルは数々のスターやニューヨークを訪れた有名人と知り合う機会が増えていった。興味深いことに、彼らの多くは舞台裏にやって来て握手を求めた。アルベルト・シュヴァイツァーからエレノア・ルーズベルト、芸能人ではフランク・シナトラやジョー・ルイスといった錚々たる顔ぶれだった。オランダのユリアナ王女のような誠実な王族たちは、たとえ冗談であっても、ユルを自分たちと同じ階級の人間のように歓迎してくれた。事実、ユルの持つパワーと世界観に引き込まれていることを皆自覚していた。ダグラス・マッカーサー元帥であっても大人なら普通、楽屋には怖じ気づくものだ。しかし子どもたちは、舞台上で王に可愛がられていたので、気楽に王様に接し居心地良く感じていた。そして実際、ユルは子どもに対してはどこであっても自然に愛情を抱いた。

私にとってユルは素晴らしい献身的な父親だった。父と私だけが他の者とは根本的に違う運命を共有しているという感覚、そんな強い絆を父は与えてくれた。八歳の時に買ってくれた小さなギターでアリョーシャの歌を教えてくれた時、二人は共にロマ人だとユルは私によく説明した。私は生まれてからずっと劇団の一員として地方公演について回り、若さもあって父と同じようにどこでも素早く適応し、即興で歌う術を身に着けた。何より、私がユルにとって世界で最も大切な人であることを疑わなかったし、それは最後まで揺るがなかった。父と夜を過ごすことは稀だったが、朝と昼には二人きりでよく出掛けた。釣りに行くこともあったが、水上スキーをすることが多かった。コネチカット州ウィルソン・ポイントにあるロングアイランド湾で夏の別荘を借りた時から、水上スキーこそ私たちのスポーツだった。そしてその後、アメリカ国内各地や他の国々を訪れた際にも水上スキーをして遊んだ。

鉄道模型、モーターボート、水上スキーに至るまで、私は父と共通の趣味に没頭し、コミュニケーションのための言葉を必要としなかった。雑誌『コスモポリタン』の記事は、「週末にブリンナー家族をもてなした女主人は……ユルと六歳ほどの息子との関係にとても感銘を受けた。曰く『小さな男の子はお父さんと瓜二つで、同じようにがっちりした体と、同じように凛とした黒い目をしていました。二人は非常に思いやりを持ち、とても仲睦まじい様子で遊んでいました』[*22]」と伝えている。

二十世紀フォックスは、ブロードウェイのミュージカルに投資することで、『王様と私』の映画化権を確保したが、ユルが映画の主演契約を結ぶ前に、ある訪問者が幕間に舞台裏を見にやってきた。後になって、ユルがこの時のことを語っている。

僕はいつも時間をかけて役作りに集中していたので、芝居の途中で僕に会いに舞台裏にやって来る人がいれば、作り上げたものが全部壊れてしまうのです。僕は、王様に扮したままで訪問者と話すことはできませんでした。というのも、ロジャースとハマースタインは僕が楽屋の訪問客に対応する時のことは契約書に書いてくれませんでしたからね。ところがある晩、第一幕を終えた時、「セシル・デミルという人があなたに会いたいと言ってますよ」と誰かが言ったのです。僕は、今までに夢見たよりもはるかに多くの奇術を生み出した男に会うのを拒むことはできませんでした。だから僕は、「もし僕が演じる王様のイメージが壊れたとしたら、それは彼の問題だね。通してくれ」と言いました。

> 彼が来て、こう言いました。「将来あなたの孫たちも見ることができるような映画に興味はありますか?」僕は「はい、とても」と答えました。デミルは、古代エジプト王ラムセスについて僕に話をして、……僕は役を引き受け、互いに握手をし、彼は去っていきました。その時から僕は、会社の幹部社員が契約に関して何をしたのかは問題にしなくなりました。[*23]

映画『十戒』は、一九二三年に制作され大ヒットしたデミルの白黒サイレント映画のリメイク版で、撮影は一年後に行われた。

七十二歳のデミルは、小柄で眼鏡をかけ、粋な着こなしをしていた。白い双鬢(そうびん)をたくわえた、自信たっぷりの男であった。一見すると臆病な銀行員のようだったが、自身の現場では戦場の将軍のように、もっと正確に言えば、絶対的な独裁者のように振る舞った。デミルもまた、極めて保守的な政治課題に取り組んだのは偶然ではなかった。我が家の隣人でもあった映画音楽作曲家のソル・カプランを含め、ユルの多くの友人がブラックリストに載っていた(ジンの友人はもっと沢山いた)が、デミルはハリウッドのすべての監督に忠誠を誓う宣誓書に署名をさせ、さもなければ映画監督組合〔現在の全米監督協会〕の資格を失うと圧力をかけていた。それは当時、魔女狩りをするように下院非米活動委員会で行われていた、いわゆる「アカ狩り」と同じだった。提案された宣誓書は、デミルが政治的な主権争いに失敗した過激な極右であると認識した組合のメンバーによって断固として反対された。[*24]

しかし、デミルは間違いなくハリウッドの創始者でもあった。一九一四年、初の長編映画『スコウマン』の監督を務めた。デミル、デヴィッド・グリフィス、チャーリー・チャップリン他、一握りの男たちがハリウッドをゼロから創ることに尽力した。それはちょうど、約三十年前にユリウス・ブリナーが同僚らと共にウラジオストクを建設したのと同じだった。デミルは、映画会社「パラマウントピクチャーズ」を設立する前に、ハリウッド初の映画スタジオも創設していた。

ユルが深く賞賛した人は、このような人物であり、歴史上最大の映画製作会社でエジプト王を演じるチャンスは、限りなく魅力的だった。それは、以前出演したことのある唯一の映画『ニューヨーク港』とは随分かけ離れていた。

## 19

一九五三年、『王様と私』は全米巡業を開始した。俳優、ダンサー、裏方、オーケストラ等、劇団は総勢六十名ほどに達したため、会社はこの巡業のために列車を契約して借り切った。衣装や舞台装置用の貨物車、ユルと家族専用の「プライベートカー」と呼ばれる豪華な車両も含めた専用列車だった。巡業には、アーネスト・ペインターという教師も同行し、自身の子ども含め、旅に同行する子どもたちに勉強を教えていた。小さな遍歴のシャム王国の行先は、ワシントン、フィラデルフィア、シンシナティ、クリーヴランド、デトロイト、ミルウォーキー、セントルイス、ニューオーリンズ、アトランタ、カンザスシティ、フォートワース、シカゴ、デンバー、ソルトレークシティ、ポートランド、サンフランシスコ、ロサンゼルスだった。

各地の滞在期間は二週間から一か月程度だったが、ジンは大きなストレスを感じていた。巡業しながら母親業をこなす苦労について、のちにある記事の中で明かしている。

便利で良い場所にあると聞かされていたホテルが実際には火災対策もされておらず、劇場から四、五キロ離れていたこともありました。キッチンがついてない時はレストランに行って食べ物を温めさせてもらうのですが、それは危険なギャンブルさながらでした。通常、レストランのキッチンを客が使うことはできませんから、毎回ウェイトレスの冷たい目を気にしながら使わせてもらいました。町で便利なショッピングセンターを見つけた頃には、次の公演に出発しなければなりません。洗濯物が山のように溜まっても、すぐに出発日がやってくるので、クリーニングに出すこともできません。結果として浴室はいっこうに乾かない洗濯物を吊りっぱなしにした、ジメジメして体に悪い穴蔵になりました。極めつけは、一日の用事を済ませた後、普通の家庭なら夫とゆっくり過ごす時間があるものですが、我が家には夫がそこにいないのです。夫は仕事に出かけ、妻は見知らぬ町でひとり取り残されるのです。友人を作ったり、生活していく上で継続したものを見つけられるほど一つの場所に長く留まることは決してないので、孤独と世界から切り離されたような孤立感が辛い敵となり、あらゆる武器を持って絶えず戦わねばなりません……。妻は残され、次々に訪れる見知らぬ都市で数えきれないほどの空っぽのホテルの部屋と向き合うだけです。俳優の妻は孤独で、一日が終わり、身体に疲れを感じた時でも、友人もいないし馴染みの家財道具もないのです。よほど注意していなければ、「夕方は何をすればいいのかしら？」という深い絶望感に襲われるのです。

これは、魅力的な演技派女優という一般的なヴァージニアのイメージから遥かにかけ離れたものだった。巡業が進むにつれて、定期的に飲酒の量が度を超すようになったが、その頃は誰にでもある程度ですんでいた。

一九五四年の末に、『王様と私』がシカゴで六か月公演をした時、私たち一家は郊外のエバンストンにある小さな賃貸住宅に移り住んだ。おかげで、当時「ロッキー」というニックネームで呼ばれていた私は優秀な公立小学校の三学年に入り、少なくとも普通の生活の味見をすることができた。ヴァージニアにとっては、旅巡業の日々から解放された大切な休息となった。彼女はすぐに近隣住民と仲良くなり、たとえ短くとも、ごく普通の生活に大きな喜びを感じていた。

ユルはこの機会を利用して大学に戻った。じっとしていられない性格と好奇心の強さから、常に何かに挑戦していないと退屈してしまうのだ。ユルはパリのソルボンヌで数科目の授業は受けたものの、大学教育を受けず、勉強不足を痛感していた。そこで、シカゴの繁華街にある劇場に行く途中にある、エバンストンのノースウェスタン大学で写真科と修士課程の哲学ゼミに入った。ユルはポール・シルプ博士と哲学を学び、週末には家族で博士の農場を訪れた。ある記者が学生としてのユルの評価をシルプ博士に尋ねると、ユルは「授業に必要な本だけではなく、それ以上の本を読んできました。よくよく考えて判断しても、私が受け持った中で最もできのいい生徒の一人です」と答えた。

数年後にユルはサタデー・イヴニング・ポスト誌の記者に、なぜ哲学を選んだのかを説明し、真情を吐露している。「ほとんどの記者は人間の哲学を伝えることを恐れています」とユルは指摘する。「人の哲学はその人の人物像に迫る一番直接的な方法です。哲学はその人の生き方や行動のすべてを動機づけます。これまでの人生で僕は確実に理解していることがあります。それはこうです。人は本当の意味で独りで生きているのです。突き詰めれば、人は独りで生まれ、生き、死ぬのです。もし、自分自身とうまく付き合いながら生きることができれば、親しい人とも気軽な付き合いの人ともうまくやっていけるでしょう」[*25]。ユルは生涯を通じて、独りになることはほとんどなかった。

ユルが提示した人生哲学は、自身が育った極東ロシアの不安定で見捨てられた世界に共鳴した。

僕はまたもうひとつの異なる認識を持って育ちました。……「死」というものが日々の生活の中核にあるのです。人は自分がいつ生まれたのかを知っていますが、死は予測できません。十年後に死ぬと言えますか？　今夜は死なないと言えますか？　でも、もし僕が今夜死ぬと知っていたら、この日をどんなに大切に生きることでしょう！　周囲の歌がどれだけ鮮明に聞こえることでしょう。友人の顔をどれだけ深く見つめるでしょう。もし、ほんの一分でも本当の人生を知ることができれば、その一分にすべてを注ぎ込むと僕が言う時、まさにこのことを意味しているのです。……ある時、哲学の教授「シルプ氏」が僕に、クラスの皆が僕にいくつか質問をしても構わないかと尋ねました。僕は「どうぞ」と言いました。すると、ある若者がこう尋ねたのです。「ブリンナーさん、あなたを突き動かしている恐るべき強迫観念を説明してもらえますか。あなたは、すでに成功した人なのに、空き時間を使って大学の授業を受けています。週に八回の公演をこなして、通勤時間もかかるのに、勉強をして新たな目標を追求していますね。何があなたを追い立てているのですか」と。僕はこう言いました。「僕が死んで埋葬される時になったらその時に『成功した人』と言ってもらえたらいいね。その前に成功したと思うほど愚かな人なら、その人はすでに死んでいるのです。そう思った瞬間から、停滞しかありません。ただの生きた肉でしかないのです。……僕を突き動かしているのは脅迫観念ではありません……。それよりも、昔誰かに言われた言葉で説明できますよ。「ユルの血にはシャンパンが余分に入っているね」。

私は子どもの頃にこのインタビュー記事を読み、自分の血にもシャンパンが余分に含まれているのかなと思ったのを覚えている。今この記事を読み返して、「もし僕が今夜死ぬと知っていたら……」というところに、性格といい、結論といい、本質的なところで父の哲学があまりにロシア的であることに心打たれる。

『王様と私』がシカゴで終演した日、ユルは『十戒』の最初の出番を撮影するためエジプトに向かった。ユダヤ人の出エジプトを撮るために現地ではすでにデミルが史上最大規模のセットを用意していた。実際、撮影費用の総計は膨大で、予算は千三百万ドルだった。

デミルがユルの役者人生に及ぼす影響はマイケル・チェーホフには及ばなかったが、時が経つにつれてそれを上回るようになった。デミルは出演者たちと決して親しくならないことで有名だったが、ユルとの関係は違っていた。カメラマンのサム・キャバノーは二人の関係をこのように述べている。「私は経験上、デミルが少しでも口出しされることに我慢ならないことを知っていました。もし誰かがそれでも声を上げたりしたら、デミルはセットを蹴り飛ばしたでしょう。しかし、ブリンナーの場合は全く違っていました。それはまるでデミルがとても賢くてお気に入りの子どもに細心の注意を払っているかのようでした……。老人が文句のひとつも言わずにユルのアドバイスを受けていたのです。脚本では、群集が『ほぼ一人ずつ順番に』自分たちの災難を王に話す場面がありましたが、ユルは集まった人々が一斉に身の上話を口にする方が、よりインパクトがあると考えたのです。デミルは同意し、そのシーンを全部書き直しました」[*26]。

ユルは父と子のような関係性が二人の間で育まれ強まったことを認識し、いつも誇りに感じていた。あるインタビューでユルは、「僕がデミル氏に親近感を覚えた理由は、僕と同じように大きなスケールで物事を考える人だからです」と語っている。ユルはいつも監督を「ミスター・デミル」と呼んでいた。デミルは次のように賛辞を返している。「ユル・ブリンナーは、私がこれまでスクリーンで目にした中で最も強烈な個性である。ダグラス・フェアバンクスとギリシャ神話のアポロン神にヘラクレスを少し足して調和したような個性だ」。

二人とも、ある分野で権威と認められた人物に相談しながら、きちんとした分析によって得た自分の信念に忠実だった。また、二人とも優柔不断な人を軽蔑した。そして、二人とも絶対的な専制君主のように振る舞い、自分が支配するレールの上に皆を意図的に乗せることができた。例えば、デミルは何の予告もなしに突然座って稽古をするという面白い癖があった。あるアシスタントは、デミルが尻もちをつかないよう、タイミングよくお尻の下に椅子を滑り込ませるという仕事を受け持っていた。デミルはそうすることで撮影現場にいる全員がより緊張感をもてるようになると考えていた。ユルはあれやこれやのデミルの様々な逸話を誇らしく数え上げていた。また、照明を効果的に利用する方法をはじめ、カメラの前でやるべき事のすべてをデミルから学び、それがユルの映画人生を通して役立つ最高のレッスンとなった。

ユルは配役のトップをかざるチャールトン・ヘストンと十分うまくやっていた。クラーク・ゲーブル、ゲイリー・クーパー、ジェームズ・キャグニー、スペンサー・トレイシー、ジミー・スチュワート、ケーリー・グラントといった一九五〇年代に入っても芸歴に最高の演技を加えている第一世代に続くハリウッドのトーキー映画トップスター第二世代にヘストンは入っていた。第二世代は厚い胸板とがっしりした肩の俳優の活躍が目立つようになってきた。商業映画で道徳的な許容範囲を決めていた「ヘイズ・コード」が映画の中で男性がシャツを脱いでも構わない（『或る世の出来事』のクラーク・ゲーブル）と認めたからだ。この第二世代で最も際立っていたのは、バート・ランカスター、カーク・ダグラス、ロバート・ミッチャム、アンソニー・クイン、チャールトン・ヘストン、そして『十戒』のユル・ブリンナーだった。

ユルの人気は同世代のような国民的スター性というよりも、ひと世代前のルドルフ・ヴァレンチノが人気を博した時の現象に似ていた。ユルはグレゴリー・ペック、レイ・ミランド、ウィリアム・ホールデン、グレン・フォードとは別の種に属しているように見え、あまりにエキゾチックでかけ離れ、際立っていたので、ケーリー・グラント、ジャック・レモン、ユル・ブリンナーのなかから誰を選ぶか悩んだような監督はいなかっただろう。ユルのエキゾチックな男らしさは一味違った心の琴線にふれ、どこをとっても一風変わっているので、はらはらする興奮を約束した。その点で、ユルが演じたロマンチックな登場人物は、出自の知れない典型的な外国人だった。それは、単なる上品な紳士ではなく、地上に降り立った化け物だった。おそらく、ヘッダ・ホッパーがゴシップ欄で言いたかったのは、そういうことだったのだろう。彼女はこう書いている。「同年代の俳優よりも自分の方がカッコいいと思っているのは、どこのつるっ禿げの俳優かしら?」。実際、ユルは時が経つにつれ、仕事仲間に対して真摯に愛情や敬意を払うようになったが、若い頃はあまり寛大ではなかった。しかしユルは、いつでもどこでもだれとでも、競争するような状況になると、いつも勝つことにこだわった。

エジプトでの仕事は、ぐらぐらする特別仕様の戦闘用馬車に乗るアクションシーンがほとんどだった。戦闘用馬車に乗ったファラオ（ユル）が何百人もの騎馬兵を率いてモーゼを追跡する場面を観客に目の当たりにしてもらうということでデミルと合意していたからだ。ユルは焼けつくような砂漠の熱を蓄えた約九キロの青色の金属の兜（かぶと）を着けたが、それでなくとも十分に挑戦的な仕事だった。馬車がバランスを崩してひっくり返れば、首を骨折したり、すぐ背後から走って来る何百人ものスタントマンが乗る馬車の前へ投げ出されかねなかった。このシーンと、それに続くエジプト軍のモーゼ追跡シーンを撮ることが、エジプトでやるべき仕事のすべてだった。残りのシーンはハリウッドのパラマウントのスタジオで撮影された。

デミルとの仕事を終えると、ユルはすぐに、現在はセンチュリー・シティがあるウエストウッドの二十世紀フォックスで『王様と私』の撮影に入った。約十年前にヴァージニアが契約を結んでいた頃、「ニューヨークから来たどこぞのジプシー」と結婚しないように手を尽くしたフォックスの幹部には、ユルは依然として強い反感を抱いていた。しかし、舞台で全国的な成功を収めた後では、フォックスが自分に匹敵するほどの俳優を見つけられないことが分かっていたので、スタジオを運営する「背広組」

（という呼び方をユルはよくしていた）にはユルは気難しく、厳しい要求をし、時に傷つけるように振る舞った。映画が公開された後、ニューズウィーク誌の巻頭特集記事で友人のディレクター、リチャード・ブルックスが次のように説明している。「ユルはスタジオの人間に対して懐疑的だったが、小物は相手にせず、大物にだけ刃向かっていく。ユルがビジネスの寄生虫と呼ぶ偽善者に対しては攻撃的になる。ユルは、プロデューサー、エージェント、スタジオのスタッフは何の貢献もしていないと考えており、もし、そのうちの誰かの欺瞞が発覚すれば、思った通りだと言わんばかりに自身の正当性を喜んだ」。

そのニューズウィーク誌の特集記事によると「ブリンナーが十九世紀フォックスと揶揄する二十世紀フォックスの幹部は次のように振り返っている。『あるパーティーの夜、ユルはひどく酔っており、彼が嫌いな話題でない限り、一言も会話に入ってきませんでした。また、不作法に怒鳴り散らしました。ユルは私がスタジオで働いていると知るまでは十分ご機嫌でしたが、すぐに彼の中の暴力的な精神が目覚めたのです。私はそんな仕打ちを受けたことがありませんでした。スタジオの職員はみんな才能のないダンサーだというのがユルの意見でした』[*27]。別の友人は同じ雑誌で、「ユルは無能をひどく憎んでおり、そのせいでしばしば激しく暴力的になる」と語っている。この映画のプロデューサー、チャールズ・ブラケットは、ユルが彼を挑発し、「ユルのアイディアが即座に採用されなければ、撮影から手を引くように脅された」とその雑誌で語った。「シナリオ会議ではいつもユルの言葉が決定打だった。彼が野球のキャッチャーのように床に座った瞬間、またお説教が始まると分かった」。そして、ニューズウィーク誌は最後に、ユルがプロデューサーに苛立ち、「気づいてないかもしれないが、あんたは数年前に死んでるんだよ」と言い放ったと伝えた。

ユルがこうも激昂した理由は、スタジオの計画を『王様と私』の本質的な物語を伝えるものに根本的に変えたいと思ったからだった。これは約五年前にロジャースとハマースタインと共に最初の下稽古の時からアイディアを出しながら創り上げていった作品だ。二十世紀フォックスの幹部たちは、アンナの厳しい批判によって真の自己に目覚めるという暗黙の心痛からではなく、ミュージカルを「スクリーンでより視覚的に見せるために」、白い象と戦った末に王様が死ぬという筋書きにしたかったのだ。

ユルはあらゆる段階で戦い、ほぼ完全な勝利を収めたので、事実上この映画の共同監督になった。はじめに契約を結ぶ段階で配役の承認を要求していたので、共演の主演女優にはユルが賞賛し敬愛したデボラ・カーを選ぶことから始まった。マイケル・チェーホフの劇団、CBSの生放送や二台のカメラで撮影したドラマ、そして、容赦のないセシル・デミルとの仕事の経験を考慮し、映画の一コマ一コマでユルの説得力ある発言が生かされた。表向きの映画監督ウォルター・ラングはのちに、「ユルに同意しなければ、馬鹿野郎呼ばわりされるか、もっと最悪の事態になることが予想された。ユルは、本当の監督は自分であって、私は必要ないといつも主張した。ユルに采配を振るわせることなしには、映画は二流になったでしょう」と明かした。主演女優のカーは、ジャーナリストに「ユルの想像力豊かな提案と指示があったからこそ、『王様と私』が素晴らしい映画に変わりました。ユルでなければ、映画はハリウッドお決まりの娯楽ミュージカルで終わっていたでしょう。彼は俳優を上手く扱う術を本当によく知っていました。俳優自身が思いもよらなかったものを引き出す術です。ユルは何でもお見通しで、どんな小さなシーンにも注意を払いました。私は、ユルにずっと感謝しているのです。映画の中では、実際の私よりも、もっと素敵に見えるようにしてくれたのですから」と語っている。

しかしながら、ユルの代名詞とも言える役柄のこの映画に対して、映画の欠陥部分を目の当たりにし、本人はずっと失望したままだった。まず、音のうるさい新しいシネマスコープのカメラのせいで、撮影後にすべてのセリフを録音し直さなければならず、演技の自然な感情を鈍らせた。また、いくつかのカメラアングルや編集の一部に対し果てしない怒りを覚えた。それでも、いずれにせよ映画は大ヒットするだろう、とユルは確信していた。

一九五五年、ロサンゼルスで次々と映画を撮影し、先のスケジュールが埋まったので、ユルはビバリーヒルズ近郊のブレントウッドで、ノース・レイトン・ドライブ二二三番地に控え目な家を買った。現在、この住所の側にはゲティ美術館がある。ユルにとっては、映画スタジオから近い住まいは便利で、当時八歳だった私には安定した学校生活を送り友達ができるようにとの配慮だった。それは小さなランチハウス〔当時流行った牧場主の家のような屋根の傾斜が緩い平屋〕で、寝室は二つしかなく、かろうじてバンガローよりは大きいという程度だったが、小さな裏庭がついており、離れた小峡谷につながっていた。そこでユルはハーブガーデン作りに熱中した。

地下室には暗室を作った。ユルはノースウェスタン大学で学んで以来、モノクロの芸術写真に熱中するようになり、中でも特に人物写真が好きだった。撮った作品はすべて自分で現像していたが、そのうち私にも拡大やプリントの作業を手伝わせてくれた。他の「趣味」と同様に、完璧主義と好奇心が組み合わされ、写真に病みつきになったユルはアマチュアでは満足できなかった。一年も経たないうちに、優れた写真家集団「マグナム・フォト」（その中には、アンリ・カルティエ＝ブレッソン、エルンスト・ハース、インゲ・モラスなど、錚々たる顔ぶれがおり、皆ユルの友人となった）のメンバーになり、『王様と私』が全米を駆け巡ったのと同じく、ユルが撮った映画のカラー写真がライフ誌に登場した。

私たちの家は控え目だったが、数々の印象的な特徴があった。小さなダイニングルームの小さなくぼみをふさぐように真っ赤な玉座のような椅子が置かれ、長い背もたれには、『十戒』で使用した銀製の柄がついた長い鞭が掛けられていた。ダイニングテーブルは実際にフランスのランス駅で使われていた時計の約百五十センチある文字盤で、椅子はフランスの車掌車両で使われていた薪ストーブだった。両親の寝室では柔らかい真っ白な毛皮が床を覆っており、暖炉に面して置かれたキングサイズの「浮かぶ」ベッドはインド製の真鍮でできた象を繋ぐチェーンで実際に天井から吊るされていて、頭の上の部分が壁に固定されていた。裏庭には一九五〇年代はまだ珍しかったフルサイズのトランポリンをユルが買って置いていた。父がシルク・ディヴェールの空中ブランコで行っていた空中アクロバットを私もやってみたくなったからだ。

アジアの王様とエジプトのファラオという王の役柄で映画のキャリアを確立する前から、ユルは持ち込まれる役の幅を広げようと努めていた。ルドルフ・ヴァレンチノのように、ユルはスタジオ経営陣から剣を持ちサンダルを履いたエキゾチックな役ばかりまわされる危険性をよく自覚していたからだ。同時に、ユルの発音と個性は紛れもなく異国風だったので、どのスタジオも西部劇の役をふろうなどと思わなかっただろう。

ユルが出自についてはは謎めいたままにしつつも、演じることができそうなロシア人の役柄を模索しはじめたことは驚くに値しない。確かにユルはブリンナー家の複雑で風変わりな家族史を明かすよりも、謎の男でいることにこだわっていた。しかし、ドストエフスキーの『カラマーゾフの兄弟』やゴーゴリの『タラス・ブーリバ』など、数々のロシア作品を検討し始めたのはごく自然なことであった。また、アナトール・リトヴァクというユルが賞賛し好んだ素晴らしいロシア出身の監督から話を持ちかけられたことも大きかった。五十歳過ぎのリトヴァクはすでに白髪で、何とも言えない強い訛りがあり、小柄でハンサムな男性だった。ウクライナ生まれのリトヴァクは、ちょうどボリスとマルーシャが出会った頃、サンクトペテルブルグの劇場で俳優デビューをし、その後ドイツのゲオルク・パープスト監督のもとで映画編集者として働いた。『うたかたの恋』（一九三六）をはじめ、フランスとイギリスで大成功を収めたあとアメリカに移住し、第二次世界大戦中には大佐に昇格した。

　リトヴァクがユルに提案したのは『追想』だった。ブロードウェイの舞台を翻案した作品で、『王様と私』とは違い、ロシア革命で殺害されたはずのロシア皇女アナスタシアが存命するという伝説をもとにしたフィクションだった。ある時期にアンナ・アンダーソンというドイツ語を話す女性が、自身が本当にニコライ二世の末娘アナスタシアであると自称した。一九一八年にジェルジンスキーの秘密警察による処刑が行われた地下室から逃れた、皇帝一家の生残りであると周囲にうそぶいた。映画の設定はちょうどユルが住んでいた一九三〇年のパリである。ユルの役どころは堕落した元ロシア帝国将軍だった。この「スヴェンガーリ」〔ジョージ・デュ・モーリアの一八九四年の小説『トリルビー』に登場する催眠術師〕は、イングリット・バーグマン演じる記憶喪失のホームレスを拾い、アナスタシアに仕立てる。彼女の主張を証明すると言い、裕福な白系亡命ロシア人から資金を集め、皇帝の遺産を手に入れようと画策するというものだ。

撮影は一九五六年にパリとロンドンで行われた。私と母は夏の間、ヨーロッパにいるユルに合流した。ユルにとっては、若い頃に働いたシルク・ディヴェールのアクロバット芸人、クラウン、ライオン調教師に妻と息子を会わせる良い機会となった。パリの南西にあるミリ・ラ・フォレにあるコクトーの自宅も訪れ、そこでコクトーは私の「心の洗礼親」だと宣言した。コクトーはまた、「ユル・ブリンナーがユル・ブリンナーになれると思うなんて狂気の沙汰だ」と、真剣に私に言った。（後になって、それはヴィクトル・ユゴーに関してコクトーが用いた有名な言い回しであることを発見した（「ユゴーは自分がユゴーであると信じた狂人だった」）。コクトーはその前年に、限定四十名の終身会員制でフランスの高度な伝統的文化の中でも最高の栄誉である国立学術団体アカデミー・フランセーズの会員に選出された。コクトーがこの名誉を古典的な団体から受け入れたことが、パリ文化の「恐るべき子ども」が極めて保守的だったことをアヴァンギャルド芸術に対して証明してしまったのだ。

その夏のある晩、私は遅くまで起きていてドミートリエヴィチ一族が歌うナイトクラブに行った。アリョーシャ一家はナチスの迫害を逃れて行ったアルゼンチンからパリに戻ったばかりだった。ユルは『追想』のナイトクラブのシーンに出てもらうためにかつてユルを家族として受け入れたこのロマ人一家を雇い、かつて一緒に出演した実際のナイトクラブのうちひとつを店のモデルに使った。ユルはいくぶん慎重に共演者のイングリッド・バーグマンを私と母に紹介した。二人はただならぬ仲にあると報道で噂されていた。

バーグマンはユルより七歳年上で、既に三十本以上の映画に主演していた。しかし、アメリカのゴシップ誌によると、スウェーデン人の夫を捨てて、イタリア人映画監督、ロベルト・ロッセリーニと一緒になり、まもなく三人の子どもをもうけたことにより、「評判を落とした」。『追想』はバーグマンにとって軽率な行動から巻き起こった家庭の騒動以来、最初に出演するアメリカ映画だったが、ユルとの更なるスキャンダルが深刻な家庭崩壊を招くことは明らかだった。

ユルのキャリアで「驚異の年」〔一六六七年のジョン・ドライデンによる長編詩〕になったのは一九五六年だった。最初の三大映画が公開され、俳優としてのピークを迎えると同時に世界的スターの座にまでのぼりつめた年だった。三つの映画はすべて好評で大ヒットを記録し、様々なアカデミー賞にもひっぱりだこだった。『王様と私』の挿入歌は、プレスリーの世界的ヒット曲と一緒に放送され、パット・ブーンが歌った『追想』の主題歌は何週間もランキングのトップテン入りした。

ユル・ブリンナーは、その名前と剃り上げた頭で、作品が広く浸透する前にすでに偶像となっていた。ユルは髪のない頭にかくも注目が集まったことにショックを受けていた。これは時代の文化的背景を物語っている。五〇年代は外見と恥が支配した時代で、男性が禿げていることは恥ずかしいと思われたため、ユルのように堂々と誇示することは憚られた。新聞や雑誌でユル・ブリンナーの禿げ頭を揶揄する大量のジョークが突然現れ、ユルを苛立たせることもあった。ちなみに、本当に面白いものであれば、禿げをネタにした自虐的ジョークを自分でとばすこともあったのだが。

突然有名になったことで、ユルの私生活に対して関心を寄せる報道が増え、本人はそれを嫌っていた。しかし、食欲に関しては話すことをためらわなかった。『レッドブック』〔米国の女性誌〕の記事は次のように始まっている。

アメリカスギでできたロサンゼルスの小さな家で毎朝五時きっかりに目を覚ます三十代の禿げ男がいる。飢え死にしそうな苦痛を感じて目覚めるのだ。この男こそ、すばらしいユル・ブリンナーである。……彼はルドルフ・ヴァレンチノ以来、スクリーンで最もエキサイティングな男として広く賞賛されている。朝五時にキッチンを闊歩することからブリンナーの朝は始まる。朝食は主に巨大なビーフステーキで、時には二枚をコーヒーで流し込む。九時前には餓えたトラのように空腹を覚え、肉をのせた大きなオープンサンドをいくつか頬張りつつ十二時までは空腹をしのぐ。昼食にはハンバーグか、七面鳥、ローストビーフなどを食べ、サンドイッチかケーキの宅配を頼みつつ、二時まで持ちこたえる。午後は軽食を数回つまんで気分転換し、夕食時にはローストビーフ、パン、ジャガイモ、デザートをたらふく食べる。寝る前に少しつまんで、すぐに寝入ってしまう。ランチの後には昼寝をするが、空腹に襲われるまでは、うたた寝することができるそうだ。これほどの大食漢でも、ブリンナーの写真映えする素晴らしい体型にはまったく影響していない。身長は百七十センチより少し高く、体重八十キロ、アスリートばりに鍛えた筋肉をしている。[*28]

この記事はほとんどユルの「正確な」出自への疑問と、過去の経歴を記した記事に矛盾が多いことに焦点を当てていた。ユルの両親に対する感情の交錯は、自身が考え出した偽りの出自を通して反響し続けた。ヴァージニアとの結婚生活が十年を過ぎてあまり幸せを感じなくなると、ユルは陰鬱な母マルーシャを捨てたボリスにいくぶん共感を寄せたようだ。不幸な結婚を捨てることは正しいのかもしれない。

こうしてユルは子ども時代の捨てられた経験にまったく違う角度から光を当てたのだった。『レッドブック』によると、ユルは「モンゴル人の血とルーマニアのジプシーの血と、また気分に応じて情熱的な気質を持つさらにいくつかの血もひいている。数年前はロシア生まれでロシア人の血をひいていたが、心変わりしたようだ。今は、出生地としてシベリアの東の海にあるサハリン島を好んで使っている」。年齢はいつも変化する。セシル・デミルの『十戒』で素晴らしく興味深いファラオを演じたパラマウント・スタジオでインタビューをした時、ブリンナーは三十四歳だった。しかし、週刊誌コリアーズの見解によれば、ブリンナーの父は「スイス生まれのモンゴル人で、スイス国籍を持ち、サンクトペテルブルグの大学で鉱学を学んだ。スイスでブリンナーの父親が、タイジェ・ハンというモンゴルの名前をスイスで一般的な『ブリンナー』という名前に改名した」とある。

サタデー・イヴニング・ポスト紙の記者にはユルはいくつかの追加要素を提示している。

「ある話では、僕はサハリン生まれです。また別の話によると、父がスイスで生まれ育ったモンゴル人でスイスの市民権を持つとなっています。僕の父親が本名のタイジェ・ハンをブリナーというスイスの名前に変えて、それに「n」をひとつ付け加えたという話もあります。僕が生まれた時の名前がタイジエ・ハンだったという人もいますが、タイジェ・ハン・ジュニアと名乗っていいのか、父の姓がまったく別の姓だったのかどうかは、はっきり分かっていないのです。また、別の話では、僕の母親がルーマニアのジプシーで、僕が八歳の時に祖母に連れられヨーロッパに移住し、むこうに着いてまもなく祖母が他界したことになっています。そのうちのどれかを取って書けばいいじゃないですか？」

真っすぐに私の目を見つめ、彼は続けた。

「こうした話が全部どこからきたのか、仮にあなたが突きとめようとしてみてください。ひとつとして僕が自分で語っていないことが分かるでしょう。誰かが僕と交わしたことにした会話から持ってきたものばかりですが、物書きが僕のところに確認しにやって来ると、そのたびに僕は、「はい、本当ですよ」と皆に答えます。僕が彼らに何を話しても、書き手が僕に関する絵空事を考え出し、ひとたび思いついてしまえば、その人たちはそれを信じてしまうんだ。さらにパーティーでその作り話を話していくうちに、それはブリンナーの物語の一部になってしまう。僕は誰のことも困らせたくないし、そうした作り話を全部否定する権利もないですよ。実際に、僕は楽しんでます……。書き手はあてにしていた話は聞けないかもしれないけれど、それなりに面白い話を聞けるでしょう。

僕の誕生日に関しては、少し誤解があるんですが、[*29]正確には一九二〇年七月七日生まれで、生まれた場所はエリザヴェチンスクという小さな町です……」

「ガジェ」をからかっているだけだ……。

ユルを子ども時代から知っていた数少ない人間は、ユルが世界的に認知されたことにも特に驚かなかったが、誰も疑わなかったユルの非凡な性格を再確認したにすぎなかった。姉のヴェーラも歌手として素晴らしい活躍を見せていた。ジャン＝カルロ・メノッティのオペラ『領事』（一九五〇）の初演に出演し（主役の代役だった）、また、ほかならぬアルトゥーロ・トスカニーニの指揮でテレビ初の生放送となったオペラ『カルメン』ではタイトルロールに名前が出た。叔母のヴェーラはとても優しく、私が知る中では、母に次いで最も女性的な人だった。叔母は、夫のフェリックスが他界した後、娘イリーナとサンフランシスコに移っていた。白内障を患いほとんど見えなくなっていたが、ユルの成功を心から喜んだ。甥っ子が十二歳の時から抱いていたスターの野望を知っていたからである。

ユルは親族に対して寛大な気持ちで手を差し伸べていた。ユルの成功も援助も親族にとって極めて重要だと判明したからだった。ユルの義理の叔父シューラ・オストロウーモフはユリウス・ブリナーの遺産分配を任されていたが、フェリックスの妻ヴェーラとボリスの妻カーチャがそれぞれ夫を亡くした後、ふたりに対して正当な対処をしなかった。二人とも、ブリナー帝国が決定的な終焉を迎えた後は何の恩恵も受けていなかった。イリーナが宝飾デザイナーとしての地位を確立するまでは、叔母親子はユルが支えていた。そして、ちょうどユルが『追想』を撮影していた時、ロンドンでガンを患い死の淵にいたカーチャにも同じようにしてあげた。ユルは継母を最期まで気にかけ、無一文の被後見人になる恐れのあった十八歳の娘カーチャの法定後見人となった。また、姉のヴェーラのことも定期的に援助していた。ヴェーラは歌手で成功していたが、二番目の夫、元海軍の軍人だったロイ・レイモンドと金銭面では苦労していた。ユルはヴェーラが娘のローラを出産した時、ロイが電気工の仕事を学べるように援助した。

税金の支払い、諸経費、親族への援助、エージェントや弁護士は言うに及ばず、忠誠心ある衣装係とイギリス生まれの秘書への支払いも含めた結果、簡単に言えば、ユルにはお金がなかった。名声が高まるにつれ、自らの帝国は小さくとも確実に成長した……が、貯蓄はこれっぽっちも無かったのだ。もちろん、ユル自身の浪費も大きな要因だった。たいていの場合、ヴァージニアはかなり倹約していた。アルコールと絶望で判断が鈍ることがあるにしても、平凡なアメリカの主婦になり母親になる決意を固めていたが、安定しなかった。ヴァージニアは不安定なハリウッドの世界で、長期的な収入の安定が叶うのか、いつも気を揉んでいた。しかしユルは、「お金は大した問題ではない」とすぐに主張するので、要するに節約するしかなかったのだ。ユルは贅沢に慣れた実業家の家庭で育った。夏に過ごすシジェミの田舎の別荘、ボート、車、ウラジオストクからハルビン、上海にまで邸宅があった。十代の時

『王様と私』でアカデミー賞主演男優賞を受賞してオスカーを手にしたユル。

は深刻な金欠を経験したが、その後、気前よくお金を使うマレーネ・ディートリヒやセシル・デミルのような人たちによって、スターダムに相応しい身なりに仕立てられた。

一方で、ユルが銀行に預けていたお金はほとんどなかったが、ユルの代理人テッド・アシュリーとイラ・シュタイナーは一本につき何十万ドルという額でこの先三、四本の映画の契約を交渉していた。アシュリーは「あらゆるスタジオがユルを欲しがっていた。彼らは莫大な出演料を支払う用意があった。私は後にも先にもこれほどまで熱望される映画スターを見たことがない」と語った。だからユルは預金口座のような日常的な事についてはまったく気にしておらず、酔っぱらった船員のごとく浪費し続けた……そして、散財が行き過ぎて妻からこっぴどく叱られる羽目になる。ユルの大きな衣裳部屋にはジョンロブでオーダーメイドした靴のために特注で作ったシューキーパーがあり、グッチの黒革のスーツケース

も一ダースあった。「ハバナ」の葉巻コレクションは、ダンヒルの葉巻用保管庫に数都市で保存していた。そして、パリで『追想』を撮影している間は、ガルウィングドアでよく知られるスポーツカー、メルセデス300SLの新車を買った。

一九五六年、アカデミー賞のノミネートが発表された時、作品賞にユルが出演した映画『王様と私』『十戒』の二作品、主演女優賞にはデボラ・カーとイングリッド・バーグマンが、そして主演男優賞には『王様と私』のユルの名前があがった。ユルのライバルは、『炎の人ゴッホ』に出演したカーク・ダグラス、『ジャイアンツ』のジェームス・ディーン（死後）、世界で最も偉大な俳優とよく評されるローレンス・オリヴィエ卿だった。

ユルはアカデミー賞に選ばれた時、本当に喜んでいた。ウラジオストクで始まった遍歴（オデュッセイア）は三十六歳のユルをハリウッドというピラミッドの頂点に導いたのだ。ユルの受賞スピーチは短かった。満面の笑みでオスカーを受け取り、「これが間違いでないことを祈ります。このオスカーは返しませんからね」と言った。

## 20

共産主義という薄いベニヤ板で残忍な全体主義的専制を完成させることに四半世紀を費やしたスターリンの大部分の力をニキータ・フルシチョフが一九五六年に引き継いだ。だからフルシチョフがスターリンを、彼の大量殺人を、そして何百万人を強制収容所に送り込んだ事実を非難することで自らの治世をはじめたことは驚愕だった。一晩でスターリンのモニュメントが消え、何百もの通りや何十もの町の名称が変えられた。非スターリン化はKGBの幹部をはじめ、頭の固いスターリン主義者を激怒させたが、彼らはフルシチョフに立ち向かうのに十分な組織が整うまで、書記長を倒す機会を待った。

フルシチョフ体制の十年は苦しむロシアの人々にいくらか安堵をもたらしたが、新しい苦境も生まれた。そのなかには農業経済の基盤を小麦からトウモロコシに移行させる悲惨な試みもあり、その農業の担い手も設備も準備されていなかった。一方で、一九五七年十月には世界初の人工衛星スプートニク一号の打ち上げに成功し、レーニンが四十年前に予言したように、ソ連は地球で最も先進的で強力な国家になったように見えた。

米ソ間の緊張は原子爆弾から水素爆弾に進むにつれ高まり、アイゼンハワーは二度の心臓発作を起こした後だったこともあり、問題に対処するには十分な状態ではなかった。気質上、たびたび公然とかんしゃくを起こしたフルシチョフもまた同じだった。私のようなベビーブーム世代はまだ若すぎてスターリンを覚えていないので、私たちにとっては小柄で小太りの、ロシアの炭鉱労働者の息子が共産主義の顔になった。一九六〇年、ソ連がアメリカの偵察機U2を撃墜した時、アイゼンハワーがソ連に対する領空侵犯の謝罪を拒否したので、粗野で乱暴なフルシチョフは国連演説の場で靴を脱いで演壇を叩き、ロシアの怒りを露わにした。ニューヨークタイムズは、「靴の新しい使い方」と見出しをつけ、写真の下に「片方の靴を持ち、振り回し叩きつけるフルシチョフ首相」と報じた。[*30] また、フルシチョフは「ヤー・パカジュー・ヴァム・クージキヌゥ・マーチ！」という不気味な脅し文句を叫んでCIAと世界を困惑させた。当惑した国連の通訳者は、この文言を「クジマの母親をあなたに紹介しよう」と文字通りに訳したが、これは、「痛い目にあわせてやる！」「とっちめてやる！」などを意味するイディオムだった。しかし、ＣＩＡと世界中の軍事専門家たちは、その母親は言うに及ばず、「クジマ」が一体誰なのかを突き止めようと躍起になった。かくして、フルシチョフが意図したように見事に「痛い目にあった」のだ。翌年、ソ連が世界最大の実験を行った時、それは「クジマの母」と名付けられた。

フルシチョフの感情の爆発は、彼がもし核を誘発するのか防止するのかを決定する力を持つ、地球上で相互確証破壊の政策に身を捧げている二人の男のうちのひとりでなかったすれば、ただのバカだと思われたかもしれない。一九六二年十月のキューバ危機で緊張はピークに達した。ソ連の指導者にとって、ポーランド、リトアニア、エストニア、ラトビア、東ドイツ、チェコスロバキア、ブルガリア、アルバニア、ハンガリー、ユーゴスラビアなどの「衛星国家」の支配は、ロシアの「地理的優位」に基づく特権だった。その優位性という幻想を守るために、スターリンは自らの帝国を世界との文化的接触から遮断した。最初はフルシチョフもそうだった。ソ連に出回っているのはは一握りの古いアメリカ映画〔十六ミリフィルム〕だけで、そのほとんどはアメリカの同盟国から手に入れたものだった。ソ連国民はアメリカの文化をほとんど何も知らず、世界のビッグスターとなったユルはロシア生まれだったが、祖国ではほぼ誰もユルの名前すら聞いたことがなかった。もちろんアカデミー賞のニュースもソヴィエト政権にかき消されていた。

興味深いことに、時を同じくしてアメリカ文化に対するロシアの影響が高まっていた。ソ連から亡命した優れたクラシック音楽家に加え、ボリショイとキーロフ〔現マリインスキー〕はアメリカで大いに賞賛されたバレエ団だった。冷戦の最中でさえ、教養あるアメリカ人はロシアの文化とソヴィエトの脅威とは別物であると認識していた。しかし、ロシア芸術がアメリカに与えた最大の影響は、特に三十年前にモスクワ芸術座が先鞭をつけた演技法を用いた演劇だった。

一九三〇年代にはハロルド・クラーマンの「グループ・シアター」がスタニスラフスキーシステムの方針に従い、主にクリフォード・オデッツのような左寄りの脚本家の作品で大きくなった。しかし、スタニスラフスキーシステムをアメリカの劇場や映画の最前線にもたらしたのは、演出家で演技指導者、またアクターズ・スタジオの芸術監督であったリー・ストラスバーグだった。ストラスバーグは、ステラ・アドラー、サンフォード・マイズナー、ハーバート・バーゴフ、ウタ・ハーゲンら同僚と共に、スタニスラフスキーの「メソッド演技法」（ストラスバーグが作った言葉）をもたらし、マーロン・ブランド、キム・スタンレー、ジェシカ・タンディなど、多くの俳優の作品を通じて伝えられた。二十世紀末までに、三世代のアメリカ人俳優と監督がスタニスラフスキーの取組みに大きな影響を受けたことになる。

一方、マイケル・チェーホフは、グレゴリー・ペック、ゲイリー・クーパー、アンソニー・クインなど、一緒に仕事をしたことのある一握りの俳優や監督にしか知られていなかった。そして、ユルと共に最も有名な生徒となったのは、マリリン・モンローだった。モンローは映画でキャリアを積み始めた初期からチェーホフと仕事をしており、その後もずっと専心し続けた。チェーホフの講習会で、モンローは『リア王』のコーディリアを演じている。その様子が撮影されていないのは残念だ。モンローはかつて、アブラハム・リンカーンの肖像画に「リンカーンは、私が学生時代を通して最も敬服した人。今は、あなたです」という添え書きをつけて師匠のチェーホフにプレゼントした。

チェーホフは、一九五五年に他界する前年、自身が提唱する方法論の重要な要素をまとめた入門書を出版した。『演技者へ！——演技メソッド』と題された本の序文はユルに依頼された。パリで初めてチェーホフの作品を目にした時のことに触れながら、ユルは次のように書いている。

僕は僕が求めるもの、つまり演技メソッドという捉えどころのないものを習得するための具体的で明確な方法を、あなたなら、あなただけが教えてくれると強く確信しました。僕は、あなたがイギリスのダーティントン・ホールでチェーホフ劇場を始めた頃、あなたの劇団に参加しようと試みました。すると、あなたが劇団の大半を連れアメリカに移住し、コネチカットで仕事を続けていると聞いたのです。世界で起きた様々な出来事も相まって、それから数年かかりましたが、「あなたと仕事をする」という唯一の目的で、最終的にアメリカにやって来たのです。*31

モンローはチェーホフの本をバイブルのようにして勉強し、その演技法を頼りにあらゆる役を演じた。レッスンを欠席した時には良心の呵責に苛まれたようで、「親愛なるチェーホフ様、どうか私を見捨てないでください。私があなたを苛立たせているのが（痛いほどに）分かります。私にはあなたの仕事と友情がなんとしてでも必要なのです。すぐに電話します。愛を込めて、マリリン・モンロー」というメモ書きをチェーホフ宛てに残している。チェーホフの死後は、同僚のゲオルギー・ジダーノフがモンローの指導を引き継いだ。それだけに、ユルがドストエフスキーの名作『カラマーゾフの兄弟』の映画化を計画していると聞いた時、チェーホフから文学の最高傑作だと聞いたこの作品を注意深く読み込んでいる。そして、ビリー・ワイルダー監督と『七年目の浮気』に取り組む一方で、グルーシェニカ役に自ら志願したのだった。モンローがこの役に関心を持ったことはハリウッドの報道でニュースとなり、笑い種（くさ）になった。例えば、ワイルダー（後に『お熱いのがお好き』にモンローを推薦した）は、「『カラマーゾフ兄弟、アボットとコステロと遭遇』なんていうカラマーゾフ続編シリーズにマリリンを配役するのが楽しみだ」と答えたそうだ。ユルの長年の敵で、モンローの契約相手だった二十世紀フォックスは「マリリン・モンローがこの役を演じる予定はまったくないと発表した。とはいえ、この企画でユルとモンローは出会い、つかの間のロマンスも楽しんだ。

　ユルはロシアの家族の退廃を描いた、苦悩に満ち、魂の込もった名作を見るためにアメリカ人が殺到するとは思っていなかったが、新たに得たスターの地位を『カラマーゾフの兄弟』に賭ける用意ができていた。『ギジェットは十五歳』や『アイ・ラブ・ルーシー』〔一九五一－一九五七放送のテレビドラマ〕が流行る時代でもなく、さらに言えば、フルシチョフとの軍拡競争の最中でもなかった。ユルは監督のリチャード・ブルックスが好きだったし、尊敬していた。二人は脚本を練り直すために、釣りをしながらメキシコのアカプルコに二か月間滞在することにした。後にブルックスはインタビューに答え、「私たちが一緒にカラマーゾフを理解しようと取り組んでいた時、ユルは間違いなく一日に三百個は疑問点を挙げていました。彼は常にこの映画の重要性とそれに出演する自分自身の意義を認識していました」と話している。

　「アカプルコにいる間、私たちは水上スキーを何度も楽しんだ。スキージャンプを数週間練習すると、ユルは文字通り世界記録に手が届くところまでいった。ユルは三十七歳でも相変わらず運動神経がよく、かつて空中ブランコで味わったような爽快感が純粋に大好きだった」。

『カラマーゾフの兄弟』は、ドストエフスキーが絶望的な借金地獄を送った晩年近く、一八八一年に出版された。この小説では堕落した老人フョードル・カラマーゾフと四人の息子、そして先立った妻が遺した大きな遺産をめぐる人間模様が描かれる。ドストエフスキーは兄弟たちの魂を解剖する。その要となるのがユルが演じた長男ドミートリイであり、その罪なき精神は神が書きこむための空白の石板なのだ。旧約聖書のヨブのように、ドミートリイは神の力を試すリトマス試験紙だ。『カラマーゾフの兄弟』はまた「お金」をめぐる小説でもあり、多額の現金や熱情的な女性に好意を寄せることでたびたび生じる非論理的な取引の物語なのだ。

物語の中心的な役割を果たすグルーシェニカの配役が最大の課題だった。彼女は清純な笑顔と強欲な女の顔をあわせ持つナイトクラブのオーナーで、フョードルの愛人でありながら、ドミートリイを誘惑する。グルーシェニカ役には、ほとんど名前が知られていなかったオーストリアの女優マリア・シェルが選ばれた。笑顔はよかったが、熱のこもった演技は持ち合わせていなかった。想像することしかできないが、仮にマリリン・モンローがこの役を演じていたら、この映画にどんな効果をもたらしただろうか。

イギリスの女優クレア・ブルームは、ドミートリイを意のままにしたり破滅させたりする貴族の令嬢カーチャ役で素晴らしい輝きを放った。ユルと仕事をする中で、刺激的で解放感を味わう経験をしたことは誰の目にも明らかだった。彼女はニューズウィーク誌に語っている。「ユルはとても繊細な俳優です。どんな誤魔化しもわざとらしい身振りもせずに、自分の思う通りの考えを正確に伝えることができるのです。ユルは私がこれまで仕事をした中で最もエキサイティングな人です。彼と一緒に再び仕事をするためなら、どんなことでもするわ」。

ユルはドミートリイを演じることでドストエフスキーとチェーホフを融合させた。ユルが創り出したのは理想主義者で、最高の高みに到達するために、自身の中にある最も低俗なものを超越しようと苦悩する人物だ。ドミートリイが憎しみに満たされ父の死を願っているとしても、とことん潔白さに貫かれた人物像を演じて見せた。物語の大部分の舞台となるモークロエはモスクワ郊外のロマ人の村で、革命前はドミートリエヴィチ一族が住み、ロシアからパリに逃げる前、ラスプーチンのために演奏をした場所でもあった。映画のテーマ音楽には、古いロマの歌「イノホージェッツ」〔側対歩で歩く馬〕が使用され、サウンドトラックでは一九三〇年代にユルがパリで出会った時と同じようにドミートリエヴィチ家族が歌った。

映画は見るからにとても贅沢な雰囲気で、濃厚な色のベルベットをふんだんに使い、豪華さに酔いしれてしまう。確かにそれは一九五〇年代のハリウッド式ドストエフスキーだったが、彼らが望んだ最高の成果を出せた。映画の撮影はプラスチックの人工雪を使いながらロサンゼルスで行われた。予算の都合上、他の方法をとることができなかったのだ。見た目はまったく自然に映り、一九五七年の夏に重い毛皮を着て撮影をした俳優たちの不快感もまた、目には見えなかった。

ユルが激しい背中の痛みに耐えながら映画撮影に臨んでいたことも表面的には分からなかった。撮影初日に馬に乗るシーンを撮った時、脊椎骨を二本折ってしまったのだ。翌日の金曜日は撮影を休んだが、週明けの月曜日の朝にはカメラの前に立っていた。サーカス時代のケガで脊椎のところに古傷があり、医師がレントゲン写真を判読するのに苦労していた。ユルは持ち前の反骨精神で、まるで痛みを楽しむかのように肉体的苦痛の限界に挑戦した。痛みに立ち向かい、打ち勝つことができた。ユルは晩年、『カラマーゾフの兄弟』は、出演した映画の中で最もいい演技ができた作品だと思っていた。

烈火のような怒りはシャムの王様からファラオ、『追想』のスヴェンガーリに至るまで引き継がれたユルのトレードマークであり、ユルが演じる登場人物の際立った特徴になった。ドミートリイ・カラマーゾフは、そうした他のキャラクターのように激しい怒りに満ちた人物でないにしろ、怒りは重要な要素だった。ユルはまたセシル・デミルの後ろ盾を受けて製作されたアンソニー・クイン監督（当時デミルの娘と結婚した）の『大海賊』（一九五八）も含めて、各映画で遊び心のある粋な存在感を醸し出している。この映画の共演者はクレア・ブルームとチャールトン・ヘストンで、アンドリュー・ジャクソン役のヘストンはゆっくり引き伸ばした話し方をしていて、明らかにモーゼの役を引きずっていた。ユルはジャン・ラフィット役で、海賊のバンダナと完全なカツラをつけて臨んだ。一八一二年のニューオーリンズの戦いでジャクソンを助けたフランス生まれの実在した海賊である。撮影が始まった時、ユルは私と母に、祖父のユリウスが海賊船に乗ってマルセイユから上海に航海をしたというエピソードを話してくれた。ユルはこの話をボリスや他の家族から聞いており、海賊にはいつも魅了されていた。フランスに住んだ経験も相まって、ラフィットはユルにとって理想的な役に思われた。映画は視覚的にも素晴らしく、いたずら心をくすぐるものだったので、切符も大いに売れた。

アメリカ人の役はユルにはいつもまわってこなかったが、次に撮影する映画で演じるチャンスがやって来た。マーティン・リット監督によるウィリアム・フォークナーの小説『響きと怒り』の映画化（邦題『悶え』）だった。リットとはCBSで一緒に仕事をしていた。ユルはアメリカ南部人特有のゆっくりとした話し方を完璧に真似ることで、エキゾチックな役柄だけに限定されない俳優であることを証明して見せた。『カラマーゾフの兄弟』同様、商業ベースに乗らないことは承知のうえで製作した映画だったので、興行収入が振るわずとも驚くことではなかった。

一九五六年十月、ソ連の権威による抑圧とソ連の操り人形でしかないハンガリー政府に対して全国規模の民衆蜂起が起こった。蜂起の前に不満を議論する労働組合の集会が開かれたが、ポーランドの反ソヴィエト運動に触発された部分もあり、怒りと不満が自然発生的に流出した。

続く十八日間のソ連の権威に対する抵抗は、三十四年前にウラジオストクで国内戦が終わって以来の最も大きな抵抗だった。最終的にソヴィエト軍の戦車が準備不足の暴動を押さえつけた。ソ連軍は三週間で約二万人のハンガリー人を殺害し、三千五百人のソ連兵が犠牲になった。

ハンガリー出身の有名な作家ジョージ・タボリは、すぐさまこの動乱を背景にした物語を書き、『旅』と題してユルとリトヴァク監督のもとへ送った。それは、映画『カサブランカ』を彷彿とさせるような、ソ連の国境警備隊少佐のスーロフ（ユル）と、観光客でいっぱいのバスでオーストリアへ逃げようとする暴動主導者（ジェイソン・ロバーズ・ジュニアの映画初の役）を助ける英国人女性（デボラ・カー）のラヴ・ストーリーである。ユルの役は、「心優しい嫌な奴」といった類の人物像で、ユルが最も好きなタイプの役だった。撮影は主にウィーンやオーストリア等の場所で行われ、映画は非情なソヴィエト帝国主義に対するあからさまな非難を意図していた。

一九五八年五月、ニューズウィーク誌は表紙に「ユル・ブリンナー――真実と虚像～ドル箱の禿げ頭」と題し、頭部と目だけの写真を掲載した。記事の見出しは「ユル・ブリンナー――ゴールデンエッグヘッド」だった。ユルがオスカーを受賞して二年たってもなお、全国版の雑誌はユルが頭を剃り上げているという理由だけで変人扱いしていた。禿げ頭に対する関心は完全に消えることはないとユルは気づき始め、その事実に内心かき乱されていた。しかし、記事そのものはユルのルーツを特定しようと試みた、その当時の最も真面目な記事だった。それは次のように始まる。

「一九二〇年七月十二日、シベリア東部の島サハリンで未婚の母から生まれました」と切り出し、ユル・ブリンナーは先週、自身の驚異的な人生について、さらに別の大いに美化した案で語ってくれた。「僕の父は裕福なロシア人で、母はジプシーでした。母は僕が十歳の時に他界しましたが、それまで一緒に住んでいました。北京に住んでいた僕の父は僕に会うのを拒否しました。しかし、その時の父の正妻が、父と離れて暮らしその後離婚しましたが、僕を息子として受け入れてくれたのです。満州事変が起こった時、母はアジアを離れることを決め、僕と腹違いの姉ヴェーラを連れてパリに行きました。パリの生活は大変でした。僕たちはほとんどお金を持っていなかったのです。僕のエキゾチックな外見、体格、そして地に足が着かない性格が役に立ちました。勉強はいつも楽々とできて、ソルボンヌで哲学を学びながら、夜はサーカスとナイトクラブを仕事で行ったり来たりしていたんですよ」。

しかし、ニューズウィークの記者マイケル・マッケイイは姉のヴェーラにもインタビューをした。ヴェーラはユルが母親のマルーシャを否定し、他ならぬ肉親の姉である自分を「腹違いの姉」と呼んだことを知り激怒した。そして、ニューズウィークはこの結果を掲載したのだ。「それは虚言バージョン、第十九番目ね」と、ヴェーラ・ブリンナーは溜め息をついて言った。「ユルを愛していますし、何をでっち上げても気にしませんが、それは家族の話に踏み込まなければの話です。私たちの父親は満州で働くスイス人ビジネスマンでした。母親はロシア人で、女優で歌手でした。二人は私と弟が生まれる前に結婚しました」。

もしユルが自身が感じていたように本当にこの世でたった独りだったとすれば、ユルが話した神話が、母親、姉、そして他の親族に苦痛を与えるような意味を持つことはなかっただろう。いかにユルがドミートリエヴィチのようになりたかったとしても、母親はロマ人ではなかった。ユルはマスコミとのちょっとした「おふざけ」をヴェーラがどうして否定するのか理解できなかった。ヴェーラの「裏切り」行為の結果として、ユルは姉がこの世を去る時まで口をきかなかった。

ニューズウィークの特集記事には、ユルが激怒することがさらにたくさん書かれていた。たびたびユルの頭髪を話題にするこの記者に対してユルは敵意を露わに接していたが、記事はさらにユルの頭部と経歴の矛盾を関連付けながらこう続けている。

ブリンナーは毎日電気カミソリで頭を剃り、偽りのスキンヘッドを仕上げ、見てすぐにわかるトレードマークを作りあげる。王様役のオファーが来る前は生え際は少し後退している程度だったが、野蛮なシャム王の外見にはこの方がいいと感じ、ツルツル頭にする決意をしたのだ。この戦略がまさに当たり、特に女性にはウケた。つい先日、ある熱烈な女性ファンが「彼は不細工な磁石だわ」と切り出し、いたずらっぽい笑みを浮かべて、「彼の顔を見てよ。骨格のつくりが冷酷さを表しているわ。女性はそれがたまらなく好きなのよ。ブリンナーのような動物的な男性はとっても少ないわ……」と付け加えた。「彼の目を見れば、何世紀も前にさかのぼる気がするわ……」「たとえ頭の上で芝生を育てたとしても、生きている男性の中で一番魅力的な人だわ」と言った。

この記事ではユルが今まで世に出たものでは見たことのないような表現でユルの性格を描写している。

親友の話によると、「ブリンナーは常に一番でなければ気が済まず、完璧な人間でないことが許せない人なんです。……もしあなたがブリンナーと互角なら、二流扱いされ、欠点をあげつらい軽蔑されるのがオチでしょう。私がユルを思う時、落ちて行く評判、針で突かれた風船、立派に見せかけたファサードが崩壊する様子を想像します。『ブリンナー解体会社』はいつも稼働しているのです。しかし、彼はこの不誠実で恐ろしい町であっても、とても正直で何も恐れない男なので、私は彼の言う事なす事が清々しく思う時すらあるのです。時には、ユルは穏やかで騎士のように礼儀正しいこともありますが……」子ども時代に関する本当の話をユルが整理するのは不可能だ。彼の奇怪で、しばしば矛盾する幼少期の話は何年もの間ライターを罠にはめてきた。

実際、この記事のすべてにユルは激怒した。

その頃には、ヴァージニアとの結婚は破綻し始めていた。かろうじて誤魔化したユルの不倫とヴァージニアの飲酒、そして当時、息子は家から二時間のところで全寮生活を送っていたので、家には不穏な空気が流れていた。ユルがオーストリアで『旅』の撮影をする間、ジンはほぼずっと同行し、そこで癌につながる可能性のある細胞の突然変異を勉強して、細胞検査士の資格を取った。しかしその滞在中、ユルがフランキー・ティルデンという名の十代の女の子と浮気をしていることが発覚し、ジンは怒りと失望の末に南カリフォルニアに戻ってしまった。

ユルは自分の浮気について悪びれた様子はなかったが、ボリスが自分の母親に対して行ったことと、それが自分の幼少時代に与えた影響だけが理由だったとしても、結婚生活を守ろうと努力をした。離婚すれば、十一歳の私の人生を混乱させてしまうことがわかっていたからである。

一九五八年十一月、二人は離婚した。実際に離婚の引き金となったのは、二人に直接関係のない出来事だった。旧約聖書をモチーフにした豪華な娯楽映画『ソロモンとシバの女王』をスペインで撮影していた時、俳優のタイロン・パワーが急死した。スタジオの保険会社はパワーが撮り残した数シーンを撮り終えるためにユルに百万ドルで代役をオファーした。この金額は、どんな映画のどの俳優に支払われた金額をも大きく上回る額だった。ユルは俳優人生の絶頂にあったが、金銭的には問題を抱えており、十万ドルの負債があったのだ。主な原因は、一九五〇年代後半のアメリカの課税が極めて厳しい水準だったことにある。高額な収入に対しては九十パーセント近くの課税があったからだ。

しばらくの間、ユルはヨーロッパへの移住を検討していた。三年間の海外居住がある場合は合法的に大きな税制優遇を受けることができた。ユルはその期間だけ私をジュネーヴのインターナショナルスクールに通わせるためにスイスに連れて来るようにヴァージニアに頼んだが、母は拒否した。私の教育に支障が出て、愛国心が失われると心配したからだった。

あらゆる点で、ユルはすでにアメリカ人だった。ドジャースのファン、ジャズ愛好家、熱心な民主党びいき……。しかし、より深い部分では、ユルの本質は国を持たない人間のそれだった。ユルの若い頃と家族の状況に影響を及ぼした歴史の変遷を考えれば、驚くべきことではない。久しぶりにヨーロッパで過ごし、旧世界とそのピューリタン的な道徳を非常に恋しく思いだしたようだ。そういうわけで、一九五八年の感謝祭の週末に、ユルは私を散歩に連れ出し、母を置いてヨーロッパに引っ越しをする予定だと説明した。また、数か月すれば私もヨーロッパを訪れたり、電話もいつでもできると言った。呆然としながらも私は父に、それは正しい選択だと思うと言った。

一九四一年に両親が出会った時、ヴァージニアは二十二歳だった。そして、ユルの「放棄」によって母はすっかり自暴自棄になった。母にとってユルは人生で唯一愛した人だったのだ。当時すでに危機的状況にあったが、奥底から湧きあがる飲酒の衝動に打ち勝つことができなかった。そして、ユルの主張が二人の結婚をだめにしたと非難した。

二人は、共に十六年の歳月を過ごしたが、ユルがヴァージニアに会うことは二度となかった。

## 21

一九五八年十二月、ユルはスイスのローザンヌで居住権を取得した。最後に滞在したのは一九三七年で、叔母のヴェーラがユルのアヘン治療の間、世話をしてくれた時だった。離婚の失意の中、ユルはすぐに診療所に入院し、十日間集中的に休息をとった。

ローザンヌは、いつも絶妙に退屈な町だった。休息を求める人にとっては、それは魅力の一部でもあった。ジュネーヴからそう遠くないレマン湖畔に位置し、湖の向こう八キロにわたってエビアンの町の絶景が広がっている。その上には雪に覆われたモンブランの山頂が見える。ユルはシジェミの景色にそっくりなことに気づかずにはいられなかった。祖父のユリウスがフェリックスをフランス語習得のために学ばせたローザンヌはユリウス自身が生まれた場所から数時間のジュネーヴ近郊にあり、どちらもボリスを収容所から救った国の街である。温暖な地域で、夏はとても暖かく、冬は霧や湿気はあるものの、さほど厳しくない。

スイス人は礼儀正しく、ユルに対して不快な行動をとることはなかった。あらゆる雑誌の表紙を席巻して以来、どの町に行ってもじろじろ見られたり揉みくちゃにされないで通りを歩くことはできなかった。もちろん、ユルはそうして世間に認知されることを求めていたわけだが、容赦ないプライバシーの侵害にはそう簡単に慣れるものではない。あるところでは突然目の前で車が停まって写真を撮られたし、小便器の前でサインを求められたこともあった。有名になってからはずっと人前に出るたびに衝撃的な無礼さを経験した。集団になった時の人の行動は普通ではなく思いやりがない。私はよく父の隣にいたので、そうした異常さを経験していた。しかし、スイスは違っていた。ユルに視線を留めるものの、その後礼儀正しく視線を逸らす。そうやって気づかぬふりをしてくれたおかげで、ユルはすぐに居心地の良さを覚え、新しい生活をとても気に入るようになった。

ユルの移住には眩暈のするような説得力があった。一世紀前、ユリウスはこのヨーロッパの内陸都市からアジアに向けて東へ出発し、ウラジオストクに落ち着いた。ユリウスは自宅で亡くなったが、その同じ家で数か月後にユルが生まれた。約四十年が経ち、ユルはカリフォルニアの私たちの家を出て東へ向かい、ユリウスが生まれた場所の近くに落ち着き、ブリンナー家の世界一周の環が完結したというわけだ。

ユルは湖畔沿いのウシーという地区に小さなアパートを借り、すぐさまマドリードに出かけ、彼の史上最悪の映画を作った。「真面目な顔でやり通すために、できることはすべてした」とのちにユルは言っていた。イタリアの女優ジーナ・ロロブリジーダがへそにルビーをつけたシバの女王を、そして老いぼれたジョージ・サンダースがパワフルな戦士を演じた。ユルの唯一のなぐさみは聖書をモチーフとしたこの化け物映画（どの映画よりも金払いがよかったけれど）をマイケル・チェーホフが生きて目の当たりにしなかったことだった。

次にブロードウェイで終演になったばかりの『ワンス・モア・ウィズ・フィーリング！』のコメディー映画版をイギリスの女優ケイ・ケンドールと共演で撮影するためにユルはパリに行った。この映画に関係したほとんどの人がユルのようにアメリカやイギリスから税金を逃れてやって来ていたし、プロジェクト全体がそうだった。ハリウッドの組合の要求とソ連との軍拡競争下でのアメリカの高い税制の狭間で、「ランナウェイ・プロダクション」と呼ばれた数多くの映画がメキシコ、スペイン、イタリア、フランスで撮影され、何百万ドルもの節約をしていた。これはユルにとって好都合で、その後、一九五九年にはギリシャに行き『ア・ギフト・フロム・ザ・ボーイズ』を撮影した。古い友人ノエル・カワードと共演したが、残念な結果に終わった。スタンリー・ドーネン監督のこの二本の映画はユルの尊大な役者顔がコメディーには向いていないことを証明した。

一九五九年一月、ユルの若い恋人、ウィーン出身のフランキー・ティルデンは女の子を出産し、ラークと名付けられた。ユルは中絶をすすめたが、ティルデンはユルの支援の有無に関わらず娘を自分で育てたいと思っていたため、彼女の意志を尊重した。ラークはオーストリアで育ち、たくましい性格で、人生の変化にうまく対処できるような素晴らしいユーモアのセンスを持ち合わせている。

ユルはヨーロッパに移住したが、一方母親はニューヨークに移り、女優として舞台の仕事を再スタートさせ、翌年に十二歳になる私のために良い私立の進学校を見つけようとしていた。それで私はカリフォルニアの全寮制学校に一人で残った。週末はビバリーヒルズに住む映画音楽作曲家アレックス・ノースの家族とよく過ごしていた。私は不安定な母親から離れることができて、気持ちが楽になった。

ユルは約束通り私とのつながりを保ち、マドリード、ローザンヌ、パリ、ロンドン、どこにいようと毎日のように私に何かを送ってきてくれた。私が切手収集を始めるとユルは風変りな切手を探してくれるようになり、それがいつも耳紙付き（コーナーブロック）（四枚セットの縁のついた切手シートで、コレクターに人気がある）だった。私たちが始めたほかの趣味同様、私の小さな切手コレクションにユルが夢中になった。交友関係をすべて駆使して、国連に加盟しているすべての国から耳紙付きの切手を集め出した。そして、その切手をスターの地位を利用して各国家元首に送り、ぜひ自国の切手にサインをしてくれと頼んだのだ。皆、喜んで同意してくれたが、唯一の例外はフルシチョフだけだった。ユルが他人にサインを求めたのは人生でこの時だけだった。一年も経たないうちに、私の小さなコレクションは何千ドルもの価値を持つ見たこともない資料館となった。ほどなくユルはこの切手をオークションで売ってしまった。本人曰く、セザンヌ、デュフィや印象派の絵画を買い集めようとしたからだった。

しかし、私たちの国連加盟国の切手コレクションはさらに大きな取り組みに乗り出した。国連は一九六〇年を世界難民の年に指定し、オーストリア、ヨルダン、香港まで広がる難民キャンプで過ごす多くの人々に世界的な関心を集めるために郵便切手を発行した。もちろん、私と父はこの切手を集め始めたが、ユルは国連難民高等弁務官のオーグスト・リンツ博士に手紙を書いた。そしてその後、さらに次々と物事が展開していった。ユルが難民問題を研究し始めた時、避難民の問題に自分自身を重ね合わせずにはいられなかった。

ユルは難民高等弁務官の特別顧問に任命され、アメリカの外交旅券と国連旅券が発行された。翌年には時間をかけて世界中の難民キャンプをまわって写真を撮り、『子どもを育むこと――ヨーロッパと中東の忘れられた人々を巡る旅』[*32]と題した本を出版した。また、エドワード・マローと一緒に『レスキュー――ユル・ブリンナーと共に』というドキュメンタリー番組をＣＢＳで制作した。故郷を追われた後、難民のほとんどはバラックのような難民キャンプから出ることができない。彼らを受け入れる国がないからである。支援する国もなく、お役所仕事の煉獄に閉じこめられた無力な人々に対するユルの共感は真摯なものだった。それは自分が受け入れたロマ文化に対する共感と同じように子ども時代の経験からくる共感だった。この本の見本刷りを私に手渡し、最初のページにある献辞を見せてくれた時ほど父を誇りに思ったことはなかった。そこには、「この本を我が息子ロッキーに捧げる。彼が観察し、学び、社会で自分の場所を見つけて自分が持つ何かを社会に与えてくれることを願って」とあった。ユルとインゲ・モラスが撮ったこの本の写真で難民キャンプが記録されたのだ。当時ヨーロッパには主にソ連の衛星国から出た三万二千人以上の移民がいた。傷ついた顔にあらわれた荒んだ様子が、国と国との狭間で取り残され、見捨てられた人々がどういうものかをよく表していた。序文でユルは次のように説明している。

僕は十五歳の時、パリでサーカス芸人をしていて、孤児のために昼公演を行いました。僕はクラウンの格好で空中ブランコに乗って、クラウンと空中アクロバットを同時にこなしていました。僕は未だにその日のことを覚えていますよ。その子どもたちに親近感を覚え、気持ちが通じたように思えたのです。……最初は、ドキュメンタリー映画の手助けをすることと、世界難民の年に向けて発行する郵便切手に関する助言を求められただけでしたが……僕は、難民高等弁務官として二年契約を結びました。

ユルは、国連の専門家と協力して自分で文章を書き、難民キャンプで懸命に生きている政治的に排除された人々に対して将来何が待ち受けているのかを、鋭く先見の明を持って描写している。「難民たちは自分で運命を選んだのではありません。彼らは我々が住む世界の狂気の結果なのです。毎日、難民キャンプでの仕事が終わると、僕は綺麗な景色で目をぬぐい記憶を消し去ってしまいたいと思いました。つまりそれは荒れ果てたバラックや難民キャンプの通りを見るといつも感じる肉体を打ちのめされるような絶望を目の当たりにした後です……」これは何かの慈善コンサートでひょっこりと姿を現した、頭の弱い暇な有名人の声ではなかった。本物の人間が連帯し、難民になったばかりのダライ・ラマ、そしてその一万人を超える信者の苦境、また中国共産党から逃れ香港の辺境に集まった難民たちの苦しみを記録したものだった。

全世界で、およそ千五百万人の難民が依然として支援を必要としています。……僕たちが戦争や闘争の類い、戦争に取って代わる敵意におぼれる世界に住む限り、その結果に対して自分たちの責任を本当に負わなければならないと感じています。……僕たちが難民に対して単純に悪感情を持たず、放っておかないということが大切です。こうした人々は、人間であり僕たちの仲間であって、彼ら自身に何の罪もないにもかかわらず、生きる手段や住む場所を奪われたのです。……難民であることを恥じることはありませんが、難民が存在することを忘れるのは、確かに恥ずべき事です。

出会った十代のパレスチナ難民について書きながら、ユルは彼らの人生に希望がないことで、難民の若者たちに残された選択肢がひとつしかないことを見通していた。

難民キャンプに住み、職業訓練校にも行けない十七歳の若者を例にとってみましょう。青年は時間を持て余しています。することと言えば、憎しみと絶望に考えをめぐらせることだけです。彼から祖国を奪った人に対する憎しみを募らせ、そうした奴らを海に沈めたいと願うのです。

これは半世紀前のことだった。テレビのドキュメンタリー番組で、ユルはこうした若者に対して何らかの平和的な方法でもって環境を変えるチャンスが与えられなければ彼らはテロリズムに駆り立てられるだろう、と主張していた。そして実際に、若い男性が三十歳になる頃にパレスチナ解放機構、ハマス、またはヒズボラといった組織に参加していった。ユルは、「ヨルダンには五十万人以上の難民がいます……僕がアンマンの宮殿にフセイン国王を訪問した時、王国の三分の一以上の人が難民であると国王は指摘しました……中東の難民は、いつか家に帰ることができるという信念にしがみついている」と書いている。五十年が経過しても、これは依然として真実である。預言者ムハンマドの直系の子孫と信じられているハーシム家から出たこの二十四歳の王をユルは称賛していた。ユルの付き人、ドン・ローソンは「副官」として同行していたが、フセイン一世が、「ヨルダンとシャムの首脳会談に関する冗談を言った」と私に聞かせてくれた……王はユルのことを「陛下」と呼ぶほど親しくなっていたのだ。ユルのドキュメンタリー番組を見た後、詩人のマリアン・ムーアは、一九六一年五月のニューヨーカー誌で賛辞を贈った。その詩は、「ユル、あなたはクリスマスの明りを灯す薪／本当にありそうなおとぎ話の紡ぎ手、ユル・ブリンナー」という詞で締めくくられている。

ユルはパリで驚くほど美しく魅力的な女性と恋に落ちた。ドリス・クレイナーはユーゴスラビア生まれだったが、チリのサンティアゴで育ったので、文化的にはチリ人だった。二十代前半でパリに行き、そこでヨーロッパの上流社会と結びつきができた。裕福な実業家ポール・ルイ・ワイラーが開いた舞踏会で二人が出会ったとき、ドリスは二十八歳でユルより十一歳年下だった。数か月で二人は離れがたい関係になった。彼女は元気がよくて明るく、ユルの友人や仕事仲間とすぐに仲良くなった。陽気でよく笑うドリスのおかげで、ユルが撮影現場の内外で爆発させていた荒い気性が和らいでいった。

ユルとドリスはいつもパリで過ごし、よくルムーリス・ホテルからルーブル美術館を見下ろしていた。十五年前のドイツの占領時にナチス最高司令官が住んでいたホテルだった。しかし、今やルムーリスはサルヴァドール・ダリのパリの住まいだった。ダリとユルは二十年前にCBSのトークショーでダリをゲストに迎えた時からの友情を再び温め始めた。しかし、ユルの家は以前のままスイスにあり、ユルとドリスはローザンヌのアパートで過ごすことに疲れていたので、ユルが心から満足できる湖畔の家を探し始めた。この頃にはロンドン、パリ、マドリードの映画スタジオはランナウェイ・プロダクションの撮影に大忙しで、特にローマではその中でも大作の『クレオパトラ』が撮影されていて、ユルの仕事は確かな安定を得たように思われた。

ヨーロッパ移住によりユルはいくぶん安心感を得たが、一方で強い疎外感を感じ始めていた。一九四〇年以来、アメリカが我が家だったので、今やユルは自発的な亡命者だった。この感覚は自身とドリスが身を置いていた裕福な外国人たちに囲まれる中でさらに強まっていった。スイスでは新しいボーイング707とフランスの旅客機カラベルのおかげで、ジュネーヴからグシュタードまでの湖畔に旅行客や移住者が急増し、「ジェットセット」と呼ばれた小さなサブカルチャーが生まれた。この地に移住したアメリカ人やイギリス人の中には、チャーリー・チャップリン、ノエル・カワード、チャールズ・リンドバーグ、エリザベス・テイラー、リチャード・バートン、ウィリアム・ホールデン、オードリー・ヘプバーンがいて、そのうちの何人かは私たちの親しい隣人であり友人である。

ヨーロッパの上流社会に、ユルはどこか魅力を感じていた。青春時代にパリのクラブでギター片手に歌っていた頃に会った人々と同じだったからだ。ロスチャイルド家の名士たち、俳優アリ・カーン、ルーマニア王国最後の国王ミハイ一世、イタリアの自動車会社フィアットのジャンニ・アニェッリ、ドミニカ共和国の外交官でF1レーサーのポルフィリオ・ルビロサ他、ビジネス、芸術、エンターテイメント界の勲爵士といった顔ぶれだった。この社会階層の頂点には、元イギリス国王エドワード八世ことウィンザー公爵と、夫人のウォリス・シンプソンが君臨していた。この集団に対するユルの態度には相反する感情が同居していた。こうした善良な貴族の節度ある優雅さが好きだったが、ドミートリエヴィチたちと嘲笑いばかにしていたガジェ的なものを持っていたからだ。ここでは自分の過去を忘れる必要があったのも事実だった。しかし、過去の放棄は若い頃に身に着けたユルお得意の生き残り術だった。

『荒野の七人』は、黒澤明の四時間の傑作『七人の侍』（一九五四）の改作だった。サムライをどのようにカウボーイに改めるか何度も議論の対象となった。私にひとつだけはっきり言えるのは一九五六年の終わりにユルは私を連れて日本にオリジナル作品の上映を見に行ったということだ。見終わってから、あの映画をどのように西部劇に改作するのかを話し合った。アンソニー・クインは後に、この改作のアイディアは自分が出したと主張したが、彼は裁判で敗訴している。

その物語は当時とても独創的に見えた。アメリカ人のガンマンがシジェミに押し寄せた「赤ひげ」のような五十人の盗賊から貧しいメキシコ農民の村を守るために仲間を集め七人で立ち向かう。『オーシャンズ・イレブン』（一九六〇、二〇〇一）から『特攻大作戦』（一九六七年）まで、戦う仲間を集めるというアイディアそのものがほぼひとつのジャンルになった。プロデューサーとユナイト映画社との契約で、脚本や配役の他、多くの権限がユルに認められた。配役にはスティーヴ・マックイーン（テレビシリーズ『拳銃無宿』の彼が好きだったので私が父に薦めた）、チャールズ・ブロンソン、ジェームズ・コバーン他四人のガンマンをユル演ずるクリスが集めた。

『荒野の七人』の銃撃シーンに備えて、ユルはホルスターから素早く銃を抜く早撃ちを世界チャンピオンのロッド・レッドウィングに学んだ。レッドウィングはネイティブアメリカンの俳優で、スティーヴ・マックイーンはじめ、多くのハリウッド俳優の腕を磨いた。マックイーンは毎日何時間も練習し、ピーク時には〇・一秒に二発の弾を一平方フィートの的に当てられるようになった。私の父は〇・二五秒までいった。

ユルはメキシコの都市クエルナバカに邸宅を借りた。メキシコの画家ディエゴ・リベラのモザイク画で知られるところで、他の撮影スタッフが滞在したホテルから少し離れていた。いつもある程度の距離を保つのが好きだった。ユルが出演する俳優を選んだので、当然ユルは統率をとる立場だった。マックイーンはユルと一緒にカメラに映る時、観衆の視線をユルから奪おうとあれこれ苦心したが、結果としてユルに多大な敬意を払うようになったと、後に私に語ってくれた。

一九六〇年三月三十日、ヴァージニアとの離婚が成立してから四日後、ユルはドリスとメキシコで結婚式を挙げた。親しい友人数人と一緒に私も出席した。誓いの後はメキシコヴィレッジの映画セット広場でマリアッチ〔メキシコ音楽〕、花火、テキーラを交えて披露宴が始まった。場所の温かい雰囲気に加え、ユルの映画セットにはあまり見られない、気楽で優しいムードが漂っていた。

肝心なことは、ユルが温和で親しみやすく落ち着き払った役柄を演じ、それが「相棒」西部劇もののはしりになったということだ。ユルは自分が演じるクリスのセリフを極力抑えるよう努力をした。無口なことがカウボーイの伝統として確立されていたからだ。例えば、映画のオープニングシーンで、「どちらからおいでで?」と尋ねられる。するとクリスは何も言わずに親指を自分の方に向け、肩越しを指す。「どちらへ?」と聞かれると、人差し指でまっすぐ前を指す、といった具合だ。

この映画が公開された直後は、慎重な検討を要したため批評家の間でも意見が分かれ、すぐにヒットしたわけではなかった。ニューヨークタイムズの批評には、「日本のオリジナルを軽視し、過度に誇張した冴えない映画」と載った。[*33] それにもかかわらず、『荒野の七人』は口コミで確実に人気を獲得し、一、二年のうちに映画は大ヒットした。特に、アメリカ以外の国々で莫大な利益を得た。一九六一年にアメリカで公開された時は、ちょうどケネディ大統領が就任した時だった。

ユルの映画人生の黄金時代は『荒野の七人』で終わったが、その時はまだ分からなかった。ユルは五年間で十一本の映画を世に送り出し、そのうち四本(『王様と私』、『追想』、『十戒』、『荒野の七人』)が不朽の名作とされている。

## 22

ケネディの就任によって冷戦の敵国同士の間にしばしの温かさが生まれた。この束の間の機会に、フルシチョフは新大統領への好意を示すジェスチャーとして文化交流の改善を提案した。一九五八年にモスクワで行われた世界的に権威のある第一回チャイコフスキー国際コンクールで、テキサス出身の若者ヴァン・クライバーンが優勝をして以来、両政府が互いを地上から消し去ってしまうような核兵器の準備を進めながらも、文化交流という名の取引は積極的に行っていた。アレクサンドロフ・アンサンブルの他、多くのロシアバレエ団がアメリカの各都市を回り、一方、ロシアの劇場はブロードウェイミュージカルを招聘した。『ハウ・トゥー・サクシード』（邦題『努力しないで出世する方法』）（資本主義を自虐的に嘲笑する作品）など、指折り数えられるほどのアメリカ映画がソ連で公開された。その中には『荒野の七人』も含まれていた。

ソヴィエト時代でこれほど評価され愛されたアメリカ映画は他になかったし、その愛情は今でも消えていない。『荒野の七人』にソ連の人々は病みつきになり、何度も見ようと映画館に押し寄せた。特に十代の男の子に人気が出て、この少年たち（プーチンもそう）は五十歳を過ぎた今もなお、映画のセリフをそのまま暗唱できるほどだ。一年たってソ連当局は十六歳以下の子どもがこの映画を観ることを禁じた。伝えられるところによると、多くの少年たちがスキンヘッドにし始めたからだそうだ。この映画に息子を連れて行くというのが父親にとってはすでに世俗的な通過儀礼となり、ＤＶＤのおかげでそれは今でも続いている。今や、『荒野の七人』はアメリカよりも、ロシアの文化遺産の一部である。最近、モスクワ芸術座の有名な俳優が目に涙を浮かべながら私に話しかけ、「ロシア人だけが『荒野の七人』のような偉大な西部劇を作ることができた」と言った。

ユルは遺伝子的にではなくモスクワ芸術座で生まれた演技術によってロシア人俳優だった。ロシアの芝居には他の文化にはない緊迫感がある。イギリスの一流俳優たちは頭で理解したキャラクターを演じているのであって、そのキャラクターに完全に入り込んでおらず感情が孤立しているように見えると昔よくユルが指摘していた。ロシア人はこのアメリカの傑作映画のスターがウラジオストクで生まれたことを喜んだが、その事実が映画の長く続くヒットに影響したわけではなかった。より重要なのは、物語そのものが社会主義的な理想主義と共鳴していたことだった。自らの正義感だけで団結した勇士たちが無力な農民を助けに行くのは、単にそうするのが正しいからだ。ガンマンたちのリーダーもメンバーの一員であって、ボスではなく同僚なのだ。

ソ連で『荒野の七人』の最初の成功はスターリンに負うところも大きかった。スターリンのおかげで、この映画はソ連全土で公開された初めての西部劇となり、多くの人にとって唯一の西部劇だと思えたからだ。ロシアの観客はこの映画一本で西部開拓時代の悪事やロマンス、自立心といったものを体験した。カウボーイの帽子、ブーツ、握りのついた鞍、ピストルの早撃ちがテキサスの国境沿いや貧しいメキシコの村の風景に溶け込み、それがソ連の人々の想像力を掻き立てるとてもエキゾチックな世界になっていた。堂々たる荒くれ者達が剛健で社会的悪事を許さない無口なリーダーに従い、しかもこのリーダーは労働者が着るシンプルな黒い服を着て、打ち解けやすく、シニカルなユーモアを持つ。筋書き、スタイル、登場人物のキャラクター、団結力、ユーモア、あらゆるものがロシア人を魅了し、この映画一本で西部劇というジャンルが成立していた。

これがユル・ブリンナーの唯一の映画だと思っていた人もいただろう。ユルの映画のほとんどは二十年後に最初のビデオテープが不法に出回るようになるまでソ連時代には公開されなかったからだ。一緒に出回るようになったサミズダートと呼ばれる地下出版物やロックのアルバムで多くのロシア人が英語の口語を学んだ。その後、他のユルの映画も公開されたが、『追想』や『旅』のような作品はソ連当局によって危険分子と見なされた。こうした作品のコピー版を所有しているだけで国家反逆罪と見なされる恐れがあった。

私の父はジャン・コクトーとの繋がりを絶ったことはなく、この詩人の多くの友人同様に、たびたび財政的な援助もしていた。ユルが『荒野の七人』を撮るために自身の制作会社アルシオーナを立ち上げた時、会社のロゴデザインをこの古き友人に頼み報酬を支払った。確かにこのロゴはハリウッドの個性的な芸術品だった。そして、コクトーが最後の映画『オルフェの遺言──私に何故と問い給うな』(一九六〇年)を撮る用意ができた時、ユルは必要な資金の調達を助けた。詩人の経歴を祝して、ユルはピカソやその他コクトーの友人等と共にこの映画に少しだけ出演している。以前ユルがコクトーのアヘン調達人だったことをなぞるように、「プリンセスに会う」前に、コクトーを何度も待たせる形式ばった執事の役をユルは演じた。その年の夏、ユルとドリスはピカソの南フランスのアトリエで歓迎を受けた。その時、ドリスは画家から小さな絵をプレゼントされた。ピカソが自身の作品に日々挑戦する散らかり放題のアトリエで、自由奔放な創造性に感銘を受けたことをユルは覚えていた。

コクトーとユル

父子関係はユルが選ぶ映画の中心的なテーマであることが

多かった。その中でもコサックの統領（アタマン）に関するロシア文学の古典、ゴーゴリの『タラス・ブーリバ』は群を抜いていた。この映画にユルは大きな感銘を受け、『ソロモンとシバの女王』のようにユルの俳優人生の方向を大きく変えてしまった。

タラス・ブーリバを演じるユル。

ボリスとの関係、もしくは私との関係が影響していたのか分からないが、父性という側面でいえば、皇太子や数多くの子孫を持つシャムの王様を演じて以来、権威主義的なキャラクターはユルに合っていた。三十年の歳月に及ぶ壮大なゴーゴリの叙事詩は権威主義に関する最高の寓話を示していた。最後には献身的な父親が自分を裏切った最愛の息子を殺す。ユルは豊かで生き生きとして屈強なタラスのキャラクターをつくるために努力をした。あるインタビューで神話的な人物としてタラスを描写している。「僕の考えでは、彼がすることに説得力を持たせるためには、タラスの身長は十五フィートです。彼が望むことをコサックたちがすすんでするほどの能力があります。息子に対して大きな愛情を持っています。タラスはキリスト教徒でもありますが、コサックを裏切った息子アンドレイを殺しても、アンドレイから何かを学びます。彼の世界観は変化し、広がり、人々を大切に思うようになります」[*34]。明らかに、ユルのタラス・ブーリバに対する変わった解釈は、アンドレイの人生を重視していなかった。

ユルがこれほどに大切に扱った映画は他になかった。ユルはいかにして独裁的なロシア民族主義がタラスの父性本能すら打ち負かしてしまうのかを明らかにしつつ、何年もかけてこの人物像を追求したがった。ユルは厳密にシーンの順番通りに映画を撮ることを望んでいた。老人としてのタラスを演じる時は、前歯が抜け落ちたように見えるよう、前歯にキャップをかぶせるほどだった。しかし、結局それはまったく問題ではなくなってしまった。映画『タラス・ブーリバ』は、ひどい出来だったからだ。

この悲惨な失敗には多くの要因があった。セリフはインチキ臭く、背景は酷い色彩で映っていた。ユルが監督と細部にわたって研究したテンポやタイミング、口調に配慮されず、慎重に作り上げた演技が編集されてしまった。結局のところ、スタジオは演技に対して信頼を置かず、映画は「二本立て映画」の尺に合うように編集室で切り刻まれてしまったのだ。しかし、最も決定的な打撃となったのは、息子役にユルと五歳しか年の変わらないトニー・カーティスがキャスティングされたことだった。カーティスは『成功の甘き香り』（一九五七）や『手錠のままの脱獄』（一九五八）で優れた演技をしていた。しかし、三十七歳のカーティスが十代の青年を演じるには無理があり、単に大人が子どもっぽく振る舞っているようにしか見えなかった。この演技だけでも映画の失敗は運命づけられていた。カーティスは単なる出演者ではなく、この映画の主演俳優だったからだ。ユルは俳優人生で初めて、他の俳優の後塵を拝して約十万ドルを受け取った。ユルはこの映画のタイトルの役にすべてを捧げたにもかかわらず、『タラス・ブーリバ』はトニー・カーティスの駄作となってしまったのだ。

編集済みの最終版を見た時、ユルの中で何かが壊れた。完成した映画はユルの当初の理想からは程遠く、その理想の形は影もなかった。その日から何日も眠ることができないほどショックを受けた。修復できないほどに親子の信頼をボリスに踏みにじられた時のように、ユルの美学が映画によって踏みにじられたのだ。そしてユルは以後映画業界とそれを運営する「背広組」のために魂を込めて働くことは二度としないと決意した。「僕だけが現場で力を注ぐ唯一の人間であり続けることは不可能だ」とユルは一度ならず言っていた。「人々の足を劇場に向かわせるのは、スターの力なんだ。でも僕はスターとして、ユル・ブリンナーの映画のクオリティーを保証することはできないんだよ。実際には、編集は監督が采配を振るから、自分の演技の質を請け合うことができないんだ。これからは、お金だけもらったらさっさとずらかるよ」。

その後、ユルは十二本の映画に出演した。錚々たる俳優陣と共演し、記憶に残るいくつかの映画で衝撃的な演技を披露した。しかし、どれひとつとして、『王様と私』『追想』『カラマーゾフの兄弟』『荒野の七人』に匹敵するような忘れられない映画と呼べるものはなかった。マイケル・チェーホフの演技法に特徴づけられた演技をしているものの、魂のこもった演技はほとんどなかった。

23

アメリカ社会は、一九五〇年代のお堅くとりすました文化から一九六〇年代の自由奔放で型破りな文化へと徐々に移行していった。ロックンロール、ビートルズ、雑誌『プレイボーイ』、避妊薬、そして、新ジェット機時代の「グローバル・ヴィレッジ（地球村）」文化が登場した。この進化の最大の象徴は年寄りのアイゼンハワーから若く活気に満ちたジョン・F・ケネディにバトンが渡されたことだった。ニューヨーカー誌はアイゼンハワーの最初の就任を、「『風と共に去りぬ』よりもさらに時代遅れのスカートをはいている」と皮肉り、対象的に「ケネディの就任はフランク・シナトラによってつくられた」[*35]と新旧を比べている。

その年にユルとシナトラはすぐに仲良くなり、その後何十年にも渡って私たちはシナトラや彼の仲間と一緒に休日を過ごしたり、旅行や遊びを楽しんだりした。その時期はシナトラはほぼ独身だったが、ドリスを気に入っていて、彼女には特別な敬意と優しさを持って接していた。ほぼ毎晩、「酒をひっかけ、女をひっかけ、とんずらする」ために元気な男たちが集まる密室サークルが開かれた。ユルは一九五〇年代初頭のニューヨークで過ごして以来、久しぶりに同性の親友ができたことを喜んでいた。アリョーシャ・ドミートリエヴィチ以来、シナトラはおそらく色々な意味で最も親しい友人だった。しかし、ユルはシナトラと一緒に歌ったり、彼のために歌うことはなかった。いつもシナトラの歌声にユルが耳を傾けていた。

シナトラは長いキャリアのほぼ頂点にいた。ボビーソックスたちの少年っぽいスターは戦時中に一時人気が低迷したものの、その後は一九五〇年代に成熟したサロン歌手となり、『地上より永遠に』（一九五三年）でアカデミー賞助演男優賞を受賞、そして『黄金の腕』（一九五七年）で主演男優賞にノミネートされた。シナトラの名前「フランク」と、友人のジャズグループを「ザ・ラット・パック」〔日本では「シナトラ軍団」として知られる〕と名付けたのはハンフリー・ボガートだった。メンバーには、サミー・デイヴィス・ジュニア、ディーン・マーティン、ピーター・ローフォード、ジョーイ・ビショップ、ドン・リックルズ他、数人の仲間がいて、シナトラは彼らと一緒に乱痴気騒ぎをしたり、お気楽で気ままな生活を送っていたが、一方で、プロとしての仕事は確実にこなしていた。シナトラはユルを温かく仲間に迎え入れ、ユルに「チャイナマン」という新しいあだ名をつけた。

私は学校に行く以外はほとんどいつも父と一緒だったので、十五歳の時からビバリーヒルズ、パームスプリングス、ラスベガス、アカプルコ、ニューヨーク、ロンドン、パリ、テルアビブといった都市で、この「移動祝祭日」〔ヘミングウェイの遺作より〕によく参加していた。この仲間内で十代は私ひとりだった。私は大人たちの飲み物を注ぐことで早くから役に立っていた。飛び交う冗談や歓喜を目と耳で吸収しながら、手持無沙汰になることはなかった。十六歳に満たない私は、本人が離れているときでも、ほぼずっとジョージ・ジェイコブスのグラスを見張っていた。彼はシナトラの忠実で愛する家来だった。飲み物の番をすることで十代の私がその場にいる理由ができたので、喜んでバーテンダーの役割を演じていた。「ロボトミー手術をするより目の前のボトルを空ける方がいい」をモットーとする集団の中では、それはなかなかの大仕事だった。

シナトラの二人目の妻エヴァ・ガードナーは、かつてシナトラのことを「とても野性的で愛とエネルギーに満ちていて、まるでひとりの人間に三人が同居しているようだわ。でも、大酒飲みで遊び人という表の顔の裏ではとても繊細で知的だし心優しいのよ」[*36]と言っていた。長年にわたり私はシナトラの浮き沈みをすべて見てきたが、良い時も、どんなに酷い状態の悪い時期でも、シナトラが大好きだった。周囲はシナトラに大スターとして接していたので、他の人なら許されないようなやり方で振る舞う権利があると思っていて、他者に対して配慮や敬意を欠いた行動をすることもしばしばだった。

私の父と同じく、当時のシナトラのわがままは、唯一無二のアーティストとしての地位があったからこそ正当化できるだろう。二人のどちらかと一緒に旅行すると、人の攻撃性を経験する。善良な人々がサインを求めてペンや何か先の尖った物を目の前に突き出しながら、突然乱暴な群衆に豹変するからだ。本当に深刻で危険な状況に陥った時のことはそう簡単に忘れられるものではない。シナトラもユルも若い頃は毎晩、楽屋口で騎馬警官の警護を必要とした。見ず知らずの忌まわしい人々の姿をいつも見ていると、有名人はじわじわと時間をかけて毒に変わってゆく。ごくわずかなしっかりした人を除いて、スターであることによって、他者と不自然で不安定な関係しか築けなくなってしまう。心理学的には全く知らない人たちから執拗な注目を浴びることは異常であり、常に続く自意識過剰を——自己認識ではなく自己中心主義を——誘発することになる。知人や見知らぬ人々によってスターの特権が絶えず強められる時、スターが自分はいつも特別な扱いを受ける権利があると感じ、スターダムがあたかも社会集団を支配するかのように見えるのも不思議でない。このように自分だけが例外だと思い込むことで、他人への思いやりも簡単に忘れてしまう。

シナトラ自身も自負していたように、ユルはシナトラを史上最高のサロン歌手だと考え、シナトラに惹きつけられたのも当然だった。二人はスタジオの幹部やシナトラが「ブラウン・シューズ」と呼んでいた人たちに対する苛立ちや不寛容さを共有したのと同じく、お祭り騒ぎが大好きだった。そして二人とも、ほとんど何の前触れもなく深い怒りの井戸を掘り起こすことができた。そして、のちに怒りの武勇伝を誇らしげに語って喜んでいた。彼らの間に競争はなく、それぞれ別々の分野で互いの覇権を譲っていた。ユルはよく、タマリスク・カントリークラブのそばにあるパームスプリングスのシナトラの家に泊まっていた。そこで数年間ゴルフをしていたが、スポーツをするというよりは仲間と楽しむことが目的だった。シナトラと、彼の両親ドリーとマーティンと一緒に頻繁に時を過ごした。マーティンはニュージャージー州ホーボーケンで消防士として働き、市長の経験もあった。マーティンはいつもパスタ料理を作り、ユルはいつも大皿をきれいに平らげていた。

それからユルとシナトラはそれぞれジョニーウォーカーとジャックダニエルをロックで飲みながら夜まで話し込み、私はよくそのお酒を注ぎ、彼らが歩んできた奇妙な旅路の話を聞いていた。シナトラはユルより五歳年上だったが、世渡り上手というわけでなく、それはシナトラも大いに認めるところで、ユルとドリスがその臨機応変さでもって人生をうまく歩んできたことを称賛した。一方で、シナトラはニュージャージーの地元に根を張っており、ジャージーシティやマイアミからラスベガスに至るまで、シナトラが歌ったサロンを所有する「ビジネスマン」との繋がりがあったのも有名だった。ユルはマフィアとの交流までシナトラと分かち合うことはなかったが、長年のつきあいの中で大物マフィアと知り合うこともあった。例えば、シカゴマフィアのボスだったサム・ジアンカーナとは一九六二年に初めて会っている。ちょうど、ジアンカーナはジョニー・ロゼリと共にフィデル・カストロ暗殺計画に関してケネディ政権から相談を持ち掛けられていた頃だった。

フランク・シナトラと共に。

一九六二年十一月、ドリスとユルが切望していた私の妹、ヴィクトリアがローザンヌで生まれた。勝ち気で喜びに溢れた子どもで、母親とユルの姉の美貌をかけ合わせたような顔だった。その頃には、私たちはジュネーヴから車で一時間の場所にある、レマン湖に面した家へ引っ越していた。長い間、チャニヴァズと呼ばれていたその家は大きくはなかったが、ユルとドリスが望んだ完璧さを維持するためには多くの使用人が必要だった。肝心なことは、敷地内にビーチとボートハウスがあったことだ。毎年夏に、私たちはユルが特注した巨大な三百五十馬力のボートに引っ張ってもらって湖で水上スキーをした。このボートはユルが映画で稼いだお金で買ったため、「セブン」と呼んでいた。そのあとすぐにオリンピッククラスの五・五メーター級の軽くて速いヨットも追加された。ユルはレースのやり方を体系的に学んで知っていた。ウラジオストクで叔父のフェリックスと一緒にレガッタを見て以来、ヨットに乗りたかったとユルは私に言った。

チャニヴァズの客間や応接室には、印象派と後期印象派のコレクションが小さいながらもかなり充実し始めた。セザンヌ、ユトリロ、ブラック、モディリアーニ、ドンゲン、そしてピカソが壁に掛けられ、ファベルジェの六つの繊細な宝飾品がコーヒーテーブルを飾っていた。ガレージにはブロンズ色に輝くベントレーのコンチネンタルの横に、お抱え運転手付きのロールス・ロイス、ミッドナイトブルーの珍しいシルヴァーレイスが並んでいた。

五年前、私たちは西ロサンゼルスの渓流近くの控え目なバンガローに住み、母はステーションワゴンに乗っていた。それが今はスイスに住んだり休暇で訪れたりする本物のヨーロッパ王室のような生活をしていた。確かにユルはかなり急速に巨額の富を得たが、成金のようには浪費せず、その資格は十分にあるという感じで古い家柄の貴族と同じような使い方をしていた。ユリウスがボリシェヴィキに帝国を奪われてから四十年が経過した今、ユルは自分の素晴らしい王国を創り出し、父親のボリスがプリモーリエの王子として若い時にだけ謳歌していた贅沢の水準を存分に楽しんでいた。

しかし、一九六四年の終わりに米国国税庁（IRS）がスイスの住宅の正当性を否定し、百万ドル以上の滞納金を払うよう要求していることをユルは知った。ユルの弁護士は法廷に持ち込めば勝てると確信していたが、IRSは審理が確定するまでの間、将来の収入も含むユルのすべての米国資産を凍結すると脅してきたし、裁判は何年もかかりかねなかった。ユルはしっかりと守っていた法律に従えば払う義務のない何百万という税金を怒りながらも渋々支払った。それは恐喝であり、アメリカ市民である限り、IRSが決めたどんな金額でも請求してくる、とユルは話していた。

それから半年後の一九六五年一月、ユルはスイスのベルンにあるアメリカ大使館で正式な手続きを取り、アメリカ市民権を放棄した。一九四五年、ヴァージニアとの結婚によってアメリカ人に帰化したユルは、それから二十年を経た今、ユリウスから引き継いだスイスの市民権に逆戻りしたのだ。アメリカのマスコミには、アメリカに不信があるからではなく、戦争が起きた時に現在スイス国民の家族が離れ離れにならないよう措置をとったと短く説明した。この発言が大きく取り上げられることはなく、どうやらマスコミは、ユル・ブリンナーは独特で、出身国（国籍）の問題で「自分の思うとおりにする」〔「ローマ人への手紙」一二章十四節より〕と決めつけたようだった。

『タラス・ブーリバ』の後、ユルは年に一本か二本の映画を作り続け、エキゾチックな人物を取り揃えて演じた。『ザーレンからの脱出』（一九六二）のアラブ人、『太陽の帝王』（一九六四）のネイティブアメリカン、『あしやからの飛行』（一九六四）の日系二世の軍曹、『ガンファイトへの招待』（一九六四）の浅黒いクレオール。また、ナチスの艦長やユダヤ人将軍も演じ、のちには、インドのスルターンや、自由を求めて戦うユーゴスラビアの戦士を演じた。ユルは最高の俳優陣と一緒に仕事をした。マーロン・ブランド（『モリツリ／南太平洋爆破作戦』）、ジョン・ウェイン（『巨大なる戦場』）、カーク・ダグラス（『カーク・ダグラスとユル・ブリンナーの世界の果ての大冒険』）、クリストファー・プラマー（『トリプルクロス』）、ロバート・ミッチャムとチャールズ・ブロンソン（『戦うパンチョ・ビラ』）、ヘンリー・フォンダ（『エスピオナージ』）、オーソン・ウェルズ（『ネトレバの戦い』）、キャサリン・ヘプバーン（『シャイヨの伯爵夫人』）。それぞれの映画でユルは申し分のない演技をし、高額の報酬を受け取った。他の映画と比べて優れた作品もあったが、どれも芸術作品とは程遠く、ユル自身もそう思っていなかった。興行的なヒットにも恵まれなかった。

ユルはまだ時々パーティーで七弦ギターを弾くことがあったし、パリにいる時はレストランやクラブを訪れた。ユルの「ロマ兄弟」アリョーシャはグラン・セヴェリーヌ〔レストラン、ジャズクラブなどが入る建物〕の〈ツアレーヴィチ〉〈ラスプーチン〉〈ウォッカの家〉といったお店で以前と変わらず歌っていた。アリョーシャは五十代前半になっており、ユルに一九三五年に一緒に歌い始めた曲のレコーディングをしないかと迫った。そこでユルはニューヨークのヴァンガード・レコードに話を持ちかけた。ミシシッピ・ジョン・ハートのような歴史的な人物のレコードを、利益よりも大切な仕事を保存するために出した会社だった。ヴァンガード・レコードはロマのフォークソングのアルバム制作を提案した。

パリで数週間のリハーサルを行った後、レコーディングのために理想的な音響設備があるウィーンに行った。かつてショパンやリストが演奏したこともある十九世紀の反響室だった。後にベースギターが追加されたが、ウィーンでは三十年前と同じくユルとアリョーシャだけで歌った。『ふたつのギター』のようないくつかの曲はロシア歌謡のロマ版だったが、他の曲はロマの中で古くから知られる歌だった。たとえば、『迷子になった（アイ・アム・ロスト）』は約二百年前から伝わる歌だった。こうした歌の数々はアリョーシャの父親が半世紀前にラスプーチンの前で披露した歌だった。

アメリカで発売されたアルバムは、『ジプシーと僕』と題され、私は父にアルバムのライナーノートを書くよう頼まれた。私は当時十八歳で、アリョーシャやドミートリエヴィチ家族と何度も楽しい夜を過ごしていたが、人前で一緒に演奏したり歌ったりしたことはなかった。私は挑戦し、初めての出版物で、この音楽がいかにユニークかを、その根底に流れる激しいエネルギーを明らかにしながら描写しようと努めた。ロマ人について書くと同時に、父についても上手く書くことができたように思う。

ジプシーの「ここ」は「今」であり、彼らの変わらない住所は「現在」なのだ。ジプシーが移動する時、荷物はただ一つ、心にある。死にもの狂いの歓喜、楽しげな自責の念、そして、音楽への愛。すべてが次の野営地に必要なものなのだ……。金儲けのための歌はジプシーの歌ではない。彼らがもはやナイトクラブの「ガジェ」に魂を注ぐことがないのは、別のロマ人の手相占いをしないのと同じだ。ジプシーが売るものと永遠に持っておくものとの違いは明白だ。正しくは、「歌う」という動詞は自動詞、「誰かのために歌う」は金儲け、「叫ぶ」は表現なのだ……。アリョーシャが十九歳、ユルが十二歳の時に二人は初めてパリで出会った。ユルは仲間（クンパニア）の一人となったのだ……アリョーシャは衝動的で、小柄でタフな親分であり、また、ピエロでもある……。ユルは、エネルギーやインスピレーションそのもので、こだまを必要とする声なのだ。しかしアリョーシャはそのエネルギーを鍛えた。ユルの言葉は僕たちにとって異国のものであっても、痛みや爆発する喜びはそうではない。信頼、あらゆる感情の爆発、焼けるような痛みはユル自身のものであり、ユルは経験したそのすべてを歌っているのである。

アルバムの発売はユルの最も熱烈なファンを除いては話題にならなかったが、すぐに密輸入されたソ連では密かにいくつかのコピーが出回った。十年後、カセットデッキが使われるようになると、アルバムの海賊版が瞬く間にロシア全土に広がった。

一九六四年、セルジオ・レオーネ監督が『荒野の用心棒』を制作した。スペインをロケ地にしてイタリアで撮影されたカウボーイ映画がアメリカで成功したか否かはさておき、撃合いと暴力を特徴とする映画で世界市場を捉えることができると証明した最初の「マカロニ・ウェスタン」だった。ギャラの安いアメリカ人俳優の英語のアフレコを使って、ギャラの安いイタリア人俳優を起用し、良い編集と威勢のいい音楽で観客を喜ばせた。必要だったのは主役を演じるハンサムなアメリカ人ただひとりだった。この映画でレオーネはロサンゼルス出身の無名のテレビ俳優、クリント・イーストウッドを起用した。二年後、ユルはスペインのアリカンテ、ローマ、イタリアで『続・荒野の七人』を撮影したが、これはヨーロッパで撮影された最初の『荒野の七人』となった。アメリカ制作のものもあれば、俳優たちが英語を話すふりをする、いかにも「マカロニ・ウェスタン」といったものもあった。いずれにしても、記憶に残る作品はなかった。

この時期、ユルの俳優人生は不安定だった。『タラス・ブーリバ』の後、映画に全霊を注ぎ込むことをやめて以来、ユルは仕事に満足感を得ることがほとんどなくなっていた。ユルは今や、自分も彼の友人もすすんでは観ないような映画に出演していた。すべての仕事において完全なプロに徹することに変わりはなかったが（周囲にも同様にこなすことを求めていた）、一日が終わると、報酬を受け取って帰宅するだけだった。ユルはそういう役で尊厳を失ったことは決してなく、むしろユルが演じなければ何の価値も持たない役ばかりだっただろう。しかし、チェーホフやジダーノフと共に学んだ演劇芸術からはさらに遠ざかっていった。

スイスは依然としてユルの家だったが、徐々にスイスで過ごす時間は減っていった。イギリス、スペイン、アメリカで撮影がない時は、頻繁にシナトラの家を訪れていた。次第にドリスとの関係は張り詰めたものとなり、一九六七年十一月、二人は離婚する。ドリスとヴィクトリアは「チャニヴァズ」で生活を続けたが、ユルと私はクリスマスを過ごすためにパームスプリングスのシナトラの家に向かい、シナトラ家の家族と私の二十一歳の誕生日を祝った。スイス国籍のおかげでアメリカ市民権を放棄してから二年後、ユルはスイスを完全に放棄し、二度とこの地に住むことはなかった。

翌月、ユルの姉ヴェーラが乳癌でこの世を去った。そのわずか一年前に、ユルは姉の病気のことを知り、再び姉と話をし始めていた。ユルはヴェーラがロングアイランドの海岸に行き、シジェミを思い出しながら海を眺めることができるよう、すぐさま姉家族の金銭的援助をした。私は二人が和解した時にその場に居合わせたが、その後はいかなる禍根も残っていなかった。最後に会った時から十年が過ぎていたが、姉弟は昨日の遊びの続きを始める子どもたちのような口ぶりで話していた。ヴェーラはすでに重症だったが、自由に冗談を言ったり笑ったりするためには、モルヒネだけが救いだった。

ヴェーラ亡き後、ユルを子どもの頃から知っているのは二人だけになった。叔母ヴェーラと娘のイリーナとはずっと親密な関係を保っており、ユルは自分を育ててくれた女性として叔母のヴェーラをとても大切にしていた。ニューヨークを経由する時は必ず二人のもとを訪れた。目が不自由なヴェーラはイリーナに完全に頼っていたが、私と父が訪れた時はいつも興奮してとても喜んでくれた。ヴェーラはまだ英語が話せず、私はほどんどロシア語が話せなかったが、ヴェーラがユルに見せた愛情と同じだけの溢れる愛情を私にも与えようとしてくれたことに疑う余地はない。

しかし、私の父は過去の世界にほとんど愛着を持たない人だった。パリで母親と最初に住んだアパートのそばを車で通ってみようなどという考えがユルの頭をよぎることはなかったし、ニューヨークでジンと過ごしたクリーニング店の上のアパートのことを話題にすることもなく、少し回り道をして私たちが住んだロサンゼルスのブレンドウッドにある古い家を見に行くということもなかった。いろいろな意味で、ユルは自分の過去をウラジオストクと同じように見なしていた。それはずっと前に消えた二度と帰ることのない場所だった。ユルが生まれ故郷に帰ることを願うはずがなかったのは当然としても、なぜ過去の生活を懐かしむこともないのだろうか。「振り返るな」は、ボブ・ディランが現われるずっと前から、ユルのモットーだったのだ。

一九六〇年代後半に、ユルは再び人生を改作する。すべての所持品を徐々にパリに移し、マドレーヌ広場十八-二十にエレガントな仕事用オフィスを構えたにもかかわらず、ビートルズ時代のカーナビー・ストリート〔六〇年代ロンドンのファッション、音楽の流行最先端の中心地〕や世界初のミニスカートに象徴される「スウィンギング・ロンドン」での撮影にユルは多くの時間を費やしていた。いつも決まって泊まっていたのはハイドパークが見下ろせるドーチェスターホテルで〈アナベルズ〉や〈アレトゥーザ〉のような高級ナイトクラブで夕食をとり、その後は〈シビラズ〉や〈トランプス〉といった、新しい流行りのディスコに出かけた。一部の男性にとってはこうした行動は中年の危機のシグナルかもしれないが、ユルは十代の頃から馴染みある世界に戻っていただけだった。後にユルは黒い服ばかり着ることをトレードマークにしたが、一九六七年は従姉のイリーナが作った斬新なアクセサリーを含めて様々なオリジナルの洋服を試していた。ちなみに、イリーナの作品はサミー・デイヴィス・ジュニアがネクタイの代わりに身に着けていた。

女優ミア・ファロー（今となっては元シナトラ夫人）やロマン・ポランスキーといった若い友人たち、そして息子の私からもユルはポップ・カルチャーの感覚を理解し、マリファナを試すこともあった。一九六八年、ユルはピーター・セラーズとリンゴ・スターが主演の映画『マジック・クリスチャン』に少しだけ出演した。私は数年前にビートルズと親しくなっていたが、私が心底驚いたのはユルが六十年代の文化にすっかり夢中になったことだった……それも女装まで試したからだ。その時、ユルは長い金髪のカツラと金のラメが入ったドレスを着て、ノエル・カワードの『マッド・アバウト・ザ・ボーイ』

を歌っていた。ユルによれば、この女装というちょっとした愉快な冒険で証明できたのは、「女装したユル・ブリンナーは気持ち悪い」ということだけだった。

一九六八年頃、ユルはもう恋をしていることを隠さなくなっていた。ナチス占領下のパリで育ったジャクリーン・ティオン・ド・ラ・ショームは娘のソフィーを育てていたが、未亡人になったばかりだった。ガリア人的な美貌と相まって、彼女の気品ある女性らしい振る舞いによって聡明で極めて誠実な人柄の魅力が高められていた。ユルとジャクリーンが互いに強い愛を感じていたことに疑いはなかったが、何よりもまず強い友情を育んだ。二人はとても見事に調和していたので、二人並んで静かに座っていると、その沈黙の会話を邪魔するのも憚られ、人は話しかけるのを躊躇した。ユルはコンコルド広場のそばにあるジャクリーンのアパートに二年間住んだが、そこはかつてハルビンを後にして最初に住んだ場所から二キロも離れていなかった。フランスでの生活はユルにとってごく馴染みあるもので自然なことだった。ユルはフランス人特有の気まぐれや強情さを好んでいた。

ユルとジャクリーンは住みたかったノルマンディーに家を見つけた。約五百年前に建てられた古いお屋敷だった。ユルは十代の時にドーヴィルで過ごした夏の幸せな思い出をずっと大切にしていた。クリックバッフの「マナーハウス」〔中世ヨーロッパの荘園（マナー）で地主の荘園領主が建てた邸宅〕は、元は百年戦争の間に建てられた二つの石造の棟で、十二メートルほど間があいていた。十六世紀の初めに二つの塔はモルタルを使った三層の梁材でつながれ、城のようになった。何世紀も経て幅約六十センチの梁が互いにわずかに曲がり、有機的な構造の力強くも慎ましい雰囲気を醸し出しながら、何世代もかけて形作られた、あふれるほどの魅力と個性を備えた家だった。ユルの映画の仕事のほとんどがパリかロンドンだったため、家の立地は便利だった。

一九七一年九月二十三日、ユルとジャクリーンはドーヴィルで結婚した。私は結婚式とそのあとクリックバッフで行われた小さなパーティーに出席したので、父がそれまでに見たことのないほど幸せそうにしていたのを証言することができる。私が最もぶざまだった時に実にひどい振る舞いをしたにもかかわらず、ジャクリーンは誠実に変わらぬ友情を持って接してくれた。そして、娘のソフィーに対して誠実に愛情を注ぎながらユルに献身的に尽くした。ソフィーのことはユルもとても可愛いがった。

一九七四年の秋、ユルは飛行機でサイゴンへ向かった。計二回の訪問のうちこれが最初だった。ユルとジャクリーンは子どもを切望していたため、ミア・ファローが初めて養子をとった孤児院で、養子として娘を迎えることにしたのだった。ユルはベトナムから女の子を連れて戻り、ミアと名付けた。それから一年後、あと数か月で南ベトナムが降伏するという時にユルはサイゴンに戻り、私の一番下の妹を渡航させる手続きをとった。孤児を運ぶ飛行機が墜落した悲惨な事故で奇跡的に生き残った女の子で、無事にフランスに到着し、メロディと名付けられた。ミアとメロディがやって来たことで家の中はぱっと明るくなり、笑いに包まれた。家は子どもたちとペットでいっぱいになった。

ヘンリー・フォンダからカーク・ダグラス、ユル・ブリンナーに至る全スター世代にあう映画の役はどんどん減っていた。だから、有望な若手作家で映画監督のマイケル・クライトンから『荒野の七人』の役を再演するよう依頼を受けたのは幸運だった……ただしそれは、「ロボットとして」だった。『ウエストワールド』（一九七三）はわずかな予算の中、たった十七日間でハリウッドで撮影された。撮影は退屈だった。しかし、シュワルツェネッガーの『ターミネーター』に先んじる殺人マシーンとしてのユルの演技は今見ても面白くて新鮮だ。突然制御不能になったり入場客を殺し始める従順なロボットと合わせて、テーマパークというモチーフも人気となった。マイケル・クライトンはおよそ二十年後、同じプロットを自身の小説の恐竜でよみがえらせ、映画『ジュラシック・パーク』を制作した。

ユルはこの時点で俳優の仕事がほとんど「マカロニ・ウェスタン」で成り立っていることにうんざりしていた。役者人生で新しい選択肢を求めて方向転換しようとしていた。映画監督になることについては、しばしば考えた。CBSの経験があるから俳優から監督に転身したほかの俳優――一番有名なのは初期マカロニ・ウェスタンのスターだったクリント・イーストウッドだが――よりもはるかに豊富な経験があったからだ。しかし、多くのハリウッドのスタジオ上層部と和解し難いほどの軋轢を抱えていたし、監督をしたいと思うような企画を真剣に探すこともなかった。

一九七四年にはユルは舞台に戻る準備を整えていた。昔からの友人であり恩師のジダーノフから、『オセロ』の主役をやらないかという誘いを受けたのだ。最初はロサンゼルスで公演し、その後ブロードウェイで限定公演をする予定だった。ユルは引き受けた。私はその前に舞台に戻る気はないのかと父に尋ねたことがある。その時は映画の世界で二十年働いた後では、週八回の厳しい公演スケジュールに戻る気がしないと鼻で笑っていた。しかし、『オセロ』の出演によってユルは芝居が好きだったことを思い出し、チェーホフ劇団による『十二夜』のアメリカ初演を演出した信頼する「先生」の指導のもとで磨いた演技技術の基本に立ち戻るきっかけを得た。私はこの共同制作の展望に非常に興奮した。

しかし、ユルは劇場に戻ったものの、ユルのオセロが実現することはなかった。当時、ブリンナーが舞台に戻って来るという噂が広まり、他の出演依頼もあったからだ。十年前に『ラ・マンチャの男』を制作したチームからホメーロス『オデュッセイア』のミュージカルで主演依頼が来たため、ユルはすぐに合意した。一九七五年の後半にブロードウェイで開演する前に半年間の全米公演を行う計画だった。ユルは興行収入の大部分を受け取ることを条件に主役を引き受けただけだった。

ユルは『オセロ』に関してそれ以上話をしたがらなかったし、実際、ジダーノフと二度と話すこともなかった。あらゆる役でジダーノフと共に仕事を続けてきたグレゴリー・ペックが何年も経ってから語っている。すでにいくつもの劇場を押さえた後の『オセロ』のキャンセルによってジダーノフは心を痛め、失意のどん底にあったと。[*37]

『オデュッセイア』は一九七五年一月、ワシントンDCで初演を迎えた。この作品にはうまくいかない点がたくさんあった。主演女優の歌い方があまりにオペラ的で芝居がかっていたし、エリック・シーガル（ベストセラー小説『ラヴ・ストーリー（ある愛の詩）』の著者）の書いたホメーロスの翻案は笑ってしまうほどの駄作だった。ギリシャの戦士を演じるブロードウェイのダンサーたちはぎこちなく、曲が耳に入ってこない。それでもユルにとっては胸躍る、変化に富んだ経験だった。ユルは作曲家兼プロデューサーや出演者たちと一緒に作品を創り上げていく過程を楽しんでいた。それはチェーホフと共に積み上げた仕事とはかけ離れていたが、ユルが近年出演した映画製作よりはずっと創造的だった。結果として、ユルの演技は目覚ましいものだった。年老いた乞食の姿でイタケーの宮殿に戻ってくるオデュッセウスをユルは感動的なまでにコミカルなキャラクターに仕上げた。エドマンド・キーン〔十九世紀はじめに当時最高と讃えられたイギリス俳優〕が死の床で言ったように、喜劇は難しい。その上、週八回の公演はかなりきつかった。ユルは努力を惜しまず全精力を注いだが、このミュージカルを救うにはそれだけでは足りなかった。ブロードウェイに辿り着く前の巡演の途中でこのミュージカルは『ホーム・スウィート・ホメーロス』と改題されたが、安っぽい言葉遊びそれ自体が良い兆候ではなかった。結局、一九七六年一月四日にブロードウェイで開幕した公演は、その日の夜に閉幕した。終幕を伝えた劇評には情け深い言葉が並んでいた。

しかしその頃すでにユルは『王様と私』の再演を決意していた。最後にシャムの王を演じて以来、二十二年が経過していた。

25

一九七六年七月、ユルと『王様と私』の新しい一座はインディアナポリスでリハーサルを開始した。ブロードウェイの開演前に半年間の地方公演を予定していた。一九五一年にイライザ役を演じた振付師のユリコが演出をし、ユリコの娘のスーザン・キクチが今回のイライザ役を演じた。アンナ役にはコンスタンス・タワーズが選ばれ、温かみのある英国人教師の雰囲気をうまくかもし出した。

リハーサルが始まる少し前、ユルの声帯のひとつに前癌状態の組織が見つかった。これはきれいに取り除いたが、数日間は痛みが残った上に、ほとんど声を出せなかった。しかしユルは再び王様を演じ始めると気分は上々で、昔の役柄にのめり込んでいった。また、他の俳優たちがユルのパワフルな声に唖然としたほどだった。手術の翌日は、まったく声が出せなかった。かろうじて出せたのは、体内から血がどくどく流れ出るかのような、喉から搾り出す鈍いうめき声だけだった。その次の日はさらに悪化した。リハーサル最初の週は話すこともままならず、その翌週になってもさほど回復しなかった。ユルの声帯は治らなかったのだ。

私が初演の数日前にインディアナポリスを訪れた時、状況は悲惨だった。三週間、ユルはリハーサルを声を出さずに動作だけでこなしていた。主治医は、さらに七十二時間は囁き声も出さないようにと指示したが、ユルには代役がいなかった。制作側も代役では観客が来ないことをわかっていた。ドレスリハーサルのチケットは一般に発売されていたし、公演をキャンセルすれば今後劇場をおさえるのに支障が出かねなかった。

そこで私は、差し出がましいことは百も承知で、およそ許されそうもない決意を提案した。私がオーケストラの指揮者の隣にいて、ステージ上のユルの動作に合わせ、王様の声の吹き替えをするというものだった。セント・ジェームス劇場の舞台裏で育った私は、すべての音節や抑揚を熟知していた上に、私の声は音色や響きが父の声にそっくりだったからだ。ユルはホテルのスイートルームで試してみるまでは成功するとは信じていなかった。そして、ここ数週間で初めて笑顔を見せたユルは、私の試みに同意したのだった。

公演の夜、観客に私たちの計画を公表してから、私とユルは史上初の親子共演を果たし、数千人の聴衆とユニークなひと時を共有した。ユルは自身の遺産である息子の声で演じられた王様に耳を傾け、私たちはこれ以上ないほどに親子の距離を近くに感じていたかもしれない。初めての舞台稽古から四半世紀を経て、ユルは息子と共に王様を演じ、そしてその一晩だけはシャムの玉座を分かち合ったのだ。

一九七七年五月、『王様と私』がブロードウェイで開幕した。洗練されたニューヨークの聴衆が、オリジナルを演じたスターのミュージカル初再演にどのように反応するのかは未知数だった上に、映画『サタデー・ナイト・フィーバー』に象徴されるディスコ時代に、この芝居がどんな魅力を持つのかと懐疑的な意見もあった。

ニューヨークタイムズは、『王様と私』はニューヨークの演劇界にとって「黄金時代の名残」だと明言し、次のような批評を掲載した。

　ユル・ブリンナーは偉大な俳優だ。百歩譲っても彼の演技は偉大だ。それは彼が何をするのかではなく、彼が誰であるのかによってそうなのだ。ブリンナーは彼の個性という目に見えないスポットライトに照らされた舞台の上を歩く。ブリンナーのしぐさ、身振り、動作は機械のように正確で、ダンサーのように優雅だ。しばしばブリンナーは、完全に動きを止める。その時、彼の身体は時間から切り取られたように見える……彼は支配する……しかし魅了する。サヴィル・ロウのスーツを身にまとい、マセラティに乗るチンギスハンなのだ。[*38]

この役で初演を迎えた後、ユルは四半世紀をどのように見ただろうか。ニューヨークタイムズは、「情熱的で得意げな笑みを浮かべ、魅力的な荒々しさを持つブリンナーは、オリジナルの時とほとんど変わらない」とある。また別の記事では、「ブリンナーは五十六歳だと言うが、鍛えられ均整のとれた身体はいつも変わらない。本人曰く、初めてこの役を演じた時よりも、今の自分の方が役柄にぴったりだと感じている」とあった。ユルがまだ三十歳の時に演じたのは六十歳近くのシャム国王の役だった。だからこの場合、徐々に役に馴染んでいった俳優ということになり、シェイクスピアの劇で年老いた役者が演じる十代のハムレットとは違う。

今や、新しい世代がユル・ブリンナーを知るようになった。連日連夜、一九五一年からユルの大ファンだという多くの女性客が郊外からも押し寄せたが、ご婦人たちは夫の代わりに成長した娘を連れてくることが多かった。そして母は娘の隣でうっとりと恍惚の表情を浮かべた。毎週水曜日の昼公演では、会場には明らかに淫らな雰囲気が漂っていた。

健康面では治療を要した。この時期、空中アクロバットで損傷した背中と、一九五七年の『カラマーゾフの兄弟』撮影中に傷つけた脊椎の痛みがずっと続いていたからだ。声帯のケアには特に注意が必要だった。ユルが過ごす部屋のすべてに加湿器が置かれた。ユルは五十代前半にはタバコを止めていたが、よく息切れがしていた。それでもやはり、かつてスターダムにのし上がった頃のことを時には慎重に追体験することで、ユルは若返っていた。

ユルとジャクリーンは、マンハッタンのアッパー・イーストサイドにあるヘンリー・フォンダと妻シャーリーが所有する一軒家を借りていた。ミア、メロディ、二人の乳母と共に、温かく安定した家庭がそこにはあった。ほぼ三年間は休むことなく公演を続けたため、ノルマンディーの家にはめったに行けなかった。ユルは年に二週間だけ滞在する高価な不動産を維持するために、一年のうち五十週間を公演のために過ごしていたことになる。それでもその家は我が家であり、ユルにはとても愛着があった。

一週間に三時間の公演を八回こなすこと（夜公演の六回に加え、二回の昼公演）が規律のとれた日課になったし、それをジャクリーンもよく分かっていた。ユルの一日は午後の六時を中心に回っていた。軽い夕食をとった後、楽屋に到着すると二時間かけてメイクをし、電話をしたり夜のニュースを見たりしながら着替えて準備をする。十一時に幕が下りた後は、シャワーを浴びて、楽屋に来た訪問客に会い、それから街に繰り出す。大抵、「スタジオ54」か他の熱気溢れるスポットで数時間を過ごし、エネルギーを発散した。夜中の三時までは眠らず、朝の十一時に起きてから大量の朝食を食べた。それから数時間は雑用をこなすための時間で、その後はまた同じ日課を繰り返した。巡業中は昼公演が土日に行われたため、劇団は毎週末わずか三十三時間の間に、十二時間を公演に費やしていた。唯一の休みの月曜日は次の都市へ移動日だった。稀に休みができたが、ユルは続く十年もこのような生活を続けた。

『王様と私』のニューヨーク公演は十八か月間満員御礼を続け、一九七八年に閉幕した。数か月後、ユルはロンドンのパラディウム劇場でイギリスの映画女優ヴァージニア・マッケナをアンナ役にして、まったく新しい演出をするためにリハーサルを開始していた。ユルはそれまでロンドンで重要な役を演じたことはなかった。最後に演じたのは三十年前で、短命に終わった『黒い瞳』だった。イギリスでは、『王様と私』はさらなる賞賛を浴び、英国王室が臨席するテレビ番組「ロイヤル・バラエティ・パフォーマンス」の収録にも参加した。皇室の衣装に身を包んだユルは舞台裏でエリザベス二世と挨拶を交わした。

その後の二年間、ユルとジャクリーンはテムズ川沿いのチェルシー堤防近くの居心地の良い家に住んだ。ロンドンからノルマンディーまでは日曜日の夜にチャーター便で飛び、火曜日にまたロンドンに戻ることが可能だった。それは、ミア（七歳）とメロディ（六歳）、またジャクリーンにとっても特にありがたい癒しとなった。ユルにとっては近年買い集めた数十羽の白い伝書鳩の様子を見るのが楽しみで、特別注文で贅沢な鳩小屋も作った。また、十五世紀からある二つの塔のうちひとつに朝食用の小さな部屋を特別に設計し、そこで習慣になっている大量の朝食を食べるのが何よりの楽しみだった。

一九八〇年七月十一日、ユルの六十歳の誕生日を祝うためにブリンナーの家族がこの家に集結した。私は妻のエリザベスと共に当時住んでいたニューヨーク北部から駆けつけ、スイスの湖畔に住んでいた十七歳のヴィクトリア、ユルが自分の娘として可愛がっていたジャクリーンの長女ソフィーが同席した。オーストリアにいた私の妹ラークは、ユルのもとを時々尋ねてはいたものの、この日はいなかった。

一九八〇年がもうひとつの節目でもあることにユルは気づいていなかった。ユリウスがウラジオストクに会社を設立したのがちょうど百年前だったのだ。

ロンドンで公演を行っている間に、ユルは国際ロマ連盟（ＩＲＵ）の名誉会長に就任した。約十年前にヨーロッパに住むロマの政治的権利の獲得を目指して始まった組織である。それまでロマたちはいかなる政治参加も拒絶していたが、いくらガジェを信用することを拒否しても、ロマが移動する場所はどこでも状況は危険だった。ティンカーと呼ばれるアイルランドの移動型民族集団をはじめ、正確な数は不明だが、数多くのロマがハンガリー、チェコスロバキア、ルーマニアなどの中央ヨーロッパに住んでいた。ユルはイギリスのティンカーのために学校設立の資金援助をし、彼らを代表して力強く発言した。ユルは国際ロマ連盟と協力しながら、ロマ人のための正式な法律顧問を国連に任命させるという目的で、ヨーロッパにおけるロマの利益を結集することに力を貸した。しかしながら、そうなる前に異なる部族（シンティ、マヌーシュ、カーレ、ロマニチャル等）同士が衝突し合い、ほとんど成果を得られなかった。

『王様と私』がロンドンで閉幕する頃、ユルは週八回の公演をこなしながら過ごす生活がほぼ七年(『オデュッセイア』の巡演以来)になっていたが、さらなることに取り掛かろうとしていた。数か月の休暇の後、ユルは新しくアメリカ巡業劇団を立ち上げた。ただし今回は、『ラ・マンチャの男』の作曲家ミッチ・リーとの共同経営のプロダクションだった。ユルの説明によれば、テレビ広告を始めるために、プライベートバンクから約五十万ドルを借りたということだった。ワシントンDCをはじめとする地方局で三十秒スポットのテレビ広告をうった。前売り券の売り上げでお金がどんどん入るようになると銀行のローンを完全に返済し、それから舞台セット、衣装、給料なども含めプロダクションの開業費を捻出した。すべてを初演当日までに行った。これは銀行やその他の貸金業者に利息を支払わなくてもすむ前例のない優れた資金調達手段だった。

自分が主演する公演の共同経営者になったことで、少なくともユルは、「背広組」「ブラウン・シューズ」「お金を吸い取る吸血鬼」たちからついに解放されたかのように感じていた。俳優業を始めて以来、さんざん戦ってきた相手たちだった。……しかし今や、自分のボスはユル・ブリンナーだった。もしユルが演じることができなければ、すべての収入を失うだけでなく、「ナット」と呼ばれる公演の運営経費も支払わねばならない。

1979年の『王様と私』ロンドン公演で楽屋に訪れたエリザベス女王と。

それは一週間におよそ二十万ドルかかった。この新しい企画は、背骨や脚の痛みがかなりひどくなった時でも演じ続けなければならないことを意味した。「芝居は続けねばならない」というのが、無慈悲なスローガンとなった。

ユルは、役者兼マネージャーという伝統的なヨーロッパのやり方をとった。ユルと同時代で最もよく知られているのは、シェイクスピア俳優兼マネージャー、付き人だったロナルド・ハーウッドの戯曲『ドレッサー』で描かれたドナルド・ウォルフィットで、自身の経営する劇団でイギリスを巡演し、すべての作品に出演した。ユルは一九三八年にウォルフィットの『マクベス』を観ている。マイケル・チェーホフも、巡業劇団でもあった「チェーホフ・プレイヤーズ」で主役を演じていたが、それはウォルフィットをモデルにしていた。巡業公演を何年こなした後でも、ユルは月に一度、すべての配役確認のため全体練習を行い、プログラムやTシャツの売り上げを調べ、会社の人件費も管理した。

どこかの放浪の民のごとく、シャムの王国は再び全米をまわった。ピッツバーグやフィラデルフィアのような都市では、五、六回目となる王様を演じた。

一九八一年の夏、ユルとジャクリーンの婚姻関係が終わった。おそらく、最も心を痛めたことは、十年以上にわたって大きな力の源泉となっていた友情関係も終わってしまったことだった。二人の娘ミアとメロディには、ユルは変わらず献身的な父親に徹し続けた。

26

公演に続く公演で身を粉にして働く中で、幼少期と青年時代をおおっていたロシアの遺産は、ユルの中から消え去っていた。もはやギターを手に取ることもなかったし、ロシア語を話す機会もほとんどなかった。イリーナを除く家族は皆他界し、イリーナとも彼女の母親ヴェーラが亡くなってからはめったに会わなくなった。そしてあの時以来、ジダーノフと会って話すこともまったくなかった。動乱の記憶の他に、ロシア極東のことを思い出すことがあっただろうか？　ウラジオストクを訪問しようなどという話は一度もなかった。六十年の間に、ソヴィエト全体主義はロシア文化の伝統を抑圧、払拭し、ユルが洗礼を受けたウスペンスキー聖堂を含めたロシア正教会を破壊し、都市の名前を変えてしまった。まるで何かを清算するかのように。恐怖、不信、歴史の否定という凄まじい不快感以外に、何かを見出し得ただろうか。

冷戦時代のはじめには、ウラジオストクの軍港は太平洋艦隊の原子力船の母港になり、そのため普通のロシア人でさえも訪問を厳しく制限され、「閉鎖都市」と宣言されたため、アメリカの映画スターなど行けるはずもなかった。そして、『荒野の七人』がどうあれ、共産主義体制ではユルを招待することもあり得なければ、ましてやブルジョアの祖先が極東開発に貢献したことを強調するなど、あるはずもなかった。ブリナー家を記念することは犯罪に問われる恐れもあった。ソヴィエト政府はブリナー船会社を所有し、「ダリネゴルスク」と改名したテチュへ鉱山を運営し、第二次世界大戦中に弾丸用の鉛を供給するという重要な役割を果たした。

一九八〇年代前半は、スターリン、フルシチョフのあとを受けたブレジネフ時代がまだ続いていた。一九二八年以降、この三人だけでソ連の人々を支配した。そして、ある部分では膨大な軍事費を（レーガン大統領が戦略的防衛構想を打ち出すずっと前の）アメリカとの核軍備競争に費やしたことで、またある部分ではアフガニスタンでの帝国を思わせる冒険主義と失敗した急襲によって、国を疲弊させた。あの急襲はニコライ二世の鴨緑江をめぐる冒険と似ていなくもない。しかし、中央指令型経済は、他の個々の失敗よりも、たった一回の五か年計画ひとつでソヴィエト経済を崩壊させた。国のすべての事業がモスクワの監督下になければならず、小さな売店でさえ個人が所有することはできず、必ず巨大な共産主義官僚によって支配されなければならなかったし、その官僚の汚職は社会実験にさらなる悪影響を及ぼした。この大規模な全体主義国家は強制収容所に送られた数多くのロシア人の傷ついた身体に依拠していたのだ。

世界中に散らばった多くのロシア人と同じく、ユルも再び故郷を目にしたいという願望など遠い昔に捨ててしまっていた。

ジャクリーンと離婚して間もなく、ユルは再び結婚した。四人目の妻、キャシー・リーは二十五歳でマレーシア生まれだった。ロンドンの『王様と私』一座のダンサーで、その頃は『アンクル・トムの小屋』のバレエ版で主役のエライザ役をやっていた。二人は一九八三年四月四日にサンフランシスコで結婚した。彼女といると、ユルは楽しく居心地がよかったようだ。

五か月後、ロサンゼルスでユルは四千回目の王様役を祝った。アメリカ演劇ではこの記録に並ぶ者はいない。「王様に乾杯」と銘打った祝賀会が開かれた。この芝居の作曲家と脚本家の未亡人、ドロシー・ロジャースとドロシー・ハマースタインが主催する晩餐会だった。

その日にユルは自分が手術できない肺ガンを患っていることを知った。数時間後にはいつものように舞台に上がり、王様の死の場面を演じていた。

ユルは十二歳の時から五十歳になるまで、一日に二箱から四箱のタバコを吸っていた。たいていゴロワーズだったが、オールドゴールドとキャメルも吸っていた。ユルは数多くのハバナ葉巻を集めて吸っていたし、リチャード・ブルックス監督の影響でパイプを楽しんだ時期も少なからずあった。広報担当者がファンに配布するために選んだ写真はいつもタバコを持ったユルだったし、同じく肺ガンを患ったハンフリー・ボガートのように、可能な時はいつでもスクリーンでも意図的にタバコを吸った。

選んだ治療は化学療法ではなく放射線治療だった。ユルは俳優を続けたが、ガンを公表したとたんにチケットの売上げは急落した。活動休止に踏み切り、肺の腫瘍は外科手術で切除するには心臓に近すぎたので、治療で様子を見ることになった。その間に、ユルは若い花嫁とノルマンディーに引っ越した。ドイツのブレーマーハーフェンの医師を訪ね、主にニンジンジュースを主体とした食事療法を処方してもらったりもしている。

ユルは残りの力をふり絞って病気と果敢に戦い、一時的に緩和した時にはガンを克服したと解釈した。ユルの想像力が意志と合わさることで、病気に負けないということを確信したのだ。アルバム『スリラー』をリリースしたばかりの新しい友人マイケル・ジャクソンがユルのために「ガンに勝利」と題したパーティーをスタジオ54で共同開催し、そして信じられないと言うしかないが、ブロードウェイで一九八四年三月から半年間の『王様と私』のさよなら公演ツアーを発表しようと提案してくれた。六十三歳の時に手術不可能なガンが快方に向かい、ユルは共同経営者のミッチ・リーと共にさらに十八か月の公演を予定していた。

肺ガンによってユルの仕事の習慣や選択の仕方が変わることはほとんどなかった。突然の病気で敗北を認め、フランス語を話せない若き妻を連れてノルマンディーに隠居し、慣れ親しんだテレビ番組から離れ、長い付き合いの数少ない友人たちに会えなくなることは、週八回の公演をこなすよりも難しいことだった。ユルはあるジャーナリストに語っている。「極東で育ったことが役立っているんです。人は、明日が来るかどうかわからない状態で寝ると、毎日明日が来ることに感謝するはずですし、その気持ちを最大限に生かさねばなりません。それはすべてに影響するのです。どれほど注意深く耳を傾けるか、どのように物事を味わうか。僕は寝ながら病気がどうなるのかを見て待つだけの自分を想像できなかったのです。二、三千人の観客がスタンディングオベーションをするような演技をする方がよっぽどいいのです。選択はとてもシンプルです」。

ユルはできるだけ頻繁に娘のミアとメロディが来られるように計らい、パリからはヴィクトリアがユルのもとを訪れた。ユルは娘たちに会う時はとても優しかった。私がサンフランシスコにいるユルを訪れ、その後九月にもボストンで会った時、父はとても小声で話した。その頃には毎日行う治療に加え、メイクアップ、公演、そしてメイク落としのルーティンでユルの一日はいっぱいになり、他のことをする時間はほとんどなかった。

メイクは最も難しい仕事のひとつになっていた。毎晩、ユルは労を惜しまず王様の顔を作り上げたが、四千回を数えた公演からくる疲労感がにじみ出ていた。明るい光の下で鏡を前にすると、ユルは顔と身体の変化に嫌でも気づかされるのだった。ボストンでメイクをしていた時、ある切ない瞬間があった。ユルが鏡に映った私の目を見つめ、深いため息をついて言った。「ロック、わかるかい、今はステージに立つ時だけが幸せだよ」。

しかし、それは真実のほんの一部に過ぎなかった。ユルは自分がしたいと思って選んだことをしていたのであって、他の道はとらなかっただろう。私も含めて、ユルを愛する人たちも皆、ユルの痛みとやり切れなさを見守ることは非常に辛かった。

一九八四年三月、ユルはニューヨークのハードロックカフェのオープニングに出席するため、ボルチモアから飛行機で飛んだ。私が最初にユルに紹介したこのカフェは私の友人アイザック・ティグレットとピーター・モートンが七〇年代初頭にロンドンで設立し、私はマネージャーを務めていた。ユルをニューヨークでの展開に投資するよう誘うと、快く参加してくれたのだ。オープニングでは長年の友人ローレン・バコールや、CBS時代に共に仕事をした報道記者で、三十年ぶりに再会したウォルター・クロンカイトと多くの時間を過ごした。また、ダン・エイクロイドやエディ・マーフィーといった、今をときめく若きスターたちとも楽しい時間を共有した。

一九八五年一月七日、ブロードウェイ劇場で『王様と私』のさよなら公演が行われ、続いてハードロックカフェで別にパーティーをした。初演を記念して、サーチライトがマンハッタン上空を照らし、一九五一年当時と同じように騎馬警官が楽屋口でユルを警護した。
日曜日のニューヨークタイムズの見出しには、「俳優がひとつの役柄の虜になる時」と書かれていた。ブロードウェイ開演の直前に掲載されたこの記事にはハーシュフェルド〔主にブロードウェイのスターやセレブの戯画を描いた〕が描いた王様のユルの風刺画が全面で添えられていた。

この役を演じ始めてから三十三年を経て、ブリンナーが帰って来る。……ひと家族が三世代にわたってそれぞれにブリンナーの演技を楽しむ機会をもった。最初の作品を観た祖父母、一九七〇年代後半の再演を観た両親、そして今、子どもたちである。

……これは、ひとつの環が閉じられる「完結」の記録である……ブリンナーは「さよなら公演」と呼んでいるが、昨年大きく報道されたガン治療のことを考えれば、動揺せずにはいられず、二重の意味が読み取れる。ブリンナーによれば、放射線治療の結果、今は「完全緩解」にあるという。胸と腕のたくましい筋肉や深くよく響く声は、六十代半ばにしては非常に強健な身体である。

ニューヨークタイムズではフランク・リッチは次のような劇評を展開した。

ユル・ブリンナーの『王様と私』は、現代の最も長く続いた花形公演であり、演技力や忍耐力すらも、もはや偉業と見なされることはない。三十年以上の断続的な巡業公演を経た後では……ブリンナーはもう、ただシンプルに「王様」なのだ。俳優と役柄がひとつのイメージに融合し、自由の女神像のように集団意識の一部として固定されてから久しい。我々はブロードウェイで行われるブリンナーの「さよなら公演」に新たな解釈を求めて観に行くのではない。そんなことはとんでもない！　我々は王様にお辞儀をするために観に行くのだ。俳優の演技はもはや儀式であり申し分ない。この俳優が取り入れた王に相応しいひとつひとつの姿勢、尊大な笑い声、「諸々の宣言」をする時の厳しい口調といった高度な様式美は、軍隊生活のような厳格な決まりに対する自己風刺ではなく、時代を超えた歌舞伎と言えるものである。

全体としては、劇評の多くが公演に対してあまり思いやりのあるものではなかったが、それがチケットの売上げに影響することはなかった。当時の最新ミュージカル『キャッツ』も含め、街中のすべての舞台を凌駕していた。そして、ほとんどの批評がニューヨーカー誌の簡潔な評に同意した。「必ず観るべし」。

同年春のトニー賞で、ユルに特別功労賞が与えられた。出演者、ロジャースとハマースタイン、マイケル・チェーホフ、ジダーノフ、および家族に対してユルは感謝の言葉を述べることはなかった。受賞演説は極めて簡潔だった。「僕はユル・ブリンナーにただ感謝したい。結局のところ、彼はかなり良い俳優だと判明したのですから」。

一九八五年六月三十日がユルの俳優業最後の演技となった。王様役を演じて四六三三回目の演技だった。多くの観客にとって、その日は演劇史に残る超絶な夜だった。舞台裏に集まった出演者や友人たちに、私は最後に乾杯で締めくくることを提案し、「王様万歳！」と声を合わせた。翌日、フランスの自宅に戻る前にユルはロサンゼルスに飛び、親しい友人のエディ・ゴッツを見舞った。彼女もガンに侵されていたからだ。ユルにとっては、精神的にも肉体的にも辛い旅だったが、数少ない友人を大切に思う気持ちに迷いはなかった。その後、ユルは妻のキャシーと一緒にノルマンディーに向かった。

しかし翌月には、痛みを軽減するための治療を受けるため、ニューヨークに再び戻っている。九月のはじめにニューヨーク病院に入院し、ひと月が過ぎた。最後の演技からわずか百日目の一九八五年十月十日、父はこの世を去った。ほぼ家族全員が病室に集まっていた。私は父が息を引き取る時、父の手をずっと握っていた。

数か月後、アメリカ癌協会はすべての放送局で公共広告を放送し始めた。そこには、カメラを見つめてこう訴えるユルがいた。「僕が病気で、時間に限りがあると分かった時、本当にコマーシャルを作りたいと思ったのです。言いたいことはこれだけ、とにかく言いたいことは、タバコをやめなさい、何はともあれ絶対にタバコだけはやめなさい』」。このコマーシャルは三年間放送され、お墓からよみがえったかのようなユルが話す言葉を聞いた多くの人が喫煙をやめたという。二十年後、ニューヨークタイムズは、「忘れ難き最後の演技、自身を殺した殺人鬼に王が復讐をした」[*39]と題してその広告を記念する記事を掲載した。

## 第四章　ロック・ブリンナー

私は私が知る人すべての寄せ集めにすぎない。
赤い帽子の道化（一九七二）

### 27

ユリウス・ブリンナーから始まった遍歴（オデュセイア）は、私の父で終わらなかった。

私は幼少時代のほとんどを旅をしながら過ごした。『王様と私』の巡演に同行した時、私は七歳だったが、それまでにも『リュートソング』の公演ですでに各地をまわっていた。二歳の時はロンドンで、イギリス訛りの英語で初めて話し始めた。しかしいずれにせよ、「家」はマンハッタンのアッパー・ウエストサイドだった。そこは私が学校に通い始めた場所で、受けるに相応しくない神童の称号を得た所だ。というのも、私はチェスが得意で、セントラルパークでチェスに興じていた老人たちを何ゲームか打ち負かしたからだった。父はそれをとても喜んでいた。

母は私が周囲の世界に好奇心を抱くよう、できる限り刺激してくれた。一人っ子だったこともあり、私は小さな頃から貪欲に読書をするようになった。私の探求心を常に応援してくれたので、気持ちがあれば何でも学べることを教えてくれた。幼い頃、ユルが家具を作るところを見て、私は道具にすっかり魅了されてしまった。そこで私の母が中古店で壊れたラジオを買ってくれたので、私は何時間も夢中でラジオを解体した。叔母ヴェーラの夫の助けもあり、八歳になる頃にはヒースキットのトランシーバーを組み立て、初級アマチュア無線免許を取得した。インターネットが普及する四十年前に、私は世界中の友人や見知らぬ人と瞬時にコミュニケーションがとれるようになったのだ。

　私はギターを弾きながら歌う父の歌を聴くのが好きだった。謎めいたロマの言葉を聞き、父の幼少期が私の幼少期といかに違っていたのかに思いを馳せ、何百万もの移民の子どもは同じような体験をしているのだろうかという思いにとらわれた。私が六歳の時、テレビのカルチャー番組「オムニバス」で、子どもオーケストラの一員として出演したことがある。「音の魔術師」で高名なレオポルド・ストコフスキーの指揮で、ハイドンの「おもちゃの交響曲」を演奏した。私は楽譜の中で一番目立つパートのオカリナを任された。翌日のデイリー・ニュースでは、ロッキーは「オカリナが低音域でも説得力のある音が出せるということを恥ずかし気もなく気まぐれな魔術師に教えた」と報じられた。*1 ストコフスキーは私がこの「音楽的不敬行為」に及んだ時、肩をすくめ、歯を食いしばって怒りに耐えながら、「君はこの音の方が良いと思うのかね?」と尋ねた。ロッキーは落ち着いて答えた。「たぶん、音は良くないかもね。でも、この方が絶対に楽に演奏できるよ」。「よろしい」と言って、ストコフスキーは得意気

父ユルと母ギルモアに抱かれた私

なロッキーに楽器を返した」。どう考えても、ユルが誇らしく思うことはなかっただろう。

「ロッキー」というニックネームは登校初日についた。西セントラルパークと一〇四通りの角でスクールバスの運転手が母に私の名前を尋ねた。母はジョニーやビリー、ブルースといった名前の子どもたちを乗せたバスの中で「ユル」という名前があまりに風変りに思われないだろうか、私が他の男の子たちより年下だから、いじめの対象になるのではないかと心配した。そこで母は私の名前を元ミドル級チャンピオンのロッキー・グラジアノにちなんで「ロッキー」だと運転手に告げた。それ以来、私はこの名がとても気に入り、ずっと使っている。数十年後、私はグラジアノと知り合い、彼の本名がロッコ・バルベラだと知った。優しくて愉快なグラジアノは私の名が彼にちなんでつけられたことを知ると、自分の名の由来は十四世紀の聖人、聖ロッコだと教えてくれた。

戦後生まれの子どもがほとんどそうであるように、私はベンジャミン・スポック博士が書いた『スポック博士の育児書』で育てられた。この本はその世代の子育てに大いに役立てられた……のちに、この子育て方法は甘やかしすぎだと博士自身が否定するのだが。ヴァージニアは私を献身的に育て、何よりも母親としての責任を果たすことに専念してくれた。公立学校に通わせ、コニーアイランド、サマーキャンプ、ボーリングといった同級生と同じような体験をさせ、従来のアメリカ的な養育法で育てようと最善を尽くした。対照的にユルはできるだけ普通とは異なる育て方を望んだ。あらゆる驚きを身をもって体験し、面白くて影響力のある人々と知り合うようにということで、私はほぼすべての行事に連れて行かれ、大人たちが集まる空間で唯ひとりの子どもであることに慣れていった。そして、同年代の子たちといるよりも大人たちといる方が心地よかった。大人びた振る舞いは、大人の社会に入るための切符であり、とても褒められた。明らかに私は褒められたいがためにきちんと振る舞っていた。

私は両親が舞台上で役を演じる芸術家であることを理解していた。それが意味するところを、満員の劇場で『王様と私』を観る大人たちが父の残忍さに縮み上がり、死の場面ですすり泣くのを見てより鮮明に認識することができた。父が楽屋口で待つ群集に与える衝撃を目の当たりにし、どんな息子もそうであるように、父の役者としての偉業を誇りに思った。ユルはこうした人々の興奮を当然のこととして受け入れていたので、私も自然にそうしていた。

叔母のヴェーラと夫のロイは、うちからちょうど八ブロック離れた場所に暮らしており、両親が不在の時は二人が私の面倒を見てくれていた。ヴェーラが自身とユルの幼少期のことを話してくれたので、ウラジオストク、シジエミ、ハルビンといった異国の地名を知った。叔母は父が語ったおよそ信じられないような話の数々を裏付けてくれた。世界最長の鉄道が家の前で停まっていたこと、虎狩りやサーカスの話、ナイトクラブで一緒に歌ったロマの話。私が訪れるたびに叔母は少しロシア語を教えてくれて、皇帝やボリシェヴィキ革命のこと、私の祖父ボリスがソ連によって投獄された話などをしてくれた。ヴェーラがテレビ放送初のオペラ『カルメン』で主役を演じた時、私はそのスタジオに居合わせた。ヴェーラは私の子ども時代にずっと大きな愛情を持って接してくれたので、叔母の所に行くのがいつも楽しみだった。ユルの架空話を暴露したニューヨークタイムズのインタビュー記事のせいで父が叔母と絶交するまでは……。父親への忠誠心から、その時に私も叔母との交流を止めてしまった。私はとても心を痛め、叔母のことも傷つけてしまった。しかしその時は、父と同じくらい冷血で男らしいところを見せる必要があったのだ。

ヴェーラに面倒を見てもらえなくなってからは、私はユルの付き人ドン・ローソンと一緒に過ごし、時々は表情豊かでブロンドの、明るい性格のドイツ人女性が子守りをしてくれた。私は彼女が作るジャガイモのスープが大好物だった。のちにこの女性の名がマレーネ・ディートリヒだと知る……このことは、母親には何があっても言えなかった。

私に用意された人生はまるで何かを意味する寓話か喩え話のように思えた。すべての子どもたちに同じような感覚があることを願うし、多くの人が子ども時代に実際そう感じたことを知っている。私が具現化するはずの神話というものが一体何なのか、理解しなければならなかった。ユルはいつも私に、大きなスケールで物事を考えるよう教えてくれた。ユルに対して周囲が王様のように接していたので、私はよく王子のように扱われていた。六歳の時、舞台上で毎晩シャムの王様が祈りを捧げていた仏陀についてユルに尋ねたことがあった。父が話してくれた物語に私が自分を重ね合わせたことは驚くにあたらない。王子（のちのブッダ）はあらゆる不幸や貧困、病弊のない宮殿で育つ。ある日、宮殿の壁の中から通りに病気の乞食がいるのを目にする。息子はなぜ世界に苦しみと貧困があるのかが理解できず途方に暮れてしまう。そこで物乞い用のお椀と衣服だけを背負い、父の宮殿から出て、世界を知るために深い知恵を求めて旅に出る。

『王様と私』の全国巡業に出発した時、私は七歳だった。電車に乗っていない時はホテルの部屋で暮らしていて、私にはそれがすぐに家よりも「当たり前」になった。ソルトレークシティのタバナクル公会堂からミルウォーキーのシュリッツ・ビール工場（他にすることが何も見つからなかったのだ）にいたるまで、母は各都市の色々な場所に連れて行ってくれた。デンバー郊外でマスを釣ったり、シカゴ科学博物館を探索した。テキサスの州フェアでは家畜牛に関して学び、ラ・ブレア・タールピット〔ロサンゼルス市内の天然アスファルトの池〕があるハンコック公園の博物館で剣歯虎について見聞を深めた。そしてどこに行っても水上スキーをした。フロリダのサイプレスガーデンズにある、この新しいスポーツの非公認の本部を通じてユルはいつもどこでも私たちを湖や川の水上スキーに招待してくれる地元の熱狂的ファンを見つけることができたので、それがアメリカの多様で壮大な自然を知る貴重な体験にもなった。

私たちは一九五六年（ユルの「驚異の年」）の夏をパリとバスク地方のサン・ジャン・ド・リュズで過ごした。秋になる頃には、片言のフランス語でなんとか話すようになっていた。ユルが『王様と私』のイギリス公演初日に初めてエリザベス二世に謁見したときには、ロンドンも一週間見てまわった。父がしばしば本物の皇族のように扱われていたことに私は改めて気づいた。私にとって父は王様よりはるかに偉大で、芸術家だった。私はそれが受け継がれるはずのない称号だということを知っていたが、王やスターになりたいと思ったことは一度もなかった。私がなりたかったのは作家だった。

九歳の時、私は寄宿学校に送りこまれた。どう考えても両親は私の教育に最善の選択をしたとは思えなかった。しかも、かなり恵まれた一人っ子の私には全寮制の寄宿学校は少年院のようなもので、島流しと同じように思えたのだ。母が私を置いて帰った時、私の中の何かが凍え、それが何年も続いた。最初の一週間は裏切られた者の孤独と自暴自棄のなかで過ごした。しかし最終的には、このチャドウィック・スクールがとても好きになった。友人がたくさんできたが、裏切られたという感覚は残っていた。

チャドウィック・スクールの生徒にはハリウッドの手に負えない「悪ガキ」もたくさんいた。その中には、同い年で私と同じように地方巡業のハチャメチャな幼少期を過ごしたライザ・ミネリがいた。ライザは一緒に『タミー』〔一九五七年の映画『タミーと独身者』主題歌〕に合わせて踊った時、初めてキスをした女の子だった。後に私たちは、『リュートソング』のツアー中に、ユルとライザの母ジュディ・ガーランドの間に情事があったことを知る。私とライザが一緒にいると、大人たちが興味津々で私たちを見守っていた理由がわかった。

文化的には、私はエルビス・プレスリー、ジェームス・ディーン、マリリン・モンローが大好きな典型的なベビーブーム世代の子どもだった。ただ違っていたのはそれぞれの人気絶頂期に直接会ったことだった。そしてその名声の絶頂期が三人を三者三様に殺してしまった。事実、献身的な私の父は私のためならためらうことなく自分の名声を利用したため、私が望めばだいたい誰にでも会うことができた。私はネビル・シュートの小説『渚にて』(一九五七)を読んだ時、核戦争後の世界の描写にひどく心を揺さぶられた。ユルが数回どこかに電話をすると、我が家の夕食にアメリカ海軍中将が現われた。バーナード・シュライバー中将は戦略航空軍団に務め、大陸間弾道ミサイルの開発を指揮した人物だった。この夕食会で俳優の早熟の息子に根掘り葉掘り質問攻めにあうことになるとしても、ユル・ブリンナーの家で食事をすることにとても喜んでいた。一九五八年四月、モスクワのチャイコフスキー国際ピアノコンクールで優勝したヴァン・クライバーンは音楽の分野で私のヒーローになった。私はソ連の爆弾を恐れていたのと同じくらいロシア文化が大好きだった。八月頃、クライバーンは我が家の居間で私が持っていた小さなスピネット〔小型のチェンバロ〕でチャイコフスキーを弾いてくれた。

両親が離婚した時、私は十一歳だったが、洗練された保護膜に包まれていた。学校の友達はほとんど、両親が離婚していたため、入部確実のクラブのようなものだった。もし両親が離婚せずにいたとしても誰にもいいことはなかったと思うが、両親の離婚が私の人生にどのような意味をもつのかは分からなかった。

ヴァージニアは三十八歳で息子を溺愛するシングルマザーになり、多感な知識人だったが、しらふの仮面を保つのに苦労したアルコール依存症だった。ユルがヨーロッパでの新しい生活のために彼女を置き去りにすると、ヴァージニアはニューヨークに戻り、ブロードウェイで役者の仕事を再開し、『クリティクス・チョイス』でヘンリー・フォンダと共演した。私は家族から何千キロも離れた寄宿学校で学んでいた。私の振る舞いは大人びていたため、周囲は皆、私が状況にうまく対処できると思い、私自身もそう思っていた。週末の休みが長い時は、映画音楽作曲家のアレックス・ノース（『欲望という名の列車』『クレオパトラ』『ヴァージニア・ウルフなんかこわくない』）と妻シェルリの家が私の代理家庭だった。息子のスティーヴがジュネーヴのインターナショナルスクールに在籍していたので、彼の部屋が私のものになった。実のところ、私は母と離れて暮らすことに安堵していた。母は毎晩大酒を飲み、しばしば気難しく、怒りっぽくて涙もろかったからだ。偶然の一致とは言えまいが、私は十二歳の誕生日を迎えた後、密かに酒を飲み始めた。ノースの家では来る日も来る日もパーティーで、試し飲みする機会はいくらでもあった。それに私の両親もその友人たちもみな大酒飲みだった。だから私の血液の一部がシャンパンかどうかは定かでないとしても、私は父のように飲みたいと思っていたことは確かである。

十三歳の時、ヨーロッパにいる安定した楽しい父親のもとか、ニューヨークの病んだ母親のもとか、選択を迫られることになった。私は最終的に母を説得してジュネーヴのインターナショナルスクール編入を許してもらい、そこで十年生になった。一九二四年に創立され、国連の前身である国際連盟に勤務した最初の外交官たちの子どもたちが通うための学校だった。生徒は本当に国際色豊かで、学校はアメリカの高校よりも明らかに成熟した雰囲気で、国際的だった。ヨーロッパは依然として致命的に深刻な状態で、私が移住した時はヒトラーの第三帝国が終わってから十五年しか経っていなかった。私たち学生国際連合は、国際連盟の最初の総会が行われた実際の会議室で、同時通訳を入れて集会を行った。世界中の子どもたちと肩を並べて生活することで、ステレオタイプや偏見が間違っていることが日々証明され、解消されていった。

そこで過ごした三年間は、オーストラリア生まれのジョン・モーソンという美的感覚に優れた人物に大きな影響を受けたおかげで、知的レベルで驚異的な成長を遂げた。十一年生の終わり頃には、チョーサー、シェイクスピア、ブレイク、スターン、ワイルド、イプセンを臆することなく読みこなせるようになった。ダンテ、ピランデルロ、ゲーテ、マン、ラブレー、カミュ……そして、自称私の名付け親、コクトーにのめり込んだ。シェイクスピアとジョイスを読み、『勝負の終わり』（もしくは『エンドゲーム』）の初演を観た後は、サミュエル・ベケットの作品にも没頭した。主演はロジャー・ブリンで、この俳優のためにベケットは上演を決めたという。大抵の場合、私はフランス

スイスに住んでいた頃、チャップリンと。

語を話していたので、自分の名前の綴りを、ヨーロッパではより馴染みやすい「Roc」に変更した。

私はすぐにスイスに慣れ親しみ、そこを唯一の家だと思うようになった。ユリウスのおかげで、請求さえすればスイスのパスポートを取得できた。年に一度か二度はニューヨークの母のもとを訪ねたが、しばしば陰鬱なものとなり、顔を合わせれば感情的な喧嘩になることも多かったので、二人とも消耗してしまった。晩の七時頃は母が二杯目のワインを空ける時間で、母はよく辛辣で喧嘩ごしになった。私もしばしば挑発的なことを口にしたため、母と会う状況は全体として私が痛々しいものにしてしまった。父との連帯感から叔母ヴェーラを拒否し続け、叔母が死の床につくまで再び会うことはなかった。私を育ててくれた、この素敵な愛情深い叔母に対する私の拒絶（私による「放棄」）は叔母を深く傷つけてしまった。そのことを考えると、今でも恥入る思いである。しかし当時は母の飲酒のせいで私の心から母親を締め出さずにはいられなかったこともあり、いとも簡単にできてしまった。

私は休暇を父や父の友達と一緒に過ごすよう努めた。そして高校を卒業する頃にはすでに人生の酸いも甘いも嚙み分け味わっていた。シナトラがカウント・ベイシーのピアノでレコーディングをした時にはスタジオに居合わせ、チャイコフスキーに関してクライバーンと議論を交わし、コクトーから形而上学的なアドバイスを受けた。十五歳の時、私はカリブ海の有名なプレイボーイの妻に誘惑され、ココ・シャネルの秘蔵っ子で世界初のスーパーモデル、スージー・パーカーに恋をした。二十九歳のスージーは私の慕情をさりげなくはねのけたが、長年に渡って心からの優しい友情を与えてくれた。俳優ミルトン・バールと冗談を交わし、シナトラ軍団のメンバーに飲み物を注ぎ、マフィアのドンを乗せる運転手も務めた。

シナトラの伝記を書いたアンソニー・サマーズによれば、「サム・ジアンカーナは二十世紀半ばの最も強力な犯罪者のひとりである」[*2]。十八歳の時に殺人罪で初めて逮捕され、一九四〇年代に入る頃にはアル・カポネの後継者で、「ビッグ・ツナ」とも呼ばれたトニー・アッカルドの右腕となった。当時、「シカゴの犯罪帝国は数々のクラブやジュークボックスの商売、映画業界の業界人を操り、ラスベガスのギャンブルやキューバの企業を支配した。そして一九五七年にアッカルドが退く時、権力をジアンカーナに引き渡した」。五年後、私は父と一緒に、アカプルコのラスベガス・ヒルトンの、ピンクと白のストライプのバンガローでシナトラが主催した「ホームパーティー」に出席し、クリスマスを過ごした。招待客のひとりに自らをムーニー博士と呼んだ男がいた。不作法で見苦しい容貌をして、五十二歳だった。私たちは皆、その男がジアンカーナだと知っていた。

大晦日、招待客は皆、クエルナバカのマール・オベロンの家に飛行機で行ったが、私は行かないことに決め、ジアンカーナはオベロンに招待されなかったので、私は「ムーニー博士」の運転手に採用された。アカプルコ周辺のクラブをまわり、腰の軽い女を探した。十六歳で、仮免許もなく（なんてこった、ここはメキシコだ）、ピンクと白のホテルのジープのシフトレバーをへたくそに動かしていた。特に、一、二杯ひっかけた後では。容赦なくギアを上げてはフロントガラスにマフィアのボスの頭を六回ほど打ち付けて危うく殺しかけた。それでもジアンカーナは私のことを気に入ったようで、私はそのことに感謝した……そして二度と彼に会うことがなかったことに輪をかけて感謝をした。

インターナショナルスクール卒業後、私が最初に選んだ進路は、サミュエル・ベケットが学んだアイルランドのトリニティ・カレッジ（ダブリン大学）に行くことだった。しかし私はイエール大学にも入学が認められたので、一九六三年の秋、十六歳でこの大学に入学した。キングマン・ブルースターが学長に就任したその年、イエール大学はまだ男子大学だった。アメリカに戻ると、私は事実上、母親の不安定な庇護のもとに入ったわけだが、何もよい兆候をもたらさなかった。しかし、もしイエール大学で学ぶ経験が幸せなものでないなら、それはひとえに私のお高くとまった未熟さ故だった。

帰国をしてから三か月も経たないうちに、ケネディ大統領が暗殺された。その金曜日の午後、私は友人の寮の部屋にいて、ラジオがついていたので、ダラスから届いたニュースを速報で聞いた。数分後、大学構内を歩いていると、若者たちが冷たい地面にしゃがみこんで泣いていた。一方で、保守的な実家の態度そのままに喜んでいる学生もいたが、他の多くの学生は週末に予定されていたフットボールのハーバード対イエール戦が中止になったことに困惑していた。

事件当初はソ連が暗殺を命じたという憶測が伝えられた。スターリン主義者の強硬派と結びついたフルシチョフの権威の足元を揺さぶった前年のキューバのミサイル危機に結びつけられたのだろう。まもなくリー・ハーヴェイ・オズワルドのソ連滞在歴が報道され、また、しばらくの間は後任のジョンソン大統領が報復して、全面的な核戦争の引き金を引くのではないかと言われていた。不安がよりいっそう高まったのは、その週の日曜午後にジャック・ルビーがオズワルドを射殺した場面を何百万人もの国民がテレビ中継で目にすることになった時だった。

翌日、私はアイルランドのトリニティ・カレッジへの編入を申請した。翌年の秋からの編入許可が下りた。私はヨーロッパで六年を過ごしたあとのアメリカ社会で疎外感を感じていた。また、ケネディ暗殺が決定的要因だったわけではないが、アメリカ文化に内在する暴力的な性質から離れたいと強く思うきっかけにはなったのは確かである。結局のところ、スイスの指導者は誰も暗殺されたことはないからだ。個人的なものであれ文化的なものであれ、私がヨーロッパに戻る動機が何であっても、再びアメリカに住みたいとは思わなかった。

## 28

私はいつも飽くなき、そしてしばしば見境いのない好奇心に突き動かされてきた。そして、できることはまず何でも試してみないことには、正しいことを何もしていないように思えた。私はおそらく自分の実績によって人生は保証されるだろうという期待はあったにせよ、金持ちになることや有名になることを目的にしたことは一度もなかった。私が望んだことは映画スターの息子という狭い視野でおわるのではなく、あらゆる体験をすることだった。私はただの作家ではなく「ルネッサンスマン」になりたかった。もったいぶって聞こえるが、それは子どもの頃に教えてもらったロシアのインテリゲンツィアのように無数のことを知っている人という意味だ。私にとって最大の障壁は、演劇や文学やハリウッドの外にある現実世界がどのようにしてまわっているのか、見当もつかなかったことである。私の頭を満たしていた抽象的思考力のせいで、社会に出てまっとうな仕事を見つけ、自分で家賃を払えるようになるのは何年も先の話だった。

私がダブリン大学を選んだのは、ジョナサン・スウィフト、ローレンス・スターン、オスカー・ワイルド、そしてドンリービーといった作家が学んでいたからだった。出たばかりのドンリービーの『ジンジャーマン』はトリニティを舞台にした世俗的で下品なユーモア小説で、アルコール中毒になりかけていた私は惹きつけられた。しかし、どの作家よりもサミュエル・ベケットは私にとって別格の存在だった。ベケットの小説と戯曲にとてつもない刺激を受け、言葉を失った。どの作家も似てはいないが、作品はケルト族の遺産である軽快な言い回しの中に猛烈な人間性と超然とした皮肉を共有しており、「人生がある場所には泥沼がある」ということを誇り高く再確認するのだ。イェイツ、シング、オケーシー、そしてビーアン（ビーアンは大酒を飲んで最近亡くなった）の影は今もなおダブリンのパブに活気を与えている。私も例外にもれず、毎日パブで何時間も過ごした。見出しを叫ぶ新聞売りの男の子ですら詩人であり、アイリッシュタイムズ紙は史上最高の喜劇作家のひとり、フラン・オブライエン（『第三の警官』『スウィム・トゥー・バーズにて』等）の週一回のコラムを掲載した（タイトルの下の著者名はペンネームの「マイルズ・ナ・ゴパリーン」だった）。通りを歩けば、あらゆる社会層から自発的に出てきた奇人変人に出くわし、それぞれが情熱的な信念と人生ドラマを豊かに持っていて、その多くがどうにか食いつないでいた……。ダブリンはイエールともハリウッドとも似ても似つかない場所だった。

私が知っているアイルランドは、砂にまみれた労働者、叙事詩人、貧窮した哲学者、神を恐れる狂信者、震える手でポーティーン〔非合法のウイスキー〕を持つ雄弁家といった人たちの無限のカーニバルだった。一九六四年、アイルランドは未だ戦後経済の締め付けから抜け出していなかった。タバコのウッドバインは一回の買い物で樽箱から一本だけ買うことができ、牛を飼っている女性がグラフトン・ストリートを出てすぐの所で新鮮なミルクを売っていた。当時はまだ午前中に一、二杯の酒をたしなむことが粋な時代で、十七歳だった私を含め、多くの人がこうして楽しんでいた。私はラスガーの学生寮から、また後にはフィッツウィリアム・スクエア裏にあったアパートから、途中で一杯ひっかけては授業に向かった。私はダブリンに到着する前から周辺の道を知っていたが、それはひとえに『ユリシーズ』を読んでいたからだった。

　私は、哲学だけを研究する「精神道徳科学」として知られるトリニティ栄誉課程に入った。文学は専攻しなかった。そもそも文学は実践していた。地獄、私はそれを生きていたからだ。四年間でバークリー（ダブリン大学の卒業生）の非物質論、カントのカテゴリー論、ヘーゲルの弁証法の力学（ヘーゲル研究に与えられるマクレイン賞を受賞した）等をとりわけ集中的に勉強した。

　母が訪ねて来た時は最悪だった。〈ベイリーズ〉、〈ネアリーズ〉、〈マクダイズ〉、〈ザ・オールド・スタンド〉といったアイリッシュパブで、私の友人たちも一緒に一度だけ母と一緒にとことん飲み明かしたことがある。十八歳の息子が毎晩飲んだくれているのを目の当たりにし、母は取り乱し恐れを抱いた。その衝撃が母の人生を変えたのだ。それから数週間後、母は断酒会（アルコホーリクス・アノニマス）〔通称AAミーティング〕の集会に足を運び、アルコール依存からの脱却を始めた。

　ダブリンに来てから数か月で私は試験の重圧からかアルコール中毒からか、またはその両方が原因だったのかもしれないが、ノイローゼになってしまった。私はローザンヌにあるセシール・クリニックで治療を受けた。そこは父も十七歳の時にアヘンの解毒を行った場所の近くだった。大学に戻り、ヴァリウムという名称の新薬投与を受けながら、私は、生活スタイルをより持続できるよう調整し、ウィトゲンシュタイン、ハイデガーや初期構造主義者の勉強に精進した。

一九六四年には冷戦は北ベトナム軍と戦った南部の共産主義者の反乱と精鋭部隊の南ベトナム解放民族戦線（ベトコン）との間でベトナムにおける代理戦争という形で表面化した。ベトコンの前身は一九五四年にディエンビエンフー要塞でフランス軍を降伏させたベトミン軍である。ベトミン軍はブレジネフ政権下のソ連と毛沢東政権の中国から武器や食料の供給を受けていた。アイゼンハワー、ケネディ両大統領は米軍「顧問」〔軍事顧問団という名目の特殊作戦部隊〕の数を徐々に増やしていった。一九六四年八月、ジョンソン大統領は超タカ派の共和党上院議員バリー・ゴールドウォーターを相手に大統領再選を目前に控え、議会を通じてトンキン湾事件の解決を急いだが、事件はアメリカ海軍軍艦への攻撃に関する歪んだ情報に基づいていた。このときの決議は米国憲法に反して米軍が議会の宣戦布告なしに「米軍に対するいかなる武力攻撃も反撃」することを可能にした。そのうえ、ジョンソン政権は一九六四年に米軍介入を強化し、翌年にはさらに増強した。一九六五年十月、イア・ドラン渓谷で米軍最初の主力戦が始まった。その様子はベストセラー小説『かつて僕たちは兵士で、そして若かった……』〔メル・ギブソン主演映画『ワンス・アンド・フォーエバー』の原作〕に描かれている。

ダブリンに住むようになったひと月後に私はアメリカの徴兵機関からドイツの軍事基地で身体検査を受け、その後入隊するように指示を受けた。外国の大学に在籍し哲学を専攻する学生には大学を卒業するまで自動的に徴兵が猶予されるという制度は適応されなかったのだ。私は申し立てをしたが、「良心的兵役拒否」の立場は否定された。私の前に立ちはだかった選択は何百万人ものアメリカ人が直面した問題でもあった。兵役に就き、ほぼ間違いなくベトナムに送られるか、それとも兵役拒否をして、次に母親に会いにアメリカに戻った時に刑事裁判にかけられるのか、いずれかだった。

しかし、ユリウス・ブリナーのおかげで私には第三の選択肢があった。スイスの法律「父性特権」によって私はスイス国籍を取得し、アメリカ市民権を放棄することができたのだ。それはちょうど半年前に父親がしたことだった。多くの人にとって国籍とはその人の存在とアイデンティティを示す生まれ持った要素だ。ユルの生い立ちと、ユルがジプシーの伝統文化を受け入れたことを考慮すれば、ユルが国籍を何の意味も持たない単なるガジェの書類仕事でしかないと認識していたことは驚くに値しない。忠実な十代の息子としては、違う考え方をすることができなかった。

私は今なら、自分が初期の反戦「兵役拒否者（リフューズニック）」のひとりだったことを誇りに思う。兵役拒否者の多くはカナダに逃れたが、一九七〇年代にカーター大統領が恩赦を与えた。しかし当時の私は嘘つきだったかもしれない。イア・ドラン渓谷で最初に戦闘があった後、まだ戦争にはなっておらず、ましてや反戦運動もなかった。私が戦闘行為を拒否した理由は複雑だったが、イデオロギー的なものではなかった。単に怖かったというのが主な理由だった。私はベトナムで死ぬことよりも、新兵訓練に失敗し、自分自身と有名な父に恥をかかせることをより恐れていた。私は穏やかな生活に単になじんでいたというより、完全にそれに依存していた。それまで私はゴロワーズを一日に三箱吸い、私が知る誰よりも大量の酒を浴びるように飲んでいた。しかし、十二歳の時から、私にとっても父にとっても、アメリカよりもスイスこそが自分たちの家だと感じていたのは事実だった。

一九六五年十二月、十九歳の誕生日を迎える少し前、初めてスイスのパスポートを受け取った直後にスイス国ベルンのアメリカ大使館に向かった。ついに私は正式にアメリカ市民権を放棄した。私は、その年の初めに同じ事務所で父親もまったく同じ手続きを行ったこと、戦争が起こった時に同じ家族であることを示すものとして父と同じパスポートを持ちたいということを説明した。それに関して言えば、本当だった。

パリで私はジョージズ・ベルモントという編集者と知り合った。ベルモントは一九二〇年代後半からサミュエル・ベケットと親しくしており、二人は共にダブリン大学とエコール・ノルマル・シュペリウール〔フランスの高等教育機関〕に在籍していた。ある日の午後、リュクサンブール公園の近くでベルモントに会い、ベケットが現われ三人で昼食をとった。

ベケットはとにかく繊細で情深い人で、サンジャック大通りにあった彼のアパート近くまでこっそり跡をつけてきたファンに対してすら無礼に振る舞うことに耐えられない男だった。ノーベル文学賞を受賞する三年前のことだったが、彼自身の言葉で言えば、ベケットはすでに「名声に呪われて」おり、私の父とはまったく違ったやり方でその名声に対処していた。彼は特に私のような若いファンに思い遣りを示したが、それはベケット自身がジェイムズ・ジョイスに畏敬の念を抱いていたからだった。昼食をとりながら、ベケットがジョイスから靴をもらったことを知った。この若き作家はインスピレーションを得るために夜のダブリンを散歩する時、その靴をはいてよたよたと歩きながら家に帰っていった……ジョイスの靴はベケットの足には小さすぎたのだ。『ゴドーを待ちながら』をはじめ、ベケットの愚鈍な主人公たちがきつくて痛い靴に悩まされている。

サム（ベケットは周囲にこう呼ばれていた）はダブリン大学のクリケットの試合結果をとても知りたがったが、私は彼を失望させるしかなかった。何も知らなかったからだ。私はトリニティ・プレイヤーズ劇場で『マラー／サド』を演出する準備をしていたが、そこで上演される公演にも興味を示してくれた。ベケットは知り合いの様々な教授、特にスケッフィントンとフレンチにくれぐれもよろしく伝えてくれと言った。五十九歳のベケットは、深く皺が刻まれゴツゴツとした顔をしており、その外見はフランスのレジスタンス運動に何年も参加したことを物語っていた。その時のことについてはベケットは決して語らなかったが、ヴォクリューズの農家で太陽の下で眠り、いつも逃げまわっていなければならなかったのだ。ベケットはとても真面目だったが、上品な遊び心も持ち合わせていた。彼の笑いでさえ、助長するというよりは説得力のある、哀愁のある哲学的な見解を暗示していた。ベケットは書き物机に手書きで「もう一度試して、また失敗すればいい。前より上手に失敗すればいい」という訓戒を書いて置いていることを教えてくれた。ベケットの銀色の目の中にある優しさと声の暖かさには本当に何よりも励まされる思いだった。

一九六八年、ノーベル文学賞の受賞を知った時、ベケットは田舎の家にいて記者に囲まれていた。見えないように窓の下に身をかがめて、助言を得るためにベルモントに電話をした。ベケットはストックホルムで行われる授賞式に出席することを拒否した唯一のノーベル賞受賞者でもあった。大変な注目を浴びるようになったにもかかわらず、仲間に対しては変わらず思い遣りのある人物であり続けた。

時代はビートルズやアニマルズ、ザ・フー、クラプトン（ヤードバーズの頃）、そしてもちろん、ローリング・

ストーンズといった「ブリティッシュ・インヴェイジョン」だった。私は専らクラシックしか聴かなかった……一九六六年五月にボブ・ディランがダブリンのアデルフィ劇場で演奏するまでは。休憩の後、舞台の演奏に加わったのは実際、ギタリストのロビー・ロバートソンを含むザ・バンドだった。私はディランを聴いたことはあったが、もちろんその頃には誰もが彼の曲を聴いていた。私がイエール大学に入学する一週間前、ミネソタ州ヒビング出身のこの詩人かつフォークシンガーは、三月にワシントンで行われたキング牧師のスピーチ「私には夢がある」の前座を務めた。多くの人がそうだったように、私はディランの歌詞に驚嘆したが、彼の声は好きになれなかった。デイブ・バン・ロンクやランブリン・ジャック・エリオットのようなフォークシンガーの方が好きだった……その夜までは。

それはちょうどロイヤル・アルバート・ホールのコンサートをする前で、アルバム『追憶のハイウェイ61』や『ブロンド・オン・ブロンド』の中から新曲を演奏し、ほとんどが『ジョアンナのヴィジョン』『廃墟の街』『ミスター・タンブリンマン』を含むソロだった。そこでやっとわかったのだ。私たちの文化を表現するためにロックンロールを拠り所とするユニークな才能をもった詩人であると。もしモーツァルトの時代であれば、ディランはメヌエットで作曲しただろう。彼は依然としてフォークソングを書いており、その多くがストーリーを持った物語だった。しかし、彼の歌で民衆とは、ロックンロールという都会の文化に住む人たちを指しており、ディランはそこに住む人たちに——私たちに——語りかけていたのである。私もようやく彼が本当に素晴らしい歌手だと理解できた。考え抜かれた言葉遣いはディートリヒ・フィッシャー＝ディースカウと同じようによく熟慮されたもので表現力豊かだったが、ディランが表現しているものは全く違っていた。そこではとげとげしい辛辣な歌詞と彼の声音がぴったりと合っている。ディランの声に対して不満を言うことは遺書の筆跡を批判するのに等しい。ロビー・ロバートソンがかつて言ったように、「ディランは力強い声をした歌手で、声にいくつものキャラクターを持つ素晴らしいミュージカル俳優だ……反乱そのものに対して反乱を起こす反逆者[*3]」なのだ。

この世界ツアーを通じて多くのフォークソングファンがしたように、その夜もディランのロックンロールへの転換に対してブーイングが起こった。しかし、私は雷に打たれたような気分だった。『ライク・ア・ローリング・ストーン』は、私のように、当然のようにうぬぼれた甘やかされた数多の「お子さま」大学生たちに直接語りかけたからだ。

コンサートの後、私はミュージシャンたちが泊まっていたグレシャム・ホテルのパーティーに招待状もないのに押しかけ、ベースギターのリック・ダンコとピアノのリチャード・マニュエルと一時間ほど話をした。その時は、彼らの名前を知らなかったのだが……。ディランが姿を現したが、異様な雰囲気を醸し出してそのまま去っていったので、彼と話すことはできなかった。一か月後、ニューヨークのウッドストックでディランはバイク事故をおこし、あの時と同じように歌を歌うことは二度となかった。ディランが負傷した脊椎を治すためにハンモックで過ごした数か月間の間に、バンドはディラン抜きで、アルバム『ミュージック・フロム・ビッグ・ピンク』とバンドの名前を冠したアルバム『ザ・バンド』のレコーディングを開始した。十九歳の頃はダブリンでそんなミュージシャンの曲を聴きながら、数十年後に彼らの最終公演で私が重要な役割を演じることになるとは夢にも思っていなかった。

私はまたギネスビールの製造業者で、アイルランドとイギリスの財閥貴族ギネス家の一員、タラ・ブラウンとの友情を通じて、「カウンターカルチャー」にのめり込んだ。彼を介して、それ自体が安っぽいパロディーに変わる前の「スウィンギング・ロンドン」を知るようになった。タラはひ弱で、ブロンドのちぢれた髪に分かったような笑みを浮かべた、いかにも貴族的なタイプだった。二十歳になるまでに、中小企業への投資を通じて、チェルシー・アンティーク・マーケットからブティック〈グラニー・テイクス・ア・トリップ〉まで、キングス・ロードファッションの鍵となった〈モード・フォペリー〉を育んだことでタラは広く認められていた。ジョン・レノンや、他のビートルズのメンバーと大麻製品(ハシシ)を最初に楽しんだのはタラだった。私は、タラと知り合って一日も経たないうちに初めて自分で吸ってみた。ハシシはこれまでに試したものとは違い、目新しく変わっていたので気に入ったが、アルコールにとって代わることはなかった。

ロンドンでは、私はイートンローにあったタラと妻ニッキーの所に頻繁に泊まり、数多くの彼らの友人と知り合った。結局、大学卒業後はそこに定住すると決めた。この頃には、カーナビー・ストリートはすでに観光客向けの安価なコピー商品を売る味気のない戦略に変わっていたが、一九六七年のロンドンは依然として素敵で、かっこよかった。タラが投資したクラブ〈シビラズ〉では私はユルと一緒に初めてマリファナを吸い、ビートルズのリンゴ・スターやローリング・ストーンズのブライアン・ジョーンズと友達になった。

タラと知り合ってから二年後、ロータスの運転中にタラは事故で命を落とした。その後ビートルズはアルバム『サージェント・ペパーズ・ロンリー・ハーツ・クラブ・バンド』と『ザ・ビートルズ』で、タラの短く、つかの間の人生に「ア・デイ・イン・ザ・ライフ」の楽曲で敬意を表した。この曲の歌詞にあるように、タラは実際に、信号が変わったことに気づかず、車の中で意識を失ったのだ。

タラの死に私は非常に衝撃を受けたが、私はそれを警告だとは思わなかった。

## 29

カリフォルニアのパームスプリングスで二十一歳の誕生日を迎えた時、シナトラがパーティーを開いて「ハッピーバースデー」を歌ってくれた。一九六七年のことで、私はユルとクリスマスを祝うためにそこにいた。その後、シナトラの自家用機リアジェットで、ちょうどサミー・デイヴィス・ジュニアがコンサートをしていたラスベガスに行った。サミーはステージから私を祝福してくれた。その後、夜明け近くにホテルに戻ると、二人の魅力的な若い女性が私を待っていた。聞けば、それがサミーからの「誕生日プレゼント」だったのだ。大人になるための、恐ろしく素晴らしい方法だった。

しかし、一番忘れられないプレゼントは父からもらった。それはジダーノフと二週間にわたり毎日演技のレッスンをすることだった。それは俳優としてのキャリアを望んでいたからではなく、劇場の舞台裏で育ち、ダブリンで自ら演出を試みながら学んだことを確かなものにしたかったので、そういう機会をユルに頼んでいたのだ。私は、ジダーノフに捧げられたチェーホフの『演技者へ』を読んで、そこで

父は従姉イリーナの作ったネックレスを友人のサミー・デーヴィス・ジュニアにあげた（右端にいるのが 21 歳になったばかりの私）。

教えられていることをどのように実践するのかを理解したかったのだ。ジダーノフと共に私は芝居の原則と役柄の基本的な本質や奥底にある動機を自分の中に発見し表現するための想像力を鍛える具体的な技術を学んだ。ぶっきらぼうで不思議なところのあるジダーノフは、スタニスラフスキー、メイエルホリド、ラインハルト、チェーホフと共に仕事をしただけあって、人間の魂を変容させる芝居の力に絶対の信念を持っていた。

哲学の学位を取得し、私は一九六八年にロンドンに落ち着いたが、職業別の求人広告にも「哲学者募集」はなかったので、私は前からあたためていた、コクトーの『アヘン——ある解毒治療の日記』を基にした芝居の企画に取り組みはじめた。一九三〇年代初頭、コクトーは診療所で解毒治療をする間にこの日記を書き続けている。その時代のパリのボヘミアン生活の描写と共に、薬物の依存と離脱の様子を詳細に記している。皮肉なことに、コクトーは解毒に失敗したおかげで私の父と知り合い、コクトーは父からアヘンを買い始めたのだ。私はこの日記を翻訳し、自分で最初はダブリン演劇祭の慣れ親しんだ舞台で演じる一人芝居に脚色した。テキストを実際の芝居用に変える作業を手伝ってくれた演出家はダブリン大学以来の親友ラナルド・グラハムだった。

ダブリンの初演には驚くほど素晴らしいレビューが寄せられたが、その夜、私の最大の関心はユルが私のプロとしての初舞台にとてつもなく驚いたことだった。息子の二時間の舞台を観るために、父はパリから親しい友人を六人連れて応援に駆けつけてくれた。ほぼ裸でひとり舞台に立ち、共にアヘンを吸った旧友を、自身が師とあおぐチェーホフの原理に従って演じる息子を見て、ユルはすっかり度肝を抜かれていた。

三か月後、私はロンドンのハムステッド・シアター・クラブ（現ハムステッド劇場）で『アヘン』を上演した。父としてとても誇らしく感じたユルは、あらゆる友人に上演のことを知らせてくれた。初演の夜には、エリザベス・テイラー、リチャード・バートン、フランク・シナトラ、カーク・ダグラス、ジュリー・クリスティ、ウォーレン・ベイティ、フェイ・ダナウェイ、そして私の生涯にわたる友人ライザ・ミネリから、俳優業に私を歓迎する電報を受け取った。

私がしばらく身を置いていた社会にはロンドンの若いエリート芸術家が沢山いて、イギリス文化の評価を高めるだけでなく、イギリスの貿易収支まで変えていた。私はキース・リチャーズがローリング・ストーンズの『レット・イット・ブリード』のリフを演奏していた時に数日間一緒に過ごした。リンゴ・スターと妻のモーリンとはリチャード・バートンのヨットでテムズ川をクルージングした（二人が飼っていた犬は六か月の検疫を受けなくても連れていくことができた）。演劇評論家のケネス・タイナンが毎週主催していたサロンでは劇作家のトム・ストッパード、映画監督ミケランジェロ・アントニオーニ、シンガーソングライターのアーロ・ガスリー、女優エヴァ・ガードナー、そして女王エリザベス二世の妹、マーガレット王女といった顔ぶれがある晩に一堂に会した。

一九七〇年十月、『アヘン——ある解毒治療の日記』はブロードウェイのエディソン劇場で開演した。父が『十二夜』、『リュートソング』、『王様と私』を演じた場所から数ブロック離れた劇場だった。ヨーロッパで立ち上げた芝居だったので、私はアメリカで就労許可をもらった。二十三歳で私は自分が書いた芝居を上演する舞台にひとり立っていた。今回ユルはユーゴスラビアで撮影があったので、私の初日の夜には出席できなかった。私は向こうにいるユルに電話してニューヨークタイムズの劇評を読んだ。「これは、人間の中枢神経系、内臓と魂に足を踏み入れる旅だ。……ブリンナーは若くして薬物中毒になった芸術家の顔を鋭い観察によって印象づけた。……独特の興味をそそられる公演である」[*4]。
しかし劇評のほとんどはあまり好意的でなく、チケットの売上げも横ばいだった。公演は二十回で終演となった。興行主のソル・ヒューロックはかつて言った。「観客があなたのショーを観たくなくなったら、あなたはもうそれを止められない」。

私は精神的に打ちのめされてロンドンに戻った。若者にありがちだが、私はただ成功することだけを考えていたのだ。私はスローン・スクエア近辺に借りていたミューズハウス〔昔の馬小屋を改装した長屋住宅〕をまた貸ししていて、そのうえに毎月父から金銭的援助を受けていたが、すぐさま突き付けられた現実は、就労許可無しでは働き口を見つけることができず、働き口がなければ就労許可を得られないというジレンマだった。同じことがもはや自分の家がなかったスイス以外のすべての場所で起こった。私はこうした状況に自分で自分を追いやっていたのだ。自分で自分の首を絞めているとわかり始めた時、とても苦しかった。私は『アヘン』の上演である程度は素晴らしいことを成し遂げたが、いわゆる二世タレントになりたいとは本当に思っていなかった。ジェーン・フォンダとピーター・フォンダ、ライザ・ミネリ、マイケル・ダグラス、ジェイミー・リー・カーティス、キャリー・フィッシャーなど、私のハリウッドの仲間の多くが二世だったが、私は一度も同じようになりたいと思ったことはなかった。この世界からできるだけ遠ざかりたいと思っていたのが本当だった。

若い頃の私の生活はユルの名声と富のある環境で過ごしたので、「赤い帽子の道化」〔シェイクスピアの『リヤ王』に出てくる道化は赤い帽子をかぶっている〕という名の大道芸人および魂の放浪者として自分の道を歩き始めた。長髪で、耳には輪っかのイヤリング、十二弦ギター、そして「この世のあらゆる問題を解決する第一歩」（『易経』、ヒッピー向け雑誌『全地球カタログ』、ひと玉のひも、ボトルカッター、緑茶、マリファナ）を入れた、ヴィクトリア朝の往診かばんを持ったさすらいの吟遊詩人といういで立ちだった。私は自分に厳しいルールを課し、従うことを試みた――誰も傷付けないこと、笑いとあたたかい心を広めること、そして映画スターの息子であるという喜びと重荷から自分自身を解放すること。飲酒も一時的に減らした。私は世界がどのように動き成り立っているのかを学ぶ匿名のヒッピーになった。「赤い帽子」を通じて私は街頭芸人になり、「タンブリン・マン」を探し求めるボロを着たクラウンになった……要するにグローバル・ヴィレッジ馬鹿だった。

私の野望は変わらず「ルネッサンスマン」になることだったが、ただ今は象牙の塔を後にする必要があった。私はどんなに逆風が吹こうと知恵で生き延びることができるような人、なんでも屋になれるような人生経験を望んでいた。

行ったり来たりはみ出したりしながら、二十四歳で放浪者と浮浪児の世界を巡る旅に出た私は煮え切らない原則と酔っ払い的な考えの組み合わせに生きている私自身の想像力の産物だった。しかし、自分のアイデンティティを失うこと――放棄――によって私は父親の魅力的な王国のガードを壊し、初めて大人の責任から解放された気持ちになった。トム・ロビンズが書いたように、「幸せな子ども時代を過ごすのに遅すぎることはない」のだ。

「赤い帽子」は栗色のボルサリーノだった。なぜいつも帽子を被っているのかと聞かれた時は「頭にいいから」といつも説明をした。私にはヨーロッパ・ヒッピーのエキゾチックな手回り品がすべて備わっていた。大きなダブダブの白い服、ヘナで染めた赤い髪、パチュリ、チベットのお祈り用ベル、十二弦ギター、タバコの巻紙を六枚使って作るロンドンスタイルのマリファナ。お酒はワインを少し飲む程度で、食事はベジタリアンだった。古くからの友人や新しくできた友人のところに住んだが、そのほとんどは浮浪者のネットワークを通じて知り合った人たちだった。そして、その日一日に必要なお金だけを稼いで生活した。私はボトルカッターを持っていたので一ダースの空のワインボトルを一時間足らずでかっこいいマグカップに変身させることができた。そのマグカップをフリーマーケットで売った収益で古い銀食器（ディナーフォーク）を買い、火にあててフォークの枝の部分を外側に丸くカールさせ、その後ハンマーでブレスレットに打ち込んだ。これは、大きなシルクのスカーフと交換することができたので、私はこの布を使って「ジプシードレス」を縫い、数百フランで売った。他の場所に移動する時には、通りに出て親指を立てる、ヒッチハイクだった。

フランス、スイス、スペイン、モロッコの小さな町や村に滞在しながら南へと旅を続け、屈折した道程にカリフォルニアの野草を植えるかのように自分の痕跡を残しながらイタリアを経由して逆戻りした。赤い帽子の道化として、私は観光ビザで資格の要らない様々な仕事をしながらアメリカ中をまわった。色々な種類のトラック、バン、バス、そして「最後の悪あがき」にジャロピー（東ドイツ製のオンボロ車）も運転した。道中、他にも様々な仕事をしたが、最も予想外だった仕事は、モハメド・アリのボディーガードになったことだった。

一九七一年、私はしばらくの間、ローリング・ストーンズのヨーロッパツアーで機材運搬係(ローディー)として参加し、パリからチューリッヒまでコンサートの音響機材を運んだ。スイス人の主催者ハンス-ルディ・ジャギは、モハメド・アリの試合も開催したいと考えたが、オファーをかけるほどまともな英語が話せなかったので、私に助けを求めてきた。一週間後、私の個人的ヒーローでもあったアリに会うためにヒューストンのアストロドームに向かった。

アリがカシアス・クレイだった頃、ユルと私は一九六〇年のローマオリンピックで金メダルを獲るのを熱烈に応援していた。一九六四年、世界ヘビー級王者のソニー・リストンに挑戦した時、賭け率七対一でアリが圧倒的不利だったが、私は一か月分の給料をすべてアリに賭けた。アリはリストンから見事にタイトルを奪った。また一九六七年にベトナム戦争への徴兵を拒否したことで王座とボクシングライセンスを剝奪された時、私はアリを応援した。アリは良心的兵役拒否の地位は認められていなかったが、ムスリム聖職者として兵役を免除されたと主張していた。「どんなベトコンにも俺は一度も『ニガー』〔黒人に対する侮蔑語〕と呼ばれたことはない」という、あの有名な鋭い言葉を残しながら。のちにこの決定を引用した宣誓証言では、アリは手加減をしなかった。

ロサンゼルス警察が俺たちの兄弟姉妹を襲い、殺したことは間違っていたと政府は認めた。ニューヨークでもニュージャージーでもルイジアナでも同じことがあった。明らかに日々の迫害者や敵は国民全体、中でも白人なんだ。だから、コーランに従って、俺たちは奴らを助けず、負傷者にすらコップ一杯の水もあげないようにしよう。俺はこれをコーランに記されている意味で言っているんだ。前にも言ったように、俺は徴兵委員会を怒らせたいわけじゃない、何者からも逃げない、ということだ。俺が生まれる前からそうであって、俺が死んだ後もそうありつづけるだろう。コーランの言葉の一部分だけでなく、書かれていることを全部信じているんだ。[*5]

一九七一年六月二十八日、米国最高裁判所は「アリことカシアス・クレイ事件」において、事実上モハメド・アリは良心的兵役拒否の地位を合法的に要求したにもかかわらず、司法省が徴兵委員会の判断を誤らせたとの結論を下した。「司法省は原告の信念が宗教に基くものでも、真摯なものでもないと助言し、法律の問題としては単純な誤りを犯したことは間違いない」との判決が出た。

最高裁の無罪判決が下された瞬間に、アリのボクシングライセンスが返還された。ヘビー級タイトルを奪還する第一歩は、その一か月後にヒューストンのアストロドームで行われたジミー・エリス戦だった。私がチューリッヒでの試合を提案するべく完璧なヒッピーのいで立ちで到着したのは、そのテキサスの試合のときだった。

私たちの会談が実現したのはハロルド・コンラッドのおかげだった。デイモン・ラニアンを個人的な師匠として以来、ボクシング界では歴史的に有名な興行主であり後援者だった。私はチューリッヒからハロルドに連絡を取った。数多くのアリの試合を設定していたハロルドはアリの主任ビジネスマネージャー、ハーバート・ムハンマドと私が話せるように取り計らってくれた。ハーバートはブラック・ムスリム運動「ネーション・オブ・イスラム」の指導者イライージャ・ムハンマドの息子だ。イライージャはマルコムXと共にアリがイスラム教を信仰するように最初に霊感を授けた人物である。会合の日を迎えるまでに数日かかったが、私たちの仕事の話は三分で済んだ。十二月にカール・ミルデンバーガーとの試合を暫定的に設定し、握手をした。五年前に無敗のアリとの対戦で強靭な精神力で耐え続けたドイツのボクサーだった（しかし、ミルデンバーガーが試合の前に自動車事故で負傷したため、同じドイツのヨールゲン・ブリンに替えられた）。ハロルドはすべてを実現させた。

私はアリと会った時、一目で大好きになった。赤い帽子の道化に扮した私の奇妙な格好は、私があまり堅苦しい人間でないことを示唆したため、アリのお気に召したようだった。アリは私がある種の馬鹿げた寓話を生き延びていることをすぐに理解し、気に入ってくれた。私の名前が、アリの仲間でもあるロッキー・グラツィアーノに由来していることを話すと、私がまったく強そうに見えないので、アリは非常に面白がった。私の父がユル・ブリンナーであることをハーバードがアリに教えたのは会ってから二、三日経ってからだったが、アリはとても喜んだ。アリはユルの大ファンだったのだ。二人は一度も会ったことがなかったので、二人が電話で話せるように私が父に電話をした時、アリはごく普通の男の子のように喜んでいた。

数日後、私はアリと彼のセコンドでトレーナーのアンジェロ・ダンディー、医師のフェルディ・パチェコ、そしてスピーチライターのバンディーニ・ブラウンと共にアストロドームホテルから数百ヤードのところにあるジムで行われた試合前最後の練習試合に同行した。アリが記念写真をと言われて遅れていると、大柄なテキサスのレッドネック〔米南部の無教養な白人労働者を侮辱する言葉〕が、「おい、ニガー、ハノイに帰りやがれ！」

と侮辱の言葉を叫び始めた。付き人たちは皆、先に行ってしまったことに私は気づいた。チャンピオンが去った後も、レッドネックはアリに食ってかかっていた。もしアリが自分を守るために手を出してしまっていたら、最高裁判所で返還されたばかりのボクシングライセンスを失うことは明らかだった。だからこの田舎者が本気でアリを傷つけようとしていることがわかった時、私はその小競り合いのなかに飛びこんだ。私が両手で男の拳をつかみ男の二本の指を反対側に曲げて何か折れる音がするまで、この男は私の存在に気付かなかった。男は地面に倒れ込み、うめき声をあげていた。私はそこまでしたことはなかったが、状況ははっきりしていたため躊躇はしなかった。アリは小躍りするような足取りでジムに向かい、私もジムの所で追いついた。アリは満面の笑みを浮かべて私に目を向け、「全エジプトのファラオの息子がルイビル出身の黒人少年を守るなんて、誰も思わなかったよ！」と言った。

アリの伝記の中でデイブ・ハンニガンはこう書いている。

その時から、ブリンナーはアリのボディーガードになった。それは、関係者全員を満足させる、ゆるい取り決めだった。これには報酬も契約書もない。これほど残酷なことはない。しかし、試合がある時はブリンナーが電話をすれば問題はすべてが収まり、その他もすべてが用意周到だった。空港に着けば飛行機のチケット、遠征場所のホテルの部屋。ブリンナーは四年以上、アリの拡大家族の一員として世界中を回った。最初から最後までそのメンバーだったわけではなかった。彼は単に奇妙な場面に居合わせ、にわかには信じ難いような旅をするために加わった人物だったのだ。[*6]

この旅で一番楽しかったのはその一年後、ハロルドと一緒に事もあろうにダブリンでの試合を組むと決めた時だった。ダブリン大学を卒業して以来四年が経ち、私はまた馴染みの老舗パブに足を運ぶようになっていたが、今やモハメド・アリが私の隣にいた……私はアリのボディーガード。世界で一番強いボクサーが護衛を必要とした時、アリは私を頼る！　特に、私のことを「敬虔な知識人」だと思っていた友人たちにとってこの事実はシュールだった。実際に、学生時代を過ごしたこの町で地元紙の一面を飾った。

モハメド・アリのボディーガードであり広報責任者のロック・ブリンナーと直に会えば、禿げ頭の父ユル・ブリンナーの深く突き刺すような眼差しと向かいあうことになる。しかしその類似性はすぐに消えてしまう。ロックはギターを弾き、父とは対極で華奢である……。片耳に金のイヤリング、淡い紫色のチューリップハット、多色使いの靴といういで立ち……ロックはどこを見ても地味とは言えないカラフルな仲間内ですら、あまりに派手すぎて奇妙に映っただろう。ボディーガードとしてはロックはほとんど何もしていないようだし、武器も持っていないようだ。その代わりに、彼はホテルのロビーでギターを弾き、静かに何か歌っている……ロックはダブリンに馴染みのある人物であり、つい最近、通信制でダブリン大学の哲学科修士号を取得している。*7

記者会見はダブリン空港で行われ、アリが関係者一行（この時は、皆がお揃いの緑色ブレザーを着ていた）と到着した時、私はある記者にアリの母親の旧姓はグレイディでないか、だとしたら、アリ自身がアイ

モハメド・アリと。

ルランド人ということになるのではないか、とアリに尋ねるように促した。会見場全体が笑いに包まれたが、アリはとても冷静で真剣な物腰で応じた。それは特に冗談を飛ばす時でもそうだった。

「そうだね、奴隷時代に帰って来たよ」と、アリは穏やかに答えた。「マッスー〔アリの父の愛称〕はよくお忍びで奴隷街に行っては女と寝てたんだよ。グレイディの農園でもそうだったんだ、だからそういうわけで……わかるでしょ、俺はアイルランド人なんだ！これこそ、俺が史上最高のファイターである理由のひとつだよ！」それは驚くべき出来事だった。皆の目前で、モハメド・アリはアイルランド人になったのだ。

とても驚いたことに、この話は本当だった。アリの曾祖父は左官職人の息子としてアイルランドのクレア州で生まれ、エイブ・グレイディという名前だった。一八六〇年代、ちょうどユリウス・ブリナーが給仕係としてヨーロッパから航海に出た頃、エイブ・グレイディはアイルランドからニューオーリンズに出航し、そこからミシシッピ川を船で上ってケンタッキー州まで行き、そこで解放奴隷と結婚した。こうして始まったアリ一家のオデュッセイアは今、モハメド・アリをアイルランドに帰還させたのだ。

一九七二年七月十九日、アリはお人よしな前科者、「ブルー」と呼ばれたアルヴィン・ルイスを相手にダブリン戦で勝利をおさめた。第十一ラウンドでテクニカルノックアウトだった。試合は、満員御礼の屋外公園で、日暮れ時に行われた。私たちの頭上をガチョウの群れが飛んで行った。何千人もの人が彼らのヒーローであり地上で最も有名な男を観ようと、チケット代を払わずにゲートのそばからこっそり侵入してきた。主催側はこの試合で無一文になったが、この経験は私の人生で起こったたくさんの天の恩恵のひとつとして記憶している。

その後数年にわたって、ニューヨーク、ラスベガス、サンディエゴなど、行ける時はいつも私はアリに同行した。私の人生は様々な方向に向いていたので、「スリラー・イン・マニラ」として名高いフレイジャーとの死闘や、「ジャングルの決闘」〔またはキンシャサの奇跡〕と呼ばれたフォアマンとの対戦など、名勝負を見逃さざるを得なかった。私はボクサーのニックネームを持つにもかかわらずスポーツの熱狂的なファンでなかった。私は単にモハメド・アリのファンであり友人だった。アリは今でも私の友人であり、パーキンソン病を抱える苦難にもかかわらず、アリは自身を、この世で生を受けたどんな人よりも幸福な人間だと考えている。アリは、道徳観念や人間愛を損なうこと無しに、さらなる高みを目指す運動に尽くすべく、肉体の力を駆使して全世界を彼の帝国にしたのだ。

一九七一年六月、ロンドン初のハードロックカフェがオープンした。立ち上げた二人の経営者はまったくタイプの違う私の友人で、テネシー州ジャクソン出身のアイザック・ティグレットと、イリノイ州シカゴ出身のピーター・モートンだった。当時のヨーロッパにはまともなアメリカ料理を出すレストランがなく、二人は遊び心のあるロックンロールの雰囲気で本物のアメリカン・カクテルと一緒に質の高いステーキとハンバーガーを提供するアイディアを持っていた。一週間もしないうちに入店を待ちわびる人々の行列ができた。それは完全に斬新な現象だった。真新しく大胆で素敵なロゴが功を奏し、レストランで買えるハードロックTシャツがすぐに観光客の必需品となった。私は手渡しで支払ってくれる仕事が必要で、やけになってハードロックカフェに行った。数か月間の現場訓練を経て私はマネージャーになった。この店に来る客が皆楽しく過ごしていることを強く確信し、私は赤い帽子の道化でいることを辞めた。まもなく、私はハードロックカフェの「イージーロック」として知られるようになった。その時はレストランはドント・レット・ユア・ミートローフ有限会社という名前の、バミューダを拠点とする持株会社が所有していた。ハードロックカフェ初期の、あのみすぼらしかった時のことを思えば、今や世界中に百件を超えるレストランチェーン店になったことは驚くべきことだ。本物の会社になり、世界規模の帝国となったからだ。

その頃、私の飲酒は死の一歩手前まですすんでいた。二十六歳の時には肉体的にも精神的にもボロボロであることをもはや隠すことができなかった。ここで私が患っていた病の最後の日々に詳細に立ち入るつもりはない。一九七三年の、短期間で過ちに終わった私の結婚についても同じだ。アルコール中毒と薬物の常用は私を自分が想像だにしなかった場所へと誘い、しらふでいる時だけ悪夢から逃れることができた。私は死にたくなかった。また死ぬ必要はまったくないということもぼんやりと理解していた……もう八年間も断酒に成功していた母親の輝かしいお手本があったおかげだった。

このブリンナー家の物語では、私の母ヴァージニアのことを簡単にしか取り上げていないが、母の愛と助言が私にとってかけがえのないものになったのは、この時期からだった。ヴァージニアは私が子どもの頃はずっと素晴らしい母親だったし、それが何よりも大切だった。その後、離婚して飲酒に溺れてからは、哀しげで陰険な人になった。しかしのちに酒を飲まなくなり、母は自分の人生を変えた。離婚調停で得た僅かなお金で慎ましく生活をする術を身に着けていた。肺気腫を患っていたため、仕事をするにも制限があり、カリフォルニア州モンテシトの気候を求めざるをえなかった。そこは母にとって別の強い誘惑があった。それは、神聖な賢者の霊的な導きだった。スワミ・プラバーヴェナンダはヴェーダーンタ〔インド哲学の一派〕の信者であり、ヴェーダやバガヴァッド・ギーター、その他古代サンスクリットのテキストを翻訳した人物で、その教授法は、クリストファー・イシャーウッドの『わがグルとその弟子』（一九八〇）に描かれている。彼の指導によって、元若手女優、「美脚の」ギルモアが今や、ヴェーダの道を歩み始めたのだ。母は太平洋を見下ろす丘に建つヴェーダーンタ修道院と寺院のそばの家に落ち着き、精神生活に専念した。

　自分が変わるか死ぬかを決める時は今だと悟った時、母の例があったおかげで私はどこに行くべきかを理解した。一九七三年十一月五日、私は初めてロンドンの断酒会（AAミーティング）に足を運び、その日の晩に現役アルコール依存症の経歴を終わらせた。のちに少しつまずいたことはあったものの、私の人生が再びアルコールに支配されたことは一度もない。

　こうして私には、責任ある人間になる以外の選択肢がほぼなくなったわけだが、その前途は怖くもあった。自分の所在を決めることも意味していたからだ。私は幼い頃から各地をまわって生活し、今後もそのように生きると思っていたが、今の私に必要なのは多少の安定感と何かに所属しているという感覚だった。両親は二人ともアメリカにいた。

　数か月の断酒に成功した後、私は生まれた国に戻り、アメリカ市民権を回復させるためにあらゆる努力をすることに決めた。

## 30

一九七五年、私は南カリフォルニアに居を移し、アメリカ市民権を回復するための長い手続きを始めた。合法的に仕事ができるようになるまでは時間がかかることが分かっていたので、私は脚本や小説を書きながらでもどこにいてもできる地に足のついたお金になる専門性を身に着けようと決めた。そこで選んだのがコンピュータープログラマーとシステムアナリストだった。パソコンが誕生するずっと前だったので、プログラミング言語はコボル、フォートラン、基本アセンブリ言語、最も基本的な二進法コードだった。半年の訓練を経て私はバンク・オブ・アメリカでプログラマーとして初めての仕事に就いた。しかし、その同じ週にもっと興奮する仕事ができる可能性が浮上した。私は瞬く間にザ・バンドとツアーをまわることになったのだ。

十年前にダブリンで行われたボブ・ディランのコンサートで彼らと会って以来、ザ・バンドは世界で最も敬愛されるグループのひとつになっていた。他のロックはサイケデリックの時代に入り、レッド・ツェッペリンのヘヴィメタルに向かっていたが、ザ・バンドの五人は同時代の音楽のルーツに立ち戻り、バラード、ラグタイム、ブルースなど伝統的な枠組みの中でしか表現されてこなかった歌をレコーディングした。彼らは十代の頃から一緒に音楽活動をしており、一九六〇年にはアーカンソー州出身のロッカー、ロニー・ホーキンスと一緒に活動し、その後ボブ・ディランと何年も活動を共にした。その頃、一九六八年に彼ら自身のファーストアルバム『ミュージック・フロム・ビッグ・ピンク』を発表し、一本立ちしたミュージシャンになった。ロビー・ロバートソンはリードギターを弾き、主に作詞・作曲を手掛けた。リチャード・マニュエル、リック・ダンコ、リヴォン・ヘルムは、それぞれが歌いながらピアノ、ベース、ドラムを、ガース・ハドソンはオルガンとサックスを演奏した。リヴォンはアメリカ人だったが、他の四人はカナダ出身だったにもかかわらず、『オールド・ディキシー・ダウン』で南北戦争にまでさかのぼったように、彼らの音楽が喚起するものはアメリカの過去だった。最も愛されている曲『ザ・ウェイト』には「荷物を下ろしなよ、ファニー……僕が引き受けてやるから」というミステリアスで悲しげなリフレインがあり、何か不吉な予感を感じさせる歌詞だ。

ザ・バンドのバラードは、通常は歪んだコミュニティを創り出すような貧困者の間に共通する、一般的なアメリカ生活の感傷的で謎めいた感情を呼び起こした。それは、アンダーソンの小説『ワインズバーグ・オハイオ』(一九一九)や、コールドウェルの『タバコ・ロード』(一九三二)のなんともやるせない世界のようだ。彼らの歌は音楽評論家グリール・マーカスの言葉でいう「目に見えない共和国」を表現していた。ザ・バンドとディランの共演について書かれたマーカスの著書『古き奇妙なアメリカ――ボブ・ディランの地下室のテープの世界』で詳細に究明されたように、アメリカの個人主義を体現するような、エキセントリックで欠点だらけだが、極めて人間味のあるヒーローだ。プリンストン大学の歴史家シーン・ウィレンツは最近、「おそらくバラードは、アメリカ人が自分たちのことや住んでいる国に関して互いに語る手段として存在する主な形式である」[*8]と書いている。ドミートリエヴィチ家のフォークソングのようなバラードは、国の文化のまさに魂を構成するのだ。そして私は、ザ・バンドとツアー公演をまわる機会を得て、その話に飛びついた。

ダブリンでザ・バンドのメンバーに初めて会った時、彼らは実年齢よりもはるかに年上に見えた。まだ二〇代だったが、きらびやかな若いロックスターというよりも、世の中が嫌になったバックバンドという印象だった。彼らの声の調和とリフレインが持つ自然な粗さが完璧になるまでには何年もかかったが、そのおかげで五人の田舎風の個性や独自の音楽的伝統が生かされることになった。

一九七〇年代半ばに共通の知人を通じて彼らと知り合った時、私たちは皆、カリフォルニア州マリブ北部に住んでいた。ポイント・デュムのすぐ近くには銅製のドームが乗ったディランの新居があり、ディランは妻のサラと五人の子どもと暮らしていた。近くのトランカスには、ザ・バンドがシャングリラというレコーディングスタジオを所有していたが、そこは十二室のスウィートルームを持つ、牧場の平屋に似たかつての売春宿だった。私はそこに数日間滞在し、たわいもないおしゃべりをしていた。ニューアルバム『南十字星』のリリースを記念して全国ツアーを開始する土曜日のことで、ザ・バンドのツアーマネージャー、サンディ・マッツェオから、メンバーをサンタバーバラのコンサートに連れて行くバスを運転するよう依頼された。「もちろん」とだけ私は答えた。

それからいろいろあって、翌週には私は明らかに代わりのきかない存在になっていた。入国管理局からまだグリーンカードをもらっていなかったので、ザ・バンドは手渡しで給料を支払うことに同意してくれた。気が付けば子どもの頃の『王様と私』と同じように、私は再び全米ツアーに乗り出していた。そしてすぐに手配されていたツアー用のバスを拾いにマイアミに飛び、一晩中運転をしてニューヨークに向かった。そこでザ・バンドのメンバーと落ち合い、それから彼らをピッツバーグ、フィラデルフィア、ボストンへと運んだ。その後、スティーヴ・ミラー・バンドをはじめ数々のバンドが出演し、二千人を集客した屋外ライヴに間に合うように、テキサスまで（ボストンからオースティンまで）ノンストップで直行した。それが終わるとニューオーリンズに向かった。これが、私が仕事に取り掛かってからの最初の五日間だった。一台のツアーバスと、すべての機器を運ぶ二台のトレーラートラックに乗って私たちは疲労困憊しながらも笑いに満ちた幸せな気持ちで全国を飛び回った。その数か月は、どんなにへとへとになっても、毎晩大好きなバンドのライヴを聴くことが「バンドエイド」となり、消耗する感覚は爽快でもあった。

仲間のなかでツアーで一番健康を損なったのはリチャード・マニュエルだった。しゃがれ声と繊細な裏声を持ち、ザ・バンドで最もドラマチックな声の持主だった。それまでリチャードはリキュール「グラン・マルニエ」を一日に二本空け、コカイン効果を狙って白い物なら何でも吸っていた。当時、「悪魔のフケ」はポップ・ミュージシャンのほぼ誰もが使用か乱用していたが、いまとなってはそこを区別しても違いはない。アルバムのレコーディングをして、その後ツアー公演というお決まりのパターンでは、リハビリや精神安定剤（リチウム）を服用した後ですら、リチャードが断酒の機会を得ることはなかった。また断酒会に関しては知ろうとしなかったのも確かだ。ミシシッピ州ハッティズバーグ、アラバマ州アニストンへとツアーが進むにつれて、リチャードが生命の危機にさらされていたのが明らかだった。

ツアーの終盤にかけて私はロビー・ロバートソンと良い友人関係を築き、マリブにある自宅に泊まるよう招待してもらった。その時、ザ・バンドがこのような状況にあって、今後どうしていくべきかをロバートソンは解決しようとしていた。ロバートソンは三十五歳だったが、ツアーの単調でお決まりの仕事にひどく疲れていた。二年前、ディランとザ・バンドが全国のスタジアムを満員御礼にしたツアー公演を終えた時、ロバートソンはライヴ出演はもうたくさんだと思っていた。ファンが望むのはいつも古いヒット曲で、何度も同じ曲ばかり繰り返すことに完全に飽きてしまっていた。この頃、彼には妻のドミニクと三人の子どもがいて幸せな家庭があった上に、ザ・バンドでなくなっても音楽業界で堅実にやっていける見通しがあった。その頃ロバートソンはザ・バンドのほぼすべての新曲を書いていたからだ。私は、一度ならず彼とレコーディングが予定されていたスタジオに同行したが、他のメンバーが誰も来ないこともしばしばだった。すでに、単純に楽しめなくなっていた。

一九七六年九月、モハメド・アリがケン・ノートンと三度目の対戦をした時、私はロバートソンと一緒にその試合を監視カメラで見ていた。アリは判定勝ちだったが、アリのベストな状態からは程遠く、見るのも痛々しいほどで、哀しげな元気のない試合だった。ロバートソンと私はちょうど今見た対戦のように覇気のないツアーのことを考えながら、ザ・バンドの今後を思うと憂鬱な気持ちでいた。

当時、バンドの目標はツアーの利益はとんとんにして、アルバムの売上で収益を得ることだった。しかし、ロックそのものの性質が変化し、そのあと一九七三年と一九七四年のOPEC石油禁輸措置（オイルショック）があって、宿泊や食事はもちろん、すべての旅費が跳ね上がったことでその目標が変わった。直近のツアーは事実上、ザ・バンドの自腹だった。多くの有名グループにも同様の事態が起こっていた。アーティストがサッカースタジアムを満員にしない限りツアーはかろうじてとんとんだった。そこで主催者側はもっと若い観客を惹きつけられるような見栄えのするアーティストを探し始めた。その結果、まとまりよくプロデュースされたバブルガム・ロック（バブルガム・ポップ）が誕生した。アリス・

クーパー、キス、女装したエルトン・ジョン、ピーター・フランプトンなどは、中学生の子どもたちの間でとても人気が出た。悲しいことに、それ以来、音楽そのものよりもマーケティングを重視する傾向を決定づけてしまった。パンク・ロッカーたちは、すっかり飲み込まれる前にこの傾向に逆らっていた。一方、一九六〇年代に崇拝されたアイドルたちは、その多くが一周して自分たちの出発点であるフォークソングに立ち戻って来ていた。ザ・バンドのメンバーに起こったことを描写するのは難しい。……しかし、無理なことではない。

「俺たちはこのままでずっとやっていくわけにいかない」と、ロバートソンがその夜に言った。「俺たちはミルス・ブラザーズじゃないんだ」と。

ロビー・ロバートソンは、私が知るアーティストの中でも上位に位置する、深みのある複雑な人間で、私はしばらくの間、兄のように慕っていた。それはちょうど、アリョーシャと私の父の関係と同じだった。ロバートソンは十代の頃からリチャード・マニュエルを知っていたので、リチャードが数年はツアー公演とスタジオ収録から離れて飲酒を絶つ必要があることがよく分かっていた。私たちはリチャードの代わりができるミュージシャンについて話し合い、なかでも話題にのぼったのがニューオーリンズ出身でメンバーとも良い友達だった「ドクター・ジョン」の名で知られるマック・レベナックだった。レベナックの音楽の腕前は確かだったが、ファーストアルバムの一曲目『怒りの涙』からザ・バンドのアイデンティティの大部分を占めていたリチャードの声は残念ながら持ち合わせてなかった。

ついにロバートソンが静かにひとりごちた、「もう終わりだ」。私はザ・バンドの解散のことだと気づき、愕然とした。「俺はスナックやビリヤード場で演奏して終わらせたくない」。……再び長い沈黙があった。「最後はやっぱり派手に打ち上げて終わりたいよ」。「それなら、バンドの最後を祝ってくれるよう、他のミュージシャンも呼ぼう」と私がおこがましくも提案した。「映画にもできるかも」

ロバートソンは、「もちろん」と答えた。

ザ・バンドの最終ライヴのタイトルを決める段階で何があったのか、ロバートソンがのちに説明してくれた。「俺はロックと一緒にアイディアを出し合っていた……。俺が考えたタイトルを並べると、『ラスト・ダンス』、古い曲のタイトル『ラスト・ダンスは私に』、『ラスト・ワルツ』。そこでロックが、「それだよ、それ！　それ以上何も言うな、本当だよ！」と言ったんだ。奴こそが旗揚げをした人物で、『ラスト・ワルツ』にすべきだと言った人物だ」[*9]。

それから二か月も経たない一九七六年の感謝祭の日にサンフランシスコのウィンターランドでイベントが開催された。そこは八年前にザ・バンドとして初めてライヴを行った場所だった。それが今やマーティン・スコセッシ監督がロバートソン制作のドキュメンタリー映画として五台のカメラクルーを引き連れてザ・バンドの最後のライヴを撮影している。ライヴ自体は伝説のプロモーター、ビル・グレアムによって企画され、サンフランシスコ・オペラから巨大なシャンデリアを含む『椿姫』のセットを借りてきた。ライヴは午後の中ごろ、五千人の観客全員が感謝祭の食事が用意された長いテーブルについた時に始まり、二十人編成のオーケストラが演奏する中、ほぼ全員が踊った。ライヴは約八時間続き、ザ・バンドに続いて次々とゲストミュージシャンが登場した。ザ・バンドに初めての仕事を与えたロニー・ホーキンス、彼らのディキシーランド音楽のルーツを代表するドクター・ジョン、そしてニール・ヤングとジョニ・ミッチェル、親しい友人やカナダの仲間たち。エリック・クラプトンとロバートソンのギター対決には観客は息をのんだ。マディ・ウォーターズはロバート・ジョンソンに通ずるブルースの伝統を携えやって来た。神秘的なケルト族のワイルドな男、ヴァン・モリソン。自身が吹くハーモニカによって、ブルース・ハープがロックンロールに取り入れられたポール・バターフィールド。そして、ザ・バンドと共に最初はブーイングを浴び、その後は崇拝の対象となったボブ・ディラン。私のロンドン時代の友人では、一九六〇年代の両極の教祖、ビートルズのリンゴ・スターと、ローリング・ストーンズのロニー・ウッドが加わり、ステージの最後には全アーティストがボブ・ディランの『アイ・シャル・ビー・リリースト』を熱を込めて大声で歌った。

私は最初に私を雇ってくれたサンディ・マゼオと共に、『ラスト・ワルツ』のツアーマネージャーを務めた。ロバートソンとスコセッシと一緒に綿密に連携をとりながら、楽曲のリスト（ライヴでは最終的に五十四曲だった）と、カメラクルーがどのソリストに焦点を当てればよいのかがわかるように、各曲の実際の撮影スクリプトを準備した。ビル・グレアムはステージに上がる前にコカインを吸引したいアーティストがいれば独りで吸うことができるようにステージ裏に小さな密室を作った。小部屋には三台の小さなカセットプレーヤーを置き、鼻をすする音が録音されたテープをずっと流していたため、アーティストがコカインを吸う音はカムフラージュされた。また、グレアムは小部屋の壁面に鼻をかたどった石膏をいくつも取り付けたが、それは単にシュールな効果をもたらすためだった。私たちはこの部屋をコクトー・ルームと名付けた。

十一月の夜、コンサートが始まる頃には、私は自分の仕事を終えており、アメリカ音楽史に残るこの感動的な瞬間を思う存分に聴いて心に刻み込むことができた。

なぜこの音楽がフォックストロットや楽しいルンバよりも重要なのだろうか。ミック・ジャガーはかつてロックンロールを「三つのコードと膨大なエネルギー」と定義したが、現状では的を射ている。ロックンロールはまたアメリカ史上最大数の世代、市民権、そして反戦運動に対して声を与えた。アメリカ、フランス、チェコスロバキアの反体制運動のデモ参加者は皆、ビートルズ、ローリング・ストーンズ、ピンク・フロイドを聴いていた。ケント州立大学銃撃事件〔一九七〇年五月四日にベトナム反戦運動集会の参加者に州兵が発砲し死傷者が出た事件〕、パリ、プラハで彼らの志が打ち砕かれた十年が終わる頃には、ザ・バンドを聴いた。ロバートソンが書いた曲『オールド・ディキシー・ダウン』はケネディ暗殺とニクソンの大統領選出後の反体制派アメリカ国民の悲しみに沈んだ雰囲気を反映しながら、一九六〇年代と一八六〇年代の心理的な類似を発見した。ちょうど半世紀前にドミートリエヴィチの音楽が果たしたように、ロックミュージックはその時代の感情をダイレクトに、正直に伝えていた。ちなみにユルは初めてザ・バンドを聴いた時、自分との類似点を指摘していた。

トランペット奏者のウィントン・マルサリスは、ジャズがアメリカの原型となる芸術様式だと主張している。なぜなら、ジャズ音楽を創り出すのは一握りのミュージシャンで、彼らはこれまで出会ったこともなく異なる背景を持つが、共有する伝統を呼び起こすことで、何か新しいものを肩を並べて即興で演奏することができるからだ。同様に、『ラスト・ワルツ』もまた、こうした伝統のるつぼであり、約三十年が過ぎてもこのコンサートに匹敵するものは未だ行われていない。

私がその後もロバートソンと一緒に住んでいたのでディランとは数回会ったが、私たちがまじめな話をしたのはさらに数年たってからだった。その頃、カリフォルニアのトパンガのすぐ北にあるパシフィック・コースト・ハイウェイにマリブで初のスシ・バー〈サムシングス・フィッシー〉が開店することになり、私はその手伝いをしていた。このレストランは今でもある。ディランはそこによく来ており、私は時々ホールでギターを弾いていた。私はまったく臆することなく、ディランのために『ジョアンナのヴィジョン』、『ミスター・タンブリンマン』、『くよくよするなよ』を歌った。ボブはそれにはとても紳士的な対応だった。

一九七八年、ボブは長期のコンサートツアー「ローリング・サンダー・レヴュー」を終えた直後にニューアルバム『ストリート・リーガル』のレコーディングをしたばかりだった。その頃、私はフォークシンガーのランブリン・ジャック・エリオットと一緒に旅をした。ディランが後に書いたように、エリオットは「実際にウディ・ガスリーと共に旅をし、彼の歌とスタイルを直に学び、完全にマスターした……エリオットは確かにガスリーを超えたが、僕はまだ途中で停滞していた」[*10]。ジャックは依然としてトーキング・ブルースの巨匠であり、誰よりも優れた語り手である。人は彼がたくさん旅をしているから「放浪の」ジャックと呼んだわけではなかった。ジャックの人生全体が複雑で入り組んだ物語、アメリカ生活の共通点を反映する『トリストラム・シャンディ』のミニチュアで構成されていた。ジャックは「ローリング・サンダー」に参加していた。彼を通じて、ディランの古くからの友人で、シンガーソングライターであり極めて才能ある芸術家のボブ・ニューワースと知り合った。

ある日の午後、ニューワースがサンタモニカにあるディランのスタジオに来るのを待っていて、ディランと二人きりで数時間を過ごすことになった。彼は一九七〇年代の半ばから低迷していたが、恥じることなくそのことを認めており、歌詞にして歌ってみせることもできた。「俺はすっかり裏切られ／ほとんど気が狂ってしまったと時々思うよ／殺人女が俺を不利に追いやる／模倣者たちが背後で俺を盲目にする」これが、数年前に『愚かな風（イディオット・ウィンド）』の最初の歌詞に取り入れた箇所だった。ディランは長い結婚生活にピリオドを打ったばかりで、どこに進むべきかわからずに岐路に立たされているように見えた。

私たちは楽しくおしゃべりをして午後を過ごした。私は曾祖父が海賊船に乗って中国へ行き、その後「帝国」を築くもすべてを失ったことや、コクトーにアヘンを売っていた私の父もフォークソングを歌い始め、アメリカでの最初のライヴ演奏がニューヨークのダウンタウン界隈でジプシーギターを弾いたことだったことなどを話した。そして、私自身の屈折した人生行路についてもいくらか話をした。ドミートリエヴィチ家族と過ごしたパリ、シナトラと世界を旅したこと、ダブリンでの日々、その後の赤い帽子の道化のこと、「タンブリン・マン」を探し求めていたら、代わりにモハメド・アリに行き当たったこと、そしてさらに、ザ・バンドとツアー公演をまわったことなど。ディランの歌がいかに私の人生に影響を及ぼしたかについて、彼に感謝の意を述べると、ディランは気を良くして私にも自分のことをあれこれ語ってくれた。しかし私がその時代に与えたディランの影響について指摘すると、彼は肩をすくめて出て行こうとした。ディランは、ユルがファンの無礼を嫌っていたように、そうした振る舞いに我慢ならなかったのだ。

「そんなこと言わないでくれ」とボブが答えた時には、すでにドアから出て行こうとしており、彼の言葉は本気だった。

31

一九七八年、私はエリザベス・コールマンという素晴らしい女性と恋に落ちた。彼女は当時、カリフォルニア州知事ジェリー・ブラウンの報道官だった。その年の十二月に私たちは結婚し、東部に引っ越した。エリザベスがニューヨークでジャーナリズムの仕事に戻りたいと思っていたことと、私は処女作となる自分の小説の大半を完成して以来、この町の近くに住みたくなったからだった。エリザベスはマンハッタンから百キロほど北にある、ニューヨーク州ダッチェス郡で育った。両親はまだそこに健在だったので、彼女の父親がニューヨーク州のポーリングにある馬牧場の近くに小さな家を見つけてくれた。私たちの結婚はわずか数年しか続かなかったが、友情は消えることはなかった。

私は今も変わらず、ブロードウェイ、ハリウッド、そしてロックンロールの浮世離れした世界から遠く離れたポーリングのクエーカーヒルの頂上に住んでいる。ほぼ三十年間ここで暮らし、変わらない小さなコミュニティにすっかり根を下ろした。こうした経験は父にも祖父にもなかったことだ。私が受け継いだノマド的ライフスタイルは、古いイタリア語の言い回しで「神が靴を失った場所」、すなわち「とても素敵な場所」であるこの丘の森に踏み留まると決めた時に終わりを迎えた。今後は私の落ち着きのなさ――これはブリンナー家の伝統――を知的な冒険によって満たさなければならないと思った。私にとっては一家のオデュッセイアは終わった。少なくとも私はそう考えていた。

私の最初の小説『悪癖と事故のバラード』は一九八一年に出版された。これはダブリンやそれ以後の私自身の無為の青春をフィクションにしたピカレスク小説で、「アイリッシュ調」を主体としており、私が刺激を受けた作家たちの喜劇調の書き方が反響している。私がこれまで出版した六冊のうち、この小説が一番最初の本であり、どこか愛する子どものように思っている。私には血を分けた肉親の子どもはいないので、この本に対する感覚はより本物かもしれない。子どもを持たないことを悔やんだことは一度もない。親になる心づもりをしたことがなかったからだ。もし父親になっていたら、利己的な自分を正すよい訓練になっていただろう。一九八四年、私はスーザン・シュローガーと結婚したが、私たちは配偶者というよりも友人でいる方がいいことが分かった。私が育つ過程で目の当たりにしてきた離婚だらけの婚姻関係を考えれば、パートナーシップを築くのが下手であることは驚くに値しない。私の人生の大半は、素晴らしい大きな愛に導かれてきたが、事実、私は自分に正しい女性を見つけようが見つけまいが、大して違いはなかった。私自身が正しい男であった試しがないからだ。

ユルは『悪癖と事故のバラード』や私が書いた他の本も一度も読まなかった。私が作家になることをいつも応援してくれたが、本が出版されるようになると、忙しすぎて読む時間がないと説明した。それにもかかわらず、我が息子を「現代のダンテ」とウォールストリートジャーナルの批評家がなぞらえた時、その褒め言葉に鼻を高くしていた。当時、私と父は数年続いていた冷めた緊張関係を克服したばかりだった。世代間のこうした衝突は避けられないのだろうか？　互いにとても共鳴しあえる二人がなぜ互いを思い遣ることをせず、二人に共通する性分ゆえに真正面から衝突してしまうのだろう？

大したことじゃないよ、理由を教えてあげよう。

若者はもっと部屋を欲しがり、年寄りはもっと時間を欲しがるからさ

しかし、ユルの人生最後の年には、何十年ぶりで初めて私たちはほぼ毎日顔を合わせた。子どもの頃のように、ユルが時間をかけてメイクをする間は衣裳部屋で一緒に過ごした。

一九八五年十月の父の死は長く苦しい試練だった。父が息を引き取った時、父のことを思い家族はほっと胸を撫でおろした。しかし、この私の心を掻き乱す体験の直後には私の母ヴァージニアもその生涯を閉じようとしているという現実が続いていた。何年も肺気腫に苦しんだ後、母はカリフォルニア州サンタバーバラの自宅でこの世を去った。一九八六年三月だった。

この写真の1年後、父は亡くなった。

両親が亡くなり、私は茫然として舵取りを失った感覚に襲われたが、アメリカの歴史を学ぶために学問の世界に戻ろうと決意したことが心の安定剤となった。一九九三年、コロンビア大学で『足下の炎――シェイズの反乱がもたらした憲法への影響』と題した博士論文を執筆、学位審査に合格した。この論文ではアメリカ北東部中の公文書館で見つけた証拠を提示し、一七八六年から一七八七年のマサチューセッツ蜂起が米国政府の設立に欠かせない出来事であったことを実証した。新しい国において暴動が拡大する恐れによって各州が主権を犠牲にし中央政府を設立

することになったという歴史に説得力を持たせた。

歴史に対する私の情熱は哲学に対する偏愛から生まれた。アメリカ民主主義の確立であろうとロシア帝国の崩壊であろうと、出来事が次々と展開していくことに私の好奇心はくすぐられた。こうした膨大な出来事の各々は、幾人もの不完全な人間が自由に選択することで作り出したものだ。しかし、歴史を振り返ると単に次々と起こる事件の連なりだとは考え難い。人類には言語能力があるため、宿命や運命、神意といったものによって定められている根本的で超越的な論理を探求せずにはいられない。そしてもちろん、我々は通常、私たちが探し求めているものをある程度の固い決意によって見出す。つまり我々は生きている間に自分が磨くレンズを通して世界を見ているので、大抵は捜し求めているパターンを見つけるのだ。そういうわけで、いわゆる占星術やヘーゲルの弁証法、あるいはキリスト教の終末論を信じることは、自己補強の手段にすぎない。

私は五年間の憲法研究の間に父の人生と、父のそばにいた私自身のことを年代順に記した美しくもほろ苦い回想録『ユル――王様になろうとした男』を書きあげた。その中ではユルの従姉イリーナの助けを借りて、何年も前にユルと叔母から聞いた情報を踏まえてブリナー家の歴史を初めてざっと素描した。しかし私はブリナー家の初期の歴史に関しては曖昧な概要しか知らなかった。一九八〇年代には私はウラジオストクを訪問することはできず、ソ連の公文書館に行くことが不可能だったこともその原因である。

一九八九年、父の「放棄」のお手本に倣ってからほぼ四半世紀が過ぎ、私のアメリカ市民権が回復した。たとえ私たちに自らの過ちを認める勇気があっても、人生において、とんでもない過ちを修正できることはめったにない。私は生まれながらに持つ権利を取り戻したこの日を人生の最も輝かしい日のひとつとして記憶している。

その間、子どもの頃から夢見ていたパイロットを経験することもできた。博士課程の研究で頻繁に遠方に出かける必要があり、メイン州からオハイオ州、バーモント州からフロリダ州へと自分で飛べば便利だったのだ。もちろん、若い時のアル中知識人だった私を知っている人たちは今度は新たな不安を持って空を見上げていた。私は明らかにパイロットに適した人材ではなかったが、事故を起こさず無事に飛んだ数年間は断酒をして私が変わったことを示していた。飛行に対する情熱に対価を支払うべく、双発軽飛行機ビーチクラフト・バロンに投資し、フライト・オブ・ファンシーという社名でチャーターフライト事業を始めた。コネチカット州の私の家の近所、ダンベリーから飛んだ。この事業のおかげで私はマサチューセッツ州ボストンやスプリングフィールドといったアメリカ北東部を飛行し、またワシントンDCの国立公文書館で調査することとできた。最終的には、時間も費用も私の見積りより余計にかかってしまい、環境汚染の観点でも許容範囲を超えていた。しかし飛行する喜びと詩的な感覚は今でも鮮やかに蘇ってくる。私は私が住む丘の上空からハドソン川沿いに下って、生まれた町まで低高度で飛ぶのが大好きだった。父が『リュートソング』に出演し、祖父がソヴィエト政権に逮捕されていたその昔に思いを馳せながら。一九八九年にワールド・トレード・センターのそばを飛行した時は、二〇〇一年の恐怖を想像することなどまったくできなかった。

読者が今手にしているこの本よりも前に私が出版した最後の作品は、『闇の医薬品』(二〇〇二)で、史上最も忌まわしい医薬品サリドマイドをめぐる医療、法律の観点から見た社会史である。[*11] サリドマイドは一九五〇年代に精神安定剤として流通したが、その使用は重度の先天異常と関係することが判明した。共著者であるトレント・ステフェンのおかげで、私は現代医学におけるこの重要な問題を研究し、執筆する特権を与えられた。

二〇〇三年には私はニューヨーク州ポキプシーにあるマリスト大学や近隣の学校でアメリカ史の講義をしながら様々な歴史および文学関連のプロジェクトに取り組んでいた。私は過去約二〇年間を一人で丘の上に暮らしているが、「こんなはずじゃなかった」と悔やむよりも、物事を地道にやりながら一人で生きる方がいいことを学んだ。それは、私が計画していた通りの人生ではないが、ある賢人がかつて言ったように、「神々を笑わせてみたければ、あなたのプランを神にただ話してみよ」〔運命は自分で決められない、神が決めるという諺〕である。

そして、極東ロシアを旅することほど、私の人生計画からかけ離れたものはなかったのだが、まさにそれがその後実現することになった。

## 32

二〇〇三年、私は第一回国際ウラジオストク映画祭に招かれ、「ユル・ブリンナー賞」を贈呈するよう依頼された。映画祭の主催者のひとり、アレクサンドル・ドルダから招待状が添付された電子メールが送られてきて、モスクワ経由の航空券と滞在費を主催者側が負担してくれるとのことだった。文章の結びには、興味深い文言で締めくくられていた。「ロシア語では、貴方の名前『ロック』は、『運命』を意味します。ウラジオストクを訪れることはあなたの運命なのです」。

この映画祭は九月の第一週目に予定されていたため、学期始めの講義を四回休まねばならないことになり、承諾できなかった。しかし、すぐに招待を断ることもできず、私は今まで考えてもみなかったウラジオストク訪問について思いを巡らせながらためらっていた。大西洋から地球をぐるりと周るルートとは反対の太平洋経由で飛んで旅程を二日間削ることができれば実現可能だったが、その航空券代はモスクワ経由のロシアルートの二倍になるため、映画祭には予算的余裕がなかったのだ。

私はドルダからもう一度招待状を受け取り、続いてアメリカに住むドルダの友人のロシア人から電話があり、招待を受けるよう促された。結果どうなるかは考えないことにして、最終的に私は行くことに決めた。私はドルダに、ウラジオストクのアメリカ領事館に連絡をとり、私の滞在中に講義や講演会を行う用意があると伝えてくれと依頼した。過去に私は、アメリカ大使館の助力でヨルダンのアンマンやドイツのベルリンで何度か講演をしたことがあったからだ。

数日のうちにウラジオストクのアメリカ領事タラ・ルーグルから電話を受け、国務省の後援で私の講演会ができるよう取り計らってもらった。「スピーカーズ・ツアー・プログラム」は、かつては相当の力を入れていた広報外交の最後の残骸のひとつで、他国の政府に対してではなく一般の人々と直接コミュニケーションをとることが目的だった。私は企画書を提出した。一週間後には国務省から連絡を受け、私がアメリカ政府を代表して正式にウラジオストクを訪問し、極東大学で「米国憲法の理念と起源」やその他のテーマで一連の講義を行うこと、その合間に映画祭にも出席することが決まった。さらに、モスクワ経由ではなくニューヨークからソウル経由で行く太平洋ルートで飛び、二日間の自由日程を提案してくれたので、私はすぐに同意した。

国務省が私を使者として保証してくれたことは、私の人生で予期せぬ進展を示すものだった。市民権を放棄してから約四十年を経て私はロシア人に憲法について話をするためにアメリカ政府によって派遣される。私はこの事実を若き日の過ちが正しかったと主張するのではなく、その後に選んだ道、つまり断酒、アメリカ帰国、市民権回復、そして歴史博士号取得といった選択が妥当だったことを確認するためのものだと考えた。そうした選択の結果として、私は生まれ故郷を代表して父の生誕地を訪れ、家族のオデュッセイアを完結させるよう招かれたのだと。

ウラジオストクに招待されたら、私はただ一言「イエス」と言うだけでよかった。あとは運命によって自然と収まった。実際、家族の地球規模のオデュッセイアを完成させることは本当に運命のように思えた。私が自分でこの旅を計画したのではなく、私の身に偶然起こったことだからだ。私が自分で極東ロシアの講義ツアーを手配しようとしても、何年かかっても上手くいかなかっただろう。そう思えば、ブリンナー家のオデュッセイアそのものが解決を求めたかのように思えた。ウラジオストクへの旅は私自身の長年の目標というわけでもなかったし、突然沸き起こった気まぐれというわけでもなかった。明らかにこれは、四世代にわたって私の家族を突き動かしてきた、同じ歴史の力によってもたらされた幸運だった。

確かにブリンナー家は知性と勇猛さ、好奇心と忍耐力で耐え抜いてきた。しかし、私たち家族の長きにわたる航海を決定づけたのは歴史の暴風と荒波であり、その歴史とは主にロシアの歴史であった。ロシア皇帝がウラジオストクに海軍港を設立した時、ユリウスはロシアに移り「帝国」を築いた。その森林租借地が日露戦争を誘発し、ボリシェヴィキの基盤となった革命を引き起こした結果、「帝国」は失われた。プリモーリエの王子として生まれたボリスはソ連の強制収容所でほぼ自身の全盛期が終わった。もしユルが子どもの頃にソヴィエト政権のロシアから出ていなかったとしたら、世界的に認知されることはなかっただろう。そして私はその政権が崩壊するまで極東ロシアに行くことができなかった。

　私のウラジオストク到着は、モスクワやペテルブルグから映画祭にやって来たスターを差し置いて新聞の一面を飾った。海外駐在職員のタラ・ルーグルが空港まで迎えに来てくれた。三十過ぎのかわいい女性で、市内で最も快適なヴェルサイユ・ホテルに案内してくれた。そこは外国軍の干渉があった間に恐ろしいコサックのアタマン、セミョーノフが徴発し司令部を置いたところであり、その同じ年に、すぐ近所にあるブリナーハウスでユルが生まれた。

　今のウラジオストクは約六十万人の都市だが、ロシア中の都市同様、人口は急速に減少している。ヨーロッパの港町によく似ており、複雑な形の湾や自然港に縁どられて広がり、木材、海産物、毛皮などを基盤とする商業経済が繁栄している。たしかに多くの道路は補修が必要だったが、マンハッタンに入る道よりもひどいとは言えない程度だった。荒れて見える地域もあるが、ブロンクスにある町の一画とさほど違いはなかった。町中に軍人、船員、警官の制服を来た男たちが無数にいて、当てもなくぶらついているように見えた。その多くは退職してからも以前どおり制服を着用して、建物や企業の警備員として働いている人だった。彼らの存在は歓迎されている。

　今、ウラジオストクは再び東部開拓地（ワイルド・イースト）になった。その昔、ソヴィエト政権は抑圧的ではあったが安全な社会を強制し、非常に効果的に犯罪を抑止していた。しかし、ペレストロイカですべてが変わった。「人間の顔をした社会主義」というゴルバチョフの新しい改革[*12]は道ばたの酔っ払いから政府にいたるまで社会のあらゆるレベルで犯罪を急増させ、ソヴィエト政権崩壊につながる大混乱を招いたと非難された。

訪問中に私は、ソ連崩壊当初の数か月や数年の間に何が起こり、崩壊後のロシアがどのように形成されていったのか、つまり、いかにして国有財産が民営化されていったのかを学び始めた。一九九一年まではソ連に民間企業はなく、すべてが国家に属していた。それが一夜にして、あらゆる資産の権利を個人が主張することになった。すべてのアパート、共同住宅、市場、スーパーマーケット、工場、製造業、そしてロシアの甚大な石油埋蔵量がバレルごとにすべて、テチュへを含むすべての炭鉱業……。その主張はどこまで正当だったのだろうか？　ソ連の裁判所が閉鎖した後で、誰が合法であるかを決定できるのだろうか？　三代にわたってアパートに住んだ家族にそのアパートの所有権を主張する権利があっただろうか？　この家族の主張は、武装したチンピラを雇い、その建物を強奪しただけの悪党の主張によって簡単に踏みにじられたではないか。旧ソ連の法律はこうした問題にきちんと取り組まず、新しい法律は書かれなかった。法律がどうあるべきか、誰が法律を書くべきかについての合意さえなかった。実際、ロシアには何の合意も無かったのである。

このような問題はすべて独立した司法制度が存在しないが故に起こった。七十年の間、ソ連の裁判官は自分を任命した人物に言われる通りのことを行い、保守派と入れ替えるためにエリツィンに任命された者たちの多くは賄賂の基準を除いては法律に何の関心もない腐敗した取り巻きだった。この腐敗は交通警官のすみずみまで浸透した。今日でもドライバーが違反を告げられるのは、賄賂を要求するための口実だ。こうした日常的な腐敗文化がロシアの司法制度なのである。ウラジオストクは多くの点でそれ自体が独特の存在だが、民営化の「プロセス」はここでも同じだった。

歴史家アンドリュー・マイヤーは、ソ連時代に「収容所の建築家たちによってウラジオストクは収容所群島のごった返した貨物集散地に変わり」、「荒れ果てた北部近郊に中継監獄が拡大していった」と書いている。[*13] それは一九三八年に詩人のオシップ・マンデリシタームが命を落とした場所であり、私の祖父ボリスが妻と娘と共にKGBによって監禁された場所だった。ソ連崩壊後、町の指導者たちは、「環太平洋地域と手を組むことでアジア市場への架け橋を形成し、グローバリゼーションの成果を示した研究事例のように、ポスト・ソヴィエトの眠りから目覚める……と想像した」。第一回国際ウラジオストク映画祭は、こうした取り組みの一環であり、アメリカ、カナダ、日本、ロシア、北朝鮮、韓国といった環太平洋諸国の映画製作者を招待し、最新の作品を上映するものだった。この映画祭が年中行事として定着するかどうかは不明だった。

沿海地方の共産党政権後初の知事はエフゲニー・ナズドラチェンコで、九〇年代を通して「沿海地方を私物化した人物であり、〈汚いナズドラチェンコ〉と現地のアメリカ外交官があだ名をつけた」。[*14] 気まぐれに権力を誇示し、絶滅の危機に瀕しているシベリア虎の非合法な毛皮をベラルーシの独裁者ルカシェンコに公の場で贈呈したこともある。沿海地方の市民は地元の独裁者の度が過ぎる行いに対してひどい代償を支払った。マイヤーは書いている。「何年もの間、ナズドラチェンコが慎重を要する地域のエネルギー政策をぶち壊したので、何百万人もの人々が暖房のない冬を過ごす羽目になった。誤った管理、横領、瀬戸際政策の取り合わせはあまりに無神経だ……。多くのロシア人と同じように、沿海地方の強靭な魂は自衛本能という長い伝統に基づいている。プーチン大統領が政権に就いた後でもナズドラチェンコは水産大臣という別の有益なポストを与えられ、すぐさま沿海地方の知事は新たに選出されたセルゲイ・ダリキンにとって代わられた。

私が極東ロシアに到着してから数時間後、当時三十九歳の知事と女優で歌手の夫人ラリーサ・ヴェロヴロワが五日間の映画祭のオープニングで私を温かく歓迎してくれた。当然、地元住民と同様、二人もユル・ブリンナーの大ファンだった。結局のところ、ユルはウラジオストクで唯一、世界的に有名になった「同郷人」だったからだ。少年のような笑顔を持つ大柄なダリキン知事はユルのキャリアに誇りを感じていた。ロシア人はユルを自分たちの町の人間として愛しており、ユルの大胆な勇気、皮肉なユーモア、そして目に宿る知性はロシア文化に根差していると主張する。しかしロシアのファンは私の父がアメリカでいつも受けた熱狂的な崇拝ではなく、敬意を持って芸術家に接する。またユルの剃った頭に関して何かを言う発想自体がほとんどない。

さらに重要なのは、ロシアにおけるユルの固定化したイメージが、しかめ面で横柄なシャムの王ではなく、平等主義で淡々としたアメリカのカウボーイであるということだ。『荒野の七人』のすべてが社会主義者とポスト社会主義のロシア人の社会的良心に訴えかける。庶民の男が男たちを率いて貧困農家を守るために戦う。ユルの他の映画のいくつかはビデオテープやＤＶＤで入手できたが、劇場で公開されたことはこれまでになかった。そういうわけで、私が現地にいる間にアメリカ領事館の支援を受けて、制作からおよそ半世紀を経て『王様と私』をロシアで初公開することを企画した。また、『カラマーゾフの兄弟』の上映会も開催し、数多くのドストエフスキー研究者が招待されたが、彼らはみな『荒野の七人』を好んだ。

ロシア訪問の数か月前、妹のヴィクトリアからとても素敵な贈り物が届いた。『荒野の七人』でユルが履いていたカウボーイブーツだった。ヴィクトリアはそれをインターネットオークションで見つけた。ユルの死後、彼の未亡人は再婚し、恥知らずにもユルの私物のほとんどを売ってしまった。悲しいことにユルは私や私の妹に何かひとつでも所有権を残そうとは微塵も配慮しなかった。ユルは弁護士と代理人には遺贈を注意深く明示していたが、自身の子どもたちに対しては自ら築いた帝国の遺産も形見ひとつもなかったのだ。「放棄」そのものである。ユルがスターになる前に持っていた父のギターとこのカウボーイブーツは私が持つ唯一の形見だ。父と過ごした幼少期は私の足のサイズは父の半分ほどしかなかったが、父の死後二十年経って、父のブーツは私にぴったりだった。私はウラジオストクでこのブーツを履いた。ユルは自分が生まれたこの町の通りを再び歩くことはなかったが、父のブーツは町を闊歩できた。

私の父はロシア中の人が毎日彼のことを思い出せるような別の遺産を残していた。それは私が思いも寄らなかったものであり、映画とも関係のないものだった。サンクトペテルブルグからウラジオストクにかけて点在する何千というロシア人が、ユルがスターになる前に見事に歌い上げたロマ音楽（ジプシーソング）を愛好していた。ソ連時代に海賊版のカセットテープで出回っていたアリョーシャ・ドミートリエヴィチと一緒に歌うアルバムが今ではＣＤに替わっていた。

映画祭に招待された芸術家のひとりに有名なシンガーソングライターのアレクサンドル・スクリャルがいた。自身のロックグループ「ヴァ・バンク」を伴い、ウラジオストクに来て二日目に私に自己紹介をしてきた。深みのあるバリトンで歌う痩せた四十過ぎのアレクサンドルは、私がここに来ることを知ったのでウラジオストクまで来たと説明した。彼は私に、実際にミュージシャンになろうと決意するほど、どれだけユルのレコードに影響を受けたのかを話したかったのだ。スクリャルは外交官になるための教育を受け、パリやローマに駐在することを望んでいたが、一九八〇年代に北朝鮮のソ連大使館に派遣された。しかし、ユルのジプシーソングを聞いた時、アレクサンドルは啓示を受け、音楽のために外交官としてのキャリアを捨てたという。今では、スクリャルとヴァ・バンクはロシアで最も威厳があり、皮肉と想像力のある、ロックに身を捧げたミュージシャンの一人であり、私が知る限り、低音のバスで歌うロックシンガーはアレクサンドルだけである。出会ってから一時間後には私たちはギターを手に『旅路の果て』を一緒に歌った。彼は唯一、ユルのトレードマークであるこの歌を歌うミュージシャンだ。

ウラジオストクに来るよう私を説得したサーシャ（アレクサンドル）・ドルダはこの旅を私の運命だと言った。サーシャは私より二歳若く、スリムで筋肉質な身体をしており、背中の真ん中近くまである長髪をきちんとひとつにまとめていた。俳優の代表でもあり、この映画祭の主催者のひとりでもあるサーシャとはすぐに兄弟のように仲良くなった。私を極東に連れて来るという彼の努力はユルに対する賞賛に突き動かされてだと思っていたが、実際には祖父のユリウスのほうに深い関係があることが分かった。サーシャは若い頃にテチュへに住んでいた時期があり、ブリナー岬のちょうどすぐ下で、ターシャという女性に出会い、何年も経ってから結婚したという。サーシャが「ロックをウラジオストクに帰還させる」と決意した理由にはこうした特別な結びつきがあったのだ。

私は、かつて一度も訪れたことのない場所にもかかわらず、「あなたが戻ってきてくれてとても嬉しいです！」と英語やロシア語で頻繁に挨拶を受けた。そしていくらウラジオストクに馴染みのない私でも、まるで実際に自分がここに帰ってきたかのように感じた。極東でひとたび私が家族のルーツについて話し始めると、地元の人たちがしばしば口をはさんできた。私の祖父が学校の教科書に載っていて、家族の歴史が地元の博物館に展示されているので、ここの人たちは皆すでに知っていたのである。

実際、アルセーニエフ博物館は一八八〇年にユリウスが建てた一番最初のブリナー商会の建物に入っている。旧市街の中心にあるスヴェトランスカヤ通りとアレウツカヤ通りが交差する角だ。私の講義のひとつがこの博物館で予定されていたため、挨拶をしておこうとあらかじめ立ち寄った。そこで目にしたのはブリンナー家にまつわる展示で、写真や手紙、さらにユルに関する私の回想録も紹介されていた。この町の最も古い博物館は史上最もミステリアスな映画スターの起源を完璧に把握しており、ブリンナー家を研究する専門家イライダ・クリメンコは私の研究を大いに助けてくれた。アルセーニエフ博物館は私自身の最近の写真も所蔵しており、博物館が私の人生を追っていたと知り驚いた。

私はソ連崩壊後にウラジオストクを訪れたユリウスの男系後継者第一号だが、私が唯一の生き残りというわけではない。サンフランシスコからシアトルまで、アメリカ北西部でレオニードの子孫が健在だ。そして、私がブリンナー家で唯一この旅を敢行したというわけではない。ソ連が崩壊して一年後の一九九二年にユルの従姉イリーナが訪れているのだ。当時イリーナは七十四歳で、フェリックスとヴェーラが娘を連れてひそかに港を出て、自由を求めてグリニファー号で航海してから六十年が経過していた。ウラジオストクに帰郷した際、イリーナは昔よく私に生き生きと語ってくれたシジェミを訪れている。

チャイコフスキーとムソルグスキーの歌を選び、コンサートを催し、アルセーニエフ博物館にお手製のアクセサリーを何点か寄贈した。イリーナの作品はすでにクーパー・ヒューイット国立デザイン博物館やルーブル美術館に常設展示されており、さらに一九一五年にイリーナの母親と叔母がブリナー兄弟と恋に落ちたサンクトペテルブルグのエルミタージュ美術館でも常設展示されている。イリーナの訪問は神秘的な体験に他ならぬものだった。自力でウラジオスクに戻ってきたことで、彼女はもはや壮大な歴史の力が持つ不運な駒ではなくなっていた。気力をくじくような困難を克服して、すべてが始まった場所に戻ってくるために生き延びた。この旅を達成することで完全な形で有終の美を飾ったのだ。完結したというその感覚は、ちょうど私がウラジオストクに招待された直前の二〇〇三年にニューヨークで彼女が息を引き取るまで続いた。今、三本マストのスクーナー船からアムール湾にイリーナの遺灰を撒くことが私の使命だった。これによって、彼女の旅は終わったのだ。

私の曾祖父が設立に尽力した極東連邦大学で、私はアメリカ史、政治学、文学専攻の約二百人の学生に対して米国憲法の背後にあるイデオロギーについて話をした。学生たちは熱心に聞いてくれて、ソ連時代に教育を受けた多くの教授が行う無味乾燥の形式的なスタイルとは違う、私の形式ばらない講義スタイルを温かく受け入れてくれ反応もよかった。私の通訳、エヴゲーニヤ・テレホワは自身が高名な教授であり、権威ある科学アカデミーの極東支部のメンバーである。エヴゲーニヤは私の言葉や考えだけでなくジェスチャーやジョークも伝えながら、自分の芝居の才能を発揮したこの機会を楽しんでいた。

その後、学生たちが活発に質問を投げかけてきたので、私が提起した憲法問題にいかに関心があるのかがよく分かった。ソ連時代も崩壊後もロシアの高等教育のレベルは高く、私がウラジオストクで会った若者の大半が流暢な英語を話すし、インターネットもあるので、ここの人たちは二度と閉鎖都市に暮らすことはないだろう。国を横断するのに一週間かかるシベリア鉄道の終着点であるこの町でもロシア語吹替え版『スパイダーマン』をタイムズスクエアの公開日と同じ日に観ることができる。また、モスクワが発信するロシア版MTVやイズヴェスチア紙からも情報を得られる。そのニュースが完全で正確なものなのか私には判断できないが、いずれにせよ人々は望めばニューヨークタイムズを読むこともできるのだ。

私が予定した講義の主題は、地球温暖化（一九九八年の私の小説『人類の自殺か？』『世界が終わる日レポート』）から、ゴーリキー図書館で行った『ロックンロールの社会政治的インパクト』まで多岐にわたった。この図書館には俳優人生の中でユルが最も気に入っていた映画のうち五作品のDVDを寄贈した。さらにタラ・ルーグルがアメリカ領事館で歴史家のセミナーを開催し、私は自分の博士論文の概要を述べた。

最も感動的な出来事はアルセーニエフ博物館で起こった。曾祖父が我々のいる建物を建設して以来広がった家族のオデュッセイアに関して長時間話した。会場は満員で、私は来場した人々が単にユル・ブリンナーやユリウス・ブリナーのファンだというわけではないことに気づいた。そこにいる多くの人が、共産主義の崩壊後でも使用可能な過去や身近な現象を求めていた。あらゆる歴史的事実を抹殺、歪曲したり、通りや町の名称を都合よく変更したり、国民を無法者扱いした全体主義国家で生きた三世代を経て、「放棄」というお馴染みの心理学的メカニズムによって多くのロシア人が失敗した共産主義イデオロギーを払いのけていた。中央計画から収容所群島にいたるまで、ソ連のシステム全体を放棄することは、ある者には難しく、ある者には不可能だった。しかし結果的にロシア人は今、個人としても集団としても、まったく何も歴史がないことよりもソ連時代以前の歴史を回復することを切望しているのだ。ウラジオストクに私が訪問したことにより、私は知らず知らずにうちにこの町の市民に自分たちの過去と繋がる機会を与えていた。私にとってもロシア人にとっても、そしてとりわけウラジオストクの人々にとって、ソ連当局から隠れて密かに持ち続けていた思い出が明らかになることはとても重要だった。十数か、それ以上の人が、私にシジェミ（この旅では訪れることができなかった）の写真やブリナー家の過去にまつわるものをお土産として持ってきてくれた。私の訪問は、スターリンが現われるずっと以前にこの町が創られたことに思いを馳せ、家族の起源を思い起こすきっかけになったのだ。何十年もの間、港周辺の名も無き小屋に身を潜めて生きることを命じられた家族はソヴィエトが一九二二年に支配権を握る前はどのような社会であったかを思い出すために旧市街を訪れる。ボリシェヴィキのパルチザンは、ユリウス・ブリナーのような産業資本家からロシアを解放したことで英雄とされた。それでも市民は、その名に言及することが禁じられてきたとしても、町の創始者のことを忘れてはいなかったのだ。

ブリナー家に関する逸話を話したくて、ヴェルサイユ・ホテルのロビーで人々が私を待っていた。「私の祖父はブリナー商会の会計士だったんですが、ユリウスの未亡人ナターリアが義理の娘を遺産分割協議書から削除したのを見てショックを受けていました」とか、「ブリナー家はアメリカ人のグレー氏と親交がありました。実際は、彼の名前はミスター・ブラックでしたが、ミス・ホワイトと結婚した時、グレーという名に改名したんです」。他にも、私の家族に関する雑多なエピソードを書いた手紙を送ってくれる人もいれば、特別に用意してくれた思い出の品をプレゼントしてくれる人もいた。最も印象的だったことは、こうした歴史の断片を私に届けることが、その人たちにとってとても大切であるということだった。それはまるで祖先との約束を果たしたかのようだった。

もうひとつ私が予期していなかったことは、私の人生が折衷主義の冒険に満ちていることにも人々が誇りを感じてくれたことだった。例えば私がモハメド・アリと映った写真を見た時、私はウラジオストクの人々が賞賛する世界で最も有名なチャンピオンを直接繋ぐ存在だった。そして伝説のライヴ「ラスト・ワルツ」は町の年配ロッカーたちの間で好評を博していたことが分かった。ユルを常に自分たちの町の者だと考えてきたウラジオストクの人々は今、私に関しても同じように好意的に接してくれるようになったのだ。私は単に「ウラジオストクに行った」のではなく、「ウラジオストク出身である」、という思いが幾度となく強まった。

ピョートル大帝湾の周辺の気候は、秋はとても穏やかで、昼間はかなり暑く、夕方には過ごしやすくなる。長く辛い冬など、どこ吹く風といったところだ。私は毎日、町を数時間かけて歩いたが、建物や彫刻に表される歴史の層に驚かされた。そこには帝政ロシア時代の壮大さを思い出させるものが堂々と残っている。破壊されずに残った正教会、クンスト・アンド・アルバースの壮大なバロック様式、そして一八九一年に皇太子ニコライがウラジオストクを訪問し、町の創始者らと共に駅の礎石を置いたことを記念した凱旋門など。しかし今も駅前通りの向かい側には高さ十メートルの巨大なレーニン像が台座に立っている。中央広場には国内戦で戦った赤軍兵士の巨大なブロンズの記念像がある。ゴーリキー劇場の前にはシベリア鉄道の機関車の炉で焼かれたとされているボリシェヴィキのパルチザン、セルゲイ・

ラゾの胸像がある。ロシア中にあるこうした専制政治と共産主義の記念碑はまるで未だ互いに不動の戦いをしているかのようだ。

三日目に私はブリナーハウスを訪れるよう招かれた。タラ・ルーグルとすでに友人と思えるほどに打ち解けていた総領事のパメラ・スプラットレンが同行してくれた。パメラはウラジオストク中でとても愛されており、それが何故なのかはすぐにわかった。彼女は以前、パリとモスクワに駐在しており、彼女の目には鋭い知性と几帳面さが光っていて、流暢なロシア語を操っていた。パメラは冷戦後のアメリカとロシア太平洋艦隊の交戦停止に関する地政学的問題に取り組んでいた。百六十キロ南に位置する北朝鮮の謎は彼女の関心事項の範疇にあることは疑いもなかった。

ブリナーハウスは現在フェスコの本社となっており、そこの取締役が私を歓迎してくれた。実は会社の最高経営責任者であるアボノシモフは基本的にモスクワの事務所で働いているのだが、私の訪ロに合わせてウラジオストクに来てくれた。事務局はブリナーハウスの中にあり、管理職用のオフィスはさらに大きな隣の、かつてユリウスとナターリアが暮らした建物に入っていた。

ブリナーハウスは快適で珍しい建物だ。正面部分が東に面し、六メートルの高さの堤防の上に建てられており、目の前のアレウツカヤ通りと建物の間には木々と庭がある。チェスボードような装飾が一部に施されており、全体的に淡い黄色で塗装されている。その非対称には驚くべきものがあり、アールヌーボー調の意図的に気取ったデザインだ。この建物でユルが「弓」の形をしたアーチ型の屋根の真下にある三階で生まれたことはイリーナから聞いて知っていた。広い階段を上りながら、私は干渉軍の部隊がホールにあるこの階段の一段一段で寝ている姿を想像してみた。別棟のブリナー家のアパートはそれぞれオフィスに作り変えられており、そこでの体験が霊的交感だったとは言い難い。父親が生まれた部屋ですら、そこにある壁は私に訴えかけるものがなかったからだ。私はただ自分がここにいるという事実に畏怖の念を感じた。私はこの建物を称賛するし、旧市街全体が大好きになったが、これほど温かい歓迎を受ければ、誰もがウラジオストクに対して同じような愛着を覚えるだろう。

ロシアに来たことで、父の誇張した言い回しや大げさな身振りにどれだけロシア人的振る舞いの特徴があるのか、どれだけブリンナー家特有のものなのか、不思議に思い知りたくなった。ユルの姉、叔母、そして従姉を知っているが、私はアーチ型の眉、不敵な笑み、嘲笑を含んだ爆発的な笑いなど、独特で微妙な癖に気づいており、それはブリンナー家に特有のものだと思っていた。もちろん、こうした表情豊かな特徴を認める以上に、私も子どもの頃にはすでにいくつかの特徴を習得していた。今、私はウラジオストクでそうした表現に見覚えがあると気づいた。その後訪れたモスクワやサンクトペテルブルグでは見られなかったものだ。少なくとも、「自分のルーツを発見」したような気分になった。

この冒険の間、ずっとユルと一緒に旅をしているような感覚だった。天から見下ろされているというより、私自身の内部から見つめられているようだった。過去は我々の中で生き続け、過去をもとに未知を予測するということに少し注意を払えば助言や警告を与えてくれるという深い意味以外には、私はどんな死後の世界も信じていない。両親が亡くなってから、私は時には二人のことを思い出し、言うなれば「霊を呼び出す」のだが、その時、両親の幽霊がさまよい、呼び出されるのを待っているとはまったく信じていない。しかし、大切な時に両親の記憶を呼び起こし、私の人生の変化を「共有」することで、私自身がイメージする二人の姿に対して報告し、記憶の中の姿を更新することができる。だから少なくとも私の中にいるユルは私がユルのオデュッセイアを完結させたことを知っている。

しかし私は、この旅を可能にしてくれた、一度もロシアを訪れたことのない別の人格も自分の中に取り入れた。母の断酒例がなければ、私はソヴィエト政権よりも長生きすることができなかっただろう。そこで私はウラジオストクの断酒会（AAミーティング）に通訳を伴って二回出席できるよう予定を組んだ。ロシアではアルコール中毒が横行し、社会と経済に大きな影響を与えている。ソヴィエト政権下では国がアルコール依存症を後押しするという経験をした。しばしば悲惨な経済結果を発表せざるをえない時、政府はウォッカの価格を下げ、広範な不満の声を消したのだ。一方ゴルバチョフはアルコール依存による生産性の低下を憂慮し、合法的な消費を厳しく制限した。それは一九二〇年代のアメリカ禁酒法よりも成功率が低く、また他の改革を妨げたとして怒りを招いた。一九九一年、ゴルバチョフとソヴィエト連邦がボリス・エリツィンと新ロシア連邦に取って代わられた時、ロシア史において自治政府の最大の希望となったこの新首相が、しばしばろれつが回らなくなるほど酔っぱらっていたという皮肉を無視することはできなかった。

ウラジオストクの断酒会は他の国と変わらなかったが、集会の歴史は新しく孤立していた。アルコール依存症が病気であり、その治療法の断酒は一九三五年以来何百万人もの命を救ってきたプログラムを通して実現できるということが未だ理解されていない文化のなかでかろうじて生き残っていた。私はそこでも他の国で聞いたような破滅的な行動とだめになった人生について恐ろしい話を聞いた。この集まりに出席することで自分たちの人生が本当に変わるという希望を持っていた人はほんの僅かだった。私の励ましはグループにとって大きな意味を持っていた。私がウラジオストクに到着した時、彼らはすでに新聞で私の写真を目にしていた。私は訪ロ二日後にこの集会に参加し、彼らの経験に耳を傾け、そして自分の体験についても話をした。過去三十年にわたって断酒会で聞いたいくつもの成功例の一部を繰り返し話した。

アメリカ総領事のスプラットレンがウラジオストク市長ユーリー・コプィロフとの食事に私を招待してくれた。背が低く雄牛のようにがっちりした体格で、太い首とある種の険悪なユーモアを目で表している市長は私に会いたくてたまらないといった様子だったが、それは明らかに私がすでに正式に知事に会っていたからだった。コプィロフは再選をめざして立候補していたので、選挙前の支持者確保でとても忙しいと聞いていた。にもかかわらずアメリカ総領事館の前で彼からブリナーハウスを譲渡するという申し出を受け、私は不意打ちを食らった。

曾祖父が建てた灯台のあるブリナー岬を背景に。

「あなたはこの家がお好きですか?」とコプィロフ市長が私に尋ねた。「私がこの家をあなたに差し上げますよ!　私にはそれができるんですから!　二つの書類にサインをすれば、もうあなたのものですよ!」確かにコプィロフは冗談で言っていたが、目は笑っていなかった。そして彼が市長再選に向けて私に支持してほしいと付け加えた時、私は言葉を失った。結局私はフェスコ社の人たちが自分たちの資産を私に譲ることを喜ばないだろうと控え目に提案した。「それなら」と市長は答え、「船会社もあなたに差し上げましょう！」と言った。この時ばかりは彼の冗談を確信したが、私が感謝しながらその申し出を辞退する間、総領事は不安そうに苦笑していた。翌年六月、前市長チェレプコフが手榴弾で吹き飛ばされたことで話題になった選挙で彼は市長の座を失った。

しかし、市長の遊び心ある提案は深刻な問題を提起していた。民営化の無法な「プロセス」においてブリナー家のすべての財産やビジネスに対して正当な主張を行った者はこの世に誰もいないということだ。そのことはもしかすると、なぜフェスコ社の最高経営責任者が私の訪問に合わせてウラジオストクに来たのかを説明するかもしれない。確かに私なら裁判所に然るべき申し立てをすることができただろう。しかし独立した司法機関が存在しない場合、政治的なコネ、賄賂合戦、そして脅しや暴力によって結果は決められてしまう。そういうわけで、私は船会社の最高経営責任者に対して、私がウラジオストクにやってきたのはブリナー帝国を取り戻すためではないことを冗談交じりに話して安心させた。そして、彼は心から安堵している様子だった。

現在テチュへでブリナー鉱山を所有しているダリポリメタル社の最高経営責任者に会った時も同じことが起こった。ワシーリイ・ウソルツェフは地方議会の議員で、背が高く、見栄えのする三十代の男だ。私たちは地元ビジネスの開拓者であり歴史家のウラジーミル・フメルのオフィスで会い、ウソルツェフは今も操業しているブリナー鉱山から採掘された綺麗な水晶を私にプレゼントしてくれた。私は彼にも、鉛、亜鉛、銀の生産には何の野心もないことを冗談交じりに伝えたが、今はダリネゴルスクと呼ばれる小さなテチュへの町に住む何千人もの人々に、ユリウスのビジネスが今も変わらず雇用を生み出し続けていることが分かり、私は心温まる思いがしたので、もう満足だった。ウソルツェフは、私が次に訪れる時は鉱山を見学させてくれると言ってくれたので、もちろん私は承諾した。
その時にはすでにウラジオストクに戻って来ると決めていた。一週間では、私の好奇心をくすぐるものをすべて見て、すべて行うのに時間が足りなかった。さらに私には再訪を熱望するもうひとつの理由があった。ほんの数時間ロシアに滞在している間に息を飲むほど美しいひとりの女性に温かく微笑みかけられ私の心をつかまれてしまったのだ。その週に出席した数多くのイベントで何度か見かけた褐色の髪をした魅力的なその女性はオリガ・ヴィゴフスカヤで、アムールの先住民族文化の専門家だった。地域の先住民の工芸品を保存し、緻密で細かい刺繍の入ったドレスをデザインするような工房を運営する多くの友人と一緒に仕事をしている。ナナイ族やウデヘ族の模様を再現するのはオーリャ〔オリガの愛称〕の得意とするところである。確かに自分の家から九時間離れたところに住み、はるかに若く、英語がほとんど話せない女性と恋に落ちるのはあまり賢明とは言えなかった。しかし故郷で誠意のない女狐に心が傷つけられて以来初めて、私は見過ごすことのできない魅力を感じてしまったのだ。オーリャこそ、ウラジオストクに戻ってくるための、もうひとつの強い動機だった。

「どうしてここにはこんなにも美女がたくさんいるんだろう?」と私は友人のサーシャ・ドルダに尋ねた。サーシャは、「ウラジオストクは五十年間も閉鎖都市だったからね」と説明した。私は頷きながら考え込んでしまった。それは説明としてまったく意味をなさないからだ。確かに、改革するには時間がかかるものだが、閉鎖都市だったので美女がたくさん残ったということなのか。サーシャが言いたかったことは、もし選択肢があれば、最高に美しい女性の多くがこの数十年間で皆モスクワに行ってしまっただろうということだった。

仕事を求めてモスクワとサンクトペテルブルグに移住する国内の動きは資本主義ロシアの重要な問題のひとつになった。国全体の人口減少に伴い、意欲的な労働者が首都圏に絶えず流出しているため、全土の小さな町に打撃を与え続けている。富の集中は顕著である。二〇〇四年のモスクワは世界のどの都市よりも億万長者の数が多く（約三十四人）、国で唯一の活気に満ちた雇用市場だった。モスクワには自立したロシアの若い女性たちが男性に劣らず数多く移住している。モスクワの人口は公表では一千万人だが、推定では千二百万人とされている。最近の法律では国内移住者はモスクワ市民として登録の許可をもらう前に定まった住所と所得を申告せねばならず、それが新しい汚職の温床になっている。

ウラジオストクの女性の美しさが経済的な理由ではなく文化的な理由だとすれば、より根本的な説明ができる。私は専門家でないので、もしかしたら私の考えは間違っているかもしれないが、ロシア人は極めて冷静沈着だと私は思っており、この性質は女性であれば特に魅力的だと思っている（少なくとも私にとっては）。大抵の場合、通りを一人で歩くロシア女性を見つめても、その女性が恥ずかしがって目を逸らすということはない。女性は真直ぐにこちらの目を見返して、何の意味もない時でさえ、恥じることなく大胆に気のあるそぶりを見せる。ロシア人女性は自分たちの容姿を客観的に評価し、その効果を最大限に引き出し、その魅力を使って男性を冷やかすことに喜びを感じているように思える。この、大胆で女性らしい勇気は私にとって馴染みがあった。後になって私はよくユルの姉ヴェーラを連想していたことに気づいた。

第一回ウラジオストク国際映画祭の最後の夜に賞の授与式が行われた。作品賞、俳優賞、監督賞と部門別に最優秀賞があったので、その日の午後、私はサーシャ・ドルダに私が授与するユル・ブリンナー賞は一体どの作品なのかを尋ねた。サーシャは、「分からない。けれど、審査員がもう受賞作品を選考済みだよ」と言った。

その晩、授賞式が行われた。とても意欲的で活気ある演出で、レーザー光線、リボン、紙吹雪などを使った目も眩むようなイベントは金に糸目をつけずに行われていた。祭典は、ダリキン知事の妻、ラリサ・ベロブロワのパフォーマンスで始まった。「太平洋子午線」という、この日のために特別に作曲を依頼した歌だった。

セレモニーが終わりに近づくと、私は舞台に上がり、ユル・ブリンナー賞を授与した。受賞した映画は未完成の未公開作品で、実際に審査員も観たことのない映画だった。『河』というロシアの作品で、とても人気のあったスター女優の死によって撮影が途中でストップして、短編映画として編集されたものだった。私はこの選択に深い意味を見出していた。四十五年前、『ソロモンとシバの女王』の撮影中にタイロン・パワーが死亡した時、ユルは百万ドルでその役を完成させると決めた。それと共に私の父は結婚生活とアメリカを捨て、芸術よりもお金のために映画を選ぶようになった。今、第一回ユル・ブリンナー賞は、主演スターが亡くなり完成しなかった映画に捧げられた。私には、それは完璧に相応しいと思えた。

「ロシアのイデア」から何が起こったのか? これはロシアがトルコを包囲した一八七七年の、ドストエフスキーの言葉だ。ある歴史家の言葉によれば、ドストエフスキーは「世界史というドラマの結末を予見していた。彼はコンスタンティノープル(東方正教会の総首座)の征服とロシアの政治的支配下におけるスラブの統一、それに続いて世界の終末を思わせる衝突の中でヨーロッパの死にゆく文明が救われ、ロシア正教に内包される『ロシアのイデア』によって、兄弟愛の中ですべての国家が統一されると予見した」[*15]。

一九九六年、エリツィンは辛うじて共産党の再起を打ち負かし、「ロシアのイデア」の本質を決めることを目的とした政府委員会を設立した。しかしそれは民族的アイデンティティの問題なのか、それとも共有するイデオロギーの問題なのだろうか? ツァーリズムとスターリン主義の両者が歴史のごみ溜めに追いやられた後では、ロシアの人々の根底にある根本的な特質として一体何が残っているのだろうか? ニコライ二世が一九〇四年に鴨緑江に沿って朝鮮を奪取する運命を感じた時のように、またスターリンが一九四五年に東欧を支配せずにはいられないと感じた時のように、国のユニークな運命感はいつも帝国の野心に根ざしていたのだろうか? ロシア人の性格は民主的自治を実践することに適しているのだろうか? 今の国に関しても、こうしたうやむやにされたままの疑問がますます渦巻いている。エリツィンの委員会は合意に達することはできなかった。その理由はおそらく一九三〇年に平凡なユーモア作家ウィル・ロジャーズが言及したように、「ロシアは人が何を言っても『それは本当です』という国」

だからである。

私はエルネスト・ルナンの「国家とは、過去の誤解と近隣諸国の憎しみによってまとまった人々の集団である」というすさんだ見解に同意する。私は異質の文化に関する大雑把な一般論には疑いを持っている。ナショナリズムに対する私の認識は、それが二十一世紀の現実の産物ということであり、今日私たちが直面している最大の驚異（そして解決策も）は、グローバリズムである。疫病、飢饉、気候変動、津波、テロ、経済的相互依存、通貨価値、外注労働、情報技術、ジェノサイドに対する道徳的対応……こうした問題は、国際機関を通じたグローバル・コミュニティだけが効果的に対処できる。地球温暖化によって危険にさらされているのが地球の片側だけでないのは、沈みゆく船が片方の先端だけ沈むのではないのと同じである。その上、どんな国でも、その国の特質とは一体何だろうか？　私は単純に「スイスのイデア」や「アイルランドのイデア」などと考えることはできないし、ましてや移民がモザイクのごとく寄り集まっているアメリカに対してひとつの特性を見極めることなど到底できない。ロシアもまた帝国の征服と歴史の層によって織りなされた多民族の独自性を持つ広大なタペストリーである。力によって支配されることに慣れてしまった国家は、その国家がどのように組み立てられたのかが問題になる。つまり、危機の際には国家は創設神話に立ち戻るからである。さらに、七十年間も無神論を強いられた後で正教会が復活したのは奇跡に近いが、ナショナリズムという信仰はロシアをひとつにする接着剤の役割を提供できそうにない。

ロシア史において唯一変わらないことは、ひとりの指導者が強引に支配することである。ロマノフ王朝の専制政治の後は「赤いツァーリ」スターリンが続き、そして今や、ロシアの人々はかつてないほどに民主主義を異様に警戒している。民主主義という言葉は、私が出会った多くのロシア人にとって自治を意味するものではなく、むしろ、「民主主義」はエリツィン時代の腐敗し錯乱した十年を意味していたからだ。（アル中の）震えた手のもとで、「私有化」という洗練された名前を使って、欲深いチンピラと新興財閥（オリガルヒ）のやりたい放題によって国は盗まれてしまった。まさにこれこそが、ロシアで多くの人が認識する「民主主義」であり、その恥ずべき時代の結果はホドルコフスキーのような数名の億万長者を投獄することで取り消せるわけではない。

自治に関して言えば、当面の間、ロシア人の大部分は投票箱を通した国家の支配を諸隣国に任せることは明らかにないだろう。最近の選挙では、言論の自由をはじめとして民主主義に不可欠な要素が欠けている一方で、ロシア人の大多数が、プーチンは自由裁量権を、つまりプーチンが求めるすべての独裁権を必要としていると信じつつ、プーチンを支持している。民主主義における最も重大な要素である、与党から独立した司法制度に関しては議論すらされない。もしロシアでこうした問題を提起すれば、プーチン大統領のように、二〇〇〇年のアメリカ大統領選における最高裁の恥ずべき役割を指摘する人が多い。

ロシアが今後どのように発展するのかは、誰にも予言できない。プーチン大統領は、「普遍的な人道主義」と「伝統的ロシア」の価値を融合させた「新しいロシアのイデア」を求めている。その努力において私が望むことはただ、ウラジオストクの人々のために、そしてロシア人全体のためにプーチンが成功を収めることだけである。

# エピローグ

（二〇〇四―二〇一五）

初めてウラジオストクを訪れて以後、私はさらに四回にわたってロシアを旅した。その際の度重なる出来事がきっかけとなり、この本を書くことになった。

二〇〇四年のはじめ、私はワシントンにあるウイルソン・センターのケナン高等ロシア学研究所にゲストスピーカーとして招かれた。ロシアは歴史家である私の専門外だったので、極東におけるブリナー家の話を詳述した。講演は温かく受け入れられ、その後すぐにケナン高等ロシア学研究所会長のブレア・ルブレ教授から研究所に招待を受けた。一九四六年にアメリカがソ連に対して行った「封じ込め政策」を開始した著名なジョージ・ケナン外交官の生誕百周年を祝うためだった。

講演の後、注意深く講演を聞いていた韓国人の学者が私に自己紹介をしてきた。彼女の著名な父と同様、彼女もロシアと朝鮮の歴史学者であると述べ、ロシア連邦公文書館で行った研究で明らかになったユリウス・ブリナーに関する書類を私に提供してくれた。その後まもなく、ユリウスの韓国での活動に関する機密文書も送ってくれた。これは一八九六年に秘密調査員がセルゲイ・ヴィッテ大蔵大臣に向けて書いたものだった。これに加えて、ユリウス自身によって書かれた報告書もあった。そこでは、なぜ彼が鴨緑江を探索したかの説明や、およそ六百五十トンもの木材の物流管理について述べられており、その説明は、ニコライ二世がのちに関係したユリウスの朝鮮租借地購入という領土獲得の野望など何も明かしていない。ケナンでの講演をきっかけに白日のもとにさらされたこれら二つの文書がきっかけとなり、できれば私の家族の物語を取り入れて、ロシアの近代史を概観する本を書く義務感に駆られた。

二〇〇四年の夏､私は講演旅行のためサンクトペテルブルグを訪れた。ロシア全土の主要図書館で「アメリカンコーナー」を後援するアメリカ領事館のプログラムのおかげで、サンクトペテルブルグ大学のスモーリヌイ学習院や由緒あるマヤコフスキー図書館など、様々な学術的環境で学生や職員を相手に講演を行った。アメリカの広報外交に低コストで価値のある貢献ができ、高く評価された。

ソ連崩壊後のサンクトペテルブルグは帝国の首都としての輝かしい日々とは大きな隔たりを感じさせたが、それでもなお壮麗であった。特に、太陽がわずかに地平線に沈む夏至の白夜の時期は格別であった。深夜になるとネヴァ川の土手に行き、跳ね橋が上がったり下がったりするのを眺めた。九十年前にニコライ二世の支配下にあった頃、まだ学生だったボリスとマルーシャがそこで出会い、私と同じ風景を見ていたのだろうかと思いを巡らせていた。

ネヴァ川北西の土手には一七七三年にエカテリーナ二世により設立されたサンクトペテルブルグ国立鉱山大学がある。ボリスが何年間在学していたのか、その時の私には分からなかったが、ある日私が鉱山大学で足を止めたところ、大学博物館の館長と偶然にも出会うことができた。宗教から知識を解放した啓蒙思想家であり、初の百科全書を編纂したヴォルテールとディドロという二人の友人のアドバイスを受け、エカテリーナ二世は地質学にまつわる優れた品々の収蔵を始めたのだ。

革命とその後の苦難から、多くのロシアの公共機関と同様にサンクトペテルブルグ国立鉱山大学もまた記録を失っていた。それにもかかわらずジャンナ・ポリャルナヤ館長は大学の卒業生をすべてリストにまとめたアーカイブを作ったのだ。そこには一九一六年に優良の成績で科学修士を取得したボリス・ブリナーも名を連ねている。私の家族がテチュへに鉱山を作ったことを話すと、館長は驚きながら私を厳重に守られた部屋へと連れて行った。そこにはファベルジェの宝石で飾られたオブジェや、壁のように大きなガラス製のキャビネットが置かれていた。キャビネットの中には、今はダリネゴルスクと改名されているテチュへから、ソ連時代にこの博物館が採取した希少な石の数々が飾られていた。この大学はこの格別な収蔵品がボリス・ブリナーという卒業生によって運営されていた鉱山で採られたものだとは知らなかったのである。

一九〇五年の血の日曜日、日本との戦争に反対する市民がサンクトペテルブルグにある冬宮前広場に向かっていた。九十九年後、同じ場所でポール・マッカトニーがビートルズの一九七〇年のヒット曲『バック・イン・ザ・USSR』を演奏した。ソ連の崩壊から十年以上が経っていた。そんな皮肉なことが国中で溢れかえっていた。多くの建物は共産主義のシンボルである鎌と槌と、ロシア帝国を象徴する双頭の鷲の両方で飾られている。ツァーリのために造られたモニュメントはソ連時代の英雄の像と仲良く肩を並べている。プーチンはソ連崩壊を「正真正銘の悲劇」、二十世紀「最大の地政学的カタストロフィ」と不気味に表現した。[*1] レーニン廟のちょうど反対側では資本主義を象徴するディオールとルイ・ヴィトンが赤の広場を占領し、クレムリンのそばにあるソ連の指揮系統を守るために作られた巨大な防空壕には、今や大きなショッピングモールが開いている。アダム・スミスが国富論で当然のこととしていた倫理的制約に縛られることなく、モスクワは資本主義を凄まじい勢いで導入した。

私は講義やこの本の執筆に向けた調査のため、モスクワで数週間を過ごした。VGIKとして知られる名高い全ロシア映画大学で『王様と私』を上映したり、ロシア科学アカデミーに後援されているケナン研究所のモスクワ支部で講演を行ったりした。モスクワ芸術座では資料館の館長がマイケル・チェーホフ、カーチャ・コルノコワ、ボリス・ブリナーにまつわる出来事やアネクドートを嬉しそうに話してくれ、かつてユルの相談役であったゲオルギー・ジダーノフが亡くなる前にここを訪れた時の講演の録画を見たりした。

二〇〇四年九月、第二回ウラジオストク映画祭のゲストとして私がウラジオストクに戻ってきた時、まるで帰省してきたかのように感じた。

私はサーシャ・ドルダと共にアムール湾をモーターボートで渡り、シジェミを訪れた。ミハイル・ヤンコフスキやユリウス・ブリナーも住んだこの半島は共産党少年団(ピオネール)が行うサマーキャンプの場所として何十年も使われ、沿海地方の子どもたちが休暇を過ごしていた。ユルやボリスが子どもの頃に夏を過ごした建物や海辺を友人たちが見せて回ってくれた。岩がちの海岸から上がった美しい広場にはブリナー家の別荘があったが、今では建物の基礎しか残っていない。しかし海岸の小さな断崖の上にはユリウスが新婚生活を送った別荘の壁がまだあり、床下には家族が狼や虎、「赤ひげ」、強盗、のちにはボリシェヴィキのパルチザンなどから子どもたちを隠すのに時々使った地下空間がある。一八八二年、ユリウスはナターリアとこのコテージで結婚式を挙げ、一九一五年には、ボリスとマルーシャがペトログラードで結婚式をした後にここに移り住んだ。ユルは七歳の時この海で泳ぎスポーツへの情熱を養い、その情熱はのちにノルマンディーで監視員となったりサーカスで曲芸士となったりするきっかけとなった。この情熱は私自身の少年時代にも活力を与え、私たちはアメリカやスイスのあちこちで水上スキーを楽しんだ。

ダリポリメタルという新しい会社からご丁寧に招待を受けたので、私はテチュへの鉱山を訪れた。シホテアリニ山脈を通り北に約五百キロメートル車を走らせて人口三万人の町ダリネゴルスクへ着いた。社長と昼食を取った後、一八九七年にユリウスが初めて拓いた鉱山へ向かった。どうやって冬に馬でこの地に来ることができたのか想像もつかないが、まさにこの地でユリウスは高麗人参の商人が連れてきた地質学者と出会ったのだ。もう運用されていないが、「アッパー・マイン」は約二百五十メートルの丘の頂上にある。この地から初めて銀や亜鉛、鉛鉱が採掘され、ユリウスがヨーロッパから海路で輸入してきた狭軌の線路まで降ろされた。私たちは旅客用機関車の半分ほどのディーゼル機関車で動くこのブリナー鉄道を辿って精錬所へ向かった。鉱石は精錬所から再び鉄道で運ばれ、谷間を三十キロちょっと進み、日本海に面したルドナヤプリスタニの小さな港へ着く。列車は狭いブリナー桟橋へと続き、そこで精錬された鉱石を積んだ貨車が荷船に載せられ、ブリナー岬に高くそびえる灯台のすぐ下の天然港に停泊する船に運ばれる。この複雑な流れは、一世紀以上も前にユリウスがテチュへを設計した当初とまったく変わらない。ソ連崩壊直後にブリナー岬はロシア連邦の千ルーブル紙幣に描かれた。

翌日、私はダリポリメタル社の従業員千人ほどが働く操業中の坑道のひとつに案内された。ガイドのレオニード・シネヴィチには頭が下がる思いだった。彼はブリナー鉱山で約五十年間働き続けたにもかかわらず、とても健康的で親切だった。レオニードはブリンナー家については知らなかったが、タイガからこの孤立した地域を作り出した一家のことをこの町が忘れることはなかった。一九四〇年代にまだ少年だったレオニードの知り合いたちはボリスと顔見知りで、ユリウスについても色々な話を聞かせてくれた。曾祖父が器の大きい親切な創始者だったことがよく分かった。従業員の健康を案じて診療所を建設したり、食料を無料で配給したり、テチュへが海路でしかたどり着けない場所だったため、輸入した衣服を配布したりもしていたそうだ。民間の雇用主がこのような良い評判でロシアの採掘地の人々の記憶に残ることは珍しい。

私が採掘用の装備を身に着けると、レオニードがエレベーターで坑道の三百メートル下へ連れて行ってくれた。そこからぐらつくはしごを使いながらさらに六十メートル下り、作業場の主要坑道へたどり着いた。そこで私たちは作業のいろいろな段階を見ながら四、五キロを歩きつつ、鉱山の歴史についてずっと話をしていた。この孤立した土地柄と困難な状況からユリウスの独創的な事業が生まれたことは明らかだった。今回私の家族の鉱山を訪れるまで、こんな陸地の奥深くにまで足を運んだことはなかった。そしてこの経験は人類の不屈の努力と勇気についての力強い教訓となった。

私は二〇〇五年秋までに計二か月間をウラジオストクで過ごし、この町でとても落ち着きを感じるようになった。この地で芸人や環境団体、学者、アルコール中毒から回復中の人、熱心な芸術家など、たくさんの友人ができ、数百もの学生や市民に向けた公開講演や授業を行った。一八九九年にユリウスが資金提供をして設立された東洋学院がもとになって後に極東連邦大学が設立された。ロシア語は相変わらず私にはひどく複雑で、大きすぎる文字や膨大な数の規則とその例外に悩まされるが、まだ頑張っている。私がウラジオストクにいた頃は携帯電話も持っていたし、バスで街中を回ることができた。ニューヨーク州の丘の上を離れるという選択はできないだろうが、それでもウラジオストクを訪れる際は家に帰ってきたような気分になる。

ソ連崩壊前では私の家族の話をまとめ上げることは不可能であった。また、電子メールが生まれる前なら親戚や書類の場所を突き止めることは気の遠くなるような作業であっただろう。だが、私は友人を通じてワレーリー・ヤンコフスキを見つけ出すことができた。彼はユリウスの配偶者ナターリアのシジェミに住む従妹オリガの孫で、ユルとボリスと共に朝鮮北部のノヴィナへ狩りに行った「世界で最も偉大な虎の狩人」とも称されたユーリー・ヤンコフスキの息子でもある。

ワレーリー・ヤンコフスキは現在九十四歳だ。彼は非常に健康的で意識もはっきりしており、五十年も連れ添った妻イリーナと共に自立した生活を送っている。彼は作家であり歴史家としても尊敬を集めているが、私にとっては遠い関係の「叔父」である。彼の祖母は私の曾祖母でありユリウスの妻であるナターリアの従姉妹である。また彼の母の従姉妹はユルの継母でありボリスの二番目の妻であるカーチャなのだ。ワレーリーの家はモスクワから電車で三時間行ったところにある。二〇〇五年六月、私が四度目にロシアを旅した際、彼のもとを訪れた。

この本の四つの主題、四世代にわたる私の家族を知っていて、今も存命の人物はワレーリーしかいない。彼はユリウスを年配の男性として、全盛を誇っていたボリスは熱心な狩人として、そしてユルのことはシジェミの無限の活力とともに「若く生意気な少年」として記憶していた。八年経った現在、ニューヨークから出てきた私はブリナーとヤンコフスキ両家のつながりを再確認することができた。

ワレーリーの生涯の前半は凄まじい冒険に満ち溢れており、すべてを記録するためには生涯の後半を捧げなければならないほどだった。この点で私たちの生活は極めて似ている。一九二二年、当時八歳だったワレーリーは家族と一緒にシジェミのボリシェヴィキから逃げ出した。「オランダの雌牛八頭と七十人の人間」が荷船で太平洋の波に乗り朝鮮北部へ渡り、そこでノヴィナを築いた。ボリスとカーチャはそこにダーチャを建て、毎年夏に訪れた。ユルも十七歳の時にそのダーチャを訪れている。ワレーリーは何年もの歳月をロシアのタイガ、朝鮮の丘、満州の山々で虎、狼、猪を狩って過ごした。彼はロシア最後のツァーリ、韓国の皇帝、日本の帝の支配下で生活し、六言語以上を流暢に話した。彼の英語は今日でも素晴らしい。

一九四五年、ワレーリー・ヤンコフスキは平壌にいた。四十年前にロシア帝国が無惨にも失敗した日本からの朝鮮北部奪取を、この年にようやくソヴィエト軍が成功させた。彼はKGB防諜部隊であるSMERSH（「スパイに死を」を意味するロシア語の頭文字。ジェームズ・ボンドのファンには馴染み深いか）で通訳として働くよう命じられ、一九四六年十月、北朝鮮で独裁が始まったまさにその日の午後、金日成が平壌に到着するのを目撃している。

金日成が権力を握った数か月後、ソ連当局は敵国日本を支援したと言いがかりをつけ、ワレーリーを収監した。見せかけだけの裁判を行った後、彼は「人間貨物」として収容所に送られた。この強制収容所は北極圏のマガダン近辺にあり、シベリアの鉱山で十年間働いた。一九五〇年代半ばに解放されたワレーリーとイリーナは息子の喘息を考慮しモスクワの近くに住んだ。

私はワレーリーと互いの記憶を共有した。私たちが共に過ごしたのはほんの数時間程度だったが、それでも間違いなく親密になった。ワレーリーは私の家族について話してくれたので、私が理解できずにいた様々な詳細を明らかにすることができた。家系図で分かるように、私の曾祖母ナターリアにはブリヤートの血が流れているということを彼は知らなかったが、ワレーリーは彼女に驚くほど好意的だった。夏に朝鮮北部で共に狩りをしていた間、彼とボリスはとりわけ親交を深めていて、私の祖父が魅力と気遣いを備えた素晴らしい人物であったと聞くことができたのは特に貴重であった。

私もまたワレーリーにとって有益なものを持っていた。私は朝鮮におけるユリウスの活動に関する重要文書と、この本の初稿を彼のために持参していた。ユリウスと朝鮮の皇帝との契約や、鴨緑江の調査、ポコチロフの秘密捜査員による彼の活動の報告書からなるこの重要文書は、七十年続いたソ連時代には決して目にすることができないものだった。また、ユリウス・ブリナーは鴨緑江の事件のきっかけとなった人物だったということはソ連の報告書では省かれていた。そのため、私がこのロシア史の決定的な出来事の鍵を取り戻す必要がある気がしていたのだ。

ワレーリーは現在ロシアの読者や歴史家に向け私の著作を翻案しつつ翻訳している。日露戦争を引き起こしたユリウス・ブリナーの詳細な動きが初めて記される。この戦争は一九〇五年のロシア第一革命を呼び、冷戦の引き金となる共産主義革命の土台を固めた。私が好奇心、歴史、運命、その他諸々の力に引っ張られるようにウラジオストクを初めて訪れてから二年も経たずして、この勇敢な老人に彼の世界観と人生を形作った出来事を明らかにする資料を渡すことができて嬉しく思った。そして私たちは抱擁し別れを告げ、私たち家族を引き裂きながらも、今ここに再会させた歴史の力に畏敬の念を覚えた。

私が十年前にこの本を書き上げてからというもの、毎年一、二回ほどウラジオストクに招待され続けている。ユリウスとボリスの助力で設立された大学で講演を行ったり、環境にまつわる会議に参加したり、毎年九月にある映画祭でユル・ブリンナー賞を贈るためである。ある親しい友人は、私の毎年の訪ロはもはや季節のように感じると私に言った。彼女いわく、「冬、春、夏、ロック、秋」があるらしい。多くの人にとっては、私は毎年のとある時期に見られる街の景観の一部となったようだ。二〇〇三年に私が初めてロシアを訪れ講演をした大学の学生の中には、もうすでに学術研究に大志を抱く子どもを持つ者もいる。私が頻繁にロシアを訪れていることが、この街に対する私の愛を簡単に証明してくれる。そして街中の知らない人からの優しい挨拶にも、いつも私の周知の愛をもって答える。

二〇一一年には、親友のライザ・ミネリを映画祭へ連れて行ったが、これは実に大変な事だった。彼女が地球の裏側にあるウラジオストクで一週間を過ごすために、ニューヨークから二十四時間かけて移動してきたということが信じ難いことであった。疑い深い友人は「彼女が本当にここにいるなんて信じられない」と囁いていたし、私がライザ・ミネリの泊まっているスイートルームに行った時、彼女も「私がここにいるなんて信じられない！」と言っていた。彼女は私のたくさんの友人と会い、ウラジオストクやシジェミにあるブリナーの家を訪れたりして充実した時を過ごした。彼女は『キャバレー』や『メイビー・ディス・タイム（今度こそ）』、『ニューヨーク・ニューヨーク』を歌い映画祭を締めくくった。どれも彼女のために書

ライザ・ミネリと。

かれた曲で、自身は何百回と歌ったことがあるにもかかわらず、音響と照明の調整のため午後をまるまるかけてリハーサルをしていた。

翌年、私の友人とイーゴリ・プシカリエフ市長は見事なサプライズを用意してくれた。私の父が生まれた家の十メートル前に、私達がともに着手した父の記念像を設置してくれていたのだ。花崗岩でできており、三メートルほどの高さがあって、両手を腰に置く、例の王様ポーズを完璧に再現している。石像の台の両側には、「ユル・ブリンナー・舞台の王様」と書かれている。これは、地元で有名な彫刻家アレクセイ・ボーキーの作品だ。私を初めてウラジオストクへ招待してくれたサーシャ・ドルダのおかげで、彼と何年もこの彫刻造りについて話をすることができた。ウラジオストク市は、家の前のこの像周辺にユル・ブリンナー広場を作ることと、造園と石敷をするための資金提供を約束した。彫像の資金はラリーサ・ベロブローワのかけがえのない支援のもと非公式で集められた。生まれた家の前に彫像が置かれ称えられる役者は他には思いつかない。また、三年経っても、ハトの一羽もこの像の頭や肩を汚すことがなかったということも、ここに記さずにはいられない。

二〇一四年、ソ連時代に祖国からの亡命を余儀なくされたロシア人作家のひとりであるソルジェニーツィンを記念した、モスクワのソルジェニーツィン名称在外ロシア会館が私の父の作品を表彰した。これを機にソルジェニーツィン会館は、若くして優秀な映画製作者リタ・ククリナを『ユル――放浪の魂』というドキュメンタリー映像の監督に任命した。私たちは共にジュネーヴ、ニューヨーク、モスクワ、ウラジオストクで撮影を行った。完成した作品はとても素晴らしく、心に訴えるものがあった。サウンドトラックはほぼユルのジプシーソングが使用され、ロシアの文化チャンネルでも放映された。ソルジェニーツィン会館の館長ヴィクトル・モスクヴィンと、映画撮影所「ルースキー・プーチ（ロシアの道）」会長セルゲイ・ザイツェフからミハイル・チェーホフ賞のメダルがユルに贈られ、代わりとして私が受け取った。もっとも、これは彼の業績を考えると妥当なことではあるが、特に感激した出来事だった。また、私はブリナー家の思い出の品々を展示するよう友人の研究者エレーナ・セルゲーエヴナに薦めた。このコレクションは個人のものとしては世界で最も膨大なものだ。彼女のウェブサイト（www.bryners.ru）では、ブリナー家のほぼ全員の詳細な説明を読むことができる。

私の家族に向けたこのような素晴らしい贈呈品は、地球の裏側にある別のロシアの地でも贈られた。ユリウス・ブリナーの大きな青銅製の胸像がダリネゴルスクの広場に置かれたのだ。私の曾祖父がブリナー鉱山を拓いた地である。ユリウスが一八九六年に始めた鉱業は今でもこの地の主産業であり、ユリウスと、第一次世界大戦後にこれを復興させたボリスの両者がこの地域の住民の世界を作ったと皆が認識していた。大祖国戦争中にはこの鉱山から採れた鉛でソ連の銃弾の八分の一が作られたということも、誇らしげによく語られていた。ドルダと彼の家族や友人、そしてダリポリメタルのグレブ・ズーエフ社長のおかげで、二〇一五年五月のロシア戦勝七十周年記念の日にこの地を訪れることができた。そして、大祖国戦争を戦い抜いた三十七人の退役軍人と共にパレードの観覧席に座らせてもらった。私の生涯で最も光栄に思った出来事のひとつであることは間違いない。

私が初めて訪れた二〇〇三年に比べると、ウラジオストクは姿を変えた。この地域特有の長い政治腐敗の影響から、当時は大部分がくたびれた古い街だった。だが二〇一二年になると、ロシア連邦が初めて三日間のＡＰＥＣ首脳会議を開催することとなり、開催地にウラジオストクが選ばれた。目的は環太平洋地域にある二十か国に対してロシアを「西側の強国」として再び誇示することにあり、それに向けて政府はこの街を改善するために、報道によれば五十億ドルもの大金を投資した。その結果この街は見る見るうちに良くなり、できたばかりの舗道や新しい高層住宅の数々、きれいに塗り直された古い建物や、港沿いには光り輝く現代的な街灯が見られるようになった。

こうした一連の努力で最も印象的だったことは、首脳会議に向けて建設された会場であった。小さな街ほどの大きさがあり、会議が終わると極東連邦大学の新しいキャンパスになるよう設計された。現在、極東連邦大学はウラジオストクの医科大学など数校を併合している。新しいキャンパスは、市街地に近いルースキー島に記録的な速さで極めて巧妙に建設された。また、金角湾の中央部を渡る橋と、アムール湾に架かる二キロメートルほどの橋をふたつ、新たに建設する必要があった。結果として、報道によれば一〇億ドルの費用をかけて一・一キロメートルの長さをもつ世界最長の斜張橋が建てられ、斜めに下がるケーブルはロシア国旗の色に塗られている。

二〇〇六年、アメリカ副大統領ディック・チェイニーがリトアニアのヴィリニュスでロシアに関してスピーチを行った。その内容は不愉快で、確実に無益なものだと私は感じた。ニューヨークタイムズ紙に書いた記事の中で、私は「アメリカは常にロシアの意向を誤解している。そこで起こった出来事をアメリカの理想や期待だけで判断するばかりで、他国への敬意に重点を置くロシアの文化に根付いた価値観で物事を見ることが無い」と述べ、「チェイニーの故意に挑発的な声色」にも言及した。チェイニーへの返答として、ウラジーミル・プーチン大統領は節度を保ちながらも、「我々はソ連や冷戦の失敗を繰り返してはならない。政治活動においても、防衛戦略においてもだ」と主張した。

私の論説は以下のように続いた。

ロシアには、今後取り組まなければならない深刻な問題がある。それはアメリカも同じである。だが、この両者の問題は同じものではないため、同じ方策では解決できない。他国の優先事項を押し付けるなどもっての外だ。アメリカは、何度もしつこく文句を言うだけではロシアに影響を与えることはできない。ブッシュ政権の徳望が消滅した時にはなおさらである。国際的脅威は国際的な取り組みをもってしか解決できない。気候変動、鳥インフルエンザ、テロリズム、核拡散、電力供給、こうしたすべての問題を解決するためには二つの大国の協力が必要だ。ダブルスタンダードではなく相互に尊重し合うことで、この二国は元敵国としてではなく、真のパートナーとして平和と経済発展に向け活動することができる。

私がこの論説を書いたのは約十年前になる。その時から私の中でアメリカの政策への落胆が大きくなっていった。二〇〇八年、私はコネチカット州立大学で政治学と歴史学を教える傍ら、『二〇一二年国際戦犯法廷によるジョージ・W・ブッシュの起訴』という題名の詩劇を書いた。裁判の日付を誤って書いたかもしれないが、私はまだ国際裁判は可能だし、必要だと辛抱強く信じている。アメリカ軍が一九六〇年代にベトナムを、二〇〇三年にイラクを攻撃するなど、ある国が他国を侵略した際には国際裁判が開かれるべきである。私はアメリカの大学での講義や、今も私が誇りをもって国民であり続けるスイスなどでこのことを繰り返し話している。

今、世界中の国々に行って気がついたことがある。どの地でも誰もが方向感覚を求めているということである。そして、ほぼすべての社会において、その方向感覚を求めたり過去を振り返ったりする人々の間に大きな不和が見られる。アメリカでは、この世界が誕生してから六千年も経っているはずが無いと固執するクリスチャンが多数いた。アダムとイブのころから数えると、聖書はそう伝えているからである。こういった聖書の直解主義者は、科学的根拠に否定されても気にかけない。恐竜を例にとると、ノアが恐竜を方舟に載せることができなかったあの大洪水が起こるまでは、恐竜は人間と共存していたはずだ、と。この話は滑稽だが、政府の政策に与える影響はある。アメリカ合衆国上院で過半数を占める共和党の一員であり通商・科学・交通委員会現委員長を務める人間がこのようなくだらないことを信じており、これに基づいて国策を指揮している。人間の活動により気候を変えることを神は決して許さないであろう、と彼は厳かに言った。

なぜ私がスイスに再び居を構えないのか、あるいは、なぜアイルランドやロシアには住まないのかと友人に聞かれるので今ここに書くが、私が近年のアメリカに深く失望している理由は少ししか無い。私はこれらの国々を深く愛しているし、そこでもっと時間を過ごす予定でいる。だが、私は自分が生まれた地の丘の上ですでに五十年近く暮らしている。私は、自国の問題を解決するために尽力しなければならないという、市民としての責任感を無視することができないのだ。

だが私が息を引き取ったときには、ニューヨーク州の丘の頂上、レマン湖、そしてウラジオストクのアムール湾に私の遺灰を撒いてほしい。

【付録】

## 朝鮮王が第一ギルド商人ユリウス・ブリナーに与えた朝鮮の森林租借権の文書

一八九六年八月二十八日

国王陛下こと朝鮮王は、ヨーロッパの方法を用いた正しい森林管理と木材の開発を朝鮮に導入するにあたり、次の合意を締結することに応じる。

一、ロシア国民かつウラジオストクの第一ギルド商人ユリウス・イワーノヴィチ・ブリナーは、「朝鮮森林会社」の名義で会社を設立することが許可される。

二、朝鮮森林会社は、豆満江上流域とムシンスキー区域の支流右岸沿い、及び日本海に浮かぶ鬱陵島における官有地の森林業務運営を二十年間にわたり独占する権利を受ける。加えて、朝鮮森林会社がこれらの地域に設立された後、同会社は経験豊富な人材の助力により、朝鮮領における鴨緑江流域の森林地域を調査する権利を有する。またその後は関連する地域に事業を拡大し、豆満江地域と同じ条件で運営を行う権利が与えられる。本協定に署名した日から六年以内に鴨緑江流域の事業が開始されない場合、朝鮮森林会社はこの地域に対するすべての権利を失うものとする。

三、上記の国境内において指定業者は道路や馬車鉄道の敷設に必要な事柄をすべて行う権利、及び丸太を流送するために河川を整備し、住居、作業場、工場を建てる権利も有する。

四、契約期間中、指定業者は林業専門学校の課程を修了したロシアの林業業者から林業・伐採の専門家を雇用し、同様にロシア人の助手を十分な人数だけ雇用、維持する責任を負う。

森林管理と木材資源の開発は彼らの指導の下で適切な方法で行わなければならない。すなわち、

a）樹齢三十年未満の木は伐採してはならず、適切な管理と世話を施し生育させねばならない。

b）会社が活動する伐採地での樹木の成長と再繁茂に注意を払わねばならない。伐採される約百本の木々につき、最良の木のうち少なくとも一本は播種のために手付かずで残しておく必要がある。

c）森林火災の防止と管理には厳格な対策を講じなければならない。火災防止を目的とし、地元自治体は森林や周辺地域の伐採地における焼却を禁止する条例を発効するものとする。林業専門家とその助手は、地元役人の助力を得てこれら条例の執行を監視する。

d）会社は所かまわず木々の伐採を行ってはならず、伐採地として毎年指定された場所でのみ可能とする。そのため、毎年九月十五日頃には年間伐採区域が確保され、その境界は堤防や溝で示される。このようにして、同社が選択した森林地帯は徐々に二十箇所の伐採区画に分割される。各区画の伐採作業はふた冬以上および夏の間は行ってはならない。さらに、木材の伐採と運搬を許可する期間は九月十五日から五月十五日までとする。

五、会社は、森林開発のために鴨緑江のロシア側もしくは朝鮮側の川岸いずれか都合のよい場所に蒸気駆動の木材伐採工場を建設することができる。こうして得られた木材製品は海外に出荷することも、地元で販売することもできる。

六、同社によって任命された林業専門家は、林業法規の作成及び王朝への林業導入のため、特に、実践的な森林管理、伐採地域における播種方法、新しい木の普及方法等を朝鮮人に教育する場合には朝鮮政府の管理下に置かれる。朝鮮政府はまた、製材製造設備や製材の販売方法・マーケティング全般に精通させるために同社の製材工場に朝鮮政府の役人や若者を配属する権利を有する。

七、朝鮮政府は地元住民への対応、及び労働者の雇用や運搬手段確保に関するあらゆる支援を会社に提供する。政府

は会社で働く外国人労働者にパスポートを支給し全員を保護する。

八、業務の大部分は朝鮮人が行うが、業務不履行の場合は、会社は朝鮮人従業員をロシア人または外国人労働者に替える権利を有する。

九、概して同会社は労働者への食料を地元で購入するが、飢饉の際の値上がり時、または収穫がない場合は外国から食料を調達し、現地に特別設置された配達経路を用いて労働者に配給される。林業の仕事に必要な食料、道具、資材および機械は無関税で外国から輸入される。同様に、同会社が生産する木材製品にはいかなる課税義務無しに外国に輸出される。

十、ユリウス・ブリナーは、上記会社が運営する事業を成功させるために必要資金をすべて調達する。

十一、ユリウス・ブリナーは、朝鮮政府がいかなる支出もすることなく会社の全資産の所有者となり、同会社の純利益全体の四分の一を受け取る権利を有する旨を確認する文書を朝鮮政府に提出する。これを考慮し、森林の使用に対する会社への課税はなされない。

十二、会社の本社はウラジオストクに、子会社はソウルまたはチェムルポに置かれる。年に一度、ソウルまたはチェムルポのいずれかで株主総会もしくは代表者会議を行うものとする。この会議では一株は一票に相当する。本契約の本文に含まれていない質問や問題は、会社の株主投票の過半数によって決定する。会社の会計帳簿は、作業場に最も近い場所としてウラジオストクで保管し、公証人によって承認された帳簿の写しを審査のためにソウルまたはチェムルポで行われる総会に提出する。

十三、国王陛下は、政府の利益を注視し、伐採・出荷される木材の量、すなわちすべての木材を集める貯蔵庫の傍で管理・監視するのに最も便利な場所に駐在する役人を任命できる。この役人は随時会計帳簿の監査を実施する権利を有する。さらに、すべての伐採木材に流送切符を発行するために地方行政の役人が任命される可能性がある。その切符には発行人の氏名、伐採の日付と場所、また、木材製品（木材）の数量や寸法が明記される。十一月十五日までに神の意思による事情で切符で照会される木材が川に流されなかった場合、その切符は発行した役人に返却され、木材の原産地、木材の量、およびそれが流されなかった理由が明記された他の文書に置き換える。この文書でもって、翌年にその木材を出荷することができる。

十四、朝鮮政府に対する然るべき純利益の一部はロシア中国銀行を通して毎年支払われる。この銀行にはブリナー氏が総額一万五千ルーブルを銀で永続的に担保として預金し、それにより、朝鮮政府の利益の一部を適時支払う保証とする。純利益の金額が増加した場合は、それに応じて預金金額も増加する。

十五、署名の日から一年以内に森林での作業が開始されない場合、この契約は無効になる。当然のことながら、遅延の原因が戦争または会社の管理が及ばない場合は該当しない。後者の場合は、朝鮮政府と上記会社の間で交わされる相互合意により操業開始期限が延長される。

十六、本契約期間終了前にブリナー氏が死亡した場合、氏の権利は相続人または後継者に完全に譲渡される。ブリナー氏はこの契約をロシアの信頼できる個人または組織に譲渡する権利を有する。

十七、この租借権契約書のロシア語テキストには中国語の正確な翻訳文が添付される。但し、誤解がある場合はロシア語のテキストを基本と見なす。

ユリウス・イワーノヴィチ・ブリナー
ウラジオストク第一ギルド商人
一八九六年八月二十八日　ソウル

ここに、皇帝使節団の印鑑、ウラジオストク第一ギルド商人ユリウス・イワーノヴィチ・ブリナーの署名、そして朝鮮外務大臣イ・ヴァン・エングと通商貿易大臣チジョ・ツェング・チクの署名であることを証明する。

副領事　ポリャンスキー

ソウル　一八九六年八月二十九日　七十号

# 注

## 第一章

1 ユリウスの出生登録があるスイスのアールガウ州メーリケン＝ヴィルデック公立公文書館のブリナー家関連文書の書類より。

2 Irena Brynner, *What I Remember* (New York: 1st Books, 2002), 13. また、イリーナと母親のヴェーラ他、親戚との談話、録音インタビューの証言より。

3 F. L. Hawks Pott, *A Short History of Shanghai: Being an Account of the Growth and Development of the International Settlement* (Shanghai: n.p., 1928), 34.

4 （訳者注）最初に来日、居住した場所は長崎だが、その後横浜と長崎に事務所を構え「亜米壱」として知られたウォルシュ・ホール商会に勤め、横浜にも居住していた。ユリウスが完全にウラジオストクに移住したのは一八八〇年とされる。三井物産創設の立役者である益田孝は自叙伝の中で、明治三（一八七〇）年の約一年間同社に勤めた際、横浜の事務所でユリウスの同僚だったことを明かしている。また、当時の清国政府から日本に対し借款要請があった際、第一国立銀行の渋沢栄一と三井物産の益田が政府の要請で上海に出向き借款交渉にあたった。それと平行して、益田は三池炭の海外輸出開拓に努め、上海支店を開設するにあたってユリウスに相談、代理店の委託をしている。「支那へ金を貸す話は駄目であったが、私には此の上海行きが大に役立った。嘗て私がウォールシ・ホールでテーブルを並べて一緒に仕事をして居つたブリネと云う端西人があった。このブリネが上海へ行って商売をして居ることが、ちゃんと私の頭にあった。私はブリネに、石炭を売ろうと思うが、代理店を引き受けて呉れまいか、長くは頼まぬ、其内に私の方から人をよこすから、其の時には君の店の一室を貸して貰いたいと云ふと、ブリネはよろしいと云ふて、早速承諾してくれた。斯う云ふ約束をして帰って、上田安三郎をやった。ブリネは細君が露西亜人であったから、後ち露西亜人になり、浦塩で商売をして居った」。『自叙益田孝翁伝』長井実、一九三九、一九七頁。また、『三井事業史　本編第二巻』（三井文庫、一九八〇）二七七頁にも同内容の記述がある。

5　沿海州アルセーニエフ博物館出版 *Old Vladivostok* (Vladivostok: Utro Rossii, 1992) ウラジオストクの黎明期に関する資料は、沿海州アルセーニエフ博物館及び地元のその他文書館より数多く入手した。

6 Lothar Deeg, *Kunst & Albers Wladiwostok* (Essen, Germany: Klartext-Verlag, 1996).

7 *Old Vladivostok.*

8 Andrew Malozemoff, *Russian Far Eastern Policy, 1881-1904* (New York: Octagon Books, 1958) David Wolff, *To the Harbin Station: The Liberal Alternative in Russian Manchuria, 1898-1914* (Stanford, Calif.: Stanford University Press, 1999), 42. の引用より。

9　スイスのアールガウ州メーリケン゠ヴィルデック公立公文書館のブリナー家関連文書の書類より。ユリウスの贈り物は一七六五年の日本の絵巻物で、現在アールガウの公文書館に保管されている。

10 Maria Lebedko, "An Online Walking Tour of Vladivostok," http://www.wsulibs.wsu.edu/Vladivostok/.

11 Donald N. Clark, *Living Dangerously in Korea: The Western Experience, 1900-1950* (Norwalk Conn.: EastBridge, 2003), 149.

12（訳者注）ゲックの子孫にあたるシジェミ（現在はベズヴェルホヴォに改称）行政局長、レオニード・ヴァシュケーヴィチ氏の話によると、ユリウスは半島に魅了されていたが、ゲックがいかなる土地も売りたがらなかったので、ユリウスはゲックと五十ヘクタールの賃貸契約を結び、一九〇四年にゲックが亡くなった後に彼の娘から土地を買い取った。

13 Donald N. Clark, *Living Dangerously in Korea: The Western Experience, 1900-1950* (Norwalk Conn.: EastBridge, 2003), 149.

14 ウスペンスキー教会の戸籍簿より。ウラジオストクのタチアナ・クシナレワ提供。

15 Stephan John J, *The Russian Far East: A History*, Stanford, Calif.: Stanford University Press, 1984, 79.

16 Steven G. Marks, *Road to Power: The Trans-Siberian Railroad and the Colonization of Asian Russia, 1850-1917* (Ithaca, N.Y.: Cornell University Press, 1991), 27. シベリア鉄道に関する記述の多くは、英語で書かれた資料で唯一信頼できるマークスの著書に大きく依拠している。

17 Paul Kennedy, *The Rise and Fall of the Great Powers: Economic Change and Military Conflict from 1500 to 2000* (New York: Vintage Books, 1987), xviii.

18 Marks, *Road to Power*, 33.

19 C. L. Seegar, ed., *Memoirs of Alexander Iswolsky, Formerly Russian Minister of Foreign Affairs and Ambassador to France* (London: Hutchinson, 1920), 113-114.

20 John Albert White, *The Diplomacy of the Russo-Japanese War* (Princeton, N.J.: Princeton University Press, 1964), 12, 15.

21 Robert K. Massie, *Nicholas and Alexandra* (New York: Atheneum, 1967), 22.

22 （訳者注）公式には、ノーヴォエ・ヴレーミャ新聞の特派員としてサハリンに赴いた。

23 ユルの叔母ヴェーラ、その娘イリーナの話による。（実際にチェーホフがブリナー家を訪れたかどうかは不明―訳者）

24 エレノア・プレイの私信はブリジッタ・インゲマンソンが一九一七年六月に引用している。"A Paradise Lost: The Novogeorgievsk Estate, 1892-1922", 8. ワシントン州立大学で教鞭をとり、ロシア極東の研究者の間で著名なインゲマンソン氏には、この本の件で快くご協力いただいた。彼女はプレイの子孫パトリシア・シルバーの許可を得てプレイ夫人の手紙を入手し、また数多くの書物や論文でこの地域の社会政治の歴史を研究している。

25 ロシア語版の完全な契約書は A.I. Gippius, *O Prichinakh Nashei Voiny s Iaponiei. C. Prilozheniiami Dokumenty* (St. Peterburg: Tip A.S. Suvorina, 1905), microfilm, 49-52. に転載されている。

26 Letter from D. Pokotilov to P. M. Romanov, Seoul, Sept. 25, 1896. この文書は歴史家のボリス・パクとヴェーラ・パクがモスクワの国立公文書館で発見した。

27 V. I. Gurko, *Features and Figures of the Past: Government and Opinion in the Reign of Nicholas II* (London: Oxford University Press, 1939), 262.

28 V. M. Vonliarliarsky, "Why Russia Went to War With Japan: The Story of the Yalu Concession," *Fortnightly Review*, n.s., 521 (May 2, 1910), 816.

29 White, *Diplomacy*, 33.

30 V. M. Vonliarliarsky, "Why Russia," 825.

31 ロシア国立歴史文書館所蔵、フォンド番号五六〇、リスト番号二八、ファイル番号六三五、四九－五六ページ

32 White, *Diplomacy*, 32.

33 Alexander Solzhenitsyn, *August 1914: The Red Wheel* (London: Bodley Head, 1989), 677, 680.

34 White, *Diplomacy*, 40 （イタリック体〔翻訳では傍点〕は著者による）

35 Gurko, *Features and Figures*, 264

36 Ibid., 265.

37 Ibid., 274.

38 Massie, *Nicholas and Alexandra*, 73.
39 Stephan, *Russian Far East*, 79.
40 White, *Diplomacy*, 36.
41 Richard Harding Davis et al., *The Russo-Japanese War: A Photographic and Descriptive Review of the Great Conflict in the Far East* (New York: Collins, 1904), 97.
42 Marks, *Road to Power*, 202.
43 Massie, *Nicholas and Alexandra*, 74.
44 Davis, *Russo-Japanese War*, 97.
45 Massie, *Nicholas and Alexandra*, 91
46 *Japanese Times*, July 11, 1905. 以下の引用より。White, *Diplomacy*, 224.
47 White, *Diplomacy*, 210.
48 Gurko, *Features and Figures*, 314.
49 Massie, *Nicholas and Alexandra*, 97, 99, 100.
50 Kennedy, *Rise and Fall*, xvi.
51 Stephan, *Russian Far East*, 101.
52 Ibid., 102.
53 この記述の多くは、C・A（もしくはA・C）キッドのテチュへ鉱山に関する未発表報告書『A History of the Tetiuhe Mine In Siberia" (London: 1980)』に依る。キッド氏のご家族が親切にも引用を許可してくださった。ロンドン大学キングス・カレッジの勅撰弁護士ジョニー・ヴィーダー氏によりロンドンスクール・オブ・エコノミクス文書館から私が初めてコピーを頂いた。ヴィーダー氏には、彼の研究論文 "The Tetiuhe Mining Concession 1924-1932:A Swiss-Russian Story (Where the Arbitral Dog Did Not Bark)," in *Liber Amicorum Claude Reymond: Autour de l'Arbitrage* (Paris: Edition Juris-Classeur, 2004) のおかげでテチュへに関する豊富な情報を得られたことに深く感謝している。同様に、テチュへ採掘場の現オーナーであるダルポリメタルにも感謝申し上げたい。同社は二〇〇四年に鉱山と当地の見学ツアーを催し、地元の証言を沢山聞かせてくださった。

54 Stephan, *Russian Far East*, 123.

55 January 24, 1918. 歴史家のビルギッタ・インゲマンソンがプレイ婦人の手紙の中でこの記述を見つけ、親切にも私に送ってくれた。ブリナー家が住んだことのある住所は、スヴェトランスカヤ55／1、フェオドロフスカヤ3、ヴシルコフスカヤ13。

56 Stephen Kotkin and David Wolff, eds., *Rediscovering Russia in Asia: Siberia and the Russian Far East* (Armonk, N.Y.: M.E. Sharpe, 1995), 27.

57 Felix Patrikeeff, "Russian and Soviet Economic Penetration of North-Eastern China, 1895-1933," in *Essays on Revolutionary Culture and Stalinism*, ed. John W. Strong (Columbus, Ohio: Slavica, 1990), 57.

58 Paul Rodzianko, *Tattered Banners: An Autobiography* (London: Seeley Service, 1934), 100.

59 Ibid., 124. 私の友人ポールの祖父ロジアンコはエカテリンブルグで起きた暗殺事件の調査をするため、コルチャーク将軍によって数か月後に派遣された。

60 Veeder, "Tetiuhe Concession."

61 Stephan, *Russian Far East,* 109.

62 Ibid., 137.

63 John Albert White, *The Siberian Intervention* (Princeton, N.J.: Princeton University Press, 1950), 197.

64 Canfield F. Smith, *Vladivostok Under Red and White Rule: Revolution and Counterrevolution in the Russian Far East, 1920-1922* (Seattle: University of Washington Press, 1975), 28-29.

65 Stephan, *Russian Far East*, 132.

66 Ibid., 126.

67 Ibid., 134.

68 Smith, *Vladivostok*, 108, 149.

## 第二章

1 サンクトペテルブルグ鉱山大学の博物館館長ジーナ・ポリャルナヤ氏が当大学の文書館でボリスの正式な修士号を発見してくれた。

2 Witte, cited in Maurice Paléologue, *Turning Point: Three Critical Years, 1904-1906*, trans. F. Appleby Holt (London: Hutchinson and Co., 1935), I, 122-3.

3 娘イリーナの証言による。

4 Irena Brynner, *What I Remember*, 16-17.

5 Arthur Ransome, *Russia in 1919* (New York: B.W. Heubsch, 1919), 124.

6 Stephan, *Russian Far East*, 152.

7 Anne Applebaum, *Gulag: A History* (New York: Doubleday, 2003), 5.

8 この取引に関する記述は、快く私に提供してくださったヴィーダーの研究から引用した。

9 Irena Brynner, *What I Remember*, 25-26.

10 Smith, *Vladivostok*, 53

11 （訳者注）一九三八年に破壊されたため、現存しない。

12 Veeder, "Tetiuhe Concession."

13 Kidd, "Tetiuhe," 14.

14 Stephan, *Russian Far East*, 164-65.

15 *The European Journal of Neurology* (June 2004), and *The Moscow Times*, June 23, 2004, 4.

16 二〇〇四年七月四日に著者がモスクワ芸術座の演出家から聞いた話による。

17 Konstantin Stanislavsky, *An Actor Prepares* (New York: Theatre Arts, 1939), 8.

18 ワシントンＤＣにあるスミソニアン博物館のイリーナ・ブリンナーの作品コレクションと共にボリスの手紙の原本が保管されている。ここでボリスが用いている愛情表現は、マルーシャを妻としてではなく母親として、その役割を強調している。

19 他の事実も含め、ボリスとカーチャに関することはオーストラリアのギルフォードに住む二人の娘、キャサリンに提供された。

20 Irena Brynner, *What I Remember*, 33.

21 Kidd, "Tetiuhe," 88. テチュヘに関する記述の多くは、キッドの著書を参考にした。

22 Ibid., 91.

23 Ibid., 31.

24 （訳者注）ナチスドイツのアイヒマンの言葉として有名だが、スターリンも同じような発言をしたとされ、他の説もあり定かではない。

25 以下に再録。Dimitri Volkogonov, *Stalin: Triumph and Tragedy* (London: Weidenfeld and Nicholson, 1991), 74.

26 *A Brief Biography of Stalin* by Laura Detloff, Dickinson College, Carlisle, PA, at http://www.dickinson.edu/~history/dictators/stalin_dictator1.html(accessed January 2004).

27 *Mining World*, October 10, 1927.

28 *The London Times*, January 1, 1932; February 17, 1932.

29 レオニード・ブリナーからスイスの上海総領事館宛に出された書簡、一九四五年十一月二日付。書簡はヴィーダーによりスイス外務省のベルン公文書館から取得。

30 Irena Brynner, *What I Remember*, 73-75.

31 Kidd, "Tetiuhe," 31.

32 Stephan, *Russian Far East*, 183.

33 Stephan, John J., *The Russian Fascists:Tragedy and Farce in Exile, 1925-1945*, New York: Harper and Row, 1978. 43.

34 チャーチルはミズーリ州における一九四六年のスピーチで「鉄のカーテン」という喩えを考案したということになっているが、実際には一九二三年にスウェーデンのペル・エミル・ブルセヴィッツが書いた旅行ガイド『ロシアの鉄のカーテンの向こうに――ペトログラードからティフリスまでのバイクの旅』（ストックホルム、一九二三年）で「鉄のカーテン」という表現が初めて使用されている。ワシントン州立大学の歴史家ビルギッタ・インジェマンソンがこの歴史的発見をし、ここに掲載することを惜しみなく了承してくださった。

35 ワレーリー・ヤンコフスキは自身の著書の他、手紙や会話の中でシジェミからの脱出とノヴィナのロッジに関して私に説明をしてくれた。*From the Crusades to Gulag and Beyond*, trans. Michael Hintze, 2nd ed. (Sydney: privately

published, 2001).

36 Clark, *Living Dangerously*, 152.

37 Hannah Arendt, *The Origins of Totalitarianism* (New York: Harcourt, 1951).（ハンナ・アレント『〈新版〉全体主義の起源』全3巻、大久保和郎・大島通義・大島かおり訳、みすず書房、二〇一七年）

38 二〇〇四年十月十七日にキャサリン・ブリナーから著者が受け取った書簡より。以下、この章の引用はこの手紙を含むキャサリンの証言による。

39 一九四五年十一月二日付。書簡はスイス外務省のベルン公文書館からヴィーダーが入手。

40 ボリス・ブリナーに対するスパイ交換の詳細については以下参照 Christine Gehrig-Straube, *Beziehungslose Zeiten: Das schweizerish-sowetische Verh?ltnis zwischen Abbruch und Wiederaufnahme der Beziehungen, 1918-1946, aufgrund schweizerischer Akten* (Zürich, Switzerland: Verlag Hans Rohr, 1997), 445-5, 457-8.

## 第三章

1 Irena Brynner, *What I Remember*, 38.

2 Ibid., 87

3 Stephan, *Russian Fascists*, 40.

4 Irena Brynner, *What I Remember*, 50-51.

5 Ibid., 88.

6 Ibid., 81.

7 *Redbook*, May 1957, 96.

8 Irena Brynner, *What I Remember*, 102-3.

9 Andrew Meier, *Black Earth: A Journey through Russia after the Fall* (New York: Norton, 2003), 341. Aleksandr Panchenko cited in Meier.

10 Michael Chekhov, Charles Leonard, ed., *Michael Chekhov's To the Director and Playwright* (New York: Harper and Row, 1963) 39.

11 Preface by Yul Brynner in Michael Chekhov, To the Actor (New York: Harper and Bros., 1953), x.（マイケル・チェーホフ『演技者へ！——人間、想像、表現』ゼン・ヒラノ訳、ユル・ブリンナー序、晩成書房、一九九一）

12 Ibid., 2.

13 Berdyaev cited in Meier, *Black Earth*, 341.

14 *Saturday Evening Post*, November 22, 1958, 78.

15 Richard Rodgers cited in Frederick Nolan, *The Sound of Their Music: The Story of Rodgers and Hammerstein* (London: Unwin Paperbacks, 1979), 170.

16 *Appletons' Journal: A Magazine of General Literature*, August 30, 1873, 288.

17 Rodgers cited in the *New York Times*, March 25, 1951. 167.

18 Nolan, *Sound*, 170.

19 Ibid., 168.

20 *New York Times*, April 8, 1951.

21 *New York Herald Tribune*, March 30, 1951.

22 *Cosmopolitan*, May 1958, 37.

23 *Redbook*, May 1957, 34.
24 Farrow, Mia. *What Falls Away*, New York: Doubleday, 1997, 25.
25 *Saturday Evening Post*, November 22, 1958, 80.
26 *Newsweek*, May 19, 1958, 101.
27 Ibid., 102.
28 *Redbook*, May 1957, 32.
29 *Collier's*, July 6, 1956, 36.
30 *New York Times* headline, October 13, 1960.
31 Brynner, in his preface to Chekhov, *To the Actor*, ix.
32 以下引用は、Yul Brynner, *Bring Forth the Children: A Journey to the Forgotten People of Europe and the Middle East*, photographs by Inge Morath and Yul Brynner (New York: McGraw-Hill, 1960).
33 *New York Times*, November 24, 1960.
34 *Seventeen*, October 1962, 172.
35 Philip Hamburger, *New Yorker*, Feb. 1953.
36 Farrow, *What Falls*, 104.
37 一九九一年四月の筆者との会話より。
38 *New York Times*, May 30, 1977.
39 Barron Lerner, *New York Times*, January 25, 2005.

## 第四章

1 *New York Daily News*, April 13, 1953.
2 Anthony Summers and Robbyn Swann, Sinatra: *The Life* (New York: Random House, 2005), 252.
3 Robbie Robertson in *Rolling Stone*, April 15, 2004.
4 *New York Times*, October 6, 1970.
5 Ali, cited in the Supreme Court decision, 403 U.S. 698 (decided June 28, 1971).
6 Dave Hannigan, *The Big Fight.* (Dublin: Yellow Jersey Press, 2002), 2.
7 *Dublin Evening Press*, July 15, 1972.
8 Sean Wilentz and Greil Marcus, eds., *The Rose & the Briar: Death, Love and Liberty in the American Ballad* (New York: Norton, 2004).
9 David Fricke, "On *The Last Waltz* Twenty-Fifth Anniversary" (4-CD booklet, 2001), 39.
10 Bob Dylan, *Chronicles, Volume One* (New York: Simon and Schuster, 2004), 251-52.
11 Rock Brynner and Trent Stephens, *Dark Remedy: The Impact of Thalidomide and Its Revival As a Vital Medicine* (Cambridge, Mass.: Perseus, 2002).（邦訳『神と悪魔の薬サリドマイド』トレント・ステフェン、ロック・ブリンナー著　本間徳子訳　日経BP社、二〇〇一年）
12（訳者注）「人間の顔をした社会主義」は一九六八年にチェコスロヴァキアで「プラハの春」を指導した共産党第一書記ドプチェクが掲げたもの。
13 Meier, *Black Earth*, 240, 242.
14 Ibid., 243.

15 Aileen Kelly, "The Two Dostoevskys," *New York Review of Books*, March 27, 2003.

## エピローグ

1 *New York Times*, April 26, 2005.

# 訳者あとがき

本書は、ミュージカル『王様と私』で有名な俳優ユル・ブリンナーの息子で、ニューヨーク州在住の著述家ロック・ブリンナーが二〇〇六年に出版した Rock Brynner, *Empire and Odyssey: The Brynners in Far East Russia and Beyond*, Streetforth press, New Hampshir, 2006 を底本に翻訳したものである。二〇一六年にはウラジオストクでロシア語版が出版されている。

ユル・ブリンナーは一九五〇年代から一世を風靡した世界的な俳優である。出世作はブロードウェイミュージカル『王様と私』で、一九五六年の映画版ではアカデミー主演男優賞を受賞した。この作品は二〇一五年に俳優の渡辺謙が王様役を演じ好評を博したことで記憶に新しい。その後も『十戒』や『追想』、『荒野の七人』といった名作に出演し、世界中のファンを魅了した。

著者ロック・ブリンナーは、曾祖父ユリウス、祖父ボリス、父ユル、そしてロック自身の人生を、それぞれの時代背景とともに記し、家族史として四部構成で本書をまとめた。十九世紀後半にスイスに生まれ、上海、日本、極東ロシアを股にかけた実業家で、日露戦争開戦の経緯にも関わったユリウス、ロシア革命で数々の危険を乗り越え命懸けでソ連を脱出したボリス、ナイトクラブで歌いサーカス芸人としても活躍したフランスをナチス侵攻前に去り、アメリカで大スターになったユル、ダブリン大学で哲学を修め、ザ・バンドのライヴやモハメド・アリのマネージャーまで務めたロックと続く四世代の記録である。ユル・ブリンナーの華麗な芸能活動とその舞台裏を総覧できるのはもちろんのこと、アメリカ、ロシア、そして日本を中心に約一五〇年におよぶ近現代史が見えてくるのも本書の特徴である。

アメリカ人俳優として世界に名を馳せたユル・ブリンナーは、ロシアのウラジオストクに生まれたロシア人だった。正確には、ユルが生まれたのは一九二〇年から二年間だけ極東ロシアに存在した「極東共和国」だ。これは、日本を含む第一次世界大戦の連合国が共産主義を打倒する名目で軍事干渉を行った（シベリア出兵）時に、その干渉軍に対峙する名目でソヴィエト政権によって建国された短命の緩衝国だった。家族の事情も相まって、ユルは六歳でロシア革命の波に飲み込まれた故郷を後にし、満州のハルビン生活を経てフランスに移住、その後アメリカのニューヨークに腰を落ち着けた。

スイスには「父系特権」があり、スイス人男性を父親に持つ子孫は皆、生まれた場所がどこでも四世代にわたってスイス国籍を有することができる。この「スイス国籍」がブリンナー家の危機を何度も救うことになる。

アメリカでスターの座に上りつめてからも、ユル・ブリンナーはその出自を曖昧な言動や嘘で煙に巻き続けた。「母はジプシー」「日本の樺太生まれ」などは嘘だった。米ソ冷戦の最中にあって「ロシア人」という出自を強調したくなかったともいわれるが、「極東共和国」という特殊な事情をアメリカのゴシップ記者には理解できないと思ったようだ。日本でもユルが来日するたびに、本人の「リップサービス」と憶測をもとに「出生の秘密」と題して週刊誌が度々取り上げた。東洋的な外見を持つ大スターに日本人の血が流れているかもしれない、という「期待」もあったのかもしれない。

実際、ユルは日本とも関わりの深い俳優だった。

祖父ユリウスはスイス人の実業家で、明治時代に日本にやって来て長崎、横浜に約十年暮らした。アメリカ人が経営する貿易会社に勤めるうちに海運業に注目し、ウラジオストクに拠点を移して「ブリナー商会」を創業、鉱山業や木材事業にも着手して極東ロシアの開発と発展に貢献した人物である。

ユリウスは日本に居住していた時、長崎通詞の娘と家庭を持った。ふたりの娘のうちひとりが広告会社「弘報堂」(現在の株式会社日本廣告社)の創業二代目の江藤甚三郎に嫁いだ。弘報堂は福沢諭吉が創刊した日刊新聞「時事新報」に勤務していた弟子の江藤直純が師匠の意を受けて創業した日本最初の広告会社である。江藤甚三郎の息子でユリウスにとっては孫にあたる江藤直輔ものちに中国で「ブリナー商会」を手伝っており、、戦後は金属業に携わり成功を収めた。

英語が堪能だった直輔氏とユルの交流は生涯続き、ユルが肺ガンを患ったと知ると、当時日本で末期ガン患者に効果があると言われていた丸山ワクチンを手配するなど、最期まで従兄弟を気遣ったという。

祖父ユリウスは日本からウラジオストクに渡った後、ブリヤート系ロシア人女性と結婚した。ユル・

江藤直輔氏をはさんでユルとボリス(1962年夏、京都にて)

ブリンナーはこのふたりの孫にあたる。日米合作映画『あしやからの飛行』の撮影が一九六二年に日本で行われた時、息子のロックを連れて来日し、同じ祖父を持つ江藤氏と京都で会っている。

黒澤明の傑作『七人の侍』を改作して世界的に大ヒットした『荒野の七人』はあまりに有名だ。ユルは主役を演じたのみならず、この作品に惚れ込みアメリカで侍映画の西部劇版を考えたのはユル自身だった。一九五六年に来日した時にはオリジナル作品の上映を観て、日本の侍をどのようにしてカウボーイで西部劇化するか頭を捻り、原作に敬意を表してあらすじや設定を忠実に再現している。

また、『荒野の七人』はソ連全土で公開された初めての西部劇となり、正義感だけで団結したカウボーイたちが無力な農民を助けるという設定にロシア人も魅了された。ソ連国内でも空前の大ヒットとなった。ソ連時代のロシアではブルジョワだったブリナー（ユルの代からは「ブリンナー」）家は人民の敵とされ、三〇年代には一家全員がソ連を脱出している。この一家の功績に光が当てられ一般に知られるにはソ連崩壊を待たねばならなかった。アメリカの大スターがロシア生まれの俳優であることを当時この映画を見たロシア人はほとんど知らなかっただろう。公開から約一年経ってから、ソ連当局は十六歳以下の子どもに『荒野の七人』を観るのを禁じた。理由は、ユルに憧れてスキンヘッドにしたがるロシア人少年が後を絶えなかったからだという。

初演から約三十年の時を経て、『王様と私』の再演が一九七七年からブロードウェイで始まった。五十六歳の円熟したユル・ブリンナーが演じる王様は、「個性と役柄の完璧な融合」と称され十八か月におよぶニューヨーク公演は連日満員御礼だった。その後のロンドン公演でも称賛を浴び、英国王室臨席のもとで「王様」はエリザベス女王と挨拶を交わした。

日本で富士フィルムの広告に出演し、お茶の間を楽しませていたのはちょうどこの頃である。八〇年代に入っても精力的に『王様と私』の公演を続ける中で、ユルに肺ガンが見つかる。タバコはユルのトレードマークだったが、十代の早くから一日に四箱近く吸い続けた喫煙が身体を蝕んでいた。一九八五年六月、四六三三回目の公演が行われ、ユルの俳優業最後の仕事となった。しかし、正確にはここで終わらなかった。

ユルは肺ガンが発覚してから密かにアメリカ癌協会の広報ビデオを撮影していた。最終公演の三か月後にこの世を去り、世間にその訃報が周知されてから数か月して『僕はもうこの世にいないけれど、とにかく言いたいことは、タバコをやめなさい、何はともあれ絶対にタバコだけはやめなさい』と威厳ある姿でまっすぐに訴えるユルの姿が公共広告としてアメリカ全土に流されたのだ。このコマーシャルはユルの没後三年間にわたって放送され、その衝撃の強さで多くの人が喫煙をやめたと言われている。ユル・ブリンナーは最後まで「王様」として堂々たる生涯を閉じたのである。

## イリーナ・ブリンナーのこと

ユル・ブリンナーと同じ祖父を持つ従姉のイリーナ・ブリンナー（一九一七―二〇〇三、ユリウスの三男フェリックスの娘）は、幼い頃からユルと姉弟さながらに育ち、アメリカに渡ってからもユルやロックと良好な関係を生涯保ち続けた。母親と折り合いの悪かったユルは、イリーナの母親である叔母のヴェーラを我が母のように慕っていたことも大きい。

イリーナは宝飾デザイナーとして活躍し、『十戒』でユル演じるファラオが身に着けた指輪など、ユルが芝居で身に着けるアクセサリーを手掛けたこともある。イリーナの作品はルーブル美術館、スミソニアン博物館、そしてエルミタージュ美術館などにも収蔵されている。

イリーナはソ連崩後の一九九二年に、生まれ故郷のウラジオストクを訪れた。アルセーニエフ博物館が町の歴史を展示するにあたり、外国に住むブリナー家の子孫に声をかけたことがきっかけだった。ウラジオストク駅では地元のマスメディアがイリーナの到着を待ちわび、当時インタビューをした女性記者によれば、イリーナがとても上品で美しいロシア語を話すので、皆すぐさま魅了されたという。

一九一七年にロシア革命が起きた時、イリーナの両親はペトログラード（現サンクトペテルブルグ）で暮らしていた。白軍将校の父フェリックスと精神科医で音楽的教養もある母ヴェーラは革命の混乱に耐えきれずウラジオストクに帰郷する。それから八か月後の同年十二月一日にイリーナが生まれた。

ユルの家族同様、イリーナの家族もまた、ロシア革命とそれに続く国内戦、第二次世界大戦の厳しい時代を生き抜いたいわゆる「亡命ロシア人」である。ユルの家族がウラジオストクを去った後もしばらく留まり、「人民の敵」とされ逮捕の危険が迫った一九三一年、一家はウラジオストクから決死の脱出をしている。当時イリーナは十四歳だった。

ソ連を後にしてからは、一九四六年に渡米するまでイリーナの家族は大連に居住しスイス国籍で暮らした。この点では一般的な亡命ロシア人と大きく違っていたと言えよう。大連では、中国大陸での日本の戦況悪化に伴い「英米のスパイ」と嫌疑をかけられ、日本軍から逃れるようにして大連の家を後にしている。

フェリックス一家の命がけのソ連脱出に関しては本書で触れられているが、イリーナが晩年に記した回想録（Ирина Бриннер «Что я помню», Владивосток, 2014.）によると、ソ連を後にしてから、ユルとは違った形で「日本」と関わり、一家の運命が大きく左右されたことが分かる。本書を補足する意味でその一端を記しておきたい。

港町の旅順や大連がある中国遼東半島の先端部は、日清戦争の後に仏独露の三国干渉でロシアが租借権を得て自由貿易港としたため、ロシア人による開発がすすんだ。その後、日露戦争で日本が勝利した後は租借権が日本に移り関東州になった場所だ。したがって、終戦時には大連市の約四分の一の人口を占めるほど多くの日本人が暮らしていた。

ブリナー商会は満州の各地に事務所を置いていたが、フェリックス一家がウラジオストクを脱出した後は大連の事務所を本社とし、フェリックスが統括した。

フェリックスは大連に新しい家を建て、家の中は和洋折衷の豪華な装飾品が置かれ、中国製のアンティーク、日本の古い帯を貼りつけた家具、日本画もあった。近くには日本の神社があり、毎日夕方に鳴る鐘の音がイリーナはとても好きだったという。ブリナー家には客人が絶えず、ロシア革命を逃れて祖国を出たロシア人も含めてロシア系住民の輪はすぐに広がり、コンサートや芝居を楽しむ文化サロンの役割も果たした。

その中には、ウラジオストクを出て大連到着時にブリナー一家を温かく迎えたロシア領事のパーヴェル・ヴァスケヴィチ（一八七六－一九五八）がいた。ヴァスケヴィチはウラジオストクの東洋学院で日本語を学び、日露戦争ではロシア満州軍総司令官クロパトキンの部隊に従軍した。革命前の六年間は東京のロシア大使館で通訳官を務め、革命直後に大連のロシア総領事に任命された。一九四〇年に神戸に移住し生涯を閉じた。ヴァスケヴィチは六甲山の再度公園にある外国人墓地に眠っている。

また、日本軍で通訳をしていたミハイル・グリゴーリエフ（一八九九―一九四三）とも親しくしていた。グリゴーリエフは、チタ陸軍士官学校で日本語を学び、日本陸軍特務機関との連絡将校を務めた人物である。一九二〇年に日本に派遣され、東京でロシア語の雑誌を編集したり、夏目漱石、谷崎潤一郎など、日本文学をロシア語に翻訳している。日本人女性（幕末にロシア使節団プチャーチンと交渉した川路聖謨を祖父に持つ詩人川路柳虹の妹）と結婚し、一九三八年にハルビン、その後大連に移った。（ミハイル・グリゴーリエフに関しては、沢田和彦「〈ロシアのラフカディオ・ハーン〉――ミハイル・グリゴーリエフの生涯と翻訳活動」、『二〇世紀前半の在外ロシア研究』平成二五―二七年度科学研究費補助金基盤研究（B）研究成果報告書、二〇一六年二月、六九―九四頁に詳しい。）

ブリナー家に「ハラさん」という日本人医師が頻繁に出入りしていたため、イリーナはグリゴーリエフに少しだけ日本語を習ったこともあるという。

一九四一年頃から、戦争の影響を生活の中で実感するようになる。この頃、大連に暮らす女性たちは皆、日本人が作ったモンペを着て過ごした。食料が不足し、家の料理人は闇市で食料を調達したが、もし村へ行って農家から直接野菜などを買うと、警察が来て棍棒で叩かれる始末だった。

同年十二月八日、日本海軍による真珠湾攻撃を受け、スイス政府はフェリックスにスイス領事の全権を委任し、英米人の保護も任された。英米人は皆収容所に入れられたが、赤十字から食料や必要物資が届けられなかったので、ブリナー家がこの役割を担った。二、三日に一回、イリーナが大きな籠に食料を入れ配り歩いた。

翌年の英米領事の撤退に際してはフェリックスが日本陸軍特務機関と交渉をして領事館職員を目的地まで護送せねばならなかった。このあまりに神経をすり減らす役割がフェリックスを心身ともに疲弊させ、護送の直後にフェリックスは倒れてそのまま命を落とした。その後、日本側はフェリックスを「英米のスパイ」と断定し、家の周りには朝から晩まで中国人の見張りがつけられるようになった。

また、フェリックスの死から数か月後にミハイル・グリゴーリエフがヴェーラを訪ね、身体の不調を訴えた。イリーナによれば、この日グリゴーリエフは日本特務機関の宴会から出て来たという。不整脈と過度の疲労がみられたのでヴェーラはジギタリス（強心剤）を与え、イリーナが病院に付き添った。日本人医師の診断によると過度の疲労による衰弱だった。その直後、病院の帰りにグリゴーリエフは死亡した。数日後にヴェーラとイリーナのところに警察がやってきて、ヴェーラが与えたジギタリスが原因でグリゴーリエフが死亡したのではないか、と疑いをかけられ尋問されたという。

その後、ヴェーラとイリーナに対する風当たりはますます強まり、ブリナー家と付き合うことは危険だとされ、知人や友人はいなくなった。親しい友人五人が逮捕されるなど、辛い日々が続いたうえに、日本の特務機関によってブリナー家に危害が及ぶかもしれないという情報を得て、大連を去った。大連の家に戻ることは二度となかった。

天津でフェリックスの妹家族としばらく暮らすうちに日本が敗戦し、ヴェーラとイリーナは渡米を決意した。

二〇〇三年、ロック・ブリンナーはイリーナの最期をみとり、叔母が愛したウラジオストクのアムール湾にその遺灰を撒いた。

翻訳をする過程で信頼を寄せてくださり、日本での翻訳出版権を訳者に一任してくださったロック・ブリンナーに心から感謝している。

かつて「赤い帽子」をかぶって自分自身の世界を見つける放浪の旅に出たロック・ブリンナーは、そのトレードマークを「黒い帽子」に変え、ウラジオストク国際映画祭の常連となった。ユルが『荒野の七人』のために特別にあつらえたブーツを履いて参加するのも恒例になっている。「命ある限り毎年父の故郷に来るぞ！」と公言し、とても優しい人柄と持前のサービス精神で町のひとたちにとても愛されている。数年前から健康面に不安を抱え療養されているのに加え、コロナの蔓延も相まって参加が見送られたが、また颯爽と映画祭のブルーカーペットを歩く姿を見せて欲しいと願うばかりである。本書エピローグでブリンナー氏が述べる通り、二つの大国は敵対するのではなく平和と経済発展に向けて協力すべきだとの見解が、ロシアによるウクライナ侵攻を目の当たりにした二〇二二年がすぎて今、かくもリアリティを持って突き刺さるとは、本書の翻訳にとりかかった時は夢にも思わなかった。今こそブリンナー（ブリナー）家の家族史を多くの人に読んでいただきたいと強く思う。

江藤直輔氏の五女、美那さんに心から感謝申し上げます。美那さんはユルのみならず、ユリウスの末娘ニーナの家族と交流を持ち続けている。直輔氏が逝去される直前には長女スヴェトラーナが病院に見舞い、床に何度もひざまずきながら懸命にロシア正教式の祈りを捧げてくれたことがとても心に残っているそうだ。互いの家族にまつわる貴重なお話を聞かせていただき、本当にありがとうございました。

加えて、株式会社日本廣告社の加藤進久さんにとても感謝しています。創業の歴史を親切にお教えくださったうえに、江藤家の方と繋いでいただいた。加藤氏のご尽力がなければ創業家のお話を直接伺うこともかなわなかったので、厚く御礼申し上げます。

1962年に来日したユルと江藤氏一家との記念写真。直輔氏の肩に手をかけて立つユル・ブリンナー。手前左端が直輔氏の夫人、隣が美那さん。写真にはユルのサイン「To my dearest cousin Naosuke my fondness and affection.Yul 1962」（もっとも親愛なるいとこのナオスケへ 深い敬愛を込めて ユル 1962）が添えられている。

ユリウスを祖父に持ち現在はドイツで俳優として活躍する山崎祐輔さん、難しい局面で親身になって応援してくださった神戸市外国語大学の恩師である清水俊行先生、ロシア文学、東方ユダヤ文化論・シャガール専門家の角伸明先生、神戸市外国語大学ロシア学科の先輩で日ロビジネスを第一線で牽引してこられた前田奉司さん、株式会社前川製作所の西川洋さん、株式会社喜代村「すしざんまい」の木村清さん、JIC旅行センター・国際親善交流センターの伏田昌義さん、そして鎌倉在住の素晴らしいフォトグラヴュール銅版画家ピーター・ミラーさん、横浜の優しく素敵なご夫妻である原馨さん、由美子さんにはとりわけ感謝の気持ちでいっぱいである。本当にありがとうございました。

本書の出版にあたっては、群像社の島田進矢氏に大変なご苦労をおかけした。緻密な校正と数々のアドバイスに心からお礼を申し上げたい。

樫本真奈美

ロック・ブリンナー

著述家。1946 年に俳優のユル・ブリンナーとヴァージニア・ギルモアの間に生まれる。ダブリン（アイルランド）のトリニティ・カレッジで哲学科修士号を、コロンビア大学で歴史学（米国史）の博士号を取得。若い頃はダブリンでベケットと交わり演劇に手を染め、その後「道化師」と自称して放浪しながら、ザ・バンドの最後のコンサート「ラスト・ワルツ」のツアーマネージャーや、ボクサーのモハメド・アリのボディガード兼広報役を務め、ハードロックカフェの創業に携わるなど多彩な才能を発揮した。1970 年代後半から小説を書き始め、環境問題や薬害問題にも深い関心を持つ。代表作は小説『悪癖と事故のバラード』(1981 年)、父親との思い出を記した『ユル——王様になろうとした男』(1989 年)、トレント・ステフェンとの共著『神と悪魔の薬サリドマイド』(2001 年)など。ニューヨーク州マリスト大学で講師を勤め、哲学、文学、米国史などを教えた。ニューヨーク州在住。

訳者　樫本 真奈美（かしもと まなみ）

専門はロシア文学。神戸市外国語大学博士課程満期修了。著書に『ロシアの物語空間』（共著、水声社、2017 年)、編訳書に『2 時間で逢える日本─ウラジオストク』（晧星社、2020 年)。現在、同志社大学講師。

ロシアからブロードウェイへ　オスカー俳優ユル・ブリンナー家の旅路

2023年3月7日　初版第1刷発行

著　者　ロック・ブリンナー

訳　者　樫本真奈美

発行人　島田進矢

発行所　株式会社 群像社

神奈川県横浜市南区中里1-9-31 〒232-0063

電話／FAX　045-270-5889　郵便振替　00150-4-547777

ホームページ　http://gunzosha.com　Eメール info@gunzosha.com

印刷・製本　モリモト印刷

カバーデザイン　寺尾眞紀



ISBN978-4-910100-28-9

群像社の本

## 右ハンドル　アフチェンコ　河尾基訳

左ハンドルのロシアで第二の人生を送ることになった大量の日本の中古車は極東の生活に溶け込み現地の人びとの心の支えにまでなった。しかし中央政府の圧力を前に右ハンドル車は徐々に生きる場を失っていく。ウラジオストクの作家が右ハンドル全盛期のウラジオストクの運命を語るドキュメンタリータッチの長編エッセイ。

978-4-903619-88-0　2000円

## 駐露全権公使 榎本武揚　上・下　カリキンスキイ　藤田葵訳

領土交渉でロシアに向かう榎本と若いロシア人将校の間に生まれた友情、ロシア皇帝の厚遇を受ける榎本の足元に忍び寄る日本国内の政権争いの影。榎本の不安に心痛めるロシア人将校は我が身を賭して行動を開始した…。幕府軍の指揮官から明治政府の要人へと数奇な人生を送った榎本に惚れ込んだロシアの現代作家が描く外交サスペンス。

ISBN978-4-903619-81-1 ／ ISBN978-4-903619-82-8　上下巻各1600円

## プロコフィエフ短編集

サブリナ・エレオノーラ / 豊田菜穂子 共訳

突然歩き始めるエッフェル塔、キノコ狩りの子どもと一緒に迷いこんだ地下王国…。ロシアを代表する作曲家が書いていた不思議な魅力にあふれた11編を日本で初めて紹介。日本滞在中の日記もおさめた「目で聞き耳で読む」世界！　ISBN978-4-903619-16-3　1800円

## ルイブニコフ二等大尉　クプリーン短篇集　紙谷直機 訳

ルイブニコフと名乗る日露戦争からの復員軍人。これは日本人スパイにちがいないとにらんだジャーナリストは、男のしっぽをつかもうと街を連れ回すが…。表題作ほか、死と日常の同居する生活の真の姿を描いた佳作四編をおさめた短篇集。ISBN978-4-903619-20-0　1800円

価格は税別